상하이의 유대인 제국

유대 기업은 현대 중국의 탄생에 어떻게 기여했나

조너선 카우프만 지음
최파일 옮김

상하이의 유대인 제국

유대 기업은
현대 중국의 탄생에
어떻게 기여했나

조너선 카우프만 지음
최파일 옮김

THE
LAST KINGS
OF
SHANGHAI

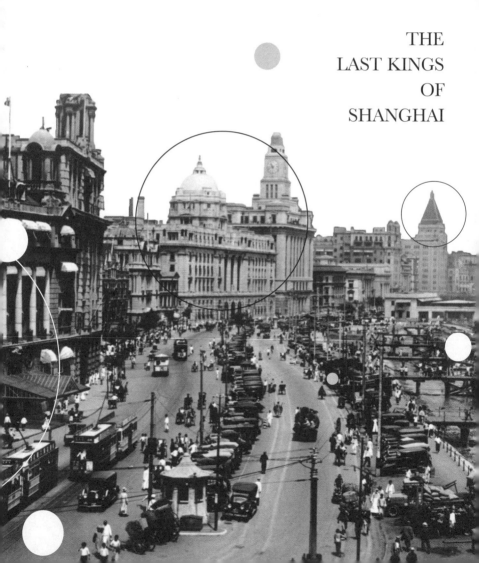

일러두기

1. 이 책의 원제는 《The Last Kings of Shanghai》이며, 한국어판 제목은 《상하이의 유대인 제국》이다.

2. 단행본은 겹화살괄호(《 》)로, 신문, 잡지, 논문 등은 홑화살괄호(〈 〉)로 표기했다.

3. 이 책은 국립국어원의 표준어 규정 및 외래어 표기법을 따르되, 일부 인명, 기업명은 관례와 원어 발음을 존중해 그에 따랐다.

4. [ ]는 인용문을 보충하기 위하여 지은이가 사용한 것이다.

5. 옮긴이 주는 본문의 ( ) 안에 표기하였다.

사랑과 웃음으로 모험을 공유한

바바라, 몰리, 벤, 닉을 위해

《상하이의 유대인 제국》을 향한 찬사

어느 때부터인가 역사학의 트렌드는 '경계 넘기'가 되었다. 역사가들은 서양 혹은 동양의 어떤 장소를 반대편의 시각으로 보거나, 동서양 구분을 넘어 아예 새로운 혼종混種이 생겨나는 과정을 추적하기도 한다. 《상하이의 유대인 제국》도 이런 '경계 넘기' 서술의 하나이지만, 이전과 다른 새로운 면모로 가득하다. 상하이라는 동양의 도시를 서양과의 관계 속에서 보지만, 이 '지역'이라는 기초 위에 유대인이라는 인종성, 글로벌하면서 동시에 로컬적인 무역 네트워크, 중국 개혁의 방향성 충돌 같은 새로운 층위를 겹쳐서 도시의 역사를 다층적으로 조망한다. 또한 복합적인 서사 속에 도시사都市史, 제국주의, 2차 세계대전, 중국 개혁개방 같은 역사적 주제들이 함께 묻어져 나온다. 이는 《상하이의 유대인 제국》이 두 가문의 이야기인 동시에 보편적인 역사적 메시지를 담고 있는 이유이기도 하다.

이 책의 또 다른 장점은 자칫 난삽할 수 있는 다양한 주제들을 놀라울 정도로 응집력 있게 그리고 흥미롭게 서술하는 점에 있다. 기본적으로 두 유대인 가문의 성공 스토리이기 때문에 읽는 내내 흥미와 집중도가 떨어지지 않는다. 퓰리처상 수상 작가인 조너선 카우프만의 생동감 있는 필력은 이야기에 등장하는 다양한 지리, 인종, 역사적 요소들을 절묘한 조화 속에 묘사한다. 거기에 정확하고 깔끔한 번역이 더해져 독자들은 아무런 거리낌 없이 이 흥미로운 이야기에 빠져들 수 있다. 원작의 높은 퀄리티가 자연스러운 우리말로 옮겨져 독자들을 찾아가고 있는 것이다.

마지막으로 《상하이의 유대인 제국》은 현재적 효용성을 갖추었다. 주지하듯이 중국 역사 서술은 1842년 제1차 아편전쟁부터 1949년 중국 공산당 집권까지의 기간을 외세에 시달린 '치욕의 100년'으로 바라본다. 그러나 이 책은 이런 역사 해석에 대안적인 서술의 가능성을 제기한다. 실제로 상하이는 이 시기 동안 세계적 수준의 교통망과 가스 공급망을 구축했다. 해안을 따라 시카고나 뉴욕 못지않은 스카이라인을 갖추었으며, 1930년대 대공황 시대에도 호황을 누렸다. 그리고 그 변화의 중심에는 놀랍게도 중동의 바그다드에서 발원해 상하이에 정착한 유대인 가문들이 있었다. 중일전쟁, 국공내전, 공산당의 집권이라는 중국 역사의 변곡점에서 서양 자본가를 대표하는 서순 가문과 커두리 가문이 내린 선택들은, 오늘날에도 중국인들이 당면한 문제들을 다루는 방식과 세계가 중국의 문제를 다루는 방식을 엿볼 기회를 준다.

상하이는 그 자체로도 탐구할 만한 가치가 충분한 매력적인 도시이다. 그곳의 역사를 읽는 방법은 다양하겠지만, 유대인 가문이라는 조각을 더해 역사의 모자이크를 맞춰 보는 경험은 상하이라는 도시를 이해하는 가장 흥미로운 관점 중 하나가 될 것이다.

윤영휘(경북대학교 사학과 교수, tvN 〈벌거벗은 세계사〉 강연자)

중국 역사에 관해 충분한 조사를 바탕으로 쓴《상하이의 유대인 제국》은 훌륭하고 잘 읽힐 뿐 아니라, 중국 근현대사의 우연과 아이러니한 운명의 반전들도 함께 드러낸다.

〈로스앤젤레스 리뷰 오브 북스〉

여러 세대에 걸친 서순과 커두리 가문의 대서사시. 그동안 그늘에 묻혀 있던 비즈니스를 양지로 끄집어내 현대 중국 역사의 중심부에 되돌려 놓는다. 이 책은 격동의 중국 역사에 관해 탁월한 통찰을 제시하는 동시에 핵심적 변화, 즉 중국의 도약 이면에 비즈니스가 있었음을 밝히는 데 크게 기여한다.

〈파이낸셜 타임스〉

《상하이의 유대인 제국》은 매혹적인 디테일로 그 시절을 환기시키며, 그곳의 '마지막 왕들'이 놀랍게도 바그다드에서 쫓겨난 이후 대영 제국의 방식을 통달한 유대인들이었음을 드러낸다.

〈에어 메일〉

조너선 카우프만은 우아한 글쓰기로 두 가문의 '식민주의적 편견'에 책임을 묻는 일과 그들의 업적들을 상찬하는 일 사이에서 사려 깊은 균형을 유지한다. 풍성한 디테일이 살아 있는 서술은 지금까지 간과되어 온 현대 유대인의 역사와 중국사의 중첩을 조명한다.

〈퍼블리셔스 위클리〉

깨달음을 주는 이야기. 분명 이것이 끝은 아닐 것.

〈이코노미스트〉

푹 빠져든다. 카우프만은 〈보스턴 글로브〉와 〈월스트리트 저널〉 특파원을 지낸 중국통이며, 다양한 설명을 통해 이야기를 발굴해내는 기자다운 안목을 보여준다. 독자를 흥분시킬 이야기다.

〈포브스〉

《상하이의 유대인 제국》은 두 비범한 명문가의 알려지지 않은 역사를 살펴본다. 처음부터 그런 건 아닐지라도, 그들은 결국 카우프만의 표현대로 '역사의 잘못된 편'에 속했다. 하지만 카우프만 덕분에 그들은 적어도 역사의 일부가 되었다.

〈보스턴 글로브〉

두 가문이 주목받는 것을 반기지 않는 이들 때문에, 그간 서순과 커두리 가문에 관해 쓰인 역사책은 찾아볼 수 없었다. 새롭고도 세부적인 사실을 밝혀내기 위해 카우프만이 잇따라 찾아낸 아카이브가 인상적이다.

〈월스트리트 저널〉

상하이와 홍콩에서 2세기 가까운 번영을 구가했던 금융 제국을 건설한 두 유대인 가문의 흡인력 있는 대하 서사. 카우프만은 그들의 사업가적 추진력이 중국에 자본주의의 항구적 유산을 구축했음을 설득력 있게 입증한다.

〈커커스 리뷰〉

"두 막강한 가문에 대한 흥미진진한 책인 동시에 상하이의 흥망을 들여다볼 수 있는 예리한 렌즈.

〈북리스트〉

바그다드 출신 어느 이산離散 유대인 일가가 20세기 상하이에 자리를 잡고 그곳을 영원히 바꿔 놓게 되는 것보다 믿지 못할 일이 또 있을까? 여기에 서순가와 커두리가를 대입해보라. 그것이 바로 조너선 카우프만이 역사를 통해 들려주는 놀라운 이야기다. 이 책을 읽고 나면 와이탄이 전혀 다르게 보일 것이다.

피터 헤슬러(《리버 타운》 저자)

카우프만은 엄밀한 조사를 바탕으로 한 능수능란한 문장력을 발휘하며, 바그다드에 뿌리를 둔 두 유대인 가문이 복잡하고 다층적인 중국 현대사에서 얼마나 거대한 영향을 미쳤는지 파헤친다. 어느 모로 보나 놀라운 책.

조지아 헌터(《우리는 운이 좋았어We Were the Lucky Ones》 저자)

조너선 카우프만은 서순가와 커두리가가 자신들이 선택한 영역을 사회적·상업적으로 지배하기 위해 어떻게 역사의 부침을 헤쳐 왔는지를 보여준다. 그들은 과연 '왕'이었지만, 그들의 흥망을 좌우하게 되는 것은 결국 위대한 상하이였다.

폴 프렌치(《북경의 한밤Midnight in Peking》 저자)

대하 서사 《상하이의 유대인 제국》은 스릴러 소설처럼 읽히지만, 한편으로 상하이와 홍콩을 빚어내는 데 일조한 유대인 라이벌 가문이라는 흥미로운 렌즈를 통해 두 도시의 생생한 역사를 볼 수 있는 대단히 유익한 책이다.

에이미 추아(《정치적 부족주의》 저자)

조너선 카우프만은 유대인 이산과 현대 중국을 뒤흔든 혁명을 하나로 엮으며 이제껏 이야기된 적 없는 역사의 풍성한 광맥을 발굴해낸다. 두 가문의 거짓말 같은 이야기는 워버그 가문 일대기의 동방 자매편 같다. 개인적 · 정치적 차원에서 모두 눈을 뗄 수 없으며, 가슴 저미는 대하 서사다. 카우프만의 능란한 필력 덕분에라도 이 책은 끝내주는 읽을거리다.

로저 로웬스타인(《탐욕의 도둑들》 저자)

카우프만은 중국을 글로벌 경제의 원동력으로 탈바꿈시키는 데 일조한 두 유대인 가문의 비상한 역사를 생생하게 살려낸다. 일품의 조사가 돋보이는 이 책은 식민주의부터 공산주의와 세계화된 자본주의에 이르기까지 세계를 무대로 한 재산, 가문의 암투, 정략을 다룬 대단히 매혹적인 이야기다.

수산나 헤셸(다트머스 대학교 석좌교수)

목차

등장인물

서순 가문

● **데이비드 서순**David Sassoon(1792~1864)

서순가의 가부장. 바그다드 출신 이름난 유대인 가문의 후손으로서 여덟 아들과 함께 전 아시아에 걸친 기업 제국을 건설했다. 중국어나 영어를 배우지 않았음에도 그의 주도로 서순 가문은 중국 무역을 지배하고, 상하이를 장악하고, 아편 사업을 좌지우지하고, 장래 영국 국왕의 물주가 되고, 영국 총리들을 자문하게 된다.

● **일라이어스 서순**Elias Sassoon(1820~1880)

비쩍 마르고 안경을 쓴 외톨이 일라이어스는 상하이에서 시작하여 중국 전역에 서순 가문의 사업을 일으켰다. 형과의 심한 반목으로 가문이 쪼개지지만 그럼에도 계속 승승장구한다.

● 플로라 서순 Flora Sassoon(1859~1936)

데이비드의 여덟 아들 중 한 명의 아내. 플로라는 뛰어난 학자이자 사업가였는데, 남편이 죽자 봄베이와 상하이의 가업을 물려받았다. 당시 인도에서 여성은 사무실을 방문하는 것조차 허용되지 않았기 때문에 자택에서 사업을 꾸려 나갔다. 모두의 예상을 뛰어넘어 성공 가도를 달렸지만 인척들의 집안 쿠데타로 쫓겨난다.

● 레이철 서순 비어 Rachel Sassoon Beer(1858~1927)

서순 집안이 줄줄이 배출한 유능한 여자들 가운데 한 명. 초창기 페미니스트이며 진보적이었던 그녀는 반유대주의에 맞서 싸웠고, 주간지 〈옵저버 The Observer〉와 〈선데이 타임스 The Sunday Times〉의 편집장을 역임하며 영국에서 가장 유력한 여성 저널리스트가 된다. 하지만 집안에서 천대를 받았고, 정신 이상 진단을 받은 뒤 우울증에 빠져 외로이 죽었다.

● 빅터 서순 Victor Sassoon(1881~1961)

억만장자이자 바람둥이였으며 서른 살 때 장애를 갖게 되었다. 상하이를 세계 일류 도시로 탈바꿈시키고, 국민당 정부에 자금을 댔으며, 나치즘을 피해 도망쳐 온 유대인 난민 수천 명의 목숨을 구했다. 하지만 한 친구는 빅터를 두고 "그는 언제나 잘못된 장소에서, 잘못된 때에, 잘못된 결정을 내렸다"라고 말했다.

● 에밀리 한Emily Hahn(1905~1997)

상하이를 근거지로 하여 〈뉴요커The New Yorker〉에 글을 쓴 미국 작가. 빅터 서순의 연인이자 동반자가 되었고 중국 공산당의 부상과 식민지 상하이의 불평등을 서순보다 먼저 인지했다. 하지만 한이 중국인 작가와 관계를 맺은 것에 질투한 빅터는 그녀의 말에 귀를 기울이지 않았다.

커두리 가문

○ 엘리 커두리Elly Kadoorie(1865~1944)

서순사社의 학생이자 직원으로 출발했지만 금방 제 갈 길을 갔다. 언제나 외부인이었던 그는 쑨원孫文과 같은 중국 혁명가, 자신 같은 이민자, 현지 중국인 들과 제휴했고 막대한 부를 쌓아 아시아 최대의 갑부이자 실력자가 되었다.

○ 로라 커두리Laura Kadoorie(1859~1919)

부유하고 유력한 영국 가문 출신인 로라는 모든 것을 버리고 엘리와 결혼해 중국으로 갔다. 상하이에서 수차례 전쟁을 겪으며 살아남은 그녀는 상하이의 빈곤과 변신을 목격한 산증인이었고, 인습에서 매우 자유로운 여성이었다. 그녀의 죽음은 커두리 집안에 커다란 타격이었고, 중국인들에게는 애정과 공경을 이끌어 냈다.

○ **로런스 커두리**Lawrence Kadoorie(1899~1993)

엘리와 로라의 장남. 건장한 체구에 빠른 차를 좋아하는 로런스는 변호사가 되고 싶었지만 아버지의 뜻을 어기지 못하고 가업을 이었다. 공산당이 상하이를 점령한 뒤에도 중국을 포기하지 않은 그는 홍콩에서 가업을 재건했으며, 1970년대에 중국이 고립을 탈피했을 때 덩샤오핑과 중국인들의 열렬한 환영을 받았다.

○ **호러스 커두리**Horace Kadoorie(1902~1995)

로런스의 동생. 붙임성이 좋은 형과 달리 숫기가 없었고, 175센티미터에 권투 선수 같은 체격인 형과 대조적으로 호리호리했다. 평생 독신이었던 호러스는 상하이 최대 저택에서 아버지와 함께 살다가 나중에는 홍콩 중심가에서 떨어진 시골 저택에서 살았다. 형제는 끈끈한 우애를 유지했다. 나치즘을 피해 도망쳐 온 유대인 난민 1만 8,000명을 구하고, 나중에는 공산주의를 피해 도망쳐 온 중국인 36만 명이 홍콩에 재정착하는 것을 도왔다.

기타

◑ **자다인 매티슨**Jardine, Matheson & Co.(1832~)

중국에 아편을 판매한 영국의 대형 무역 회사. 이 회사의 수뇌부가 영국 정부를 설득해 중국을 침략하고 상하이를 외국인들에게 개방하도록 만들었다. 하지만 서순 가문의 뛰어난 사업 전략과 기술력에 밀린 회사는 1870년대에 아편 무역을 포기했고, 오랜 시간 동안 서순 가문을 질시했다.

◑ 로버트 호퉁Robert Hotung(1862~1956)

20세기 초 홍콩 최대의 부호. 엘리 커두리의 사업상 동지이자 친구가 되었다. 두 외부인은 상하이에 자리 잡은 영국인 기득권층의 부동산을 공격적으로 매수하여 도시의 광대한 영역을 지배하게 된다.

◑ 사일러스 하둔Silas Hardoon(1851~1932)

서순 가문처럼 본향인 바그다드를 등진 그는, 이후 서순 가문에 고용되어 상하이의 서순 상사에서 일했다. 1920년에 회사를 그만두고 부동산 거물이 되었다.

◑ 쑨원(1866~1925)

중국의 '조지 워싱턴'이라고 불리는 쑨원은 청나라를 무너뜨린 혁명을 주도했다. 엘리 커두리와 일찌감치 손을 잡았고, 두 사람의 제휴는 서로에게 큰 이득이 되었다. 쑨원가와 커두리가의 관계는 21세기까지 이어지며 커두리가와 중국 간의 관계를 단단히 굳혔다.

◑ 마담 쑨원, 쑹칭링(1893~1981)

쑨원의 아내. 미국에서 교육받았고 나중에 공산주의로 전향했다. 기민한 외교관으로서 중화인민공화국(중국 공산당)에서 부주석 자리까지 올랐고 커두리 가문을 비롯해 서방의 많은 인사들과 중국을 이어 주는 연락책이었다.

◑ 허펑산何鳳山(1901~1997)

제2차 세계대전 당시 빈 주재 중국 외교관이었던 허펑산은 나치를 피해 도망치려는 유대인들에게 수천 장의 출국 비자를 발급했고, 이들 중 상당수는 상하이로 탈출했다.

◑ 룽씨 가문Rong Family

중국에서 가장 성공한 사업가 집안. 19세기부터 서순가와 커두리가로부터 사업을 배웠고, 자본주의에서 공산주의로, 다시 자본주의로 중국 정치의 격랑을 함께했다. 커두리가와의 연줄은 홍콩을 변모시키는 데 일조했지만, 21세기 들어 중국이 한층 더 자기 목소리를 내게 되면서 룽씨 가문의 부상은 커두리 가문의 권력을 위협했다.

◑ 이누즈카 고레시게犬塚惟重(1890~1965)

일본 해군 대령인 이누즈카는 반유대주의자였지만 빅터 서순이 구슬리고 비위를 맞춰 준 덕분에 제2차 세계대전 동안 상하이로 도망친 1만 8,000명의 유대인 난민을 보호했다.

◑ 장제스(1887~1975)

반공 국민당 정부의 지도자로서 반대파 탄압과 마오쩌둥에 맞선 국공내전에서 자신을 지지하도록 서양 사업가와 미국 정치인, 여론을 조종했다. 1949년 그의 국민당 군대는 상하이로 밀려났다가 결국 본토를 포기하고 타이완 섬에 신정부를 수립할 수밖에 없었다.

◑ 마오쩌둥(1898~1976)

중국 공산당 혁명가로서 사일러스 하둔의 세입자였다. 상하이의 급진주의를 좋아하면서도 그곳의 자본주의를 증오했다. 상하이는 마오쩌둥과 그의 아내 장칭이 중국을 변모시키는 과정에서 중추적인 역할을 했다. 그의 죽음은 커두리 가문이 상하이로 귀환하는 길을 닦았으며, 상하이 시가 서순 가문을 재평가하는 계기가 되었다.

◑ 덩샤오핑(1904~1997)

1978년부터 1992년까지 중국의 지도자로서 결연하게 중국 근대화를 추진했다. 그는 중국 최초의 원자력 발전소를 건설하기 위해 관리들에게 로런스 커두리에게 접근하도록 지시했고 인민대회당의 권력의 장으로 커두리 가문을 귀환시켰다.

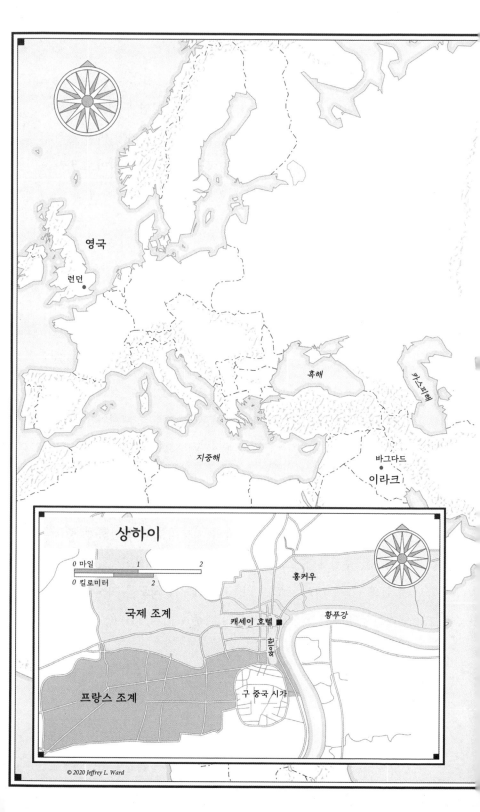

영국

런던 ●

흑해

카스피해

지중해

바그다드 ●
이라크

상하이

0 마일　　1　　　　2
0 킬로미터　　2

국제 조계

홍커우

캐세이 호텔 ■

황푸강

쑤저우허

프랑스 조계

구 중국 시가

© 2020 Jeffrey L. Ward

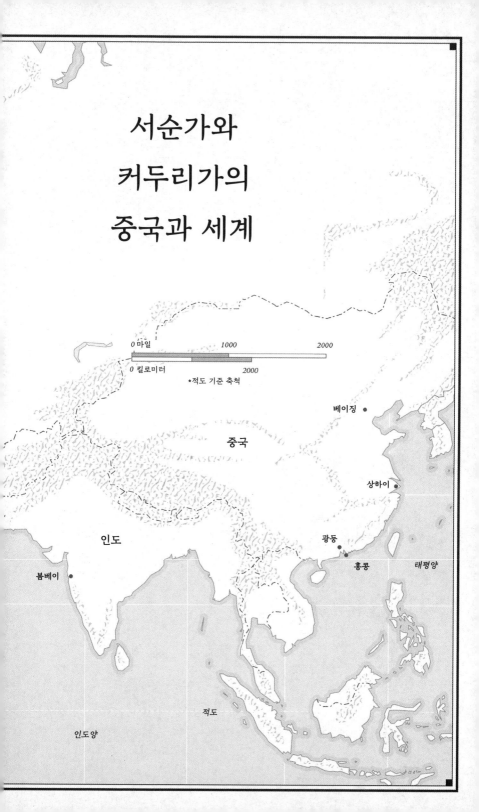

서순가와
커두리가의
중국과 세계

0 마일　　　　　1000　　　　　2000
0 킬로미터　　　　　　　　　2000
*적도 기준 축척

베이징 •

중국

상하이 •

인도

광둥
•
봄베이 •
홍콩 • 　태평양

적도

인도양

1930년대의

상하이 와이탄

(번드Bund라고도 불리며 아편전쟁으로 강제 개항된 곳-옮긴이)

들어가는 글

내가 상하이의 열기를 피해 평화호텔의 서늘한 대리석 로비로 들어선 것은 1979년 후덥지근한 늦여름의 어느 날이었다. 당시 스물세 살이던 난 신참내기 해외 특파원이었다. 미국이 30년간의 냉전을 끝내고 중국과 외교 관계를 막 수립한 참이었다. 호텔은 분주한 황푸강변을 따라 뻗은 산책로인 와이탄 한 모퉁이에 들어서 있었다. 호텔의 파사드(장식 외벽)는 강을 내려다보는 아르데코 양식 건축물들의 스카이라인을 잡아 주며 웅장한 배의 뱃머리처럼 바다를 향해 툭 튀어나와 있었다. 중국은 마치 호박琥珀 속에 보존된 듯 공산당이 집권하여 나라를 자본주의와 외침으로부터 '해방'시킨 1949년경의 모습 그대로였다. 모든 것이 흑백 화면 같았다. 거리에 활기를 불어넣는 거대한 광고판이나 알록달록한 상점 진열장과 간판은 전혀 없었다. 굵고 튼튼한 프레임의 까만 자전거들이 이따금 상자 모양 경장마차에 길이 막힌 채 거리를 가득 메우고 있었다. 리무진 뒷좌석 창문에 드리운 흰 레이스 커튼은 그 안에 탄 공산당 간부들을 가려 주었다.

중국인들은 남녀 모두 흰 셔츠에 빳빳한 남색 인민복을 걸치고 있었다. 옷들은 하나같이 한 사이즈가 더 큰 것 같았다.

40년 동안 중국은 세상과, 확실히 대다수의 미국인들과는 단절되어 있었다. '붉은 중국'은 한국전쟁에서 미국과 싸웠고 베트남 전쟁에서는 북베트남 편이었으며, 미국의 우방을 '앞잡이'이자 '제국주의자'로 규탄하며, 핵전쟁을 들먹였다. 리처드 닉슨 대통령이 7년 전에 방문하여 중국의 고립을 끝냈지만 그곳은 여전히 낯설고 위협적으로 느껴졌다. 공산주의 중국의 지도자 마오쩌둥은 인생 막판 10년 동안 문화대혁명으로 내전에 가까운 혼란을 초래하다가 3년 전에 세상을 떴다. 덩샤오핑이 이끄는 후임자들은 재빨리 마오쩌둥의 미망인 장칭을 필두로 한 급진파 '4인방'과 문화대혁명의 좌파 추종자들을 체포하고 투옥했는데, 그중 상당수가 상하이 출신이었다.

모든 대화는—정부 관리에게 떠밀려 나온 '일반' 농민과 공장 노동자와의 대화, 공산당 관료, 심지어 택시 운전사와의 대화마저—말을 맞추기라도 한 듯 4인방에 대한 비난으로 시작되었다.

"4인방 치하에서 우리 집 소는 할당량만큼 젖이 나오지 않았지만 4인방이 체포되고 난 뒤에는 우유 생산량이 30퍼센트 늘었습니다."

"4인방 치하에서 우리 공장은 할당량을 채우지 못했습니다. 하지만 4인방이 타도된 뒤로 노동자들은 능률이 더 올랐고 이제는 생산량이 세 배나 증가했습니다."

만남들이 워낙 틀에 박혀서 나와 동료 저널리스트들은 중국 경호원들의 감시하는 눈초리를 피해 호텔 방에서 인민복과 모자를 쓰고 유치한 촌극을 벌이기도 했다. "4인방 치하에서 남편은 저랑 잠자리를 갖지 않았어요. 하지만 그들이 쫓겨난 뒤에는 일주일에 서너 번씩 잠자리를 같이한답니다!"(20년도 더 지나서 〈월스트리트 저널〉의 지부장으로 중국에 돌아와 주재하게 되었을 때 나는 그 기괴했던 시절에 관해 베이징의 택시 운전사에게 물었더니, 그는 웃으며 대답했다. "그때도 택시 운전을 했는데, 당 간부들이 외국인들에게 그렇게 말하라고 시켰지요. 4인방 치하에서는 어쩌고저쩌고…").

1979년의 상하이가 국어책 같은 대사가 흘러나오는 흑백 영화 느낌이라면 평화호텔은 1940년대 영화 속으로 들어가는 기분이었다. 그것도 프랑스어 자막이 달린 컬러 영화로.

아치형 천장에는 샹들리에가 걸려 있었다. 복도를 따라 벽에 부착된 조명들이 로비에서부터 대리석과 카펫이 깔린 계단까지 길을 밝혔다. 저쪽 구석에는 야간 재즈 밴드를 광고하는 포스터가 붙어 있었다.

나는 엘리베이터가 나란히 늘어서 있는 벽 쪽으로 걸어갔다. 흰 바지, 짧은 흰 재킷, 작은 흰 모자를 쓴 나이 지긋한 안내인이 다가왔다.

"Puis-je vous aider? Que voulez-vous voir?(무얼 도와드릴까요? 뭐 찾는 게 있으십니까?)"

"Je ne parle pas français(불어를 할 줄 모릅니다—옮긴이)".

나는 까먹고 있던 고등학교 시절 프랑스어를 더듬거렸다.

"Quel dommage(아쉽군요)", 그는 미소를 지으며 말했다.

여긴 어디지? 이 유럽식 사치, 심지어 향락의 유물은 뭐지? 권위주의적 공산주의 체제 30년이 칙칙하고 평등주의적이고 획일적이고 살짝 맛이 간 괴짜처럼 탈바꿈시킨 어느 나라, 어느 도시에 미라처럼 보존된 이곳은?

내가 상하이를 다시 찾은 것은 10년이 지나서였다. 1989년 천안문 사태가 일어나 베이징에서 학생 수백 명이 죽고 중국의 나머지 지역은 충격에 빠져 무장 봉쇄 상태에 들어간 지 며칠 뒤였다. 나는 학생들과 여타 중국인들과 은밀하게 이야기를 나누며 대부분의 시간을 보냈다. 내게 허락된 몇몇 공식 방문 중 하나는 '아동 궁전' 투어였다. 바깥의 들끓는 분노와는 대조적으로, 투어가 하품을 유발하는 연출된 무대라는 것은 빤한 일이었다. 중국 어린이들이 피아노를 치고 발레 수업을 받는 모습, 한마디로 강요된 정상성 말이다.

선전 의도는 내 예상에 들어맞았지만 '궁전'은 입을 떡 벌어지게 했다. 그것은 유럽식 대저택, 다시 말해 파리나 런던의 교외에서 마주쳐도 어색하지 않을 '대저택'이었다. 어딜 가나 대리석이 깔려 있었다. 높다란 천장에는 샹들리에가 주렁주렁 달려 있었고, 우아한 징두리판벽과 벽난로, 상감 장식을 끼워 넣은 나무 마룻바닥으로 도배된 휘황찬란한 방들이 끝도 없이 펼쳐져 있었다. 너른 계단은 커다란 곡선을 그리며 2층으로 이어졌다. 영국 귀족 가문의 집에 온 느낌이라고 중얼거렸더니, 내 느낌이 맞다고 중국인 안내인이 진지하게 대답했다. 25년 동안, 다시 말해 1924년부터 공산당이 집권한 1949년까지 그곳은 어느 부유한 영국 자본가 가문의 저택이었단다. 커두리 가문the Kadoories이라는. 뭐 커두리 가문이라고? 난 홍콩 주재 시절을 통해 커두리 가문—로런스 커두리 경이 이끄는—이 홍콩 최대의 갑부이자 유력한 가문 가운데 하나이며, 전설적인 우아한 로비와 말도 못하게 호사스러운 애프터눈티 그리고 더할 나위 없이 아름답고도 비싼 객실을 갖춘 페닌슐라 호텔의 소유주라는 사실을 알고 있었다. 커두리 가문은 홍콩 최대의 전기회사를 소유했고 홍콩 항만 해저 터널에 지분도 갖고 있었다. 빅토리아 피크로 올라가는 전차도 커두리 가문 것이었다. 커두리가는 '타이판大班'이었다—아편전쟁까지 거슬러 가는 기원, 돈, 권력을 가리키는 '타이판'은 식민지 시절부터 쓰이던 용어의 잔재다.

그들은 중국인이 아니다. 나도 알다시피 사실 그들은 유대인이었다. 커두리 가문은 내가 홍콩에서 기자로 있을 때 다니던 시너고그(유대교 회당)에서 진행하는 프로그램에 자금을 지원했었다.

그때는 커두리 가문에 관해 더 자세히 알 기회가 없었다. 나는 취재 때문에 베를린으로 가게 되었고 거기서 베를린 장벽의 붕괴와 러시아와 동유럽 공산주의의 몰락을 보도했다. 이후로 나는 15년간 중국으로 돌아가지 않았다. 중국이 재부상하고 힘차게 되살아나고 있었는데도 말이다.

2002년에 나는 〈월스트리트 저널〉 소속으로 글로벌 경제 강국으로 떠오르는 중국을 취재하기 위해 상하이로 돌아오게 되었다. 취재 차 황푸강변 상업 지구의 북새통에서 벗어나 상하이 근교로 갔다. 당시 중국은 관광산업의 이점들을 막 깨달은 참이라 상하이의 또 다른 유대인 가문인 서순 가문the Sassoons이 1920년대에 지었던 시너고그를 재개장했다. 공산당 정부는 그곳을 박물관으로 바꿔 놓았다. 입구에는 히브리어가 새겨져 있었지만 안으로 들어서면 이곳이 한때 유대교 회당이었음을 알려 주는 흔적은 전혀 없었다. 2층에는 작은 도서관이 있었는데 연로한 중국인 안내인이 지키고 있었다. 우리는 자리에 앉아 그가 기억하는 것들에 관해 담소를 나눴다. 그는 1949년 혁명 이전에 상하이에 살았던 유대인 가문들을 기억했다. 그는 그런 집안들에서 일도 했다고 말했다. 난로에 불을 붙이는 일을 했는데, 토요일에는 무슨 이유가 있어서 그 집안 사람들은 그 일을 할 수 없었기 때문이란다. 나는 그를 고용한 사람들이 '샤보스 고이Shabbos goy', 즉 안식일에는 일을 금하는 유대 율법을 지키는 유대인들이었다는 걸 알 수 있었다.

그에게 서순이라는 이름을 아느냐고 물어봤다. 공산당이 집권하기 전에 평화호텔을 짓고 소유했던 부호 가문 말이다.

"물론이죠, 캐세이 호텔 말이지요?" 그는 1930년대 호텔이 처음 문을 열었을 때 붙여진 이름, 공산당 정부가 바꾸기 전 이름을 꺼냈다. "모두가 서순이란 이름을 알고 있었습니다"라고 그는 고개를 주억거리며 대답했다.

공산당은 상하이에서 창건되었는데, 서순가가 누리던 부富는 빈곤과 굶주림, 절망적인 현실과 극명한 대비를 이루며 공산당의 승리에 이바지했다.

"그 가문 사람들을, 그들의 부를 증오했습니까?"라고 내가 묻자 그는 고개를 끄덕였다. 놀라울 것 없는 반응이었다.

반유대주의에 여전히 물들어 있던 연로한 독일인과 체코인, 폴란드인과 나눈 대화의 기억이 생생했던 나는 조심스레 물었다. "그 사람들이 유대인이라서 미워했습니까?"

그는 잠시 생각에 잠겼다.

"그렇지는 않아요. 우린 그들이 영국 제국주의자들이라서 미워했습니다."

시너고그를 나오자 근처 시장에서 과일을 고르고 있는 두 중국 노부인이 눈에 들어왔다. 그들은 도서관 관리인처럼 1949년 공산당이 도시를 함락하기 전의 상하이를 기억할 수도 있을 만큼 나이가 지긋해 보였다.

나는 중국인 취재 보조원의 도움을 받아 그들에게 다가가서 옛 유대교 회당 건물을 방문하러 왔다고 설명했다. 중국인들이 1949년 공산당의 승리를 부르는 표현인 '해방' 이전에는 이 일대에 유대인들이 살았을지도 모르는데 혹시 그 사람들을 기억하느냐고 물었다.

"가구 찾으러 왔어?" 그 여인 중 한 명이 갑자기 얼굴이 밝아지며 물었다.

"무슨 소리예요?" 나는 어리둥절해져 되물었다.

노부인은 잡다한 먹을거리와 찬거리가 담긴 꾸러미를 양손에 들고는 짐을 들어 주겠다는 나의 제의를 거절한 채 길 건너편 그녀가 사는 건물로 다짜고짜 우리를 이끌었다. 계단을 올라가자 그녀가 사는 방이 나왔다. 그곳은 한때 더 큰 다세대 주택의 일부였던 게 분명했다. 원래는 한 가구가 살았을 곳이 합판과 천을 둘러서 일련의 방들로 조각조각 나뉘어 대여섯 가구를 수용하고 있었다. 제2차 세계대전 이전 것으로 보이는 마호가니 더블 침대가 방 한구석을 차지하고 있었고, 침대 옆에는 짝을 이루는 서랍장이 놓여 있었다.

"유대인들이 여기 살았어." 그녀가 설명했다. "그러다가 떠났어. 가구는 놔두고." 나는 잽싸게 중국인 취재 보조원과 상의했다. 유대인들이 중국인이나 일본인에 의해서 다른 곳으로 보내졌다는, 이송되었다는 얘기냐고, 집단 수용소로 끌려가거나 실종되거나 죽임을 당했다는 뜻이냐고 물었다. 아니, 그런 뜻이 아니라고 여인이 설명했다. "전쟁 동안 그 사람들 여기 살았어. 해방이 되고 나서도 한동안 머물렀지. 그러다가 멀리 떠났어. 이스라엘로, 팔레스타인으로 갔어." 그녀는 마호가니 침대와 서랍장을 다시금 가리켰다.

"가구 찾으러 오신 건가?"

어떤 의미에서는 그런 셈이었다.

○●

수십 년 동안 중국 공산당 통치자들은 19세기에 중국으로 건너와 큰 부를 축적한 두 라이벌 외국 가문인 서순가와 커두리

34

가의 이야기를 덮어 왔다. 그들은 두 집안이 빚어낸 세기—중국 문호를 서양에 개방한 1842년 제1차 아편전쟁의 종결부터 1949년 공산당 집권까지—를 굵직한 프로파간다의 서사로 포장했다. 역사를 지우고, 전 세계의 다른 정치인들과 마찬가지로 국가적 신화와 이야기들을 끄집어내 대중의 지지를 끌어냈다. 중국 전역의 초등학교 교실에는 국치를 잊지 말라고 적힌 포스터가 있다. 공산당 지도부는 어린 학생들이 커두리나 서순 같은 외국인들이 중국 노동계급을 착취하고 중국 시민들을 시궁창과 무지, 자욱한 아편 연기에 빠뜨린 채 떵떵거리며 잘살았던 과거를 기억하길 바란다. 마오쩌둥과 그의 헌신적인 공산주의자 게릴라 군대가 이 탐욕스러운 자본가들을 타도했을 때 비로소 중국은 다시금 일어설 수 있었다는 거다. 중국의 국력이 성장하고 미국과의 경쟁 관계가 심화하면서, 중국이 스스로에게 들려주는 이야기들을 이해하는 것이 중요해졌다. 그러한 중국의 자기 서사는 중국이 왜 특정한 방식으로 행동하는지 이해할 수 있게 도와준다. 또 그러한 이야기들 이면의 진실을 파헤치면 세계가 중국을 상대하는 다른 방식들 그리고 중국이 세계를 상대하는 다른 방식들을 찾아낼 수 있을지도 모른다.

중국 공산당 판본의 역사에는 적잖은 진실이 담겨 있다. 하지만 다른 진실들도 존재한다. 상하이는 중국의 용광로, 중국을 형성한 모든 세력들—자본주의, 공산주의, 제국주의, 외국인, 민족주의—이 한데 모인 도가니였다. 1895년에 이르자 상하이는 현대적인 런던의 설비에 버금가는 시가 전차 체계와 가스 공급망을 보유했다. 1930년대에 이르러서는 타이판 빅터 서순의 주도로 시카고에 버금가는 마천루와 스카이라인을 갖추게 되었다. 상하이는 당시 세계에서 네 번째로 큰 도시였다. 나머지 세계가 대공황에 빠져들고 있을 때 장제스 정부는 화폐를 안정시키고 수출 붐을 일으키기 위해 서순과 협력했다. 상하이는 중국의 뉴욕, 금융과 상업, 산업의 수도가 되었다. 또한 중국의 로스앤젤레스, 즉 대중문화의 수도도 되었다. 1920년대와 1930년대에 상하이 소재 출판사들은 1만 종이 넘는 소책자, 신문, 잡지를 펴냈다. 그곳의 영화사는 수백 편의 영화를 찍어 냈고 그중 다수는 서구화된 도시를 배경으로 했다. 대학들이 융성했다. 정치도 마찬가지였다. 상하이 국제 조계the International Concession(개항 도시의 외국인 거주지로 외국이 행정권과 경찰권을 행사했다—옮긴이)는 기업 공화국처럼 운영되었다. 서순가 대표들을 비롯해 기업가들로 구성된 7인 위원회가 중국 법률과 독립적으로 도시를 운영했다. 역설적이게도 그 덕분에 상대적으로 자유로운 정치 환경, 다시 말해 언론 자유와 공산주의 및 시위를 탄압하는 중국 국민당 정부로부터 중국인 활동가와 개혁가, 급진주의자들을 보호할 수 있는 분위기가 조성되었다. 훗날 마오쩌둥의 공산당이 되는 단체는 이곳 상하이, 서순가와 커두리가의 본사 건물과 고급 저택에서 고작 몇 킬로미터밖에 떨어지지 않은 곳에서 첫 모임을 열었다.

서순가와 커두리가는 자신들을 억만장자로 만든 도시, 그리고 한 세대의 중국인 비즈니스맨들에게 영감을 불어넣고 그들이 자본가와 기업가로서 성공하는 것을 가능케 한 도시를 빚어내는 데 기여했다. 그들은 기업가 정신이 충만한 문화를 창출했지만 1949년 중국 공산당은 그 문화를 싹 지워 버렸다. 빅터 서순 덕분에 상하이는 중국을 세계 엘리트들에게 열어젖힌 '그랜드 투어'의 한 행선지가 되었다. 그가 주최한 가면무도회와 그의 캐세이 호텔 무도회장에는 노엘 카워드Noël Coward, 찰리 채플린, 미국 사교계 인사 월리스 심슨Wallis Simpson이 나타나곤 했는데, 심슨은 몇 년 뒤에 어느 국왕이 왕위를 포기하게끔 할 정도의 성적인 기교들을 상하이에서 배웠다고 전해진다(영국의 왕 에드워드 8세가 퇴위한 후 심슨과 결혼했다—옮긴이).

광란의 1920년대the Roaring Twenties 그리고 1930년대에 중간계급과 부유층 중국인들은 상하이가 제공하는 경제적 기회와 중국의 다른 곳에서는 누릴 수 없는 삶의 가능성에 이끌려 상하이로 몰려들었다. 으리으리한 백화점, 호텔, 나이트클럽, 카지노가 그들에게 손짓했다. 영국인, 미국인, 프랑스인과 여타 외국인들과 맞닥뜨려 수십 년간 정체와 퇴보를 겪은 뒤, 많은 중국인들은 상하이가 새롭고 역동적인 중국 문화를 빚어내고 있다고 믿게 되었다. 상하이는 세계를 향해 열려 있는, 20세기를 끌어안을 준비가 된 도시로 보였다. 서순가와 커두리가는 세계를 중국에 개방하는 것을 도왔다. 그리고 중국을 세계에 개방하는 것도.

일본이 중국을 침략하고 추축 세력의 일원으로 독일에 합류했을 때 서순가와 커두리가는 힘을 합쳐 제2차 세계대전의 기적 가운데 하나를 이뤄 냈다. 1만 8,000명의 유럽 유대인들이 나치를 피해 베를린과 빈에서 8,000킬로미터 떨어진 상하이로 흘러

들어 오자 빅터 서순은 비밀리에 일본군과 교섭을 벌였다. 나치 인사들이 일본 점령군에게 유대인 피난민들을 바지선에 태워 황푸강 한복판에 수장시켜 버리라고 채근하고 있을 때였다. 서순가와 커두리가는 유럽과 팔레스타인, 심지어 미국 내 유대인도 할 수 없던 일을 해냈다. 그들은 자신들의 도시에 발을 들인 유대인 난민을 한 명도 빠짐없이 보호했다. 그 가운데는 수천 명의 어린이들, 나중에 커서 미국 재무장관이 되는 마이클 블루멘설 Michael Blumenthal, 미술가가 되는 피터 맥스Peter Max, 할리우드 영화사의 임원이 되는 마이클 메다보이Michael Medavoy, 하버드 법학대학원의 교수가 되는 로런스 트라이브Laurence Tribe도 있었다.

공산당이 상하이를 함락하고 커두리가와 서순가 소유의 호텔과 대저택, 공장을 몰수하자 커두리가는 중국 남단의 영국 식민지 홍콩으로 물러갔다. 서순가는 런던과 바하마제도, 심지어 텍사스주 댈러스까지 도망쳤다. 하지만 그들은 상하이에 대한 생각을 멈추지 않았다.

이 책이 그리는 세계는 오늘날과 무척 비슷하게 혁신과 세계화, 늘어나는 불평등과 정치적 격동으로 점철되어 있다. 마크 저커버그와 스티브 잡스, 마이크로소프트와 구글이 중국을 그리고 미국의 정치적 압력을 어떻게 다루어야 할지 고심하기 훨씬 전부터 상하이, 홍콩, 봄베이, 런던에 회사를 둔 서순가와 커두리가는 전 지구적 경제를 주무르면서 중국과 손을 잡는 과정에서 생겨나는 정치적, 도덕적 딜레마와 씨름했다. 서순가와 커두리가 모두 사업, 특히 개명된enlightened 사업이 얼마나 대단한 일을 해낼 수 있는지 보여 주었다. 그들은 정부가 손을 뻗지 않으려 한, 아니 뻗을 수 없었던 영역으로 갔다. 그들의 결정은 수억 명의 삶을 변화시켰다. 서순가는 나머지 세계가 불황에 빠져들고 있던 1930년대에 중국 경제를 안정화시키는 데 이바지했다. 그들은 중국인 한 세대를 세계 자본주의 안에서 육성하며 오늘날 중국의 놀라운 성공을 위한 길을 닦았다. 커두리가는 수백만 홍콩 주민에게 전기를 공급하며 수백 년 동안 삶의 속도가 바뀌지 않던 지역들을 변모시켰다. 1949년 이후, 공산주의를 피해 도망쳐 온 상하이 출신 중국인 공장주들과 손을 잡기로 한 커두리 가문의 결정은 세계 시장을 열어젖히고, 홍콩의 성장을 촉진하고, 21세기에 중국을 세계의 공장으로 만든 수출 붐을 위한 무대를 마련했다.

하지만 예리한 정치적·경제적 감각에도 불구하고 서순가와 커두리가는 자신들의 사무실과 사치스러운 응접실 바로 바깥에서 무르익고 있던 공산주의 혁명을 알아차리지 못했다. 그래서 1949년 그들의 생각과 달리 공산당이 승리했을 때 서순가와 커두리가는 거의 모든 것을 잃었다. 그들은 오늘날까지 중국의 대미관계와 여타 대외관계에 오늘날까지 그림자를 드리우는 유산을 남기고 떠났다. 오늘날 중국 박물관 방문이나 관광 혹은 비즈니스 미팅이나 외교 교섭 자리는 모두 중국에서 외세의 착취와 제국주의의 역사, 중국이 겪은 굴욕, 그리고 그런 일이 두 번 다시 일어나지 않게 하겠다는 결의로 끝난다. 아편 무역에 대한 공분부터 상하이 와이탄의 극적인 스카이라인과 홍콩의 미래를 둘러싼 갈등에 이르기까지 이 가문들이 남긴 유산은 오늘날 중국이 내리는 거의 모든 결정에 무겁게 걸려 있다.

이 책을 읽는 독자들은 서사의 중심에는 중국이 서 있는 반면, 중국인 등장인물들은 흔히 주변부에 머무르는 것을 알아차릴지도 모르겠다. 그러한 서사는 이 가문들이 살았던 특이한 식민지 세계를 반영한다. 상하이에서 살고 있으면서도 그들은 언어와 재산, 식민지 고정관념들에 의해 분리되어 멀찍이 떨어져서 중국인들을 상대했다. 어느 중국인도 두 가문의 핵심층에 침투한 적이 없고, 200년 가까이 중국에서 살아가는 동안 서순 가문이나 커두리 가문 일원 누구도 중국어를 배우려 하지 않았다는 사실은 시사하는 바가 크다. 그와 동시에 그들이 대다수 중국인과 동떨어져 있었다는 사실은 중국 그리고 특히 공산당 지도자들과 역사가들이 이 가문들의 중요성을 무시하거나 희화화하고, 그들이 가져온 충격과 영향력을 축소시키기 쉽게 만들었다. 이 책의 목표 중 하나는 이 복잡다단함을 적극적으로 끌어안고 우리가 커두리 가문과 서순 가문이 내린 선택들을 이해할 수 있게 돕는 것이다. 그들의 행위 다수는 이윤 추구나 온정주의에서 우러나온 것일 때조차 시대와 발맞추거나 시대보다 더 앞선 것이었다. 다른 한편으로, 그들은 그 행위들이 초래한 결과에 둔감했고 당대의 식민주의적 전제들을 그대로 수용했다. 유대인이라는 사회적 배경은 그들이 이 상이한 세계들 사이에서 헤쳐 나가는 방식을 복잡하게 만들었다. 뒤따르는 이야기는 1840년 이후의 중국에 관한 이야기가 아니다. 그보다는 중국 역사의 모자이크 일부를 복원하는 것이다.

중국이 학생과 방문객, 기업을 해외로 보내며 많은 이들이 중국의 세기라고 여기는 시대를 열어나가고 있지만 중국 지도자들은 역사의 복잡다단함을 회피한다. 그들은 중국을 역사의 피해자로, 심지어 중국이 흥기하고 있을 때조차도 피해자로 그리길 좋아한다. 중국이 가난하고 허약하고 고립된 채로 남았다면 상하이 그리고 서순가와 커두리가의 이야기는 호기심을 자아내는 이야깃거리, 그렇게 되었을 수도 있는 일종의 대체 역사였을 것이다. 하지만 오늘날 중국이 직면한 문제들―외국인들과 함께 일하기, 불평등과 부패, 세계 속에서 중국의 위상 찾기, 민족주의와 개방성 사이의 균형, 민주주의와 정치적 통제, 다양성과 변화―은 상하이를 만들어왔고, 커두리가와 서순가가 매일같이 직면했던 문제들이다. 커두리가와 서순가만큼 상하이도, 그곳의 성장과 발전, 투쟁과 모순도 이 책의 주인공이다.

극히 소수의 나라들만이 제2의 기회를 얻는다. 20세기 그리고 21세기 중국의 이야기는 한 강대국이 내부적 부패와 서양 식민주의, 일본 제국주의에 의해 몰락해 무너졌다가 힘든 싸움 끝에 다시금 일어선 이야기다. 만약 중국이 성공한다면 그건 억압적 국가 모델을 끌어안고 반대파를 탄압하는 베이징의 정신의 리더십을 따랐기 때문만은 아닐 것이다. 그것은 상하이를, 우아하고 근면하고 세련되고 개방적이고 코즈모폴리턴적인 도시를, 그리고 중국을 근대로 끌고 간―이제는 잊힌―상인 거물들을 본보기로 삼았기 때문이기도 할 것이다. 60년이 넘도록 상하이 그리고 중국은 그 역사를 벽장과 서랍장에, 낡은 사무실 금고 안 누렇게 바래가는 서류들에, 덧문을 닫은 방과 식탁에서 차를 마시며 소곤소곤 주고받는 이야기에 감춰 왔다.

2014년 한 중국 호텔 업체가 페어몬트 호텔 체인에 과거 빅터 서순의 우아했던 캐세이 호텔을 복원시키는 작업을 의뢰했다. 빅터 서순이 소유했던 그 호텔은 여전히 와이탄을 내려다보고 있다. 얼마 지나지 않아 그곳을 다시 찾았을 때 나는 로비에서 떨어진 좁은 계단을 올라 유리 보관함과 진열장이 가득한 작은 방으로 안내되었다. 캐세이 호텔을 구입한 직후 새 소유주들은 현지 중국 신문에 1930년대 그곳의 찬란했던 시절의 골동품과 유물을 구한다는 작은 광고를 냈었다. 그들은 기껏해야 오래된 메뉴판과 어쩌면 기념품 재떨이 정도를 기대했다. 그런데 상하이 주민들 수백 명이 광고에 응답했다. 사람들이 보낸 돈을새김을 한 접시와 크리스털 유리잔, 우아하게 인쇄된 메뉴판이 호텔에 그득히 쌓였다. 사람들은 바닥까지 끌리는 몸에 꼭 끼는 청삼을 입은 중국 여성들과 양복을 입은 중국 남성들이 호텔의 만찬장에서 결혼과 생일을 축하하는 모습이 담긴 사진도 보내왔다. 그리고 그 사진들에는 외알 안경과 지팡이를 든 머리부터 발끝까지 영락없이 영국 귀족인 빅터 서순 경이 있었다. 50년의 공산 체제 동안 중국은 혁명과 대기근, 문화대혁명을 겪었다. 하지만 내가 식품 가판대에서 만난 여성, 밤마다 서양식 침대에서 잠을 자던 그 노부인처럼 수백 명의 중국인들은 상하이에 산재한 공동 주택의 벽장에 이 과거의 단편들을 간직해 왔다. 이것은 한때

또 다른 중국을 약속했던 상하이에 대한 하나의 기억, 하나의 꿈
이다.

이 기억은 그들의 '가구furniture'이기도 하다.

1부

상하이가
부른다

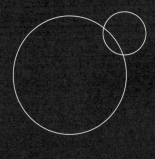

데이비드 서순

1장
가부장

어둑한 거리를 가로질러 바그다드 최고의 부호가 목숨을 부지하기 위해 도망친다.

고작 몇 시간 전에 데이비드 서순의 아버지는 몸값을 지불하고 감옥에서 아들을 꺼내 왔다. 바그다드를 다스리던 오스만 튀르크의 통치자들은 서순 가문이 터무니없이 무거운 세금을 내지 않으면 아들을 교수형에 처하겠다고 협박했었다. 이제 서른일곱 살의 데이비드를 안전한 곳으로 싣고 갈 보트 한 척이 기다리고 있었다. 그는 돈주머니를 허리에 두르고 망토를 걸쳤다. 망토 안감에는 하인들이 진주를 꿰매어 뒀다. "그의 일가가 대대로 살아온 도시 성문을 빠져나가는 동안 터번과 높게 두른 망토 사이로 오로지 눈만 보였다"[1]라고 한 역사가는 썼다. 때는 1829년이었다. 그의 가문은 바그다드에서 사실상 왕족으로서 800년 넘게 살아왔다.

억압적인 지배자를 피해 도망치는 유대인들이란 테마는 19세기에 이르러서까지도 쉽게 접할 수 있었다. 유대인들은 1290년에 영국에서, 1492년에 에스파냐에서 쫓겨났다. 베네치아는 1516년부터 유대인들을 게토에 가두라고 명령했다. 홀로코스트의 참화는 아직 미래의 일이었다.

데이비드 서순의 도피는 달랐다. 유럽에서 유대인들은 언제나 사회의 주변부에 살았다. 하지만 성경에서 바빌론으로 알려진 곳, 즉 바그다드에서는 천 년이 넘도록 번영을 누렸다. 서기 70년부터 1400년대까지 바그다드는 유럽의 어느 도시보다도, 예루살렘보다도 문화의 교차로였다.[2] 유럽이 중세 암흑기에 빠져 있을 때 바그다드는 세계에서 가장 코즈모폴리턴적인 도시 가운데 하나로서 세계 일류의 수학자, 신학자, 시인, 의사 들의 근거지였다. 양모, 구리, 향신료가 캐러밴에 실려 사막을 가로질러 이동했다. 진주와 은제 식기가 시장 거리를 메웠다. 무역상, 의사, 예술가 들이 바그다드의 커피하우스로 몰려들었다. 바그다드 통치자의 궁전은 수목이 우거진 약 8제곱킬로미터 넓이의 정원에 둘러싸여 있었고, 정원의 연못과 호수에는 물고기들이 헤엄치고 있었다.

이 세계 안에서 유대인들은 융성했다. 그들은 기원전 587년에 처음 바그다드에 왔다. 그때 바빌론의 왕 네부카드네자르 Nebuchadnezzar가 예루살렘 포위전을 치러 승리하자 1만 명의 유대인 장인과 학자, 지도자 들—유대교 최고의 인재들—을 바그다드로 끌고 왔다. 성경에서 '바빌론 유수'라고 부르는 일이다. 강제 이주당한 이 유대인들의 절망을 기록한 아래의 성경 〈시편〉 구절은 널리 알려져 있다.

바빌론 강변, 거기에 앉아
시온을 기억하며 울었도다.

사실 '바빌론 유수'는 유대인 역사의 경로를 바꾸었다. 유대의
학문과 종교적 혁신이 꽃피어 다음 몇천 년에 걸쳐 그리고 오늘
날까지 유대인들이 생존하고 번창하는 데 활용하게 될 종교적,
정치적, 경제적 도구, 그리고 사고방식을 제공했다. 바빌론 유수
는 유대인 디아스포라(이산)의 시작이었다. 유대인이 세계 인구
의 극히 일부에 불과했을 때조차도 세계 곳곳으로 유대인이 퍼
지고 또 살아남은 일 말이다. 랍비들은 유대교를 근대 생활에 적
응시키고 유대인들이 사업을 할 수 있도록 유대교 의례 관행들
을 고쳤다. 네부카드네자르는 유대인들을 포로로 끌고 갔지만
그렇다고 노예처럼 취급하지는 않았다. 그는 바그다드의 경제를
튼튼히 하는 일을 유대인들에게 의존했다. 유대인들이 상인이
되어 문어발처럼 곳곳으로 뻗어 나가는 왕국의 여러 지역들 간
무역에 종사하도록 장려했다. 유대인들이 바그다드의 경제에 워
낙 중요해서 무역과 금융에 종사하는 많은 비유대인들도 유대인
의 안식일인 토요일에는 일하러 나가지 않았다. 페르시아가 바
그다드를 정복하여 유대인들에게 예루살렘으로 귀환할 기회를
제공했을 때 일부만이 제의를 받아들였다. 수 세기 뒤 런던과 뉴
욕의 유대인들처럼 바그다드 유대인들은 안식일에 현지 시너고
그에서 기도할 때는 예루살렘으로 돌아가길 간절히 바랐을지도
모르지만 일주일의 나머지 6일 동안은 자기 주변의 기회를 붙들

고 번창하는 메트로폴리스를 건설했다.

이 역동적이고 자신감 넘치는 공동체를 주관하는—그곳을 이끌고 육성하는—중추[3]에 서순 가문이 버티고 있었다. 중동 전역에 걸쳐 금과 비단, 향신료, 양모를 거래하는 서순가는 바그다드에서 가장 부유한 상인 집안이 되었다. 1700년대 후반부터 오스만 튀르크는 서순 가문의 리더를 '나시Nasi', 즉 바그다드의 유력한 유대인 주민들과 상대할 때 중재자 역할을 하는 '유대인의 태수'로 임명했다. 서순 가문의 문서 가운데는 나시의 권한을 증언하는 터키어와 아랍어로 쓰인 비망록들이 남아 있다. 나시로 임명된 서순은 혼인을 축복하고 종교적 분쟁을 해소했다. 또한 나시는 오스만 통치자들에게 특히 경제 문제를 자문하는 데 핵심 역할을 했다. 그는 융자를 협의하고 예산을 짰으며, 새로운 세금을 징수했다. 그는 근대적인 재정 시스템을 구축하는 임무를 맡은 사실상의 재무 장관이었다. 나시가 바그다드의 왕궁으로 오스만 통치자를 만나러 갈 때면 가마를 타고 시내를 지나갔고 가마가 지나갈 때 유대인과 비유대인 모두 공손하게 머리를 숙였다.

이러한 지위에 힘입어 서순가는 바그다드에서부터 페르시아만을 거쳐 아시아까지 뻗은 다국적 경제 제국을 건설했다. 이들은 바그다드의 시장을 풍성한 상품들로 채웠고, 대가문의 일원들을 멀리 보내 베두인 부족들한테서 면직물 의복과 신발, 향신료를 주고 양모를 구입해 왔다. 중동 전역과 인도, 중국에서 온 상인들이 나시의 화려한 저택과 영지를 거쳐 갔다. 그들은 섭씨 38도의 열기를 피해 담을 두른 나시의 안뜰 오렌지나무 그늘 아래를 거닐었다. 지하 저장고에는 가문의 금이 있었다.

19세기와 20세기에 그들은 사업 파트너와 경쟁자들이 중국, 인도, 유럽 곳곳으로 서순가의 부와 영향력이 급속히 확산되는 것을 두고 '아시아의 로스차일드'(글로벌 금융 기업을 보유한 유대계 금융 재벌 가문—옮긴이)라고 부르는 데 익숙해졌다. 하지만 속으로는 그런 비교가 오해의 소지가 있다고, 약간은 자신들의 격을 떨어뜨린다고 여겼다. 서순가가 생각하기에 로스차일드 가문은 거물 기업가이자 막강한 정치적 영향력을 갖고 있긴 해도 한 세대 만에 유럽 게토의 가난한 집안에서 벼락출세한 사람들일 뿐이었다. 서순가는 중국 황제나 인도의 군주, 영국 왕가에는 알려지지 않았을지 몰라도 수 세기 동안 부유하고, 저명하고, 막강했다.

데이비드 서순은 1792년에 태어나 어렸을 때부터 장래 나시가 되도록 교육받았다. 그는 비상한 언어 능력을 타고난 사업 신동이었다. 열세 살부터 아버지를 동행하여 서순가의 수입을 계산하는 '계상소counting houses'—은행과 회계 사무소의 전신—에 나가기 시작했다. 아침에 시장이 열릴 때면 아버지는 아들을 보내서 상이한 화폐로 계산하는 법과 제각각인 도량형을 익히게 했다. 그는 집에서는 히브리어(종교의 언어), 터키어(정부의 언어), 아랍어(바그다드의 언어), 페르시아어(중동 지방 무역의 언어)를 배웠다. 영어는 배우지 않았지만 저녁이면 봄베이에서 막 도착한 동인도회사 직원들을 맞이하곤 했고, 그들은 서순가가 인도로까지 사업을 확대하라고 부추겼다. 180센티미터가 훌쩍 넘는 데이비드는 그의 가족과 언젠가 그가 이끌어 갈 사람들 사이에서 단연 빼어났다. 데이비드가 속한 공동체는 그의 예정된 출세를 당연한 일로 받아들였다. 그는 신뢰와 권위가 넘쳐흘렀고, 관례대로 상인의 딸과 열다섯 살 때 중매결혼을 했다. 아내는 신속히 네 아들을 낳아 주었다.

데이비드가 나시 역할을 승계할 준비를 하던 때에 서순가와 바그다드 유대인들이 수 세기 동안 누려온 편안한 지위가 위기에 처했다. 바그다드의 오스만 통치자들 간 권력투쟁이 벌어져 유대인에게 적대적인 분파가 집권한 것이다. 경제를 부양할 돈이 몹시 절실했던 오스만 튀르크인들은 몸값을 요구하며 서순가와 여타 부유한 유대인들을 괴롭히고 투옥하기 시작했다. 한 부유한 유대인 상인은 감옥 바깥에서 목이 졸려 죽었다. 상황이 나빠지자 일부 유대인 상인들은 영국 식민지 당국의 보호를 구하며 인도로 달아났다.

일촉즉발의 정치적 상황에 겁을 먹은 데이비드의 아버지는 나시 직위에서 물러나 데이비드에게 권력을 넘겨주는 드문 결정을 내렸다. 원래대로라면 아들은 아버지가 죽을 때까지 기다려야 했다. 하지만 데이비드는 나시 직위가 더는 큰 권력을 보장하지 않는다는 것을 알아채고 아버지의 제안을 거절했다. 그 대신 아버지의 충고를 무시하면서까지, 바그다드 통치자들의 부패를 고발하고 바그다드의 유대인과 서순가를 대표하여 콘스탄티노플의 오스만 술탄에게 도움을 구했다. 하지만 오스만 제국 중앙정부를 믿었던 그의 생각은 오판이었다. 그가 배신했다는 소문은 곧장 바그다드에 전해졌다. 데이비드는 체포되었고 오스만 파샤는 가족이 보석금을 지불하지 않는다면 교수형에 처하라는 명을 내렸다. 사태를 직접 처리하기로 한 연로한 아버지는 뇌물을 써서 감옥에서 아들을 빼낸 다음, 변장을 시켜 서둘러 도시를 빠져나가게 하고 그를 안전한 곳으로 실어다 줄 배에 태웠다.

데이비드는 분노와 무력감에 사로잡힌 채 바그다드를 떠났다. 그는 첫 아내가 죽은 뒤 바로 얼마 전에 재혼했다. 갓 결혼한 신부와 자식들을 버리고 가는 셈이었다. 그에게 약속되어 있었던 서순가의 찬란한 영화, 그들의 부와 지위가 이제 눈앞에서 순식간에 사라져 버렸다. 데이비드는 출항하는 배 위에 서서 고개를 돌려 멀어져 가는 기슭을 바라보며 눈물을 흘렸다.[4]

◗●

데이비드는 오스만 튀르크의 세력이 미치지 않는 이란의 항구 도시 부시르Bushire에 상륙했다. 상황이 나빠지면서 바그다드를 떠난 피난민들 다수가 이미 그곳에 정착해 있었다. 그들은 많은 돈을 벌고 성공한 것처럼 고향에 알려졌지만, 사실 비좁은 빈민가에 몰려 얼마 안 되는 벌이로 힘겹게 살아가고 있었다. 눈앞이 캄캄하고 실의에 빠진 데이비드는 바그다드를 떠나온 첫 밤을 어느 선원이 그에게 내어 준 부둣가 창고 바닥에서 잠을 청하며 보냈다. 그는 옆에 권총을 놔두고 잤는데 창고 바닥을 돌아다니는 쥐를 쏘려는 용도였다.

처음 몇 주 동안 기운을 차리는 사이 그의 기분도 나아졌다. 부시르의 무역상들은 모두 서순이란 이름을 알았고 유대인들을 상대로 조직적인 탄압 활동이 벌어지고 있다는 소식을 이미 전해 들었다. 이전에 서순가와 거래했던 여러 상인들이 그에게 돈을 빌려주어, 그는 기반을 어느 정도 확보할 수 있었다. 여전히 바그다드에 있던 그의 아버지는 상품과 돈을 실은 캐러밴을 몰래 반출해 아들에게 전달했다. 도망칠 수밖에 없었던 많은 이민자들처럼 데이비드는 선택에 직면했다. 그를 집어삼킨 분노와 절망에 굴복하든지 아니면 서른일곱 살에 새 출발을 하는 것이었다. 처음 몇 달 동안 그는 바그다드로부터 고무적인 소식을 들었다. 바그다드 유대인에 대한 박해가 잦아들고 있으며 서순 가족이 부시르에 있는 그에게 합류할 수 있도록 아버지가 당국에 뇌물을 주고 있다는 소식이었다. 한때 바그다드의 나시가 될 예정이었던 남자는 부시르의 행상이 되었다. 그는 아랍인 선장에게는 아랍어로 동포 피난민에게는 히브리어로 말하는 방식으로, 여러 언어를 능통하게 구사하는 능력을 활용했다. 데이비드는 아라비아산과 아시아산 말, 대추야자, 카펫, 진주를 수출하기 시작했다. 또 값비싼 아라비아 외투와 터번을 신경 써서 갖춰 입고서 동인도회사 영국 대표들을 만나 과거에 회사의 직원들이 바그다드에서 서순가와 교류했던 일을 상기시켰다. 영국인들의 기록에 따르면 그들은 "그의 외양에서 풍기는 위엄"에 감탄했고 그에게 봄베이로 옮겨 와 회사를 차리는 게 좋지 않겠냐고 권유했다. 친구이자 동료 중동 무역상인 새뮤얼 재커라이아Samuel

Zacharia는 봄베이에서 새 출발을 할 수 있도록 무이자로 대출해 주겠다고 제의했다.[5]

재커라이아나 영국인들은 서순이 부시르 기슭으로 밀려온 일반적인 이민자나 난민들과는 매우 다른 사람임을 알고 있었다. 그는 대다수의 무역상들보다 더 훌륭한 교육을 받았고 대다수의 정부 관리와 영국군 장교 들보다도 아는 것이 많고 노련했다. 그는 거의 셰익스피어풍의 동기에 사로잡힌 사람, 더 나은 삶을 찾아 아등바등하는 가난한 난민이 아니라 타고난 권리를 강탈당하고 이제는 그것을 바그다드가 아니라면 다른 곳에서라도 되찾으려고 작정한 명문가의 후예였다. 상업 제국을 이끌고 왕족에게 자문하도록 길러진 그는 가난하고 변변찮은 처지에서 막대한 부와 유력한 지위로 신분 상승을 추구하는 게 아니었다. 그는 복귀를 꿈꾸고 있었다.

1830년, 데이비드가 바그다드에서 도주한 지 일 년 뒤에 나머지 가족도 부시르에 있는 그에게 합류했다. 연로한 아버지는 바그다드에서부터 부시르까지의 긴 여정이 너무 무리였는지 도착한 지 얼마 지나지 않아 아들의 품에서 세상을 떴다. 아내와 자식들과 재회한 데이비드는 봄베이에 놓여 있는 기회에 대해 오랜 시간 고민했고, 몇 년 뒤 갓 임신한 아내를 데리고 마침내 영국의 지배가 제공하는 안전과 기회를 찾아서 그곳으로 옮겨 가기로 결심했다.

데이비드 서순이 봄베이에 상륙한 그때 대영 제국은 경제적, 정치적으로 전성기를 누리고 있었다.[6] 인도 곳곳과 오스트레일리아, 말레이시아, 시리아, 이집트를 비롯해 세계의 거의 삼분의 일이 영국 치하에 있었다. 영국은 유럽에서 나폴레옹을 제압했으며 세계 최강의 해군을 거느렸다. 권력과 돈은 세계 최대의 도시 런던을 거쳐 흘렀다. 어떤 나라들은 주로 노예나 천연자원을 수탈하기 위해, 또는 자신과 적 사이에 장벽을 세우기 위해 제국을 건설했다. 반면 영국이 건설한 제국은 교역과 금융, 사업을 촉진했다. 영국 총리 파머스턴 경은 1839년 의회 연설에서 "정부의 최대 목적은 세계 도처에서 자국의 상업을 확대하는"[7] 것이라고 말했다. 수십 년 동안 영국 동인도회사는 인도와 아시아 내 국가가 인가한 독점무역권을 보유했다. 하지만 데이비드가 봄베이에 도착한 해인 1832년에 영국 정부는 동인도회사의 독점을 폐지하여 아시아 전역의 무역을 민간 회사와 개인들에게 개방했다. 새로운 자유방임 경제의 시대가 열렸다.

봄베이에 도착한 그 순간부터 데이비드는 영국인들과 손잡고 대영 제국의 팽창이라는 한배에 탔다. 그는 거무스름한 피부색의 이민자였지만 제국주의를 지지하는 쪽을 선택했다. 놀라운 일도 아니었다. 데이비드는 자신을 엘리트 계층의 일원이라고 여겼다. 바그다드의 서순가는 어느 정도는 오스만 통치자들을 위해 자문하고 일함으로써 출세해 왔다. 그의 인생에서 결정적인 계기—바그다드에서 도주—는 바그다드 정치를 오판하고 술탄이 바그다드 통치자들에 맞서 자신 편을 들어줄 것이라는 잘못된 믿음에서 비롯되었다. 데이비드는 자신과 가족이 두 번 다시 그런 잘못을 저지르지 않게 하겠다고 작심했다.

데이비드는 때마침 좋은 시기에 인도에 도착했다. 팽창하는 대영 제국은 무역으로만 개방하고 있던 게 아니라 영국인들의 사고방식도 개방하고 있었다. 영국 자체는 '외부자들'을 멸시하는 배타적인 클럽과 지주 귀족계급이 건재한 계층제 사회였다. 하지만 사업과 정치에 있어서는 그렇지 않았다. 인도에서 영국인들은 점점 커져 가는 제국의 변경지대로 무역을 확대할 야심 찬 기업가들이 필요했다. 런던에서 인도로 떠나기 전에 신임 봄베이 총독 로버트 그랜트 경Sir Robert Grant은 영국 내 유대인에 대한 모든 차별을 철폐하는 법안을 의회에 두 차례 상정했다.[8] 법안은 처음에는 부결되었지만 곧 유대계 영국인에 대한 공식적 차별이 종식된다. 유대인은 봄베이의 영국인 클럽에는 받아들여지지 않을지 몰라도 이제 그들의 재산과 사업은 법적 보호를 받았다. 그건 바그다드에서도 마찬가지였다. 게다가 봄베이시의 새로운 영국인 총독은 이미 자타가 인정하는 유대인들의 친구였다.

데이비드는 영국인들에게 진심으로 깊은 감명을 받았다. 그는 영국 정부를 히브리어로 'malka chase', 즉 정의롭고 자애로운 정부[9]라고 불렀다. 한번은 "영국인들이 역사의 옳은 편에 있기 때문에 나는 그들을 믿는다"라고 가족들에게 말하기도 했다. 여기서는 뇌물이 없었다. 영국은 법치국가였다. 바그다드에서는 뇌물이 사업을 하는 데 필수였다. 영국 식민 당국자들은 자신들이 보기에 영리하고 교양 있고 유능한 협력자라면 그를 환영했다. 데이비드는 통역을 사이에 두고 봄베이 주재 영국 총독을 만나 대화를 나누고 영국 고고학자와 구약성경에 관해 토론하기도

했다.

데이비드는 영국 애호가가 되었다. 그는 어느 학자에게 의뢰하여 "신이여 여왕을 구하소서"[10]의 가사를 그의 모어인 유대-아랍어로 번역했고, 개인교사를 고용하여 아들들에게 영어와 영국역사를 가르쳤다. 봄베이에 이주한 지 5년 뒤 어느 여름날 오후에 그는 런던에서 빅토리아 여왕이 즉위했다는 공식 선포를 듣기 위해 부둣가에 운집한 군중 사이에 장남인 열아홉 살 압둘라와 차남인 열일곱 살 일라이어스를 함께 데리고 갔다. 아들들은 영국식 조끼와 넥타이를 착용하고 싶어 했다. 하지만 데이비드는 영국식 복장을 금했다. 서순가의 세 부자父子는 모두 바그다드 복장을 입었다. 흰 모슬린(촘촘하게 짠 고운 평직물) 셔츠에 통이 넓은 흰 바지를 발목 부위에 묶은 차림새였다. 데이비드는 수를 놓은 터번과 어두운색 외투를 걸쳤다. 영국 군악대가 연주를 하는 동안 세 사람은 군중과 함께 영어로 "신이여 여왕을 구하소서!"라고 외쳤다.

데이비드는 이민자의 관점, 외부자라는 감각을 결코 잃지 않았다. 온갖 사회적 배경의 사람들이 항구와 도시의 좁은 골목길을 따라 서로 어깨를 맞대며 살아가는 코즈모폴리턴적인 봄베이에서도 데이비드는 눈에 띄게 낯선 분위기를 풍기고 그를 만난 사람들을 주눅 들게 만들었다. "키가 크고 여위었지만 다부진 체격에, 밝은 계피색의 엘 그레코풍 얼굴 가장자리로는 이미 희끗희끗한 턱수염이 달려 있었다"[11]라고 서순 가문의 전기 작가는 썼다. 총독과의 친분에도 불구하고 그는 외부자였으므로 인도 무역을 지배하던 영국 회사와 은행 들한테는 배제되어 있었다. 그들은 바그다드 출신이나 유대인과는 거래하려고 하지 않았다.

그는 창의적으로 사고해야 했다.[12] 예를 들어 영국에서 인도까지 무역선이 항해하는 데는 다섯 달이 걸렸다. 데이비드는 혁신적 발명, 즉 항해 기간을 몇 주로 줄여 줄 증기선에 관해 들었다. 그는 머지않아 더 많은 배들이 더 자주 봄베이에 도착할 것이라고 확신하고, 부두에 더 많은 공간을 확보하는 데 돈을 투자했다. 서순 소유의 부두에 배가 정박하면 배에 실린 화물이 도시의 시장 거리에 닿기 전에 먼저 화물을 고를 수 있다는 뜻이었다. 또 그 배들이 출항할 때면 선창에 실린 화물의 절반은 서순 가문의 영국행 상품들이었다. 부두에서 선장들과 어울리며 그들과 아랍어, 페르시아어, 터키어로 이야기하는 가운데 그는 핵심 통상 정보를 얻을 수 있었다. 선장들을 통해서 데이비드는 영국의 면직 공장의 성장이 인도 원면의 수요를 촉진할 것임을 알았다. 현지 사업가들과의 거래의 중요성을 깨닫게 된 그는 힌두스타니어를 배워서 인도 최대의 면화 무역상 중 한 명과 절친한 친구가 되었다. 그 친구로부터 인도에서 구매한 면화 포대에는 돌이 너무 많다고 영국 중개상들이 불만을 늘어놓는다는 말을 들었다. 그러한 정보를 놓치지 않은 그는 새 조면기를 수입하여 이 문제를 해결하고 더 시장성이 좋은 면화를 생산했다. 영국 은행가들만의 인맥 네트워크에서 외면을 받자 그는 봄베이 은행 설립을 도왔고, 이로써 시골에서 면화를 더 빠르게 운송할 수 있는 새로운 철도 노선에 자금을 댈 수 있었다. 20년 뒤 미국 남북전쟁 당시 북부가 남부를 봉쇄하여 영국의 최대 면화 공급처가 차단당하자 데이비드는 그 틈새를 비집고 들어가기에 안성맞춤이었고 덕분에 수백만 파운드를 벌었다.

데이비드는 중동의 전통적인 무역 관행과 대영 제국 치하에서 발전하고 있던 새로운 지구적 무역 시스템을 잇는 다리가 되었다. 아시아에서 사업을 한다는 것은 제각각인 도량형과 화폐, 언어의 잡탕을 상대해야 함을 의미했다. 데이비드는 업무 표준을 만들고 적용했다. 사내에서 직원들은 바그다드에서 올 때 함께 가져온 언어인 유대-아랍어 — 히브리 문자로 쓰인 아랍 말 — 로 업무를 수행했다. 하지만 고객, 공급업자, 다른 회사에 보내는 서신은, 자신은 영어로 읽고 쓰기를 거의 하지 못했음에도 정규 영어로 쓰도록 지시했다. 그는 서순사社의 상표를 회사 문방구에 박아 넣고, 회사 수표를 히브리어와 영어 둘 다로 인쇄하도록 지시했다. 또 회사의 회계를 영국의 주요 회사들이 이용하는 원장과 부기와 같은 더 격식을 갖춘 회계 시스템으로 전환했다. 그는 무역상들이 부두와 저잣거리에서 거래하는 전형적인 방식인 흥정을 탐탁지 않게 여겼다. 그 대신 예의를 갖춘 영국식 거래 방식을 칭찬했다. 그는 위기의 순간에 침착한 태도가 사업에 좋을 것이라고 생각했다.

데이비드는 성공하기 위해서는 유연해야 하고 또한 새롭고 강력한 제국 안에서 헤쳐 나가면서도 자신만의 정체성과 가치 체계를 유지할 필요가 있음을 인식했다. 그는 영국에 충성할 것을 다짐했고 아들들과 사업도 제국에 복무하도록 준비시켰다.

하지만 그의 유대교 신앙과 외부자라는 지위는 영국 식민주의에 대한 전면적인 수용이라는 더 강경한 입장을 얼마간 완화시켰다. 바그다드에서 서순가는 자선 사업을 광범위하게 지원했고, 봄베이에서도 유대교 회당을 짓고 가난에 빠진 유대인들을 도우면서 자선 활동을 이어 갔다. 같은 계급의 많은 이들과 마찬가지로 데이비드도 인도에서 노예를 한 명 소유했지만 그를 자유롭게 해 주고 그가 노예 지위에서 해방되었음을 공식 문서에 기록하여 다시 노예가 되지 않도록 확실히 했다. 그는 인도인 환자를 받는 최초의 병원을 짓고 기부했다. 지금 돌이켜 보면 데이비드가 식민주의와 제국주의를 열렬히 수용한 점을 비판하기는 쉽다. 유럽과 러시아, 나중에 미국에서 많은 유대인들이 식민주의와 비인간적 자본주의가 제기하는 유사한 도덕적 선택에 직면하여 사회주의와 혁명을 끌어안았다. 데이비드는 산업화와 근대적 금융이 전 세계를 휩쓸면서 등장하게 될 인물의 선구자 격이었다. 뛰어난 수완과 재능으로 엄청난 금전적 성공을 거두지만 개인적인 수난의 역사와 유대인의 가치 체계에 대한 헌신 때문에 사회적, 정치적으로 더 진보적인 리버럴한 유대인 사업가라는 유형 말이다.

◑

바그다드에서 서순가는 중동 전역에 걸쳐 수 세기 동안 이어져 온 연줄과 인맥에 의지해 왔다. 이제 데이비드는 새로운 지역에서 기존에 자리 잡은 네트워크 없이 새 출발을 하고 있었다.

어떻게 네트워크를 일구어 낼 것인가? 그의 사업 기법을 배우고 새로운 통신과 산업화, 운송 수단으로 창출되고 있는 기회를 잡을 준비가 된 충직한 인력 집단을 어떻게 육성할 것인가?

그는 서순 학교라는 발상을 들고 나왔다.

데이비드는 처음에는 바그다드에서 그다음에는 오스만 제국 전역에서 온 유대인 피난민을 끌어들여서 그들을 충직한 직원들로 탈바꿈시킬, 일종의 서순 기업 도시를 세웠다.[13] 안간힘을 다해 가난과 싸우는 가족들은 바그다드와 시리아, 이란, 아프가니스탄에서 십 대 아들들을 보내왔다. 그들은 데이비드 서순 자선기구David Sassoon Benevolent Institution에 등록했고 거기서 데이비드가 만든 교과서를 가지고 아랍어, 지리, 산술, 회계, 히브리어를 배웠다. 그다음에는 사무원으로 고용되어 서순 창고에서 상품의 구매와 판매를 기록하거나 영국 구매자들에게 면화 포대를 판매하는 일을 맡았다. 유대교의 안식일인 토요일이면 서순 창고는 문을 닫았다. 직원들은 데이비드 서순의 집에 모여 예배를 보거나 나중에는 그가 건립한 봄베이 최초의 시너고그에 모였다. 직원들은 몸이 아플 경우 데이비드가 설립하고 돈을 기부한 인근 푸나의 서순 종합병원에서 치료를 받았다. 학업을 이어가고 싶다면 각종 기계 모델을 구비하고 과학과 기술 관련 강좌를 제공하는 데이비드 서순 기술학교에서 강의를 듣거나 그곳의 도서관을 이용할 수 있었다. 은퇴했는데 돌봐줄 가족이 없는 직원들은 먹을 것을 살 수 있는 돈을 받았다. 죽으면 그들은 서순이 기증한 유대인 묘지에 묻혔다. 학교부터 무덤까지 이어지는 데이비드의 사회적 네트워크 덕분에 서순가의 창고와 사무실로 직원들의 행렬이 갈수록 줄을 이었다. 그 네트워크 유지비용은 오늘날 화폐가치로 연간 약 30만 달러가 들었고 그는 그만한 투자로 야심과 재능, 충성심을 살 수 있었다.

봄베이에 도착한 지 10년이 채 지나지 않아 데이비드 서순은 인도 최대 갑부 가운데 한 명이 되었다. 봄베이 주재 영국 총독은 그를 일컬어 "재산과 책임 면에서 인도의 비유럽 상인 가운데 첫째가는 사람"이라고 했다. 그는 이제 막 시동을 걸고 있을 뿐이었다.

◐

영국이 정복과 공격적인 무역 정책, 급속한 기술 혁신, 서순 같은 외국인과 이방인들의 야심과 수완을 이용해 지구 전역으로 팽창하는 사이 중국은 더 폐쇄적이고 경직적이고 내부 지향적이며 오만해지고 있었다. 중국의 허약성은 그 성공에서 기인했다. 1800년까지도 중국은 그 지배와 영향력이 아시아 전역에 뻗어 있는 세계적 강국이었다. 많은 선박들이 동남아시아에서 교역을 수행했고, 중국을 찾은 무역상과 외교 사절단은 중국의 통치자들에게 공손히 접근함으로써 공경을 표했으니 이것이 유명한 '고두' 의례, 즉 황제 앞에 나아갈 때 이마가 바닥에 닿도록 절하는 의례였다. 비중국인들과의 외교는 외국인은 문화적으로 열등하다는 생각에 사로잡힌 관리들에 의해 수행되었다.

자기들도 거만한 영국인들은 그러한 규칙에 따르길 거부했다.

영국 외교관과 군 관계자들은 고두 의례를 거부했다. 18세기 후반, 미국 독립혁명이 대영 제국의 팽창에 최초의 타격을 가한 지고작 몇 년 뒤에 영국과 중국은 갈수록 격화하는 일련의 외교적, 군사적 대결을 벌였다. 영국은 중국에 사절을 파견해 중국이 자국 도시와 항구를 무역과 영국산 상품에 개방할 것을 요구했다. 그들은 베이징에 영국 대사를 주재시킬 것을 제의하며 영국 기술력의 최상의 실례로서 시계, 망원경, 무기, 직물과 같은 선물을 한아름 보냈다. 1793년 조지 3세 앞으로 보낸, 자주 인용되는 서신에서 청나라 황제 건륭제는 영국의 대화 시도에 퇴짜를 놓고 영국 국왕이 중국의 우월성에 그리 무지할 수 있다는 데 놀라움을 표시했다. 황제는 조지 3세에게 보내는 서신에서 "중국에는 없는 물건이 없다"고 썼다.[14] "짐은 낯설고 기발한 물건을 귀히 여기지 않으며 너희 나라의 제품이 필요하지 않다." 하지만 지구적 세력 균형점이 이동하고 있었다. 황제에게 무시당한 뒤 중국을 떠나면서 자존심이 상한 영국 사절은 상관들에게 중국은 큰소리를 치고 있을 뿐이라고 보고했다. 그는 중국이 물이 새는 배와 같다고, "낡고 흔들거리는 대형 전함"이라고 썼다.[15] 전함은 "운 좋게도 유능하고 경계를 게을리 하지 않는 장교들이 잇달아 부임한 덕분에 지난 150년 간 가까스로 떠 있을 수 있었고, 순전히 그 육중한 규모와 외관으로 이웃들을 위압해왔을" 뿐이다. 사실, 영국 사절은 중국이라는 배가 기울고 있으며 곧 "물가에 부딪혀 산산조각 날 것"이라고 예견했다.

아편 무역이 발화점이 되었다.[16] 19세기 유럽과 영국에서 아편은 통증을 줄여주고 마음을 진정시키는 최고의 약품이었다. 1899년에야 특허 출원되는 아스피린은 아직 존재하지 않던 시절이었다. 아편은 또한 중독성이 있고 환각 작용을 일으키며, 행복감을 가져왔다. "때로는 하룻밤 사이에 70년이나 100년을 산 것 같은 기분이 들었다"고 19세기 영국의 한 아편 중독자는 썼다. 알고 보니 아편은 중국이 원하는 단 하나의 상품이었다. 17세기와 18세기에 유럽의 중국산 상품, 특히 비단, 도자기, 차의 수요는 고전적인 무역 불균형을 낳았다. 영국은 이 상품들의 구매를 위해 은을 지불했지만 중국은 반대로 아무것도 구매하지 않았다. 이 무역 수지 불균형을 해소하기 위해 영국 동인도회사는 아편 판매를 장려했다. 중국 황제들이 아편 중독의 위험성을 걱정하고 아편을 제한하거나 금지하려고 애썼지만 소용이 없었다. 영국은 인도에서 아편을 재배하여 중개업자에게 판매했고 그러면 중개업자들이 부패한 중국 관리들과 작당해 화물선을 침몰시키거나 아편을 압수하려는 시도를 피하고 아편을 중국 내로 반입하여 막대한 이윤을 거뒀다. 봄베이 무역의 거의 3분의 1이 국가가 승인한 아편 사업과 엮여 있었다. 중국 내로 아편을 밀수하는 사업은 한 영국 회사가 지배했다. 바로 두 스코틀랜드 무역상이 설립한 자다인 매티슨 상사였다. 영국이 회중시계와 탁상시계, 무기류를 판매할 선박을 입항시키도록 황제를 압박하고 있을 때도 아편 중독은 이미 커다란 사회 문제였다. 19세기 초반에 이르면 중국인 열 명 가운데 한 명은 중독자였다. (이와 대조적으로 미국에서 마약성 진통제인 오피오이드Opioid 사태나 '마약과의 전쟁'에 대한 대중의 우려가 절정에 달했을 당시 미국인의 대략 3퍼센트가 오피오이드, 코카인, 헤로인 같은 강력한 마약에 중독되어 있었다). 아편 무역 근절 임무를 띤 중국 관리들은 빅토리아 여왕에게 직접 호소했다. "당신의 양심은 대체 어디 있습니까?"라고 린쩌쉬林則徐는 공식 서신에서 절절하게 물었다. 중국이 영국에 수출하는 상품들—차, 비단, 수공예품—은 모두 유익하다고 그는 단언했다. 하지만 빅토리아 여왕의 신민들은 "당신의 그칠 줄 모르는 욕망을 충족하기 위해 타인에게 해로운 상품들을 팔고" 있었다.[17] "다른 나라 사람들이 아편을 판매하기 위해 아편을 영국에 가져와서 백성을 꾀어서 그것을 구매하고 흡입하게 만든다고 생각해 보십시오. 명예를 아는 통치자는 틀림없이 그것을 싫어하고 심히 분개할 것입니다." 빅토리아 여왕은 답장하지 않았다. 황제의 명을 받아 린쩌쉬가 아편이 담긴 궤짝들을 바다에 내버리고 영국 관리들을 인질로 삼기 시작하자 자다인 매티슨은 영국 군 관계자들에게 상세한 지도와 전략을 제공하고 중국으로 진입하는 최상의 경로와 중국 해군의 허점들을 잘 아는 회사 소속 선장들의 지원을 제의했다.

영국은 1839년, 제1차 아편전쟁으로 알려진 무력 분쟁을 통해 중국을 침략했다. 50년 전 중국 황제에게 퇴짜를 맞았던 영국 사절이 예견했던 대로 중국은 상대가 되지 않았고 쉽게 격파되었다. 1842년에 체결된 난징조약은 홍콩 섬을 영국에 할양하고 5개 항을 서양 무역에 개방했는데, 여기에는 이전까지 거의 알려진 바 없는 상하이도 포함되어 있었다. 5개 무역항은 중국 법의 관할을 받지 않을 것이었으니, 바로 '치외법권'이라고 알려진 지위였다. 일체의 통상 분쟁이나 법적 분쟁은 영국 법정으로 가서 영국 법률에 따라 판결 받을 것이었다. 아편 무역은 엄밀하게는 계속 불법이었지만 군사적으로 처참하게 패배를 당한 중국인들이 금방 다시 영국 무역상들에게 도전할 리는 만무했다. 중국 역사가들이 '치욕의 100년'이라고 부를 시대가 막을 열었다. 빅토리아 여왕에게 헛되이 탄원했다가 영국의 침공을 막아내지 못한 린쩌쉬는 유배당했다.

데이비드 서순은 영국의 중국 침략을 지지했다. 마침 그는 아편 판매 사업에 손을 댄 참이었다. 그는 선박 한 척을 사들여 봄베이의 창고와 사무소에서 아편을 싣고 중국까지 배를 몰고 갈 선장들을 고용했다. 그것은 위험천만한 항해였다. 중국이 아편을 불법으로 간주했으므로 서순 소유 화물선은 중국 남부 광둥 항구 근처 작은 섬들에 화물을 내린 다음 중국 관리들에게 뇌물을 먹이고 내륙에 유통시킬 중국 거래상들에게 돈을 지불해야 했다. 그래도 중국으로 선적되는 아편 상자마다 현재 가치로 대략 100파운드, 즉 1만 달러 상당의 이윤이 남았다. 데이비드는 캘커타 아편 거래소에 정기적으로 참석하여 아편을 입찰했다. 이제 익숙해진 전략의 일환으로 그는 토지를 매입하여 다른 상인들이 구매한 아편을 쌓아둘 창고를 지었고 아편 무역상과 거래상들에게 신용을 제공했다. 더 큰 상사들과 경쟁하기에는 그의 아편 무역 규모는 너무 작았지만—그가 아편을 밀수하는 증기선을 한 척 갖고 있었던 데 반해 자다인 매티슨은 대형 증기선

열두 척을 소유한데다 수백 척의 소형 보트도 운용했다―그래도 커다란 이문이 남는 사업에 교두보를 마련한 셈이었다.

인도는 데이비드 서순을 부유하게 만들었고 이에 따라 그는 영국인이 되었다. 그는 가족과 함께 봄베이 말라바르 힐에 위치한 대저택으로 거처를 옮겼다. 선선한 산들바람이 부는 그곳은 도시의 소음과 불결함에서 멀리 떨어진 고지대에 위치한 부유층 전용 거주지였다. 그는 새 집을 이탈리아 팔라초 양식에 따라 설계하고 프로이센 국왕 프리드리히 대왕의 포츠담 궁전을 본 따 '상수시Sans Souci'라고 이름 붙였다. 1853년 그는 여전히 영어로 글을 쓸 줄 몰랐기 때문에 이름은 히브리어로 적은 뒤 선서를 하고 영국 시민이 되었다. 4년 뒤 영국 동인도회사에 고용된 현지의 인도 용병들이 세포이 항쟁으로 들고 일어났을 때 영국은 인도 지배 최대의 위협에 직면했다. 데이비드는 돈을 기부하고 봄베이에 정착한 다른 바그다드 가문들로부터 기금을 마련하는 등 전폭적으로 영국 편에 가담했다. 인상적인 제스처로써, 봄베이 총독 관저의 영국인 관리들에게 찾아가 인도의 반란이 확산될 경우 영국을 위해 싸울 유대인 여단을 모집해 무장을 시키겠다고 제의할 정도였다. 유대인 자원병은 필요하지 않았지만 그는 영국군 병력 배치 비용을 댈 공채를 구입하고 봄베이 주식시장에 크게 투자함으로써 영국의 지배에 대한 믿음을 보여 주었다. 또한 "우리가 어느 편인지 드러낼 수 있도록" 가족과 전 직원들에게 "원하면 언제든 서양식 복장을 입는 것을 허락"한다고 밝혔다. 영국군이 반란을 진압했을 때 데이비드는 횃불을 들고 축하 행렬을 이끌었고 상수시에서 연회와 무도회를 열었다. 군악대가 신임 총독인 엘핀스톤 경의 도착을 환영했고 총독은 데이비드에게 건배사를 했다. "반란 당시 위험에 맞닥뜨렸을 때 어떤 이들은 겁에 질려 우왕좌왕했던 반면 서순 씨와 그 가족들은 가장 먼저 나서서 영국 정부를 지지했던 것을 잊지 맙시다."[18] 데이비드의 장남 압둘라는 이름이 앨버트 에드워드인 영국 왕세자를 기려 자신을 '앨버트'라고 부르기 시작했다. 영국 예찬자들은 완전히 영국화되었다.

1842년 아편전쟁에서 영국이 승리하면서 봄베이는 이제 중국과의 무역 전망으로 들떠 있었다. 영국인들은 유니언잭을 따르는 사업을 적극적으로 장려하며 영국군과 포함砲艦의 보호를 약속하고 있었다. 데이비드가 바그다드 시내를 가로질러 한밤에 허둥지둥 도망쳤던 때로부터 십여 년이 흘렀다. 그는 바그다드에서 성공했었다. 부시르에서도 성공했었다. 봄베이에서도 성공했다. 이제 새로운 기회가 손짓하고 있었다. 그는 리스크를 마다않는 사업가다운 눈길을 북쪽의 중국으로 그리고 상하이로 돌렸다.

1858년 봄베이에서
데이비드 서순(앉아 있는 사람)과 세 아들

2장

아들들의 제국이자 아편의 제국

도대道臺는 성곽 도시 상하이의 사무실에 앉아 외국인들이 도착했다는 전언을 기다리고 있었다.[1] 도대는 중국에서 시장에 해당되는 사람―상하이의 사법과 치안, 교통, 징세를 감독하도록 베이징의 황궁에서 파견한 청나라의 관료―이었다. 이 자리는 벌이가 제법 좋았고 그보다 더 중요하게는 고위직으로 진출하는 발판이었다. 이전 도대들이 재직하는 동안 상하이는 점차 번창해 왔다. 수백 년 전 심지어 마르코 폴로Marco Polo는 상하이를 굳이 방문할 필요를 못 느끼고 더 남쪽의 항저우로 갔었다. 하지만 상하이는 성장하고 번창했다. 중국 중앙을 관통하는 양쯔강의 넓은 입구 근처에 자리 잡고 있고 태평양과 인접하다는 것이 특히 강점이었다. 중국 정부는 여전히 유럽인의 무역을 제한했지만 일본, 동남아시아와의 무역으로 상하이는 20만 명 이상이 거주하는 활기찬 도시로 탈바꿈했다. 어느 날이든 항만장들harbormasters은 정크선이라고 하는 중국 범선 수백 척에서 대형 석조 창고로 화물을 내리도록 지시했다. 도시를 수킬로미터에 걸처 에워싸는 두꺼운 돌담 안쪽에서는 상점주들이 금박 한자가 새겨진 선명한 붉은 간판을 내건 점포에서 상품과 음식을 팔았다. 행상과 차를 파는 사람, 이발사, 재단사, 신기료 장수(신을 깁는 사람―옮긴이)가 거리와 골목을 복작복작 메웠다. 책 장수들은 손수레를 밀고 다니며 책을 대여했다. 거리 한구석에서는 곡예사들이 재주를 부리고 있었다. 상하이는 십여 가지 방언으로 떠들썩했고 십여 가지 상이한 음식의 냄새가 풍겨 왔다. 오래전 황제가 영국 사절에게 퇴짜를 놓았고 외국인이 환영받지 못하는 고루한 수도 베이징과 대조적으로 그곳은 에너지와 개방성으로 활기를 띠었다. 상하이 사람들은 "미소를 띠고 정중한 인사와 함께 우리를 맞이하며 언제나 예의바르고 상냥하다"고 한 외국인 방문객은 썼다.

하지만 이제 도대는 변화가 다가오고 있음을 알았다. 얼마 전 영국은 청나라를 침략했다. 지금은 1843년, 중국은 상하이를 비롯해 5개 항을 영국과의 무역에 개방하는 조약에 억지로 서명해야 했다. 남부 도시 광둥에서 사람들은 도착하는 영국 상인들에게 저항했다. 유럽인은 길거리에서 공격을 받았고, 영국인은 그들의 셋집으로 피신해야 했다. 도대는 상하이가 그렇게 되지 않길 희망했다. 상하이는 상업 도시, 무역과 돈에 익숙한 도시였다. 외국인을 따뜻하게는 아니라 해도 제대로 대우하리라.

11월의 어느 저녁, 성곽 도시 내 관저에 있던 도대에게 소형 영국 기선이 상하이 바닷가에 닻을 내렸다는 전갈이 왔다. 첫 영국인들이 도착한 것이다. 도대는 그들을 맞이하러 바닷가로 가지 않았다. 그는 그들이 기다리게 했다.

동이 트자 도대는 낡은 가마 두 대와 가마꾼을 부두로 보내 영국인 대표단을 관저로 데려오게 했다. 중국인 구경꾼들이 운집하여 수염을 깨끗하게 민 중국인들과 대조적으로 콧수염과 구레나룻이 무성한 '영국 놈들'을 보고 웃어댔다. 한 중국인은 외국인들이 "발과 다리를 어렵사리 구부렸다가 뻗는다"고 썼다. 그들이 걷는 모습은 '껑충거리는 만주산 조랑말'과 '물소'를 연상시켰다. 한 영국 외교관은 중국인들이 "우리한테도 성씨가 있고 아버지, 형제자매, 아내 등등의 가족 간 구별이 있다는 것, 한마디로 우리가 가축 떼마냥 살지 않는다는 사실을 알고는 경악까지라고는 할 수 없지만 언제나 깜짝 놀랐다"고 적었다.

'영국 사람들'은 통역관을 함께 데려왔는데 도대나 휘하 관리 누구도 영어를 할 줄 몰랐으므로 잘한 일이었다. 그들은 사무소를 개설하고 사람들을 거주시킬 공간을 요구했지만 도대는 정중히 거절했다. 내줄 공간이 말 그대로 전혀 없었다.

그러자 한 상하이 상인이 말을 꺼내 영국 상인들에게 성내의 52칸짜리 집을 빌려주겠다고 제의했다. 그들은 한동안 그곳에 머물렀지만 도대는 곧 성내에서 그들의 존재가 불편해졌다. 그는 외국인들의 낯선 풍습이 상하이의 조화를 해치지 않을까 걱정했다. 그래서 성내에 거주를 허용하는 대신 성곽 바깥 강가에 사람이 살지 않는 늪지대로 그들을 보냈다. 뽕나무와 선조의 묘가 여기저기 흩어져 있던 그 땅에 중국인들은 귀신이 떠돈다고 믿었다. 강 상류에 사는 사람들은 늪지대를 따라 흐르는 물길에 분노를 내버렸다. 도대는 새로 도착한 사람들이 몇 년 안으로 떠날 거라 생각했다. 상하이는 그때까지 버티기만 하면 된다.

◗

7년 뒤 데이비드 서순의 둘째 아들 일라이어스 서순이 상하이 바닷가에 발을 디뎠다. 그의 도착은 서순가가 진정으로 지구적인 사업체로 확장하는 다음 단계를 의미했다. 자다인 매티슨이 중국을 개방시키고 자신들의 제국을 확장하는 데 영국의 포함과 대포에 의존한 반면 데이비드 서순은 자기 아들들을 곳곳에 배치했다.[2] 아들들은 그의 대사이자 정보 요원, 판매원이자 자문이 되었다. 전화나 전신이 보급되기 전, 메시지가 인도에서 상하이나 런던까지 도달하는 데 몇 달이 걸리던 시절에 여덟 형제는 사업 감각을 발휘해 시의적절한 조치를 취하고 중국의 해안을 따라서 일본까지, 그리고 궁극적으로 바다 건너 런던까지 뻗어 있는 사업 거점들을 서로 지원하며—그리고 이것저것 요구가 많은 아버지를 받들며—한 팀으로 활동하게 된다. 지구적인 사업은 지구화한 가족을 요구했다. 사업의 모든 측면과 모든 나라에 익숙해지도록 데이비드는 아들들을 이 도시에서 저 도시로 몇 달씩, 때로는 한 번에 여러 해 동안 순환 근무시켰다. 서순 학교에서 공부하면서 훈련받고 공통의 종교와 문화로 서순가와 하나로 묶인 직원들이 아들들을 따라다니며 보좌했다. 아버지는 지구적인 가문의 제국을 하나로 유지하고 아들들이 아버지의 뜻을 충성스럽게 따르도록 만드는 데 기민한 능력을 과시했다. 그

　　　　　　1부　　　상하이가 부른다

는 아들들에게 봉급을 넉넉히 주었고 그들이 자체적으로 투자하도록 장려했다. 하지만 아들 중 누구도 회사의 동업자가 될 수는 없었다. 가부장 혼자서 회사를 지배했다. 그는 가족과 자식들, 손주들의 장래에 기대하는 바를 상세히 적은 유언장을 작성했다. 서순 집안 아들들은 바그다드 출신 유대인 여자와 결혼해서 정통파 유대교 회당에 계속 나가야 한다고 말이다.

아들들이 아직 십 대였을 때 데이비드는 아들들을 봄베이의 항구로 데려가, 바그다드에서 아버지가 자신을 훈련시킨 것처럼 상선 선장들과 흥정하는 경험을 쌓게 했다. 회계 장부를 기록하는 법을 보여 주고 제각각인 도량형과 다양한 상품의 품질을 설명했다. 또 영어를 배우고 통상을 변화시키고 국제 시장에서 새로운 교역 기회를 창출하고 있는 신기술에 익숙해지라고 강조했다. 아들들이 세상에 나갈 때가 되자 데이비드는 며느리와 손주들은 봄베이에 남아서 자기 아내의 감독을 받게 하기로 했다. 그는 봄베이에 남은 아들 가족들을 보살필 하인들과 며느리들을 가르칠 개인 교사를 고용했는데, 여성이 교육을 받는 경우가 거의 없던 나라에서 대단히 진보적인 조치였다. 데이비드는 어느 시점에는 며느리들이 남편들과 함께 영구적으로 해외에서—궁극적으로는 아마도 런던에서—살아야 할 수도 있다고 예상했으므로 거기에 대비하고자 했다.

지구적인 사업에 시동을 걸 때가 되자 데이비드는 중국에 갈 사람으로 차남인 스물네 살의 일라이어스를 선택했다. 일라이어스는 다른 형제들보다 더 내성적이고 과묵했다. 서양식을 열렬히 끌어안은 형제자매들과 달리 일라이어스는 전통적인 바그다드 복장을 계속 고집했는데 그의 외양에서 유일한 서양식 터치는 근시 교정을 위한 안경뿐이었다. 안경은 고고하고 학구적인 학자의 인상을 심어 주었다. 데이비드는 조용하고 섬세한 일라이어스, 다소간 혼자 있기를 좋아하는 그 아들이 낯선 고장에서 가족과 멀리 떨어져 생활하는 고단함과 외로움을 가장 잘 견딜 만한 사람이라고 여겼다.

아버지가 원하는 대로 아내와 갓난아기는 집에 남겨 둔 채 일라이어스는 봄베이에서 중국 해안까지 위험한 7일간의 뱃길에 올랐다. 항해 중에는 바람이 불지 않아 배가 며칠이고 움직이지 않은 채로 있는 경우도 흔했다. 승객들은 해적의 공격에 대비해 총을 든 채 뜬눈으로 밤을 지새곤 했다. 일라이어스가 중국에서 처음 내린 곳은 광둥이었다. 거기서 그는 아버지의 전략을 따라 아편과 직물 선적에 자금을 대고, 소규모 상인들에게 돈을 대부하고, 해안 지방으로 판매하고 유통시킬 자체 상품을 보냈다. 일 년이 지나 서순 학교에서 훈련받은 대리인에게 광둥의 사업을 맡긴 다음 일라이어스는 배를 타고 남쪽으로 110킬로미터 넘게 떨어진 영국 식민지 홍콩으로 갔는데, 자다인 매티슨의 아편 무역이 호황을 누리고 있는 곳이었다. 일라이어스는 아편 가격을 통제하기 위한 자다인 매티슨의 기발한 신호 전송 시스템에 주목했다. 인도에서 아편을 실은 자다인의 클리퍼선(쾌속 범선)은 홍콩 항만 바로 바깥까지 항해한 다음 거기에서 정선하여 기다렸다. 그 사이 육지에서 자다인의 직원들은 아편 가격의 동향을 살폈다. 공급량이 줄어들고 가격이 오르면 자다인 직원이 피크(빅토리아 피크)로 알려진 홍콩의 산꼭대기, '자다인의 망루'로 알려진 지점으로 올라갔다. 거기서 직원은 기다리고 있는 클리퍼선을 향해 이제 입항해서 높은 가격에 아편을 팔 때임을 알리는 신호를 보냈다. 일라이어스는 소규모 아편 수입상이라 자체 신호 송신 체계를 갖출 능력이 없었지만 그 전략에 감탄했다. 수요의 동향을 살피는 일이 중요하다는 교훈이 머릿속에 확실히 박혔다. 20년 뒤에 그는 전신과 증기선이라는 신기술을 유사한 방식으로 이용하여 자다인사의 이점을 무력화하고 서순가가 아편 시장의 통제권을 쥐게 만든다.

일라이어스는 홍콩에서 최근에 무역을 개방한 다른 중국 도시들로 갔다. 그는 홍콩에는 다른 소규모 무역상들이 너무 많이 유입된다고 판단했다. 치열한 가격 경쟁은 아편을 비롯해 모든 상품 판매에서 이윤이 더 작다는 의미였다. 그는 궁극적으로 서순가의 본부를 상하이로 옮기기로 결정했다. 상하이가 홍콩보다 더 큰 도시인데다가, 서순가가 인도에서 실어 보낼 수 있는 방모사(털실)와 직물을 구입하고 싶어 하는 추운 중국 북부 도시들과 더 가깝다고 아버지에게 말했다.

때는 1850년, 영국인들이 상하이에 처음 상륙한 뒤로 7년이 흘렀고 이제는 대략 100명이 넘는 사람들이 도대가 첫 상륙자들에게 배정한 습지대 정착촌에 더 합류했다. 생활 여건은 암담했다. 한 영국인 의사는 새로 도착한 동포들에게 황열병, 역병(페스트), 콜레라, 티푸스를 피하기 위해 "고지대를 찾으라"고 권유했다. 뉴올리언스와 카이로와 같은 위도에 위치한 상하이는 한여름이면 찜통이 되었다. 영국인들은 땀띠, 백선, 여타 피부 발진으로 고생했다. 하지만 그들이 떠날 기미는 보이지 않았다. 그들은 물가를 따라 창고와 사무소를 세웠고 한술 더 떠 주택과 영국인 클럽, 심지어 경마장도 지었다. 습지대는 사라지고 드넓은 유럽식 거리가 그물처럼 뻗어 나갔다. 강을 감싸는 구불구불한 길이 닦이자 서순가 사람들처럼 상당수가 인도에서 건너온 영국인들은 그 길을 둑길이나 강의 제방을 묘사할 때 쓰는 우르두어Urdu 단어로 불렀다. 바로 번드the Bund였다.[3]

도대는 외국인들을 격리시키고 서양 사상이 상하이로 침투하는 것을 막고자 했다. 그가 외국인들의 거주지인 '조계'에서 살도록 허용한 유일한 중국인은 원래 하인들이었다. 하지만 중국 시골 지방에서 내전이 벌어지면서 많은 중국인들이 영국의 포함으로 보호되는 새로운 조계 안쪽에 피난처를 구했는데, 그들은 여전히 황제가 다스리는 상하이 다른 지역들보다 그곳이 더 안전하다고 여겼다. 이제 중국인과 외국인은 상하이의 신지도를 그리던 한 중국 학자의 말마따나 "엉덩이가 맞닿고 어깨가 맞부딪히는"[4] 도시에서 나란히 살아갔다.

"[중국]과 세계의 모든 국가들 간 무역에서 항구적인 집산지가 되는 것이 상하이의 운명이다"[5]라고 상하이의 새로 생긴 영자 신문 편집장은 썼다. 영국의 선박과 대포는 와이탄과 그 주변 지역을 식민화하는 "길을 텄다"고 한 유럽인 방문객은 평가했다. 이제 "그들이 거기서 밀려날 공산은 거의 없는 듯하다." 황제는 도대를 해임하고 상하이에서 외국인과의 관계를 관리할 관료들을 줄줄이 파견했다. 하지만 누구도 외국인들의 승승장구를 막지 못할 운명이었다.

아버지의 이상에 충실하게, 일라이어스가 서른에 상하이에 도착한 일은 서순가에 보다 국제적인 새 시대가 열렸음을 알리는 신호탄이었다. 몇 년 전에 일라이어스를 비롯해 후줄근한 선원과 상인들을 홍콩으로 실어다 주었던 범선의 시대는 갔다. 서순가는 기선을 구입하여, 인도와 중국 간 오가는 시간을 크게 줄이고 훨씬 더 편안한 여행을 할 수 있게 되었다. 위풍당당하게 바그다드식 외투를 걸친 일라이어스는 커다란 호주머니에 황금 코담뱃갑을 찔러 넣고서 회계 장부와 돈주머니를 든 채로 상하이의 내륙 방면을 둘러봤다. 봄베이의 서순 학교에서 회계와 수학, 통상의 기초를 교육받은 일단의 조수들이 그를 수행했다. 일라이어스는 여러 언어를 구사했다. 하지만 중국어는 할 줄 몰랐다. 그는 나지막한 목소리로 직물, 면화, 비단과 여타 상품을 찾아서 매년 아시아와 유럽의 항구에서 온 400척 이상의 선박이 상하이 부둣가에 정박하고 있다고 말하면서 즉시 강을 따라 늘어서 있는 창고와 부두를 방문하기 시작했다. '비단과 돈'이 넘쳐흐르는 땅이라고 한 선장은 단언했다.

일라이어스는 임대료를 내지 않기 위해 아버지의 가르침을 따라 상하이에 자체 창고를 지었다.[6] 그는 아편과 인도산 향신료와 모직을 중국인들에게 팔고 비단과 차, 가죽을 구입한 다음 인도로 돌아갈 때 텅 빈 선창을 채우고 싶어 하는 아편 화물선 선장들에게 팔았다. 그는 중국 상인들과의 인맥을 이용해 인도로 상품을 발송하려는 다른 상인들에게 중개인 역할을 했고, 그들의 화물 적재 공간을 채워 주었다. 상하이로 들어오는 선박들은 일라이어스의 부두에서 공간을 얻으려고 다투기 시작했다. 다른 무역상들과의 경쟁은 치열한 것으로 드러났다. 일라이어스는 염탐의 위험을 늘 걱정했다. 중국어를 할 줄 몰랐으므로 대부분의 외국인과 마찬가지로 그도 영어를 할 수 있는 중국인 중개인에게 의존해야 했다. '매판comprador'으로 알려진 이 중개인들이 거래를 성사시키고 상황에 맞춰 유연하게 사업을 풀어갈 수 있도록 도왔지만, 부패의 기회가 넘쳐 났다. 일라이어스는 자신의 물건을 중국의 다른 지방으로 보내기 위해 '갈취squeeze'라고도 불린 뇌물을 중국 관리들에게 지급해야 하는 상황에 대해 다른 외국인들과 마찬가지로 불만을 가졌다. 그는 서순 상사의 돈을 훔치고 유용했다는 이유로 매판들을 상대로 여러 차례 소송을 제기했다.

일라이어스가 상하이에 가져온 충격은 엄청났다. 그는 외국인들이 들어오자 자극을 받고 그들과 손잡고 싶어 하는 새로운 중국인 기업가들을 비롯한 여러 사람들과 협력하며 사업 기회를 모색했다. 중국 내부적으로는 긴장이 고조되며 반란과 봉기—가장 유명한 것은 1850년에 시작된 사실상의 내전인 태평천국의 난이다—가 잇따랐고 황제는 진압에 애를 먹었다. 수만 명의 중국인 피난민들이 안전을 찾아 영국인이 다스리는 상하이 구역들로 쏟아져 들어왔는데 그들 중 다수가 부유한 중국 상인들이었다. 일라이어스는 토지를 매입하고 단순한 목조 가옥을 지어 피난민 가족들에게 세를 주기 시작했다. 피난민들로 상하이의 인구는 눈덩이처럼 불어나며 도시에 이민자 특유의 에너지와 야심을 불어넣었다.

데이비드 서순은 일라이어스가 상하이의 고립된 삶에 정서적으로 가장 적합하다고 본 점에서 틀리지 않았다.[7] 하지만 일라이어스가 치른 대가는 그의 삶이 가족 내에 야기한 단절에서 분명히 드러났다. 그의 자식들이 태어나는 가운데 9년의 세월이 흘렀다. 그는 아내와 함께 지내도록 봄베이로 좀처럼 귀환할 수 없었다. 상하이에서 일라이어스는 황푸강 근처에 2층짜리 집을 짓고 담을 두른 다음 안뜰에는 작약과 벚나무를 심었다. 그는 변발을 한 중국인 하인을 수십 명 고용했다. 때로는 음료를 마시며 이런저런 한담을 나누기 위해 다른 외국 무역상들이 붐비는 새로 만들어진 상하이 클럽에 들르기도 했다. 일요일이면 트랙을 달리는 몽골 조랑말을 보러 신설 경마장에 갔다. 하지만 상하이 거주 외국인들이 모이는 대부분의 여타 사교 모임에는 나가지 않았다.

경쟁자들은 일라이어스를 영리하고 뚝심 있는 사업가로, 하지만 혼자 있길 좋아하고 비밀스러운 구석이 많은 사람으로 여겼다. 그는 중국 귀족의 차림새를 하고 안경을 쓴 채 집의 안뜰을 거닐곤 했다. 어떤 때는 도시의 열기와 소란에서 벗어나 휴식을 취하러 와이탄을 따라 있는 공원에서 홀로 산책을 하기도 했다. 형인 압둘라가 상하이를 찾아왔을 때 무역상들은 형이 동생보다 붙임성이 더 좋고 카리스마가 넘친다고 한마디씩 했다. 한번은 일라이어스가 "만취한 또라이"한테 폭행을 당해 영국 영사관에 도움을 구해야 했다.[8] 그 뒤로 그는 총을 지니고 다녔다. 자신의 본거지가 된 도시로부터 줄곧 거리를 두었지만 일라이어스는 회사에 대한 아버지의 상업적 전망을 크게 뛰어넘어, 중국 사업을 일으키고 광둥과 홍콩, 일본에 잘나가는 영업소를 설립했다. 사업상의 이 모든 흐름은 상하이를 통해 이루어졌다. 그는 이제 자신이 치른 희생에 보답을 받으리라 기대했다.

봄베이에서는 데이비드가 일라이어스의 여섯 동생들을 인도와 중국 사이 곳곳에 파견했고, 그 중 일부는 일라이어스와 함께 일하도록 보냈다. 한 도시에 같이 산 적이 거의 없던 서순가의 여덟 형제는 1860년부터 1900년까지 서로 7,000통 이상의 편지를 주고받았다.[9] 데이비드는 아들들에게 매일같이 편지를 썼다. 그들은 집안에서 도는 이야기를 주고받고 면화와 아편 가격을 서로 비교했으며, 사업 기밀이 유출될까 걱정하고, 직원들의 충성심을 유지하기 위한 복지 개선안에 관해 논의했다. "미국에서 전쟁이 일어나 금전적 이득이 생겼으니까 다음 달에는 면화 가격에 대한 좋은 소식이 있기를 바라"라고 한 동생은 미국 남북전쟁이 발발했을 때 어느 편지에 썼다.

경쟁 상대들에 대한 우위를 추구하던 데이비드는 사업의 의사결정 속도를 빠르게 할 방안을 모색했다. 일라이어스가 상하이에서 창고를 구입하거나 주택을 지을 토지를 매입하거나 화물 선적 자금을 마련하려고 할 때 봄베이나 런던의 은행가들한테서 대출을 받으려면 승인 받기까지 시간이 너무 오래 걸렸다. 데이비드는 일라이어스의 형제 가운데 한 명을 홍콩으로 보내서 자다인사와 여타 회사들의 사업가들과 손잡고 홍콩상하이 은행을 설립하게 했고, 이렇게 만들어진 홍콩상하이 은행은 중국의 기업들에게, 특히 서순가와 같은 은행 이사회의 일원에게 신속히 대출을 승인해 주었다. 아서 서순은 일라이어스가 홍콩에서 수십 년 전 구입했던 건물을 은행의 본부로 임대했다. 몇 달 뒤에 은행은 상하이 와이탄에 위풍당당한 청동 사자상이 정문 양쪽에 떡 버티고 있는 본사를 열었다. 홍콩상하이 은행은 금방 아시아에서 가장 돈이 많고 유력한 은행이 되었다(오늘날의 HSBC의 전신이다—옮긴이).

자다인 같은 대형 회사들은 더 많은 돈을 벌고 더 큰 명성을 날리고 있었지만, 다국어를 구사하는 신흥 부자 서순사도 빠르게 치고 올라오고 있었다. "금은, 비단, 나뭇진(천연수지), 향신료, 아편, 면화, 양모, 밀—해상이나 육로로 이동하는 것은 뭐든 서순 상사의 손길이 느껴지거나 그 표시가 있다"고 어느 경쟁 기업가는 중국의 한 영자 신문에 말했다.[10] 아시아 전역을 널리 여행한 작가이자 연구자인 야콥 사피르Jacob Saphir는 1859년에 서순가가 중국과 인도에 보유한 사업 지분을 합쳐 "대략 500만 파운드에 달하는 막대한 재산을 모았다"고 보고했는데 오늘날 가치로는 대략 6억 달러에 달하는 액수다.[11]

일라이어스에게 성공 가능성이 불확실한 임무를 주고 상하이에 파견한 뒤 거의 20년 만인 1862년 데이비드는 아들을 봄베이로 불러들여 가업의 승계 문제를 준비하기 시작했다.[12] 아버지는 이제 일흔이었다. 일라이어스와 큰형 압둘라가 함께 일하며 사업을 물려받을 때가 온 것이다.

장남이라는 이점을 가진 압둘라가 승계자로는 더 앞서 나가고 있었다. 당초 내향적인 외톨이 일라이어스를 보낸 상하이는 서순가의 사업에 있어 그다지 중요한 지역이 아니었다. 데이비드는 붙임성이 있고 외향적인 큰아들 압둘라를 현지 통치자가 쫓겨난 다음에 서순 상사가 다시 문을 연 바그다드로 보냈는데, 바그다드는 상하이보다 더 쉽고 이문이 많이 남는 곳이었다. 서순가 사업의 상당 부분은 여전히 페르시아만 주변에서 이루어졌고 그 지역에서는 서순이라는 이름이 갖는 프리미엄이 있었다. 거기서는 모두가 아랍어를 사용했고, 아랍어는 서순가의 모어였다. 또 바그다드와 봄베이 간 거리가 봄베이와 상하이 간 거리보다 훨씬 더 가까웠기에 압둘라는 아버지와 가족들을 보러 집에 더 자주 돌아올 수 있었다.

아버지와 형은 일라이어스가 상하이 시절을 거치며 얼마나 성장하고 바뀌었는지를 알지 못했다. 그는 자신감을 갖게 되었고 더 도전적인 기업가 정신으로 무장했다. 그는 사업을 확장했고, 지사들을 개설하며 중국 곳곳을 누비고 일본까지 갔다. 그는 가문과 아버지의 사업을 성공시키고 영향력을 확대한다는 목표에만 매진한 삶을 살았다.

상하이에서 고독하게 사업에 전념했던 일라이어스와는 대조적으로, 압둘라는 봄베이의 새로 지은 대저택에서 사치스러운 삶을 살고 있었다. 그는 바그다드에서 얼마간 성공적으로 근무하고 돌아온 뒤 아버지 곁에 머물며 사업을 보좌했다. 데이비드는 큰아들에게 자주 조언을 구했고 압둘라는 가문의 자선 사업을 관장하며 공개적인 역할을 떠맡았다. 그는 인도산 직물을 생산하는 공장 건설을 비롯해 사세 확장을 위한 야심 찬 계획을 내놓았다. 또 영국 사업가, 식민지 관리 들과 어울렸다. 자택에 영국인 손님 300명을 초대하고 이탈리아 오페라를 공연하며 성대한 연회를 열었을 때 〈봄베이 가제트The Bombay Gazette〉는 "봄베이의 영국 사교계와 결연하길 명백히 바라는" 압둘라와 그의 가족들을 치하했다.[13]

1864년 11월 어느 오후에 데이비드 서순은 상수시 저택의 정원 한 군데를 산책한 다음 침실로 물러가 홍콩, 상하이, 봄베이, 런던으로 멀리 나가 있는 아들들에게 매일같이 보내는 지침 편지를 썼다. 잠자리에 든 그는 72세로 영면했다. 아들들 모두 추도식에 참석했고 서순가 소유의 선박들과 창고에는 유니언잭을 조기로 내걸었다.

데이비드의 유언장에 따라 압둘라가 새 회장이 되고 일라이어스는 부회장이 되었다. 미래가 점차 분명해지면서 일라이어스의 원망은 커져 갔다. 압둘라는 집안에서 내성적인 일라이어스가 배후에서 일하는 것을 환영할 것이라고 생각했다. 그는 일라이어스와 일라이어스의 아들인 스물셋의 제이콥에게 상하이, 홍콩, 페르시아 항구들을 관장하는 순회 경영자 자리를 제의했는데, 20년 전 일라이어스의 여정 상당 부분을 되풀이하는 일이었다. 압둘라가 회장직을 그만둘 때가 오면 서순가의 지도자 자리는 당연히 그의 아들에게 갈 것이었다. 일라이어스는 다른 형제들을 부추겨 큰형에게 반기를 들려고 했지만, 압둘라는 동생들을 런던으로 파견하고 넉넉한 수입을 약속하며 자기편으로 끌어들였다. 상하이에서 일군 성과는 일라이어스가 아버지의 사업 감각을 물려받았다는 점을 드러냈을지도 모른다. 하지만 압둘라는 아버지한테서 좌중을 휘어잡는 카리스마를 물려받았다.

아버지가 돌아가신 지 3년이 못 지난 1867년 가을 일라이어스는 가족의 회사에서 물러나 자신만의 새 회사를 차리겠다는 뜻을 밝혔다.[14] 아버지의 재산 가운데 그의 지분은 최소 25만 파운드, 오늘날 가치로 2,500만 달러 이상이었다. 다른 형제들은 아무도 합류하지 않았다. 모두 압둘라 곁에 남기로 했다. 압둘라는 가족들에게 일라이어스가 상하이에 작은 무역 회사를 세우지 않을까 예상한다고 말했다. 그리고 동생의 회사가 국제적인 명성을 누리는 더 강력한 모회사를 곤란하게 할 일은 없을 것으로 생각했다. 아들인 제이콥과 손을 잡고 일라이어스는 새 회사의 이름을 E. D. 서순 회사로 정하고 상하이로 돌아가는 배에 올랐다. 두 회사가 헷갈리는 중국인들은 압둘라의 회사를 구 서순 회사로, 일라이어스의 회사를 신 서순 회사로 불렀다.

'신 서순 회사'의 사세가 커지면서 일라이어스와 다른 형제들 간의 사회적 접촉도 끊겼다. 그들은 결혼식과 장례식에서 만나고 생일이면 격식을 갖춘 인사를 주고받았지만 그 이상은 없었다. 하지만 양쪽 모두 그들 최대의 투자이자 그들의 부와 영향력을 다져 줄 상품으로부터 이득을 보게 된다. 그건 바로 아편이었다.

◖●

제1차 아편전쟁이 일어나기 전, 일라이어스가 형제들과 갈라서서 자기 회사를 차리기 오래전부터 서순가는 아편을 중국으로 밀반입하여 돈을 벌어 왔다. 하지만 그들은 여전히 소규모 업자였다. 그들은 자다인 매티슨 같은 대형 영국 회사와 경쟁할 수 없었다. 대형 영국 회사들은 잘 무장한 클리퍼선과 스쿠너선을 고용하여 아편이 합법적으로 재배되는 인도에서 화물을 실어서 중국 해안까지 간 다음 아편이 금지된 그곳에서 판매하도록 전달했다. 중국으로 아편을 밀반입하자면 해적과 중국 순찰 관리들을 피하거나 물리치고, 뇌물로 매수하고, 광둥과 여타 중국 항구로 잠입해야 했다. 아편 밀수출은 아찔한 만큼 높은 수익을 — 비단이나 면화, 직물 무역에서보다 훨씬 고수익을 — 가져왔다. 심지어 아편을 운송해 중국의 중독자들에게 유통시키는 비용을 제하고도 자다인사는 아편 한 상자마다 30~50퍼센트의 이윤을 냈다. 1832년 한 번의 운항으로 자다인의 어느 선장은 나흘 사이에 (현재 가치로) 20만 달러어치의 아편을 팔았다.

아편전쟁에서 영국이 승리했음에도 여전히 아편은 중국에서 엄밀히는 불법이었다. 서순사와 같은 더 작은 회사들은 자사의 아편을 운송하고 밀반입시키는 데 자다인사에 의존하는 수밖에 없었다. 1851년 영국의 서류에는 아편 무역에 관여하는 영국 회사에 등록된 아편 클리퍼선 42척이 기록되어 있는데 상당수가 자다인 소속이었다. 열한 척은 미국 회사 소속이었고, 단 두 척만이 데이비드 서순 상사 소속이었다. 윌리엄 자다인은 아편 사업에는 "소규모 자본가"[15]가 발을 들여놓지 못한다고 흐뭇해했다. 세월에 닳아 바스러질 듯한 자다인사의 1842년도 회계 장부는 자다인이 서순사로부터 인도에서 아편을 낮은 가격에 구입한 다음 중국에 가져다 팔아 커다란 이익을 남기고, 서순사를 지속적으로 쥐어짜고 압박했음을 보여 준다. "우리는 변질된 귀사의 아편을 신선하고 하자가 없는 아편으로 교체하도록 지시했습니다"라고 언젠가 상하이의 한 자다인 직원은 일라이어스에게 썼다. 자다인은 서순사로부터 구입한 아편―떡처럼 뭉친 덩어리 형태로 전달된 다음 순도를 검사하기 위해 끓여 본다―에 "[생아편] 덩어리의 생김새가 나쁘고 끓였을 때 상태가 좋지 않았다"는 이유로 대금 지불을 거절한 적도 있었다. 일라이어스는 자신이 선택한 모든 분야에서 수익성 있는 사업을 키워 나가고 있었다. 하지만 중국에서 가장 이문이 많이 남는 무역 분야인 아편 시장에서 서순가는 많이 잡아 봐야 20퍼센트만 점유했다.

그 모든 것이 1857년, 일라이어스가 상하이에 처음 발을 내디딘 지 7년이 지나자 바뀌게 된다. 5개 무역항만이 아니라 중국 전역을 무역에 개방시키고, 아편 판매를 정식으로 합법화하려고 작정한 영국은 제2차 아편전쟁으로 알려진 전쟁으로 중국을 다시 침략했다. 영국과 프랑스 연합군이 베이징으로 진군하여 황제의 여름 별궁 원명원을 약탈하고 불태웠다. 청나라의 지도부는 그 직후 영국-프랑스 원정군에 백기를 들었고 이로써 제2차 아편전쟁과 외세 지배의 흐름을 뒤집겠다는 중국의 희망도 끝났다. 유럽 병사들은 원명원의 귀중품을 탈탈 털어갔다. 대영박물관은 약탈 당시 문짝에서 뗀 황동 문패 두 점을 받았다. 원명원에서 데려온 페키니즈종 개 한 마리는 빅토리아 여왕에게 선물로 바쳐졌다.

중국은 더 많은 영토 할양을 강요받았다―중국 남부의 구룡반도(가우룽 반도)는 홍콩의 일부가 되었다. 아편 판매도 합법이 되었다. 자다인 매티슨은 "아편 음용은 폐해가 아니라 힘들게 일하는 중국인들에게 위안이자 혜택"이라고 공언하며 영국의 승리를 축하하는 보도자료를 냈다.

서순가에게 합법화는 모든 것을 변화시켰다.[16] 아편 판매는 범죄에서 정당한 사업으로 바뀌었다. 인도, 홍콩, 상하이, 런던에 주재하고 있던 데이비드의 아들들은 이제 중국으로 화물을 들이기 위해 자다인사의 무장 스쿠너선과 밀수업자 네트워크가 더는 필요하지 않다는 것을 깨달았다. 그들은 인도에서 아편을 구매해 상업용 기선이나 자신들의 배로 운송한 다음, 도착지에서 중국인을 고용해 아편을 유통시키면 됐다. 그들은 종단 간end-to-end(사업의 전 단계를 외부 업체에 의존하지 않고 자신들이 수행한다는 뜻―옮긴이) 독점 사업을 창출할 수 있었다.

독점 사슬은 인도에서 시작했다. 자다인사는 아편을 자체 생산하지 않았다. 그들은 현지 인도 대리인을 통해 인도 농부들로부터 아편을 구매했다. 서순가는 대리인을 거치지 않고 인도 농부들과 직접 거래하기로 하고, 수확물을 전매할 배타적 권리를 대가로 그들에게 아편 농사를 지을 돈을 빌려주었다. 그들은 중국에서 가장 인기 있는 말와산 아편을 재배하는 농부들을 물색했다. 자다인사가 이 전략에 대응하여 자기들도 농부들한테서 아편을 직접 구매하려고 했을 때는 이미 늦어 버렸다. 서순가는 수확물 상당량에 이미 단단히 계약을 맺어 놨다. 그들은 아편을 매수하여 팔기에 적당한 시기가 왔다고 생각할 때까지 묵혀 둘 수 있었다.

다음 단계는 가격 책정pricing이었다. 아편은 인도에서 매입되어 상하이에서 팔렸다. 일라이어스는 홍콩에서 목격한 '자다인의 망루'와, 자다인사가 가격이 오를 때까지 아편 화물 인도를 미룬 것을 기억하고 있었다. 그는 시장에 상품을 풀 최적의 시점을 알기 위해 정보력이 상당했던 서순가의 정보 네트워크를 이용해 아편 가격 소식을 공유하자고 형제들에게 제안했다. "가격이 하락하면서 아편 무역이 손실을 보고 있다"고 캘커타의 서순 사무소가 홍콩 사무소에 보낸 한 전형적인 서신은 말한다. "현재 우리는 캘커타에 거대한 재고를 보유하고 있다. 지금 팔면 막대한 손실을 볼 것이다." 그들은 상품을 파는 대신 가격이 오를 때까지 팔지 않고 기다리기로 했다. 서순가는 각국과 대륙을 가로질러 통신 혁명을 불러오고 있던 신기술인 전신에 투자했다. 아시아에서 전송된 최초의 전보 가운데 일부는 아편 가격을 논의하기 위해 서순가의 한 사무소가 다른 사무소에 보낸 암호 메시지, 다시 말해 자다인이나 다른 경쟁 업자들이 입수할 수 있기 전에 공유된 정보였다. 19세기 말에 이르자 서순가는 영국 평민원(영국 하원)에서 발언하도록 초청될 만큼 전신 기술에 관한 선도적인 전문가로 꼽혔다.

마지막으로는 유통이었다.[17] 자다인은 오래전에 자리 잡은 밀수업자와 부패한 중국 관리 네트워크에 의지했다. 하지만 아편 무역이 이제 합법화하면서 일라이어스는 소비자에게 도달할 더 효율적인—그리고 더 저렴한—방법을 찾아냈다. 그는 중국 해안 근처에 정착했지만 중국 내륙 전역에 뻗은 교역 루트에 접촉 창구를 갖고 있는 차오저우Chaozhou(조주)라는 중국 소수 집단을 파트너로 삼았다. 이윤의 일부를 받는 대가로 차오저우는 서순가의 아편을 다른 중국인들에게 팔았다. 자다인과 다른 업자들보다 저가로 공급하기 위해 서순가는 때로 자기들의 아편을 할인가로 팔거나 중국 아편 상점에 돈을 빌려주었다. 차오저우는 서순가와 제휴함으로써 막대한 이득을 거뒀다. 한 서양 방문객은 "현지 아편 업자들"이 갈수록 부유해지고 있다고 언급하면서 그들이 "기분이 좋아 보이고, 점잖고… 매우 예의 바르게 보인다"고 덧붙였다. 아편 무역의 비판가들은 아편 판매업자는 주로 폭력배들일 거라고 예상했지만, 그들의 예상과 달리 아편 무역은 새로운 중국 기업가 계층을 창출하고 있었다. "아편 무역은 엄청난 자본을 소유하고 사회적 지위가 대단히 높은 사람들, 일류 상인들로 여겨지는 이들이 수행한다." 차오저우는 서순가의 아편을 팔아서 번 돈으로 은행과 상점에 투자했다.

이 모든 것은 어느 순간 자다인에 되돌리기 어려운 충격을 가져왔다.[18] 자다인사의 경영진은 걱정스러운 눈초리로 승승장구하는 서순가를 지켜볼 수밖에 없었다. "가격을 심각하게 교란하고 있는 [서순가]와 다른 투기자들의 행위를 면밀히 주시하는 게 대단히 중요하다는 점은 아무리 강조해도 지나치지 않을 것"이라고 인도에 주재하는 자다인의 한 간부는 직원에게 썼다. 서순가는 아편 공급가를 내려서 아편이 더 싼 가격에 팔리게 했다. "손실을 볼 수밖에 없는 가격을 보고 놀랐다"고 그 간부는 썼다. 가격 하락은 자다인에 '파멸적인' 효과를 낳고 있었다. 아편 무역이 "완전히 엉망이 되었다"고 또 다른 간부는 썼다. 인도에서 상하이로 아편을 한 차례 선적할 때 자다인사가 보낸 것은 10상자인데 반해 서순사에서 보낸 것은 42상자였다. 또 다른 선적 과정에서는 서순사의 화물은 260상자인데 반해 자다인사는 42상자에 불과했다. 1870년대에 이르자 일라이어스와 형제들 사이에 금이 갔음에도 서순가는 중국으로 유입되는 아편의 70퍼센트를 좌지우지하고 있었다.

1872년, 자다인이 아편 사업을 보호하기 위해 중국을 침공하도록 영국 정부를 부추긴 지 33년 만에 회사는 아편 무역에서 완전히 발을 뺐다. 자다인은 이후로도 면화, 부동산, 광산, 해운에서 막대한 이득을 보았다. 하지만 당초 자다인의 첫 성공 사례였던 아편은 이제 서순가의 것이었다. 그리고 그 이윤에 따라오는 권력과 권력에 접근할 기회도 서순가의 차지였다.[19] 인도의 영국 식민 정부는 정부 유지 비용을 아편 판매에 따른 세금에 의존했다. 영국 정부의 인도 총독은 이제 데이비드의 장남이자 후계자인 압둘라 서순에게 "향후 열두 달 간의 아편 무역 전망에 [관한] 좋은 정보"를 알려 달라고 정중하게 문의하며 "그에 관해 당신보다 더 잘 알려줄 사람을 알지 못한다"고 덧붙였다. 몇 년 뒤 영국인들은 압둘라에게 인도 의회(인도 국민회의Indian National Congress를 말하는 것으로 보인다—옮긴이)에 참여해줄 것을 요청했다. 그 뒤 얼마 지나지 않아 영국 정부는 압둘라에게 기사 작위를 내려 압둘라는 앨버트 서순 경이 되었다.

중국 아편 중독자들의 고통은 서순가의 서신과 전보, 장부에 거의 등장하지 않았다. 그들은 아편이 중국 노동자들의 건강에 끼치는 폐해를 알고 있었다. 아편 판매상들은 중국인의 "정신을 타락시키고 저하시키며 말살"시켰으며, "한시도 그치지 않고 새로운 희생자들이 생겨나고 있다"고 홍콩의 영국 관리는 일찍이 1844년에 썼다. 한번은 상하이에 있는 일라이어스의 사무소가 캘커타에 있는 서순 사무소에, 최고위 직급의 중국인 직원을 해고해야만 했다고 알렸는데 그가 과도한 아편 흡연으로 '쓸모없어'졌기 때문이었다.[20] 중국에서 활동하는 개신교 선교사들은 아편의 폐해를 입증하는 자료를 펴내고 아편 반대 연맹을 창립했는데 여기에는 상하이의 저명한 의사들도 가입했다. 1875년 샌프란시스코에서는 중국인 철도 이민 노동자들 사이에 아편이 확산되는 것을 우려하여 아편굴을 드나드는 것을 범죄로 규정한 미국 최초의 반反마약 법안이 통과되었다. 20세기 초 영국의 대표적인 시인 가운데 한 명인 시그프리드 서순Siegfried Sassoon은 자신의 가문과 가문의 "무지막지한 부"와 거리를 두었고 "그들은 동양에서 추악한 무역으로 억만금을 그러모았다"고 썼다.[21] 아편 반대 단체들의 압력에 못 이겨 영국 정부는 1893년 인도에 왕립 아편 위원회를 세웠다. 위원회에 출석해 증언한 서순사의 대표들은 적당히 음용하면 아편은 안전하다고 주장했다. 회사의 한 간부는 아편 음용이 "상류층에게 오락 활동에 불과"하다고 공언한 한편 또 다른 간부는 "적당량만 취하면 아편은 매우 유익하다"고 덧붙였다. 서순사는 유럽인들이 음주에 빠지듯이 중국인들은 본능적으로 아편에 끌린다고 주장했다. 심지어는 "아편을 피우거나 흡입하는 중국인들은 알코올 중독자들보다 더 얌전하고 조용하며 훨씬 더 정신이 멀쩡하다"고 말하기도 했다.[22]

서순가는 아편 무역을 제한하거나 금지하려는 일체의 시도에 격렬하게 저항했다. 영국 정계와 버킹엄 궁에까지 미친 서순가의 영향력이 이런 로비 활동의 성공에 결정적이었다. 1858년, 상하이에서 형인 일라이어스와 일하고 있던 S. D. 서순은 아버지로부터 런던으로 가서 사무소를 개설하라는 명을 받았다. S.D.는 이 기회를 덥석 붙들었다. 그는 상하이의 무더위를 싫어했고, 게다가 집안 관례와는 다르게 아내와 어린 아들을 함께 데려가도 된다는 허락을 받았다. 가족은 영국으로 떠났다. S.D.는 영국의 월스트리트에 상응하는 분주한 금융지구인 런던 펜처치가에 사무소를 개설하고 켄트 주 애슐리파크에 있는 오래된 왕궁을 구입했다. 바그다드에서 서순 집안 사람들은 국왕의 자문이자 정부의 재정적 지원자인 나시가 되기 위한 교육 과정을 착실히 밟았었다. 그들은 정치가들과 왕실, 기업들 간의 상호작용, 즉 부유한 대저택에서 열리는 만찬과 가든파티에서 성사되는 거래와 제휴관계의 중요성을 잘 알고 있었다. S.D.에게는 곧 두 동생이 합류했고, 삼형제는 부동산을 사들여 영국 상류사회 인사들을 접대하기 시작했다. 형제들 사이에서 오고간 편지들은 면화와 아편 가격보다는 왕족의 환심을 사고 그들을 대접하는 일에 점점 초점이 맞춰졌다.[23] 런던의 형제들은 영국 상류층과의 접촉 기회가 늘어나고 있음을 자랑하는 신문 기사를 인도로 오려 보냈고, 사회적 예법과 신분 상승에 관한 비결을 주고받았다. 영국 귀족들이 인도를 방문했을 때 형제들은 손님들을 본가의 대저택에서 열리는 무도회에 초대하라고 성화였다. "우리 집안의 명성을 높여줄 거다. 기자들에게도 소식을 알려서 신문에 그에 관한 기사를 쓰게 해라."

주요 표적은 영국 최고의 요인, 바로 빅토리아 여왕의 아들이자 왕위 후계자, 흔히 '버티Bertie'로 통하는 에드워드 왕세자였다. 버티는 1901년 59세에 왕이 되기까지 역대 왕세자들 누구보다도 오랫동안 왕위 후계자 지위에 있었다. 그는 다른 여러 왕족들보다 생각이 더 열려 있고 코즈모폴리턴적이어서 로스차일드가를 비롯해 저명하고 부유한 여러 유대인들과 친해졌다.[24] 그는 또한 허랑방탕한 생활을 뒷받침하기 위해 돈이 필요했다. 버티는 도박, 사냥, 요트 여행을 좋아했다. 배우와 가수를 비롯해 애인을 여럿 두었고, 값비싼 선물로 그들에게 구애했다. 그가 빚을 잔뜩 졌다는 뒷얘기가 무성했다.

서순 형제들은 로스차일드 가문이 주최하는 하우스파티와 경마 대회에서 영국 왕위 후계자의 환심을 사기 시작했다.[25] 삼형제 중 한 명인 루벤은 뚱뚱한 왕세자가 다이어트를 위해 가는 한 달짜리 체코 '요양' 여행에 동행했다. 그들은 버티가 좋아하는 음식을 잔뜩 쌓아두고, 그가 밤늦게까지 실컷 브리지 게임을 하고, 스코틀랜드 릴reel을 추고, 시가를 피우는 동안 곁을 지켰다. 가장 중요하게도 그들은 주식 관련 조언을 해 주고, 아편에 '투기'할 기회—인도의 아편 재고 물량을 얼마 사놨다가 상하이에 팔아서 이득을 거둬들이는 것—를 제공하는 것을 비롯해 왕세자의 도박 빚을 부담해줬다. 서순가가 버티에게 워낙 큰돈을 벌어 주었으므로 버티는 루벤 서순을 영국의 재무장관으로 임명해야 한다고 농담할 정도였다.

버티가 인도를 방문했을 때 앨버트는 아버지에게 물려받은 상수시 저택에서 왕세자를 위한 축연을 열었다. "돈이 많이 들겠지만 우리 가문의 명성에 보탬이 될 것"이라고 앨버트는 런던의 형제들에게 썼다. 버티가 떠난 뒤 앨버트는 왕세자가 말 위에 올라탄 모습을 한 거대한 기마 조각상 제작을 의뢰했다. 기마상의 기단부에는 장래 영국 국왕을 기려 에드워드로 이름을 정한 앨버트의 아들이 새겨져 있는 점이 이채로웠다.

서순가의 신속한 신분 상승은 상반된 반응을 불러왔다. 영국의 많은 부자 가문들은 소유한 토지는 많지만 현금은 별로 없었다. 영국 귀족들은 별안간 유복한 미국 여성들과 그들의 상속 재산을 유난히 좋아하게 된 것처럼, 로스차일드가와 서순가와 같은 외부자들, 즉 신산업 분야에 투자하고, 화려한 파티를 주최하며, 국왕을 접대하고, 영지의 낡은 대저택을 매입하여 개조할 능력이 되는 이들을 용인하고 심지어 환영하는 법을 배우게 되었다. "뭐니 뭐니 해도 유대인들은 상류 사교계의 소금, 유일한 지적 자극제"라고 런던의 어느 작가는 서순가를 두고 공언했다.[26] "생기를 불어넣는 것처럼 런던 상류 사회를 인간답게 만드는 그런 영향력들은 오늘날 대체로 유대인 부류에서 나온다."

하지만 어떤 영국 귀족들은 이들을 비웃고 심지어 서순가의 만찬에 참석할 때조차도 자기들끼리 반유대적인 비방을 주고받았다. 한 영국 공작은 루벤 서순이 왕가와 긴밀한 사이임에도 불구하고 "종교적 이유로" 그에게 영지 자택을 세주길 거절했다.[27] 공작은 친구들에게 루벤에게 세를 내주느니 "더 낮은 임대료를 받고 더 바람직한 임차인에게" 내주겠다고 말했다. 왕세자가 서순가 사람 여러 명을 대동하고 런던 북부의 경마 경기를 찾았을 때는 군중 속에서 누군가가 외쳤다. "유대인의 왕 만세!"[28]

1901년 버티의 즉위식을 앞두고 윈스턴 처칠은 어머니에게 다음과 같은 편지를 썼다. "앞으로 국왕이 어떻게 할지 궁금합니다. 이제 왕위에 오르니까 국왕이 생활 방식을 완전히 뜯어고칠까요? 그가 말을 팔고 주변의 유대인들을 다 물러가게 할까요, 아니면 루벤 서순이 왕관과 왕실의 보기寶器 사이에 고이 모셔지게 될까요?"[29]

가장인 앨버트 서순이 마침내 봄베이를 떠나 동생들에게 합류해 런던에 영구히 정착하기로 했을 때 한 영국 신문은 그를 황금을 좋아하는 "쿤coon(촌뜨기나 피부가 검은 사람을 부르는 멸칭―옮긴이)"으로 놀리는 희시戲詩를 실었다.[30]

앨버트 압둘라 서순 경
금을 함유한 그 인도의 쿤이
퀸스게이트라는 저택을 사서
6월에 입성할 거라네

기사 작위를 받고 왕족에게 초대되며 영국 왕위 후계자와 함께 식사를 하고 다이어트 여행을 다니는 서순가 사람들은 자신들을 영국인이라고 여겼다. 서순가의 이해관계가 유니언잭 아래서 잘 나가는 것을 본 중국인들도 그들을 영국인이라고 여겼다. 하지만 많은 영국인들은 그들을 영국인이 아닌 유대인이라고 여겼다.

그럼에도 서순가와 런던의 협력자들의 이해관계가 일치한 탓에 아편 무역은 계속 번창했다. 1891년 영국 의회가 대중의 압력에 못 이겨 아편 무역을 종식하는 법안을 통과시키자, 서순가는 연줄을 총동원해 법의 시행을 지연시킬 수 있었다. 1906년 의회는 중국에서 아편 판매를 금지시키는 또 다른 법을 통과시켰다. "우리는 막대한 손실을 입게 될 텐데 누구에게 보상을 바라야 할 것인가?"라고 서순사의 한 직원은 썼다.[31] "손실액이 갈수록 늘어나고 있다. 영국 무역상으로서 우리는 합법적인 사업

의 수행에 있어서 정부의 지지를 받을 자격이 있다." 아편 판매
는 계속되었다. 1909년 아편을 금지하기 위한 국제 협의회가 상
하이에서 열렸다. 3년 뒤 미국을 비롯해 수십 개국이 아편 무역
을 금지시키는 국제 협정에 서명했다. 두 서순 회사의 대표들은
아편 무역 금지가 '막대한 손실'을 가져올 것이라는 공동 서신을
썼다. 그럼에도 아편 무역은 국제적으로 금지되었다. "금지는 이
제 기정사실"이라고 서순가는 개탄했다. "아편 취급"은 "형사 범
죄"가 되었다.

가장 좋게 봐주자면 아편 무역에 관한 서순가의 시각은 담배
와 주류를 파는 기업가들이 나중에 취한 시각과 같았다. 그들은
그 상품의 해로운 효과를 알고 있었지만 그들이 할 일이란 돈을
버는 것이지 해악을 금지하는 게 아니었다. 아편은 합법이었다.
인도의 영국 정부는 아편에 과세했다. 중국 사업가들은 아편을
유통시키기 위해 서순가와 협력했다.

하지만 서순가의 아편 무역과 아편 무역 금지 시도에 맞선 수
십 년에 걸친 저항의 밑바닥에는 중국에 대한 식민주의적 시각
과 중국인에 대한 인종주의가 자리 잡고 있었다. 아편에 관해 쓴
서순가의 서신을 읽다 보면 다른 영국 무역상이나 관리들과 마
찬가지로 서순가도 중국인을 멸시했고 따라서 아편 중독의 참혹
한 결과로부터 거리를 두었다는 믿음을 떨치기 힘들다. 서순가
사람들 본인은 아편을 멀리했고 상하이의 많은 영국인들처럼 마
약을 음용하는 서양인을 보면, 특히 그 서양인이 누르께한 중독
자의 안색을 띤 것을 보면 힐책하고 나무랐다.

아편으로 인해 수백만의 중국인이 중독되어 고통 받았고 결과적으로―다른 무수한 요인들과 합쳐져―황제가 서양의 침략에 대응할 능력을 약화시켰다. 한 중국 시인은 인도 황무지에 만발한 붉은 양귀비꽃부터 아편 장죽 흡연자 주변 위로 피어오르는 푸르스름한 연기까지 아편이 남기는 자취를 한탄했다.[32]

뜨거운 인도의 황무지는 해로운 독기를 내뿜고
모랫빛 황금의 벌레를 굽는다;
검은 까마귀가 시신의 해골에서 살을 뜯어먹고
쪼아, 기름진 피가 뚝뚝 떨어지네
그리하여 피처럼 붉은 양귀비가 솟아올라
갈망의 덩어리를 만드니
덩어리를 가루로 빻으면 푸르께한 연기가 피어올라
나라의 금과 돈을 모조리 빼내간다
동네의 생기는 매일 같이 사라져가네…

아편이 금지된 뒤 서순가는 부동산과 공장에 투자하여 더 큰 재산을 축적했다. 1949년 집권한 뒤 공산당은 상하이에 있는 서순 회사들의 사업 기록을 압수했다. 1980년대에 중국 정부의 허락을 받아 중국 경제학자 두 명이 한 세기가 넘는 기간 동안 서순가가 축적한 다양한 자산을 자세히 조사하고 산정했다. 두 학자는 아편 무역으로 서순가가 1억 4,000만 냥(19세기 중국 화폐 단위)의 이익을 거뒀다고 추산했다.[33] 2018년 미 달러화 가치로

27억 달러에 달하는 액수다. 그다음 그들은 그 돈을 상하이의 부동산, 주식, 회사들에 투자하여 56억 달러에 달하는 두 배 이상의 이익을 봤다. 프랑스 작가 오노레 드 발자크가 19세기 서순가와 같은 전 세계의 날강도 갑부robber barons를 성찰하면서 말한 대로였다: 모든 큰 재산의 배후에는 범죄가 자리 잡고 있다.

로라 커두리와
엘리 커두리

3장

로라와 엘리

단 한 세대 만에 데이비드 서순과 그 아들들은 바그다드에서
도망쳐 온 피난민에서 영국 재계와 사교계의 정점으로 뛰어올랐
다. 그들은 식민지 인도의 의회에 참여했고 영국 식민 정부에 자
문을 했다. 자택에 국왕을 초대해 함께 어울리거나 윈저성Windsor
Castle으로 국왕을 직접 만나러 갔다. 그들은 증기선과 전신, 현대
적인 은행 등 현대 자본주의적인 여러 수단들을 선구적으로 활
용했다. 서순사의 런던 본부 한 층 전체를 히브리어, 아랍어, 페
르시아어, 중국어, 힌두스타니어로 쓰여 들어오는 각종 사업 관
련 문의와 선하船荷증권, 계약서, 보험증권을 번역하는 번역가들
이 사용했다. 외국 무역상들에게 상하이를 억지로 개방해야 했
던 중국 황제는 그들의 영향력을 억제하고 궁극적으로는 몰아
낼 수 있기를 바랐다. 그러나 서순가는 계속해서 사세를 확장했
고 중국과 비즈니스에 대한 중국인의 사고방식을 변화시키기 시
작했다. 상하이의 새로운 영자 신문 〈노스차이나 헤럴드The North-
China Herald〉는 1881년에 "유럽에서 서순이란 이름은 로스차일드

보다 덜 알려져 있지만" 중국 상인들 사이에서 "그 이름은 마법의 이름"이라고 썼다.[1]

서순가를 비롯한 성공 스토리가 퍼지면서 영국과 미국, 유럽에서 이 새로운 사업 기회를 붙들기 위해 많은 사람들이 중국에 속속 들어왔다. 데이비드 서순의 가장 두드러진 혁신—매년 새로운 직원을 가족 회사에 공급하는 서순 학교—은 한편으로 위험을 안고 있기도 했다. 중국에서 큰돈을 벌 수 있다는 이야기가 퍼지면서 가난한 바그다드 출신 사람들이 모여들며 야심을 키워 갔다. 서순은 찍어 내듯 돈을 벌고 있었는데, 실은 경쟁자도 숱하게 만들어 내고 있었던 것이다.

리마 커두리는 재정적 파국이 집안을 덮쳤을 때 서순 학교에 관한 이야기를 전해 들었다.[2] 그녀와 남편 살리는 바그다드에서 잘살고 있었다. 먼 친척인 서순만큼은 아니지만 그래도 안락하게 살 만했다. 살리는 바그다드에서 '농민 상인merchant farmer', 다시 말해 상업은행가merchant banker였다. 바그다드 주변 시골에서는 양들이 거래의 담보물 역할을 했다. 유목민들은 양을 키우고, 살리는 양을 담보 삼아 신용을 제공하는 은행가이자 중개업자 역할을 했다. 리마와 살리에게는 아들 여섯에 딸 하나로 일곱 자식이 있었다. 그들은 여섯 아들을 파리에 근거지를 둔 한 유대인 단체가 운영하는 사립학교에 보내, 영어, 히브리어, 프랑스어로 읽고 쓰는 법을 배우게 했다. 1876년 자식들이 아직 십 대일 때 살리가 죽고 리마 혼자 가족을 책임져야 하는 상황이 되었다. 자식들 가운데 가업을 떠맡을 만큼 장성한 자식은 아직 없었다. 리마는 인도와 중국에서 사업을 크게 하고 있는 서순가가 직업 훈련과 수련 과정, 일자리를 제공해 준다는 말을 들었다. 아직 아들들은 십 대에 불과했지만 남편을 여읜 어머니를 부양할 돈을 벌 수 있을 것이므로 이것은 그들에게 커다란 기회였다. 분명히 서순가는 그들을 환영하리라. 자식들은 사업을 배우고 외국어를 여럿 익혔으니 쓸모 있는 직원이 될 것이고, 또 신앙의 힘으로 서로 뭉칠 것이었다. 리마는 여섯 아들 가운데 넷을 인도의 서순가에 보내기로 했다.[3] 가장 어린 엘리는 열다섯 살이었다. 서순가는 그를 환영했다. 서순가로서는 형편이 어려워진 바그다드의 친척이자 사업 마인드를 지닌 십 대에게 자리를 하나 내주고 고마움과 충성심을 확보하는 셈이었다.

바그다드를 떠난 엘리의 여정과 인생 경로는 데이비드 서순의 여정과 인생 경로와는 천양지차였다. 여러 요인으로 그들의 처지는 확연히 달랐다. 데이비드가 서른일곱 살에 바그다드에서 도망쳤을 때 그는 남편이자 아버지였고, 큰 재산을 물려받아 유대인 공동체와 집안의 가장이 되고, 중동 전역에 뻗어 있는 가업을 잇도록 착실히 훈련받은 상속자였다. 엘리는 고작 열다섯 살의 소년이었다. 영어와 프랑스어를 할 줄 알았지만 그에게는 서순가와 같은 연줄과 인맥이 없었고 서순가가 주변으로부터 받을 수 있었던 존경을 누릴 수도 없었다. 엘리는 중국에서 장성하여 가장 중요한 사업적 결정과 선택을 그곳에서 내리게 된다. 바그다드에서 봄베이로 또 봄베이에서 상하이까지 성공과 권위의 전통을 대대로 이어온 서순가와 대조적으로 엘리는 성공의 사다리를 오르기 위해 몸부림치는 사람, 그런 사람들이 흔히 느끼는 자신의 사회적 지위에 대한 불안감을 감추고 있는 자수성가한 인물이었다. 데이비드가 스스로를 외부자처럼 느끼며 힘들어 했던 것보다 엘리의 지위는 훨씬 더 불안정했다. 중국으로 내던져진 엘리는 다른 이민자, 중국인 들과 인맥을 쌓고 협력 관계를 맺어야 했다. 그의 결단력과 민첩함은 많은 중국인에게 깊은 인상을 심어 주게 되는데, 중국인들은 엘리의 성공에 대한 열망과 영국 기득권에 맞선 싸움을 어느 정도는 자신들의 염원과 투쟁으로 보는 경향이 있었다. 그는 자기 가족의 명운을 중국에 걸고, 서순가의 그늘 아래에서 활동하며 출세하다가 어느 날 그의 집안이 그들을 능가하는 날을 맞게 된다.

엘리는 서순 학교에서 수련 생활을 하고 황마, 커피, 직물 거래의 기초를 배우며 봄베이에서 잠시 지낸 뒤에 홍콩의 수습사원으로 발령 받아, 아직은 신생 사업체에 불과한 E. D. 서순, 다시 말해 가족한테서 갈라져 나와 자기 회사를 차린 일라이어스 밑에서 일하게 됐다. 엘리는 먼저 '통행증'―대영 제국, 인도, 중국을 자유롭게 돌아다니도록 허용하는 이동 허가증―을 얻어야 했다. 그는 1880년 5월 20일에 홍콩에 도착하여 부둣가 근처에 자리 잡은 E. D. 서순의 본사에 첫 출근을 했다. 1880년―제1차 아편전쟁이 끝나고 영국의 지배가 홍콩과 상하이 조계에 확고하게 자리 잡은 지 거의 40년 후―의 홍콩은 야망으로 들끓는 도시였다. 서순가는 이미 홍콩의 유력한 무역상들 가운데 하나로 꼽혔다. 엘리는 37루피의 월급을 받았고, 그중 절반을 바그다드에 있는 어머니에게 보냈다.

엘리는 일을 잘했고 곧 서순사의 출장소가 개설되어 있는 북쪽 해안의 작은 항구 도시들로 파견되었다. 마지막 목적지는 상하이에서 배로 사흘을 가면 나오는 웨이하이웨이의 소규모 정착지였는데, 그곳에는 서순사가 운영하는 창고가 있었다. 열여덟 살의 엘리는 '3등 사무원'이라는 직위와 함께 정원이 딸린 항구 전망의 큰 집으로 이사했다. 다음에는 벌이가 좋은 상하이로 옮겨갈 수 있을 듯했다.

다른 많은 중국 도시들처럼 웨이하이웨이는 열악한 위생 여건 탓에 질병이 수시로 창궐했다. 엘리가 도착한 직후 선페스트(흑사병의 한 종류—옮긴이)가 한바탕 유행했다. 엘리의 상사들은 휴가를 떠나거나 다른 출장소에 가고 없었다. 임시로 창고를 책임지게 된 엘리는 페스트의 원인인 이와 쥐를 쫓기 위해 회사 창고에 있는 소독약을 한 통 꺼내 건물 전체에 뿌렸다.[4] 창고 인근에서도 사람들이 죽어 나가기 시작하자 엘리는 소독약을 중국인 직원들에게 내주었다. 돈을 낼 수 없는 사람들에게는 나중에 받기로 했다.

상사들이 돌아와서 엘리가 허락을 받지 않고 소독약을 썼다고 질책했다. 역병이야 어찌됐건 간에 회사의 물품을 자기 멋대로 그냥 줘 버린 것이었다. 그는 상하이의 본사로 불려 갔는데, 오히려 격렬하게 항의했다. 서순가 일족인 책임자는 엘리에게 적당히 타협하라고 권고했다. 엘리가 앞으로 "행실을 바르게 하겠다고"고 약속하면 그냥 넘어갈 셈이었다.

"사람 목숨값을 그렇게 매긴다면, 인간을 귀하게 여기지 않는다면, 난 당장 이 자리를 그만두겠습니다"라고 엘리는 대답했다. 이 일화는 커두리 집안의 전설이 되었는데, 엘리가 그 자신을 어떻게 생각하는지를 압축적으로 보여 주기 때문이다. 근시안적 이익에만 사로잡힌 타인들의 어리석음을 강하게 성토하는 원칙적이고 고집스런 사람 말이다. 어쩌면 젊고 야심만만한 엘리가 중국이 제시하는 미래의 큰 기회들을 간파하고 고압적인 서순사 밑에서 일하기보다는 제 갈 길을 가겠다고 결심했을 수도 있다. 이후에 커두리가가 엄청난 부를 쌓은 후 엘리의 아들 로런스는 커두리 가문의 문장 위에 '소독약 한 통'을 그려 넣어 서순가로부터 엘리의 독립을 기념해야 한다고 농담하곤 했다.

◗

엘리는 상하이 서순 사무실을 떠난 뒤 홍콩으로 돌아가 역시 어머니가 서순가에서 일자리를 찾으라고 바그다드에서 홍콩으로 보냈던 형 모지스에게 도움을 구했다. 모지스는 동생에게 500홍콩달러를 준 뒤 "더 받으러 올 생각은 마라"라고 냉정하게 말했다.

엘리는 그 500달러를 가지고 홍콩 최고의 호텔인, 꼭대기에 화려하게 장식된 둥근 지붕과 전망대가 있는 4층짜리 건물로 갔다. 건물 내부에는 널찍한 안뜰과 바, 당구장, 객실로 이어지는 웅장한 계단이 있었다. 호텔의 삼면을 따라서는 투숙객들을 열기로부터 막아 주는 지붕을 씌운 베란다가 있었는데, 홍콩의 브로커와 투자자들은 매일같이 그 베란다에서 만나 금융 관련 정보를 교환하고 주식을 사고 팔았다—증권거래소의 선구인 셈이다. 데이비드 서순은 투자자들을 끌어들이는 명성이 있었지만, 엘리 커두리는 아니었다. 자기 이름이 너무 '외국인같이' 들릴까 봐 걱정한 엘리는 가명 E. S. 켈리Kelly를 쓰기로 했다. 'E. S. 켈리'는 심한 바그다드 억양을 쓰고 수중에 고작 500달러밖에 없는 '엘리저 사일러스 커두리'보다 사업에서 성공할 가능성이 더 있었다. 베란다는 엘리 커두리 같은 젊은 외부자가 인맥을 쌓기에 안성맞춤인 무대로 드러났다. 다른 두 투자자와 함께 엘리는 주식 중개 회사인 벤저민, 켈리 앤 포츠Benjamin, Kelly & Potts를 세웠다. 이제 그는 다른 중개인들한테서 얻은 정보를 바탕으로 회사 지분을 사들이고 투자 기회를 조기에 찾아낼 수 있었다. 가명으로 일한 덕분에 그는 자신의 투자를 공개적으로 밝힐 준비가 될 때까지 은밀하게 활동할 수도 있었다. 1891년 3월 스물다섯 살의 나이에 그는 첫 지분을 구입했다—자신이 하루가 멀다 하고 방문한 호텔을 소유한 회사의 주식이었다.

평범한 집안 배경과 궁색한 형편 때문에 엘리는 아편 무역에 뛰어들 정도의 자본을 모으기가 쉽지 않았다. 그로서는 한몫 잡고자 런던에서 온 영국 투자자들이나 서순가보다도 사업을 더 다각화하고 더 광범위한 인맥을 확보할 필요가 있었다. 그는 수십 개 회사의 지분을 사들이고, 파트너나 기업가들과 일하며 배후에서 영향력과 권력을 행사하는 주식 중개업자가 되었다. 한 세기 뒤에 미국의 투자자 워런 버핏이 완벽하게 연마할 전략이었다. 공개된 자리에서는 어김없이 정중하고 예의바른 모습을 보였지만, 엘리는 파트너들을 쥐어짜고 재무적 어려움을 이용해서 경영권을 빼앗으려고 하는 등 이사회 회의 자리에서는 까다롭고 때로는 무자비했다.

사업을 하면서 엘리는 중국인과 교류하는 등 사회적 장벽을 넘나들었는데, 당시에는 흔치 않은 일이었다. 홍콩에는 압도적으로 중국인이 많았지만 그곳은 영국 식민지였고 중국인들은 이등 시민 취급을 받았다. 그들은 특정 지구에서만 살 수 있었고 도심 위로 치솟은 경치 좋은 빅토리아 피크로 들어와 살 수 없었다. 경범죄도 공개 태형으로 처벌받았다. 하지만 그런 현실이 엘리가 홍콩 최대의 갑부, 바로 로버트 호퉁Robert Hotung과 가까워지는 것을 막을 수는 없었다.[5] 호퉁은 아버지가 네덜란드인, 어머니는 중국인인 유라시아 혈통의 거부巨富였다. 그는 영어를 배워서 자다인 소속의 매판으로 일했다. 중국인들과 거래를 성사시키며 돈을 벌었다. 그는 자신을 중국인이라고 여겼고, 엘리가 홍콩으로 돌아와 갓 창업한 회사들의 주식 매입을 노리고 있던 당시, 그 일대 중국인 최대 부호 중 한 명이었다. 두 사람은 19세기 말, 사람들을 근대적인 삶으로 이끄는 새롭고 혁신적인 회사들에 투자하기 시작했다. 그들은 홍콩에 막 문을 연 전기 회사의 지분, 외국 사업가와 여행객 들을 끌어모으던 호텔들의 주식, 항구를 굽어보는 홍콩 최고봉 피크로 올라가는 기계식 전차의 공동 소유권을 사들였다. 전차는 불볕더위에도 가마에 영국인 가족들을 실어 나르던 중국인 쿨리(중국인 막일꾼을 가리키는 표현—옮긴이)들을 몰아내고 있었다. 엘리와 호통 간의 관계는 대대로 확대되었다. 오랜 세월이 지나 호통은 자신이 성장 과정을 직접 지켜봤던 엘리의 자식들에게 애정 어린 편지를 쓰게 된다. 그것은 서순 가문 가운데 누구도 쌓지 못했던 중국인과의 우정이었다.

◖●

20년 가까이 정신없이 시간을 보낸 엘리는 서른두 살이 되어서야 결혼을 생각하기 시작했다. 서순가는 아버지의 주도 아래 모두가 바그다드의 유복한 집안 여성과 결혼했고 상하이에서 홍콩으로, 또 런던으로 옮겨 다니는 동안 대개 아내는 자녀들을 양육하도록 봄베이에 남겨 뒀다. 큰돈을 벌고자 중국에 발을 디딘 다른 영국인과 외국인 들은 상하이의 '꾀꼬리들', 즉 부둣가의 중국인 매춘부들과 어울렸다. 엘리의 형제인 엘리스는 끝내 결혼을 하지 않았지만 중국 여성들과 잇따라 사귀었던 것 같다. 엘리스는 죽으면서 한 중국 여성과 그녀의 딸들에게 집 한 채와 돈을 물려줬다.[6] 다른 중국 여성 여러 명도 찾아와 엘리스가 자신들에게 보석과 재산을 약속했었다는 말을 했다.

엘리의 방식은 달랐다. 그는 부유한 유대인들과의 협력을 타진하기 위해 잉글랜드로 갔다가 거기서 프레더릭 모카타Frederick Mocatta를 만났다. 런던 유대인 공동체의 리더인 모카타는 엘리를 집으로 초대해 조카딸인 로라를 소개시켜 주었다.

로라는 엘리와 정반대였다. 그녀는 교양 있는 영국 귀족이었다. 로라의 집안은 잉글랜드에 터를 잡고 특히 대영 제국 시기에 금융업으로 큰 부를 축적한 유대인 가문들의 네트워크인 '사촌지간들cousinhood'에 속했다.[7] 모카타 가문은 1492년 종교재판의 여파로 에스파냐에서 쫓겨나 처음에는 네덜란드에 정착했다가 올리버 크롬웰Oliver Cromwell이 유대인들의 영국행을 허용하자 런던으로 옮겨 왔다. 그들은 런던의 금은 거래소를 운영하면서 부를 축적했고, 프레더릭 모카타는 자선 사업으로 눈길을 돌려 가난한 유대인들이 많이 사는 런던 이스트엔드에 학교와 도서관을 건립했다. 그녀는 평범한 외모에 마흔에 가까워서 혼기를 한참 지났을 뿐 아니라 엘리보다도 여러 살 많았다. 그녀는 당시 여성으로는 드물게도 사촌과 함께 인도에 다녀왔고 최근에 어머니를 여읜 참이었다. 로라는 런던의 빈민을 돕는 자선 사업을 하며 부유한 미혼 여성으로 살게 될 가능성이 컸다.

하지만 엘리가 로라에게 푹 빠졌다. 그는 중국으로 돌아갈 날을 미뤘고 여러 달 뒤에 청혼했다. 중매결혼이 사업 성공을 위한 확실한 길로 여겨지던 시절, 갈수록 커져 가는 그의 중국 투자를 보완해 주는 런던의 이름난 부자 가문에 장가를 들었으니 이보다 더 좋은 결혼을 성사시키기도 어려웠을 것이다. 하지만 그것이 엘리가 기대한 전부였다면 그는 아내를 오판한 것이었다. 동기가 무엇이든 간에 그는 당대의 보편적인 결혼을 크게 넘어서는 동반자 관계를 맺게 되었다. 로라는 엘리에게 런던 사교계로 들어가는 입장권을 주었다. 그들은 두 아들을 이름—로런스와 호러스—에서부터 시작해서 사립 기숙학교와 런던에 구입하게 되는 대저택에 이르기까지 영국인으로 키웠다. 한편 로라는 이따금 빈민들에게 식사를 제공하는 자선 활동을 하는 유한계급의 삶에 만족하지 못했다. 성공을 꿈꾸며 중국으로 간 대다수의 사업가들은 중국이 너무 불편한 곳이기 때문에 아내들은 본국에 남겨 두었다. 하지만 로라는 여행을 좋아했고 어머니가 돌아가신 뒤로 삶의 변화를 간절히 바라고 있었다. 엘리가 더 많은 사업 기회를 찾아 중국으로 돌아가겠다고 밝혔을 때 로라도 남편과 함께하기로 결심했다.

◗

자신과 새신랑이 홍콩에 도착했을 때는 "매우 더웠다"고 로라는 일기장에 적었다.[8] 열기가 잦아들면 '지독히 습한 안개'가 휘감았다. 로라와 엘리는 홍콩 중심부 위로 우뚝 솟아 유럽인과 여타 외국인에게만 허락된 주거지인 피크 중턱의 집으로 이사를 갔다. 거기서는 홍콩의 열기와 습기를 얼마간 피할 수 있었다. 로라가 도착한 직후 태풍이 몰아쳐 집의 베란다 일부가 떨어져 나가 아래쪽 정원의 온실에 박혔다. 1.2미터 높이 기둥이 떠받치는 집터에 걸터앉아 있던 바로 옆집은 아예 집터에서 떨어져 날아갔다. 가우룽 항만 너머로 엘리와 로라는 노동자들이 시신을 수습하는 모습을 볼 수 있었다. "처음에 어머니는 홍콩에서 사는 것이, 그동안 런던에서 익숙했던 분위기와 너무 달라서 다소 힘들게 느끼셨다"고 아들 로런스는 나중에 무덤덤하게 말했다.[9] 그녀의 친척 아저씨는 이스트East 런던—뉴욕의 로워이스트사이드에 비유할 수 있는 곳이다—에 밀집한 가난한 유대인 이민자들을 돕기 위해 상당한 액수를 기부했었다. 여기 홍콩에서 빈곤과 재난은 그보다 더 심각했다. 필요한 것 대다수가 똑같았다. 단지 수혜자들은 유대인이 아니었다. 그들은 중국인이 될 터였다.

런던에서 로라는 영국 상류층의 일원으로 여겨졌고, 그녀 집안의 부와 사회적 인맥은 활동을 원활하게 해 줬다. 하지만 홍콩은 달랐다. 식민지는 '속물적인snobbish' 공간이었다고 그녀의 아들 로런스는 훗날 회고했다. 사회적 위계는 문자 그대로 층층이 이루어졌다.

홍콩 총독의 여름 저택은 피크 꼭대기에 있었다. "아래로 내려갈수록 사회적 지위도 내려갔다"고 로런스는 술회했다. "어떤 사정이 있어서든 영국에서 건너온 사람의 시각에서 볼 때 홍콩 사회 분위기 전체가 놀라웠다. 그들은 처음에는 이곳이 어떻게 돌아가는지 전혀 감을 잡지 못했다."[10]

친구를 사귀고 인맥을 넓히려고 애쓰는 사이 로라는 우선 홍콩 상류층 사교계의 관습에 적응해야 했다. 예를 들어 로라가 방문자 카드visiting card─명함 같은 것─를 상대방 집에 두고 가지 않는 한 아무도 그녀와 안면을 트려고 하지 않았다. 심지어 하인이나 마부한테 들려 보내지 않고 자신이 직접 명함을 두고 갔다는 것을 보여 주기 위해 명함의 모서리를 접어야 했다. 홍콩에 더 오래 머문 주민이 답례로 자기 명함을 내려놓고 갈 때까지 ─그리하여 로라의 존재를 인정할 때까지─ 예법에 따라서 그녀는 그 집에 다시 방문하는 것을 삼가야 했다.

더 변경 지역처럼 느껴지는 상하이와 달리 홍콩은 국왕이 파견한 총독과 공직 사회, 그에 동반한 의전과 오후의 티파티, 계급과 억양에 대한 예민한 의식이 겹겹이 쌓여 있는 영국 식민지였다. 방문객들은 홍콩이 영국보다 더 영국적이라고들 했다. 홍콩의 숙녀들은 "마차를 타고 돌아다니며 여기저기 방문자 카드를 뿌려 대고 이튿날의 점심 약속을 잡고, 굴과 꿩고기 가격이 올랐다고 수다를 떠는, 다소 생각 없는 삶을 살았다"고 한 개신교 선교사는 썼다. "일부 숙녀들은 무분별해 보일 정도로 발랄한 경우도 있었지만, 보통은 한여름에도 꼭 끼는 옷을 입어 기운이 없고 살짝 숨이 가빠 보였다."[11] 부담스러울 정도의 식사 코스가 숙녀들의 불편을 더했다. 영국인들은 홍콩의 열기나 현지 요리에 한발도 물러서지 않았다. 정찬은 런던에서와 똑같이 일곱 시에 시작하여 셰리주가 나온 다음 수프와 생선, 고기 요리 두 가지, 치즈, 샐러드가 뒤따랐다. 그다음에는 디저트와 과일이 나왔고 이 모든 음식을 와인과 포트와인으로 씻어 내렸다.

로라는 4년 사이에 아이 셋을 낳았다. 그중 한 명인 빅터는 생후 5개월 만에 죽었다. 1901년 엘리는 '켈리'라는 가명을 버리고 회사명을 당당하게 커두리 부자Elly Kadoorie & Sons로 다시 지었다. 영국인들을 본받아 그는 회사 문장을 채택하고 로라의 집안인 부유한 모카타 가문의 가훈 '고수하고adhere 번성하라'를 사훈으로 삼았다.

◗

로라는 하나부터 열까지 틀이 정해진 홍콩 식민지 생활에 질

식당하지 않기로 단단히 마음먹었다. 그녀의 집안은 런던에서 적극적으로 자선 사업을 벌였고, 엘리의 친척인 서순가는 인도와 중동 곳곳에 시너고그와 학교를 짓고 돈을 기부했다. 그녀는 이제 소녀들을 위한 학교라는 선구적인 사업을 엘리와 함께 하기로 했다.[12] 부부는 바그다드에 로라의 이름을 딴 여학교를 짓기로 뜻을 모았다. 엘리는 바그다드에 있는 지인들과 협의해 토지를 매입하고 건설 비용을 댔다. 로라는 유창한 프랑스어로 편지를 써서 엘리의 지인들의 부인들에게 장학금을 지원하고 학생들을 위한 각종 행사를 기획해 줄 것을 요청했다.

로라는 소녀들을 교육하는 것이 바그다드를 근대화하고자 할 때 핵심이라고 역설했다. 교육과 도서관이 런던 이스트엔드의 가난한 유대인 이민자들의 미래를 바꾸는 데 결정적이었던 것처럼 말이다. 새 학교의 교사들은 아동 결혼 풍습에 맞서 싸웠고, 학교를 졸업한 뒤에 결혼하는 여학생들이 많아지며 여학생들의 혼인 연령을 높이는 데 성공했다. 커두리가는 여학생이 학교를 떠난 뒤에도 이용할 수 있는 학교 도서관도 지원했다. 700명 이상의 소녀들이 입학했는데 그들 대다수는 가난한 유대인이었고, 비록 극소수이긴 하지만 진보적 사상에 이끌린 이슬람교도 부모들도 딸들을 그 학교에 보냈다. 바그다드의 여학교가 성공하자 로라와 엘리는 자신감이 생겼다. 그들은 엘리의 형제 엘리스가 교육을 받은 적이 없는 홍콩과 광둥의 가난한 중국인 학생을 위한 학교들을 열려고 하자 이를 지원했다. 이 학교들에서는 산수, 중국어, 영어를 가르쳤고 1,000명의 학생이 등록했다.

새로운 투자 대상을 찾아 엘리는 상하이와 중국 곳곳을 누비고 다녔다. 숨막히는 홍콩에 있기 싫었던 로라는 어린 두 아들과 가정교사, 십여 개의 여행 가방을 들고 남편을 따라나섰다. 다음 20년에 걸쳐 로라는 때로 〈아프리카 여왕The African Queen〉의 캐서린 헵번을 떠올리게 하는 다양한 경험들을 일기에 기록했다.

여정 초기에 그녀는 엘리와 아들들을 비롯해 모두가 뱃멀미로 꼬박 밤을 새웠다고 적었다. 그녀는 결국 뱃멀미를 극복하게 되어 "이제 난 꽤 훌륭한 뱃사람이다"[13]라고 적었지만 수그러들 줄 모르는 열기는 여전히 골칫거리였다. "홍콩을 떠난 이후로 줄곧 매우 더웠지만 다행스럽게도 상하이에서는 쾌적한 산들바람이 불었다. 그래도 기온은 화씨 105도(섭씨 40.5도―옮긴이)에 이른다."

중국의 악취와 불결함은 그녀를 충격에 빠뜨렸다. "두꺼운 진흙투성이인" 베이징 거리는 "끔찍하게 불쾌했고… 상점가라고 하는 지저분하고 추레한 오두막이 대로 양편에 늘어서 있었다." 북적거리는 군중 옆으로는 낙타가 "짐을 진 채 길을 어슬렁거렸다. 그것들은 아무도 돌보지 않는 비참한 동물이었다. 인력거꾼은 길모퉁이마다 움푹 꺼지고 바퀴 자국이 패인 고약한 길을 이리저리 방향을 바꿔 피해가며 내달렸다." 베이징과 상하이의 빈곤 사이로 위태롭게 내달리노라니 공동주택이 다닥다닥 늘어선 이스트엔드도 고상해 보일 지경이었다. "갈아입을 여분의 옷이 거의 없던 우리는 언제라도 쫓겨날 것이라고 예상하며 지저분한 상점과 상점 앞의 가판대 사이를 질주했고, 정말로 그 불결하고 더럽고 종종 홀딱 발가벗고 있는 아이들 사이로 내동댕이쳐졌을 지도 모를 일이다.”로라와 함께 여행하던 영국인 부부는 호텔로 서둘러 돌아가고 싶어 했다. “하지만 나는 그 모든 광경의 우스꽝스러운 측면에 마음을 빼앗겼고 무슨 일이 있어도 호텔로 돌아가지 않았을 것”이라고 로라는 잘라 말했다.

여행을 계속할수록 로라는 점점 더 대담해졌다. “나는 두 사람이 탄 돛단배가 우리 배의 이물 바로 아래로 바짝 붙어 통과하는 것을 알아차렸다”고 그녀는 홍콩에서 상하이까지 한 여행길에 관해 썼다. 그녀는 일곱 살짜리 로런스에게 풍경을 구경시켜주며 갑판 위에 서 있었다. “무슨 일이 벌어지고 있는지 알아차릴 새도 없이 우리 배는 옆으로 기울었다. 계속, 한없이 옆으로 기울었다.” 로라는 어린 아들을 꼭 붙들었다. “우리는 위쪽으로 치솟은 난간에 매달렸고 이제 무슨 일이 벌어질까, 끔찍한 느낌에 사로잡혔다—엘리와 아기[호러스], 아닝[유모]은 어디 있는 거지? 로런스를 구하려면 어떻게 해야 할까? 1분만 더 배가 이렇게 계속 기울면 우린 다 어떻게 되는 거지? 이런 생각들이 머릿속을 번개처럼 스쳐 지나갔다.” 배가 거의 뒤집힐 만큼 기울었다가 갯벌에 좌초했고 로라와 아들은 높이 치솟은 쪽 뱃전에 대롱대롱 매달려 있었다. 엘리와 유모는 호러스를 안고서 갑판으로 내려와 강으로 내동댕이쳐지는 것을 간신히 피할 수 있었다. 배는 천천히 균형을 회복한 다음 항해를 계속했다. “물론 배에는 꼭 울고불고 비명을 지르는 멍청한 사람들이 타고 있어서 브랜디를 먹여 진정시켜야 했다”고 로라는 적었다. 그날 저녁 많은 여성들이 구명 튜브를 4개씩 몸에 묶고 잤다. 로라는 "사람들이 어쩜 그렇게 멍청할 수가 있지?"라고 일기에 적었다. 그녀는 남은 여행 기간 동안 차분하게 풍경화를 그리고, 피아노를 반주하며 승객들의 합창을 지휘하면서 남은 여정을 보냈다.

중국을 가로질러 여행하면서 로라는 이제는 일본을 포함해 다른 나라들이 중국을 침략하고 영토와 무역 조계를 요구하는 가운데 중국이 서서히 기울어 가는 것을 알 수 있었다. 중국처럼 일본도 서양 선박의 도래와 더불어 서양의 더 뛰어난 무기와 기술의 명백한 증거 앞에 충격을 받았지만, 중국과 달리 서양 전역으로 학자와 군인들을 파견해 외국 문물을 배우고 재무장하고 자국의 세력을 확대할 준비를 함으로써 대응했다. 1894년 일본은 북부에서 중국을 공격하여 스스로 조계(외국인 거류지)를 얻어 냈다.

1905년, 엘리가 한때 '가난한 바그다드 소년'으로 서순가의 사무원으로 일했던 도시 가운데 한 곳인 즈푸芝罘를 여행하는 동안 로라는 자신과 엘리가 탄 배를 비롯해 모든 배에 대포가 탑재된 것을 알아차렸다. 중국 정부는 일본 침략자들을 막기 위해 모든 배를 무장시키라고 지시했다. 로라가 갑판에 올라가자 선장은 일본 선박이 공격하면 함포를 어떻게 "다뤄야 할지"를 보여 주었다. "우리는 얼마 전에 전투가 벌어져 일본인들이 그들의 [러시아] 배 다섯 척을 포획했고, 일부는 침몰시켰다는 말을 들었다.··· 대단한 활약을 보여 줄 것이라고 기대를 모았던 발트 함대는 일본인들에게 포획되거나 침몰했고 제독들은 포로로 붙잡했다." 커두리 가족의 여행은 별일 없이 끝났지만 그것은 일본의 부상을 알리는 불길한 신호였다.

몇 달 뒤에 가족과 함께 또 다른 배를 타고 있던 로라는 일기 장에 "위험하다고 여겨지는… 그런 곳들이 있고, 만약 우리가 그 지역들에 밤에 도착한다면 기뢰를 고려해 정박해야 한다"고 적 었다. 그래도 그녀는 선장의 운항 일지에 유머러스한 시를 남긴 채 기분 좋게 배를 떠났다. "우리는 기분 좋게 파도를 넘었고/근 심에 잠기게 할 기뢰를 만나지 않았다네."

로라는 자신의 모험심이 다른 외국인들한테서 주의를 끄 는 것을 즐겼다. 캐나다로 휴가차 태평양을 횡단하는 여객선에 서 일등실 승객들과 어울리던 그녀는 시어도어 루즈벨트Theodore Roosevelt 대통령과 강화(미국의 중재 하에 러일전쟁을 종식시킨 포츠머스 조약을 말한다—옮긴이)를 논의하기 위해 미국으로 향하는 러시아 와 일본 관리들을 만나서 "전쟁 문제"에 관해 그들과 대화를 나 눴다. 중국처럼 머나먼 땅에서 오다니 다른 승객들은 "우리를 신 기한 대상으로 여기는 것 같았다. 그들은 그곳에서의 우리의 삶 에 관해 낱낱이 알고 싶어 했다"며 다른 이들의 관심을 즐기듯 이 적었다.

1905년 상하이 거리를 마차를 타고 지나가면서 로라는 중국 해안으로까지 번진 러일전쟁의 참혹한 대가를 목도했다. 부상병 들이 물가에 즐비했다. "들것이 연달아 두세 개씩 1마일가량 죽 놓여 있었고, 들것 위에는 불쌍한 러시아 부상병들이 누워 있었 다. 몸에는 천 한 장이 덮여 있었지만 고통에 찬 얼굴은 이글거

리는 태양에 고스란히 노출되어 있었다. 정말이지 참혹한 광경
이었다."

◗

로라와 결혼해 중국에 단단히 자리를 잡은 지 십여 년 뒤 엘
리는 끊임없는 출장을 그만두고 안착할 만큼 부유해졌다. 상하
이는 돈을 벌기에 좋은 곳이었지만 가정을 꾸릴 만한 곳은 아니
었다. 엘리는 로라와 두 아들을 런던으로 보냈다. 그들은 로라의
집안 근처에 집을 구입하고 아이들은 일류 초등학교에 입학시켰
다. 엘리는 시골 대저택을 알아보기 시작했다.

그들의 런던 체류는 오래가지 못했다. 엘리와 로라가 런던의
새 집에 자리를 잡기 무섭게 엘리는 자신의 홍콩 회사의 운영자
가 회삿돈으로 투기를 하고 횡령했음을 알리는 편지를 받았다.
회사는 "심각한 손실"에 직면해 있었다. 엘리는 손실을 회복하기
위해 홍콩으로 향했다.

상황이 부정직한 직원 한 명의 문제보다 심각하다는 것이 드
러났다. 엘리는 막대한 잠재성을 가진 신산업—고무 산업—에
투자를 늘리며 말레이시아와 다른 동남아 지역의 고무 회사들의
지분을 사들여 왔다. 고무 산업은 미국과 유럽의 자동차 산업의
급속한 성장 덕분에 호황을 누리고 있었다. 헨리 포드Henry Ford가
1908년 T모델 자동차를 대량생산하기 시작하면서 고무 주식의
수익률은 한 주 만에 20퍼센트에서 30퍼센트까지 치솟았다.

안타깝게도 고무 회사 주식 가격의 급등은 주가가 사업의 현

실을 크게 능가하는 전형적인 '거품'이었다. 고무에 대한 미국의 수요가 둔화하자 시장은 붕괴했다. 엘리는 말레이시아 고무 회사들의 지분을 사기 위해 그 지분들을 담보 삼아 홍콩 최대 은행 가운데 하나인 차터드 은행Chartered Bank에서 돈을 빌려 왔다. 주가가 폭락하자 은행은 '추가인출'(당좌대월)로 알려진 대출금의 즉시 상환을 요구하고 있었다. 그 문제를 처리하기 위해 홍콩으로 돌아온 엘리는 협상을 하려고 은행가들과 만났지만 은행가들은 강경한 자세를 취했다. 그들은 당장 돈을 돌려받기를 원했다.

엘리는 밖으로 나와 홍콩 번화가 은행 앞 작은 공원의 벤치에 고개를 수그린 채 털썩 앉았다.[14]

웨이스트코트와 넥타이를 갖춰 입고 콧수염을 기른 한 영국인이 지나가다 그를 보고 등을 두드렸다. 엘리는 시내에서 잘 알려져 있었다. "이봐, 커두리, 왜 그렇게 얼굴이 안 좋아 보이나?" 그는 서순가의 뒷받침을 받고 있으며 이미 아시아 제일의 은행으로 성장한 홍콩상하이 은행의 수장 토머스 잭슨Thomas Jackson이었다.

"그러니까 말입니다, 내 사업 지분은 모조리 고무 회사에 있는데 고무 시장이 붕괴하고 은행은 내게 당장 대출을 회수하기를 바라니 얼굴이 안 좋을 수밖에 없지요"라고 커두리는 대답했다.

"자넨 다른 은행이 있다는 얘길 못 들어 봤나?" 잭슨은 그렇게 묻고 자기 사무실에서 보자며 엘리를 초대했다.

며칠 만에 엘리는 홍콩상하이 은행으로부터 새로운 대출을 받아 다시 상환 능력을 갖췄다. 잭슨은 그에게 또 다른 제의도 했다. 말레이시아에서 삼백 군데가 넘는 고무 업체들이 홍콩상하이 은행으로부터 돈을 꿨는데 고무 가격이 폭락하면서 파산 직전이었다. 은행의 압력과 지원을 등에 업고, 커두리가 그 회사들의 경비와 인력을 삭감하고 합병시켜 몇몇 대형 회사로 정리할 생각은 없느냐는 것이었다. 커두리는 기꺼이 제안을 받아들였다.

고무 회사 투자는 알고 보니 엘리에게 재정적 전환점일 뿐 아니라 개인적인 전환점이기도 했다. 그때까지 엘리의 투자는 중국의 미래와 근대화에 초점을 맞췄었다. 이제 그는 더 큰 이득을 거두기 위해 자기 돈을 얼마간 잃을 위험을 감수하면서, 위기를 활용할 수도 있다는 사실을 깨달았다. 그런 위기를 활용하자면 사업적 배짱과 인내심이란 것이 필요했다―모두가 시장에서 손을 뗄 때 투자하는 것 말이다. 엘리는 자기 자신에 관해서 알게 되었다. 자신이 어떤 계획을 믿고 스스로의 직감을 신뢰할 때 커다란 위험 부담을 무릅쓸 수 있고 결국 그 도박을 성공시킬 수 있다는 점을 알게 된 것이다.

단 몇 달 만에 엘리 커두리는 주식 중개인에서, 홍콩상하이 은행의 지원을 받아 부실한 회사들을 청산하고, 새 회사들을 탄생시키며, 가장 유망한 회사들에 투자하는 금융업자financier가 되었다.[15] 상하이와 홍콩을 근거지로 활동하며 그는 많은 고무 회사들을 파산에서 구제하기 위해 융자에 보증을 서고 담보 대출을 제공했다. 그 회사들 가운데 일부는 부유한 영국인 사업가들이 경영하는 회사였는데 그들은 하루아침에 바그다드 출신의 이민자로부터 지시를 받게 되었다. 1912년에 이르러 고무 가격이 회복되면서 주가도 치솟았다. 엘리는 다시 백만장자가 되었다. 런던으로 돌아온 엘리는 로라에게 자신의 사업의 미래는 앞으로 상하이에 있다고 말했다. 자신이 중국을 영영 떠났다고 생각한 지 일 년 만에 로라는 두 아들—로런스와 호러스—을 영국 기숙학교에 남겨 둔 채 중국으로 돌아왔다.

◗

엘리를 백만장자로 만들어 준 고무 위기는 알고 보니 1911년 중국 혁명에 불을 댕기고 청나라 황제를 무너뜨린 여러 불똥 가운데 하나였다. 영국이 제1차 아편전쟁으로 중국을 침략한 이래로 베이징의 조정은 외세에 대응하는 데 애를 먹었다. 영국이 상하이 일부를 실질적인 자국 영토로 병합하고 다른 항구 도시들도 개방되자 다른 나라들도 너도나도 중국을 침략해 영토를 뜯어 갔다. 14년 뒤 영국은 다시금 중국을 침략해 홍콩만 건너편 남부의 가우룽 반도 할양을 강요해 세계 최대의 자연항 중 하나를 차지했다. 영국이 청나라로부터 억지로 얻어 낸 각종 양보 조치를 부러워하던 미국은 뉴잉글랜드로부터 상하이와 중국 해안을 오가는 미국 상선에게 혜택을 주는 유사한 무역 특권을 요구했다. 뒤따라 프랑스, 독일, 일본도 저마다 포함과 병력, 요구 사항을 들고 찾아왔다. 침략자들의 성공에 자극 받은 중국의 반정부 분자들은 황제의 허약성을 감지하고 청나라 조정에 도전했다. 1850년에는 태평천국의 난이 중국을 뒤흔들었다. 중국 정부를 개혁하고 서양을 따라잡으려는 시도는 수구적인 황제들과 조정에 의해 거듭하여 좌절되었다.

중국 개혁가들은 제국주의자들의 침략에만 문제가 있는 게 아니라 여기에 효과적으로 대응하지 못하는 황제와 청조의 무능한 통치 자체에도 문제가 있다고 생각하기 시작했다.

중국의 가장 영향력 있는 사상가 중 한 명인 량치차오梁啓超는 "우리의 내부적 여건을 알아차리자마자 유럽인들은 개미 떼가 더럽고 악취 나는 것에 달라붙듯이, 무수한 화살이 하나의 과녁에 집중하듯이 제국주의를 동원했다"고 쓰면서 중국을 근대화하고 외국인들을 몰아낼 광범위한 개혁 조치를 옹호했다.[16] 쑨원은 한발 더 나갔다. 의학을 공부하고 부분적으로는 해외에서 교육받은 쑨원은 황제와 그 자문들이 기술적으로 앞선 서양 지식을 채택하기를 거부하는 데 갈수록 답답함을 느꼈다. 그는 황제를 타도하고 민주 공화 정부를 수립하며, 유럽과 일본 제국주의자들을 축출할 것을 주창했다.

쑨원은 엘리의 사업 동료인 로버트 호퉁을 비롯해 다수의 부유한 중국인들로부터 지지를 이끌어 냈다. 호퉁은 외국인과 협력하여 막대한 이득을 봤다. 그는 자다인에서 일하면서 사업에 처음 발을 들였고 엘리와 동업—그리고 유익한—관계를 맺었었다. 하지만 그는 스스로를 중국인이라고 여겼고, 공개석상에서 일반적으로 비단으로 된 중국 전통 복식을 입었으며, 아편전쟁 이후로 영국이 부과한 조약들은 불공평하다고 믿었다. 그는 부유하고 안락했으며 민족주의자이자 반제국주의자였다.

많은 중국 은행과 소형 중국 투자자들도 고무 버블에 휘말렸다. 고무 가격이 곤두박질치고 무수한 중국 은행들이 잇따라 파산 신청을 하여 필사적으로 자신의 재산을 지키려는 소규모 예금주들을 격앙시켰다. 상하이에 있는 중국 은행 절반이 도산했다. 현지 중국 관리들이 정부 자금을 유용해 고무 주식에 투기했다는―그리고 큰 손실을 보았다는―사실이 드러나자 황제는 늘어나고 있던 중국 철도 네트워크를 몰수하고 현금 조달을 위해 철도 소유권을 외국인들에게 매각하는 방안을 발표했다. 이 조치는 중국의 애국자들뿐 아니라 철도를 수익성 있게 운영하며 성장시켜 온 지방 정부와 중국 사업가들의 반발에 부딪혔다. 여기저기서 폭동이 일어났고 황제는 시위대를 진압할 군대를 호출했다. 1911년 10월 10일, 혁명가 집단이 후베이성의 우창에서 거사를 일으켰고, 이는 일련의 봉기를 촉발해 청조의 몰락과 중화민국의 수립으로 이어졌다. 수십 차례의 봉기 시도가 수포로 돌아간 끝에 혁명가들은 마침내 성공을 거뒀다. 혁명이 일어났을 때 해외에서 조직을 결성하고 자금을 모금하고 있던 쑨원은 귀국하여 중화민국의 초대 총통으로 지명되었다.

상하이의 많은 영국인 사업가들은 와이탄의 상하이 클럽 롱바에 앉아서 혁명을 비웃었다. 그들은 황제 타도와 중국의 약화를 환영했고 그다음 몇 년에 걸쳐 중국의 중앙 정부가 무너지면서 자신들의 사업을 유리하게 도와줄 수 있는 지방 군벌이나 군사 지도자와 손을 잡았다. 엘리는 신해혁명에 좀 더 우호적이었다. 그는 영국 기득권 세력의 일부이면서 동시에 그와 떨어져 있었다. 그의 사업상 지인 상당수는 호통처럼 중국인이었고 신해혁명을 지지했다. 엘리는 로라와 함께 중국 곳곳을 다니면서 중국이 직면한 문제들과 청조에 대한 불만이 어느 정도인지를 목격했다. 중국이 절망적인 상태라는 점은 아무도 부인할 수 없었다. 1912년 혁명에 성공한 쑨원이 상하이를 방문해 서순사 고위간부의 저택에서 열린 환영회에 왔을 때 엘리도 그 자리에 있었다.[17] 개방적인 생각을 갖고 있던 엘리에게 중국의 이 새로운 지도자는 흥미를 자극하는 존재였다.

중국인과 외세의 점령에 대한 중국인들의 분노를 엘리가 공감할 수 있었던 이유는 일정 부분 그 자신의 처지 때문이었다. 1853년 영국 시민이 된 데이비드 서순, 런던에서 기사 작위를 받고 영국 왕세자와 함께 식사를 하던 그의 아들들과 달리 엘리는 제1차 세계대전 전야에 근본적으로 나라 없는 사람이었다. 다양한 조약들에 의거해 중국에서 거주하는 바그다드 시민들은 프랑스 국적자로 간주되었고 프랑스의 보호를 받았다. 엘리는 영국인 아내와 영국 기숙학교에서 교육받은 자식들, 성공한 사업과 유창한 영어 실력을 내세우며 계속해서 영국 시민권을 신청했지만 그때마다 반려되었다. "이 신청이 받아들여지면 다른 무수한 사례들이 뒤따를 것이므로 반려되어야 한다"고 홍콩 주재 영국 부영사는 외무부에 보고했다.[18]

제1차 세계대전으로 엘리는 자신의 취약한 지위를 더욱 의식하게 되었다. 바그다드를 통치하는 오스만 제국이 영국, 프랑스, 미국에 맞서 독일 편에 가담한 것이다. 전쟁 전야에 엘리와 로라는 태평양을 건너 캐나다로 출항했고, 거기서 여름방학을 보내기 위해 런던을 출발해 대서양을 건너온 십 대인 두 아들과 만났다. 커두리 가족은 휴가를 보낸 뒤 모두 영국으로 돌아갈 계획이었지만, 1914년 8월에 전쟁이 발발하자 영국으로 갈 수 없었다―전쟁의 위험 때문인지 국적 관련 문제 때문이었는지는 분명하지 않다. 커두리 가족은 친구들로부터 허둥지둥 돈을 꿔서 상하이로 귀환하는 배편을 예약해야 했고 거기서 아들들을 영어를 쓰는 학교에 입학시켰다. "여권을 두고 그렇게 애태우기도 처음이었다"라고 로라는 일기에 썼다.[19] "친구들 다수가 도저히 견디지 못하고 예정된 여행을 끝내지 않고 중도에 귀환했다. 기차를 탈 때 또 역과 호텔에 도착할 때 만나는 관리들은 전혀 불필요한 질문을 해대며 괴로움을 연장시키길 즐긴다."

로라는 영국 관리들과 마주친 어느 젊은이와 그의 가족의 일화를 묘사했다. 그 젊은이가 엘리처럼 바그다드에서 태어났다는 사실을 간파한 관리들은 그의 나이와 기타 인적 사항에 대한 통상적인 질문을 한 뒤 국적을 물었다.

그는 '프랑스인'이라고 대답했다.

"태어난 곳은?"

"바그다드."

"현재 사는 곳은?"

"프랑스."

"아, 그러니까 프랑스 어디에 있는 바그다드에 산다는 말이군요."

홍콩의 영국 식민 정부는 영국 국적이 아닌 주민이 중국과 홍콩의 주요 영국 회사들의 이사회에 진입하지 못하게 하는 규정을 공표했다. 엘리는 고무에서 벌어들인 돈을 이용해 상하이의 미래에 돈을 걸고 있는 회사들, 즉 가스 회사와 토지 개발 회사의 지분을 사들여 왔다. 이 회사들은 회사 소유주들이 영국 기득권층과 조계의 일상 업무를 관장하는 상하이 시정 위원회와 긴밀한 연계를 맺고 있기 때문에라도 투자 가치가 있었다. 새로운 규정은 홍콩과 상하이의 기업들이 영국 신사의 클럽으로 남도록 했다. 비록 그의 투자는 계속 확대되었지만 엘리가 의사 결정이 이루어지는 이사회에 합류할 길은 막혀 있었다.

◗

엘리는 씩씩하고 자신감 넘치는 여성과 결혼했다. 로라는 상하이 바닷가에서 고조되기 시작한 새로운 여성 참정권 운동과 해방 운동에 고무되었다. 현지 신문들은 그녀를 상하이에서 가장 "해방된" 외국 여성이라고 불렀다.

중국에서도 자동차를 탈 수 있게 되었을 때 로라는 난징루를 따라 자동차를 몰면서 중국에서 차를 운전한 최초의 여성 가운데 한 명이 되었다. 또 '여성 사격 대회'에서 우승했다. 기본적으로 영국 시민권을 얻으려는 엘리를 도우려는 뜻이었지만 한

편으로는 중국 곳곳에서 목격한 빈곤과 고통을 줄이는 데 보탬이 되고자 로라는 자선 사업도 확대했다. 중국 고아원과 학교들을 방문하고 상하이 적십자 기금을 모금하며 다른 여성들도 이러한 활동에 나서도록 독려했다. 로라는 상하이 최초의 자선행사와 바자회를 조직했다. "그녀는 가난하고 형편이 어려운 이들을 위해 아침부터 저녁까지 전력을 다해 일했다"고 어느 상하이 신문은 썼다. 커두리의 유대인 친구 중 한 명은 자기 저택 앞에 늘어선 중국인 수해 피해자들에게 돈을 주기 시작했다. 서구인의 눈에, 특히 100년이 지나서 보면 그런 행위는 최악의 노블레스 오블리주의 기미가 풍긴다. 하지만 중국에서 그런 박애 활동의 개념은 새로웠다. 중국 상인들은 형편이 어려운 시절이면 자기 씨족이나 고향 마을을 지원하기 위한 돈을 내놓곤 했지만, 자기들이 생판 모르는 사람에게 돈을 주는 경우는 없었다. 부유한 중국인들은 커두리가의 자선 활동을 주목하고 곧 유사한 활동을, 보통은 서양인들과 협력하여 조직하기 시작했다.[20]

로라는 여성에게 더 많은 기회를 주기 위한 사업도 추진했다. 그녀는 남성 전용 영국 클럽이 적어도 특정 시기에는 여성에게도 문을 열도록 로비했다. 그녀는 한국 여행을 갔을 때 커다란 종을 구경한 일을 일기장에 적으면서 아시아에서 여성이 받는 처우를 못마땅해 했다. "밤 9시면 이 종을 쳐서, 남자들은 집에 들어가고 여자들은 밖에 나올 수 있는 시간임을 알리는데 여자들은 해가 진 다음에만 밖에 돌아다닐 수 있었다." 너무 많은 사회에서 "여성은 남편이 아닌 다른 남성 앞에서는 모습을 드러내서는 안 되었고, 심지어 남편은 아내를 업신여겼다." 로라는 여성 교육이 이런 현실을 끝내고 중국과 여타 지역에서 여성들이 더 이상 "죄수처럼 갇혀 지내지" 않게 할 수 있다고 믿었다.[21]

아이들 교육과 집안 문제는 로라가 관장했다. 호러스와 로런스는 잉글랜드에서 대학에 해당하는 학교로의 진학을 준비하고 있었다. 로런스는 링컨스인Lincoln's Inn 법학원에 입학하여 영국에서 법정 변호사가 되고 싶었다. 호러스는 농업에 관심이 있었는데, 가족들이 휴가를 즐겼던 캐나다에서 농부가 될까 생각 중이었다. "요즘 우리 애들의 모습을 보면 깜짝 놀랄 것"이라고 로라는 일기에 썼다. "아이들이 얼마나 빨리 제 아버지보다 커지는지 정말 대단하다." 1918년 가을에 가족은 일본에서 하이킹과 낚시를 하며 6주를 보냈다. 로라는 "행복하게 스케치를 하며 많은 시간을" 보냈다. 그녀는 비행기 이동과 같은 새로운 혁신의 도움을 받을 장래의 여행에 관해 낙관적으로 썼다. 앞으로는 "모두가 비행기를 타고 다니고, 지금은 아주 멀어 보이는 거리도 며칠이면 이동할 수 있을 것이다."

런던과 홍콩, 상하이를 오가는 생활에, 로라는 엘리에게 "한곳에 정해진 집"이 없다고 투덜거리곤 했다. 엘리는 상하이 최대 번화가 버블링웰로드Bubbling Well Road — 로라가 특유의 천연덕스러운 유머를 담아 묘사한 대로 "거품이 한두 방울 일 정도로 대단히 더러운 물이 고인 우물이 있어서" 그렇게 불리는 거리 —

에 대저택을 구입했다('보글보글 솟아나는 샘물 길'이라는 뜻이며 현재 상하이 난징루의 서쪽 부분을 당시 서양인들이 부르던 지명. 이상과 이하에 서는 모두 '난징루'로 표기함—옮긴이).

가족이 일본에서 여름휴가를 보내고 상하이로 돌아온 지 6주 뒤, 모두가 잠자고 있을 때 난징루의 저택에 불이 났다.[22] 불은 급속히 번져 중앙 계단에 연기가 가득했다. 엘리는 1층 침실에서 간신히 빠져나와 홀 건너편 로라의 침실로 달려가 아내를 깨웠다. 그다음 아이들을 깨우러 갔다. 아이들은 이미 하인들이 깨워서 대피한 상태였다. 연기가 짙어지는 가운데 엘리는 밖으로 뛰쳐나왔고 가족은 불길을 피해 베란다에 모여 있었다. 로라는 집 안의 가정교사가 안 보이는 것을 깨닫고 그녀를 찾으러 서둘러 집 안으로 들어갔다. 소방대가 도착했을 때 그들은 연기에 질식해 린넨 장(베갯잇, 식탁보, 침대시트 등 린넨 종류를 넣어 두는 장) 옆에 쓰러져 있는 로라를 발견했다. 가정교사는 이미 불길을 피해 빠져나온 터였다.

이튿날 수백 명의 사람들이 로라의 장례식에 참석했고 일주일 뒤 각계각층의 상하이 시민이 참석한 추도식이 열렸다. "그녀의 선행은 부에 대한 추구가 영혼의 죽음을 가져올 만큼 대다수 남녀를 사로잡은 천박한 물질주의의 시대에 이루어졌다는 점에서 더욱이 귀하고 값지다"라고 누군가가 그녀를 칭송했다.[23] 엘리는 짐을 싸서 자식들과 함께 영국으로 향했다. 로라는 상하이 공동묘지에 묻혔다.

그들은 오래 떠나 있지 않을 운명이었다.

상하이의
거물들

엘리 커두리,
두 아들 로런스(왼쪽)와 호러스

4장

떠오르는 상하이

중국이 추락하는 동안 상하이는 부상했다.

쑨원은 중화민국의 총통으로 선포된 지 몇 달 뒤 권좌에서 쫓겨났고 막강한 군벌 위안스카이가 그 자리를 차지했다. 위안스카이는 1915년 말에 스스로 황제라 칭했다가 다시 몇 달 뒤에 퇴위했고, 이 권력 공백은 중국에 새로운 군벌 시대를 불러왔다. 여러 지방에서 군벌들이 공포와 무력으로 각자 세력권을 다스렸다. 영국, 프랑스, 미국, 독일, 일본도 베이징을 제외한 중국의 거의 모든 주요 도시로 저마다 세력을 확대하고 있었다. 초창기 미국의 명목상 독립 선언에도 불구하고 영국이 여전히 뉴욕, 보스턴, 애틀랜타를 점령하고 있고 워싱턴 D.C.에 갇힌 미국 정부는 미국에 저항하는 서부의 아메리카 원주민과 남부의 분리주의자들에 맞선 싸움에서 계속 밀리고 있던 형국과 비슷했다.

반대로 상하이는 중국 대부분의 지역에는 결여되어 있던 것을 누리고 있었다. 바로 자국민을 보호할 수 있는 안정된 정부였다.[1] 상하이 조계는 1863년 미국 조차지 — 영국이 지배하는 지역에 이웃한 황푸강을 면한 지역 — 가 영국 조차지에 합쳐졌을 때 만들어졌다. 점점 살기 좋아지는 이 외국인 거주지를 관리하는 것은 상하이 영국 기업 공동체가 선출한 저명한 영국 금융업자와 기업가 들로 이루어진 협의회, 바로 상하이 시정 위원회였다 (프랑스 조계는 계속 독립적으로 남았고 유사한 프랑스 기업가 집단이 다스렸다). 상하이 시정 위원회는 도로 건설, 쓰레기 수거, 납세를 관장하고, 치안을 감독했다. 조계의 모든 정책은 안정과 번영을 이루고 외국 자본가들이 원하는 대로 정부 간섭은 배제하려는 기업 리더들이 주도했다. 서순가의 대표들은 물론 시정 위원회의 상설 위원이었다. 상하이는 한 역사가의 말마따나 "상인 공화국"이 되었다. 현대적인 편의시설, 낮은 세금, 규제 없는 기업 친화적 환경에 이끌린 외국인 투자자들이 도시로 몰려들었다. 야심만만한 외국 기업가와 금융업자 들에게 상하이는 더는 하수구와 음식 냄새, 향 타는 냄새가 풍기는 곳이 아니었다. 그곳은 돈 냄새가 나는 곳이었다.

일상생활은 로라가 일기에 불평하곤 했던 당시보다 훨씬 더 쾌적해졌다. 적어도 외국인들이 사는 지역에서는 질병과 오물의 악취, 싸움꾼들, 제국의 변경에 있다는 느낌이 사라졌다. 초창기 외국인들을 경악시킨 하수 처리 시설의 부재, 사람이 무슨 짐짝이나 된 듯 손수레에 사람을 싣고 다니던 중국인들의 모습, 적절한 조명과 수도 시설의 부재 — 이 모든 것이 신기술로 대체되었다. 외국인들이 사는 거리에는 이제 전차와 가스등, 수도가 있었다. 부유한 외국인들이 난징루를 따라 지어 올린 저택들은 사람들이 즐겨 찾는 경마장 한참 너머로 늘어서 있었다. 중국 살이의 고생은 하인들이 하나부터 열까지 수발을 들어주는 식민지풍 생활로 바뀌었다. 상하이에서 서양 여성—대다수는 남편을 따라온 부인들—의 숫자는 1850년 단 일곱 명에서 1895년에는 3,000명 이상으로 늘어났으니, 생활 여건이 얼마나 개선되고 있었는지를 알 수 있다. 대중적인 일상 회화집은 갓 도착한 외국 여성에게 중국인 하인을 상대할 때 써먹을 수 있는 표현을 제공했다: "Nung hiau tuh Ying koh kuh sau feh va? (영국식으로 요리할 수 있어요?)" "Hiniung tan long kuh bung zung tan t'seh chepah (카펫을 들고 나가 먼지를 털어라)." "Pau seau non t'seh chepeh seang seang (아이를 데리고 나가 산책을 시켜라)."[2]

"큰소리로 부르면… 뭐든 대령되었다"고 어느 젊은 영국인 사업가는 그 시절을 회고했다. "먼저 물지게꾼이 와서 욕조에 매일같이 목욕물을 채웠다. 그다음 '2번 급사'가 '조찬 클라레'(아침식사용 포도주—옮긴이) 한 잔과 스테이크, 달걀(둘 다 값이 너무나 쌌다)을 내왔고 그다음 똑같이 큰소리로 부르면… 그날 일을 하러 사무실로 실어다 줄 쿨리가 왔다."[3]

"열두 살 때까지 나 혼자서 목욕을 해 본 기억이 없다"고 난징루에서 커두리가 옆집에 살았던 한 이웃은 회고했다.[4] 언제나 그녀의 곁에서 하녀가 시중을 들었다. "나는 컵을 어떻게 씻는지도 몰랐다. 내겐 유모가 친엄마보다 더 가깝게 느껴졌다."

성장과 근대화의 여파는 외국인 거주 지구와 그곳에 살던 유럽인들에게만 국한되지 않았다. 그것들은 바깥으로 퍼져 나갔다.

아편전쟁 이후로 중국 최고의 지성들은 훨씬 선진적인 기술로 잘 무장한 서양에 어떻게 대응해야 할지를 두고 줄곧 씨름했다. 상하이는 이제 중국 기업가들에게 대답을 제공했다: 외국 기업가들로부터 배워라. 그리고 도시의 열린 경계선과 외국의 경쟁을 이용하라. 어떤 중국인들에게 상하이는 매일같이 중국의 군사적 패배와 치욕을 상기시키는 반면 어떤 이들에게는 미래를 비춰 주었다.

1920년대에 이르자 대략 4만 명의 외국인이 영국인이 행정을 관장하는 상하이 조계에 살았다. 100만 명의 중국인도 그곳에 살았고, 여기에 중국인이 다스리는 지역에 사는 200만 명의 중국인이 있었다. 영국인들은 중국인 주민 전체에 사회적 제약을 두었다. 중국인들은 영국 클럽이나 특정 공원에 출입하는 게 금지되었다. 하지만 그들은 아무런 간섭을 받지 않고 조계를 걷거나 차를 타고 다닐 수 있었고, 그곳 상점에서 물건을 사고 사무실과 공장에서 일할 수 있었다. 미래를 꿈꾸는 중국인들이 와이탄을 따라 늘어선 외국 기업에서 일할 작정으로 상하이로 쏟아져 들어오기 시작했다. 상하이로 이주한 중국인들은 자기 나라에서 이민자처럼 살았다─빈민가에 밀집해 열심히 일하며, 기업가적 정신을 발휘하고, 부유한 외국인 밑이나 도시의 혁신적 에너지에 물든 새로운 중국 회사에서 일하고자 했다. 그들은 면화, 고무, 담배, 제철, 제분, 궐련, 식품 가공 분야 회사들을 설립했다. 19세기 말과 1920년대 사이에 중국에 신설된 공장의 절반 이상이─중국 사업가들에 의해─상하이에서 출발했다. 현지 영화 산업도 급성장했다. 도시 곳곳 건물 외벽에 걸린 광고판은 서양 의복을 입고 서양 궐련을 피우며, 서양의 사치품에 둘러싸인 중국 여성들이 장식했다.

또 영국인들은 중국 당국이 상하이 이외의 지역에서 허용하는 것보다 더 반체제적이고 더 자유로운 언론을 조계에 허용했다. 그 결과 조계는 자본가를 타도하고 중국에서 외국인을 몰아내고 싶어 하는 공산주의자를 비롯해 정치적 급진주의자의 피난처가 되었다. 1949년에 승리를 거둘 중국 공산 혁명의 두 지도자 마오쩌둥과 저우언라이 모두 1920년대에 국제 조계나 근처 프랑스 조계에서 살면서 선전 활동을 펼치고 혁명을 선동하기 위한 모임을 주최했다. 당시 중국에서는 1,000종이 넘는 중국어 일간지와 주간지, 월간지가 유통되었는데 다수가 상하이에서 발행되었다. 공장 노동자들은 정치에 열성적이었다. "공장에서 일하는 거의 모든 사람이 신문을 읽는다"고 면방직 공작의 어느 노동자는 회고했다.[5] 어느 여성은 문맹이었지만 "사회와 현재 정세를 이해할 수 있게" 매일 신문을 사서 아들에게 읽어 달라고 부탁했다. 심지어 인력거꾼도 두 명에 한 명꼴로 신문을 읽으며 최신 뉴스에 뒤처지지 않았다.

1920년대에 상하이를 처음 방문했을 때, 훗날 제2차 세계대전 동안 중국에 대한 미국의 시각과 대중對中 관계에 중추적 역할을 하게 될 미국의 군인 조지프 스틸웰Joseph Warren Stilwell은 도시의 현대성에 깜짝 놀랐다. 목조 불탑과 완만하게 경사진 지붕을 얹은 절로 이루어진 동양풍 스카이라인 대신 스틸웰의 눈에 비친 것은 현대적인 호텔과 은행, 대로와 서양식 공원이었다. 호텔 객실 창문에 기대서서 스틸웰은 상하이가 필라델피아처럼 생겼다고 생각했다.[6]

스틸웰은 거리로 나섰다. 호텔을 나와 "부산함, 인파, 냄새, 그리고 끊임없이 외쳐 대는 소음, 물건을 팔고 흥정하며, 욕을 하고 위협을 해대고, 고함치고, 단조롭게 구호를 외치고, 쨍그랑쨍그랑 종을 치거나 나무 블록에 막대기를 두드려 가며 물건을 사라고 권유하는 장사꾼들이" 가득한 좁은 골목길로 접어들었다. 그는 중국인들의 에너지에 감탄을 금치 못했다. "올바른 지도만 받는다면 작업 능력과 제조 능력을 갖춘 4억 인구는 세계를 주름잡을 것이며 우리는 그들과 한편인 게 좋을 것"이라고 일기에 썼다.

"양차 대전 사이의 상하이 같은 도시는 둘도 없었고 앞으로도 없을 것이다"라고 엘리의 아들 로런스 커두리는 훗날 회고했다.[7] "동양과 서양의 속성을 합친 극명한 대비의 도시, 동양의 파리… 한탕주의자들의 낙원. 여기서 내 동생과 나는 학업을 이어 갔다 ─상하이의 국제적 면모는 우리의 시야를 넓혀 주고 우리에게 세계 시민이 된다는 게 어떤 것인지를 가르쳐 주었다."

떠오르는 가문의 스물다섯 살 후손에게 그 도시는 낙원이었다. "겨울은 추워서, 상쾌하고 활기찬 기분을 느낄 수 있었다"고 로런스는 회고했다. "상하이는 밤새도록 춤을 춘 뒤 아침 6시에 승마를 하러 갔다가 온종일 일하고도 피곤을 느끼지 못하는 곳이었다."

⊂●

로라의 죽음으로 충격과 실의에 빠진 엘리 커두리는 런던으로 돌아와 앞날을 고민했다. 상하이로 돌아가는 것이 좋은 선택지로 보이기 시작했다. 그는 당시 스무 살이던 로런스를 이름난 법학원인 링컨스인에 이미 입학시킨 터였다. 몇 살 더 어린 호러스는 건축이나 어쩌면 농업을 공부하고 농부가 될까 고민하고 있었다. 엘리는 부자였고 인맥이 좋았고 부유한 아내의 집안인 모카타 가문의 뒷배도 있었다. 하지만 영국에서 엘리의 지평은 제한적으로 느껴졌다. 그에게는 영국 시민권이 없었다. 엘리의 영국인 경쟁자들은 그를 멸시했고 아내의 죽음을 조롱했다. 로라가 죽은 화재를 묘사하면서 자다인사의 간부 J. K. 패터슨J. K. Patterson은 이렇게 썼다. "모두가 허둥지둥 피신하는 사이 집 안의 어머니는 까맣게 잊혔고 모든 게 끝났을 때 그녀는 급히 들어간 옷장 안에서 훈제 청어처럼 그슬린 채 발견되었다."[8] 그는 계속해서 "엘리는 안타깝게도… 문을 찾아내고 말았다!"고 썼다. 상하이 자다인 사무소의 소장이자 상하이 최고 유력자 가운데 한 명인 윌리엄 케즈윅William Keswick은 사적인 자리에서 커두리 가족들의 '셈족Semitic' 외양을 조롱했다. 그는 한 편지에서 커두리 가문이 거래를 할 때 "꼬치꼬치 캐묻고 참견하는 데 끝이 없다"고 불평했다. 커두리 집안 사람들은 "염탐하기 좋은 코를 갖고 있다고 솔직하게 말할 수 있다."

반대로 엘리가 상하이와 홍콩에서 상대하는 중국인들은 영국인 사업가와 유대인 사업가를 구별하지 않았다. 그들은 그를 공손하게 대했다. 중국에는 이렇다 할 반유대주의의 역사가 없었고 엘리도 그 점을 알았다. 쉰다섯의 엘리는 느긋한 시골 지주 행세를 할 만한 품위가 없었다. 엘리는 "에너지가 가득한 통통 튀는 공"이었다고 한 직원은 그를 묘사했다.[9] "불필요한 요식을 싫어하는 사람, 자기 원칙대로 행동하는 사람… 그는 자신이 요청한 일이 전부 그 즉시 이루어지길 기대했다… 일을 반듯하게 마무리하는 것을 좋아하는 엄한 작업 감독"이었고, 로라가 세상을 뜬 후 "예쁜 여자들도 좋아하는" 사람이었다. 영국 신문들은 하루가 멀다 하고 국왕과 그의 측근들을 접대하고 함께 어울리는 서순가의 다양한 동정을 보도했다. 엘리는 런던에서는 성공하더라도 자신이 영영 외부자로 남을 것이며, 더 부유하고 성공한 서순가의 그늘에 가릴 것이라고 인식했다.

집안의 두 번째 비극이 그 결정을 굳혔다. 로라가 죽고 일 년 뒤 엘리의 형제 엘리스가 홍콩에서 심장마비로 죽으면서 엘리에게 홍콩과 상하이, 베이징의 호텔 네트워크에 보유한 상당한 지분을 남겼다. 엘리는 이제 중국과 나아가 아시아에 걸쳐 있는 제국을 거느리게 되었다. 죽은 형이 남긴 호화 호텔들, 홍콩과 중국 남부의 전기 회사, 말레이시아의 고무 회사들, 상하이의 회사 주식들로 이루어진 제국을. 문어발처럼 확장하던 그의 투자는 지속적인 주의를 필요로 했다. 마지막으로 영국에 갔을 때―1910년―그는 현지 경영자들에게 사업을 맡겼는데, 횡령 사고가 나고 사업도 힘들어지자 다시 복귀했다. 서순가의 경우도 교훈을 제공했다. 제1차 세계대전 동안 상하이의 서순가 회사들은 적국인 독일인들과 거래한다는 혐의를 샀고, 상세한 보도가 신문 지면을 장식했다. 그들은 혐의를 벗었지만 그 일은 강력한 감독이 없을 때 어떻게 가문의 평판이 나빠질 수 있는지를 잘 보여주었다.

엘리는 상하이로 돌아가면서 아들들도 함께 데려가기로 결심했다. 로라에게 많이 의지했던 그는 이제 로런스와 호러스에게 의지했다. 1924년 그는 로런스에게 링컨스인에서의 법학 공부를 그만두라고, 호러스에게도 건축과 농사에 대한 꿈을 접으라고 명령했다(소소한 반항의 의미로 로런스는 링컨스인에서 정식으로 자퇴하지 않았고 80대에 훌쩍 들어서까지 그곳과의 인연을 활발히 이어 갔다). 커두리가는 상하이 최대의 저택을 지으면서 그 도시로의 귀환을 알렸다. 바로 얼마 전 제1차 세계대전을 종결하는 강화 회의가 열린 파리 바깥 베르사유 왕궁을 모델로 한 마블 홀은 상하이의 기존 어느 저택보다도 두 배나 컸고, 엘리와 그의 가족을 종종 조롱해 온 자다인사 소속 윌리엄 케즈윅의 더 소박한 집 바로 아래쪽에 있었다. 마블 홀의 전면을 따라 있는 베란다는 67미터나 뻗어 있어, 도시의 한 구획보다 더 길었다. 줄줄이 늘어선 차고에는 롤스로이스 여러 대가 주차되어 있었다. 안으로 들어가면 무도회장은 길이 24미터, 너비 15미터, 높이 10미터에, 3,600개의 전구가 천장에서 환하게 빛났다. 방문객은 무도회장과 거실, 응접실을 지나며 50여 개의 소파를 만났다. 식당은 50명이 착석할 수 있었다. 집에는 엘리와 로런스, 호러스만이 살았지만 침실이 무려 열두 개였고, 그 세 사람에 딸린 하인은 42명이었다. 훗날 엘리의 아들들은 자신들이 런던에 있는 동안 알코올 중독인 어느 건축가가 미리 알리지 않고 마블 홀을 지었다고 말하며 터무니없는 사치를 그의 탓으로 돌렸지만, 얼토당토않은 변명 같다.[10] 어쨌든 그런 사정은 커두리 가문이 마블 홀을 중국 골동품과 페르시아산 카펫으로 채우고, 심지어 천장 전체를 인도의 사원에서 수입해 오는 것을 막지 않았다.

마블 홀은 상하이에서 가장 명성이 자자한 주소지가 되었다.[11] 딱딱한 상하이 브리티시 클럽이나 다른 영국인 저택에서 열리는 뻔하고 고루한 파티와 달리 마블 홀의 파티는 미국과 유럽을 휩쓸고 있던 재즈 시대의 에너지가 끓어넘쳤다. 그곳은 상하이를 런던과 연결하고 동시에 파리와 뉴욕과도 연결했다. 커두리가는 찰스 린드버그Charles Lindbergh가 비행기를 타고 세계를 일주할 때 그를 환영하는 파티를 주최했고, 그다음 영국에서 상하이까지 최초로 비행한 여성인 캐서린 스틴슨Katherine Stinson을 맞이했다. 하루는 세계를 일주하는 일단의 미국 비행사들이 오후 4시에 상하이에 착륙했다. 착륙 광경을 담은 영화가 제작되어 그날 밤 9시 마블 홀의 무도회장에서 상영되었다. 마블 홀 파티에는 문간에서 손님을 맞이하여 "솔로 공연과 무용수, 각종 노래들, 각양각색의 기발한 오락거리, 상하이에서 여태 선보인 적 없는 멋진 드레스와 몇몇 묘기"를 구경하도록 무도회장과 정원으로 안내하는 "예쁜 아가씨 무리"가 있었다고 상하이의 한 영자 신문은 보도했다. 1924년 미국을 테마로 한 무도회가 열린 뒤 한 신문은 "무도회가 격식을 차리지 않는—거의 보헤미안풍의—특이한 분위기를 풍겨서 그와 대비를 이루는 커두리 씨 대저택의 웅장한 위용을 한층 부각시켰다"고 썼다.

마블 홀에서 1.5킬로미터쯤 떨어져 있는, 로라가 화재로 죽었던 엘리의 이전 저택 맞은편에는 커두리가의 스코틀랜드인 친구 소유의 넓은 저택과 땅이 있었다. 그 친구가 상하이를 떠나기로 하자 엘리의 회사는 그 부동산을 구입하여 "아시아에서 가장 화려한 최고의 호텔"을 짓기로 했다.[12] 그것은 마제스틱 호텔the Majestic이라고 불릴 예정이었다. 몇 년 뒤 엘리는 홍콩에 또 다른 호텔, 페닌술라 호텔을 지었다.

오늘날처럼 틀에 찍어 낸 듯한 호텔 체인과 잦은 출장의 시대에는 한 도시의 정체성과 그곳의 사회적 만남의 장소를 확립하는 데 호텔이 얼마나 중요한 역할을 하는지 가늠하기가 어렵다. 영국인들에게 호텔은 식민주의의 연장이자 혼란스러운 주변 환경과 구별되는 영국식 예의범절과 문화의 상징이었다. 엘리가 형한테서 물려받은 호텔 체인은 식민지풍―그리고 전형적으로 영국풍의 정수인―호텔들을 중국 곳곳에 운영했다. 카펫을 잔뜩 깔고 긴 커튼을 늘어뜨린 객실에 앉아서, 바깥의 소란스러운 중국과는 안전하게 차단된 채 가죽을 씌운 안락의자에 앉아 차를 홀짝거리던 이들은 호텔이 바그다드 출신 이민자보다는 어느 영국 귀족의 소유라고 믿기 쉬웠을 것이다. 아닌 게 아니라 한 방문객은 "푸른 장삼을 걸치고 변발을 한 웨이터만이 이곳이 유럽에서 멀리 떨어져 있다는 인상을 주었다"고 적었다.

상하이의 마제스틱 호텔에 엘리는 뭔가 다른 느낌을 주고자

했다. 그는 자신과 아들들이 편안해 하는 호텔을, 그들의 경험 그리고 세계화된 코즈모폴리턴 도시로서의 상하이의 홍기를 구현할 팀을 고용했다. 브리티시 상하이 클럽은 중국인의 가입을 허용하지 않았다. 영국인이 경영하는 경마장도 좌석이 분리되어 있어서 중국인들은 중국인 구역에만 앉아야 했다. 반대로 새 마제스틱 호텔은 서양인과 (부유한) 중국인 모두에게 열린 '국제적' 호텔, 상하이 각계의 사람들이 모일 수 있고 중국인 부자들이 더 넓은 세계를 엿보고 맛볼 수 있는 공간으로 홍보되었다. 호텔 개장의 동기는 경제적인 이유였다. 엘리는 세계 관광 여행객, 현지 사업가, 부유한 해외 체류자, 야망을 불태우는 중국 사업가 들을 대상으로 한 시장을 보았다. 그것은 기득권층을 깨뜨리고, 야심 만만하고 재능 있는 외부자들이 식민지 상하이의 배타적인 세계에 비집고 들어올 공간을 마련해 주고 있었다.

엘리는 스페인/프랑스 건축가를 기용해 꿈의 호텔을 짓고, 프랑스인 요리사와 스위스인 호텔 지배인, 미국인 엔터테이너들을 직원으로 고용했다. 손님들은 프랑스 요리로 식사하고 미국인 휘티 스미스Whitey Smith가 이끄는 재즈 오케스트라 반주에 맞춰 춤을 췄다. 휘티 스미스는 중국 여성들에게 한쪽 옆이 트이고 몸에 꼭 달라붙는 옷인 치파오(청삼)를 입으라고 권유했고 치파오는 찰스턴을 비롯해 최신 '래그rags'(래그타임 — 당김음을 많이 구사하는 피아노 연주 스타일에서 출발한 음악 양식. 20세기 초반 춤곡과 연주곡, 대중가요의 유행을 선도했다 — 옮긴이)를 더 쉽게 출 수 있게 해 줘서 영화배우들과 보통 젊은 여성들 사이에 대유행을 불러일으켰다.

할리우드 명사들도 상하이를 찾아 마제스틱 호텔에 머물기 시작했다. 할리우드의 인기 영화배우들인 더글러스 페어뱅크스Douglas Fairbanks와 그의 아내 메리 픽퍼드Mary Pickford는 인기가 절정에 달했을 때 마제스틱 호텔에서 일주일간 묵었다. 2,000명이 넘는 사람들이 그들을 환영하는 무도회에 참석했다. "세계적으로 이름난 도시는 딱 다섯 군데밖에 없는데, 상하이는 가장 다채롭고 흥미롭고 선진적인 도시로 각광받을 만하다"고 페어뱅크스는 기자들에게 말했다.

엘리는 중동과 중국에서 이미지를 개선하려는 영국 정부의 시도를 뒷받침하며 더 활발히 자선 활동을 벌였다. 그는 잉글랜드, 프랑스, 콘스탄티노플, 중국의 병원들에 기부했다. 로라를 기리기 위해 그녀가 설립을 도왔던 바그다드 여학교를 지원했다. 상하이에도 또 다른 여학교를 기증했다. 런던 방문 시에는, 이라크의 파이살 국왕King Faisal과 에티오피아의 하일레 셀라시에Haile Selassie 황제를 비롯해 영국을 찾은 왕족들을 맞이하고 접대하여 영국 정부를 도왔다.

1926년 엘리는 마침내 오랫동안 바랐던 대로 영국 사회에 받아들여졌다. 국왕 조지 5세King George V가 그에게 시민권과 기사 작위를 수여한 것이다. 이제 엘리는 마음대로 소유 주식을 늘리고 영국인 이사회에 참석할 수 있었다.[13] 오랜 친구이자 사업 파트너인 로버트 호통과 함께 그는 상하이 최대의 부동산 회사인 상하이랜드(상하이 토지개발)의 주식을 사들이기 시작했다. 회사는 일단의 상하이 영국인 엘리트들이 지배하고 있었다―회사

설립자들은 모두가 조계의 토지와 구획 지정을 좌지우지하는 상하이 시정 위원회의 위원이었다. 그 결과 회사는 개발에 가장 좋은 땅 대부분을 소유했다. 엘리와 호퉁은 회사를 지배할 만큼 많은 주식을 시장에서 사들였다. 서순가―구 엘리트 계급을 누르고 성공을 거둔 동료 외부자―도 자신들에게 합류하도록 초대했다. 다음 차례는 상하이시가 성장하면서 가장 중요하고 수익성 있는 회사 중 하나가 된 상하이가스회사였다. 상하이가스는 원래 영국 상인들이 설립했지만 회사가 성장하면서 엘리가 전체 주식의 대략 40퍼센트까지 사들여 지배하게 되었다. 엘리는 아들인 호러스를 이사진에 앉혔고 결국 회장으로 만들었다.

◖●

서순가와 커두리가는 종교적, 문화적으로 풍요로운 바그다드 유대인 공동체라는 토양에서 등장했다. 바그다드의 기억이 희미해지고 대영 제국에서 영국 시민으로 살아가면서 세상에서의―그리고 더 나아가 중국에서의―자신들의 위치에 대한 그들의 시각도 갈라졌다. 유럽에서 반유대주의가 고조되고 러시아에서 유대인 박해가 잇따르자 시오니즘―팔레스타인과 예루살렘으로 귀환하는 꿈―은 20세기 초 전 세계 유대인들을 흥분시켰다. 서순가는 시오니즘과 거리를 두었다. 그들은 돈 그리고 왕족과 런던의 귀족층 사이에서 커져 가는 가문의 영향력이 안전과 신분 상승을 보장하리라 믿으며 영국을 열렬히 끌어안았다.

엘리에게는 시오니즘Zionism이 꽤나 매력적이었다. 그는 서순가보다 돈과 연줄에서 취약했다. 그는 영국 시민권을 얻으려고 10년 넘게 싸웠다. 홍콩에서 새 출발을 하기 위해서 기독교도식 성씨 ― 켈리 ― 를 써야 했다. 유대인의 고국이라는 발상은 세상에서 자신의 지위가 불확실하다고 느끼는 엘리 같은 사람에게 호소력이 있었다.

엘리는 1909년 중국의 자그마한 시오니즘 운동 단체의 리더가 되었고, 그와 그의 형제는 예루살렘의 히브리 대학교 부지를 구입하는 데 돈을 기부했다.[14] 1917년, 영국은 국제적 압력을 받아 팔레스타인에 유대인의 고국 건설을 지지하는 밸푸어 선언 Balfour Declaration을 발표했는데, 1948년 이스라엘의 탄생으로 이어지게 될 첫걸음이었다. 세계 곳곳의 유대인들이 새로운 유대인 국가 건설이라는 발상을 지지하도록 각국 정부를 설득하고 여론을 환기하기 위해 결집했다. 밸푸어 선언이 나온 그해에 엘리는 중국의 지도자로 여겨지는 쑨원에게 접근해 지지를 구하기로 했다.

대부분의 중국인들처럼 쑨원은 유대인에 관해 아는 것이 거의 없었다.[15] 하지만 유대인이 중국사에서 완전히 부재했던 것은 아니다. 중동에서 건너온 소규모 유대인들이 수 세기 전에 카이펑開封에 정착하여 중국 종교에 영감을 받은 유대교를 받아들였다. 1489년에 그들은 석조 기념비에 조심스레 다음과 같이 새겼다 "우리의 신앙과 유교는 사소한 부분에서만 다르다." 두 종교는 모두 "조상을 공경하고 군주와 신하들에게 충성하며 부모에게 효도한다." 20세기에 이르자 카이펑 유대인들은 통혼을 통해 거의 자취를 감췄다. 대다수의 중국인들은 불교나 도교, 유교를 따르며 유대인과의 접촉 경험이 없거나 적대감이 없었다. 그들에게는 유대인도 기독교도들처럼 서양에서 유입된 또 다른 신기한 대상일 뿐이었다. "토박이 중국인들은 유대인과 기독교도를 구분하지 않는다. 그들 눈에는 둘 다 외국인일 뿐이다"라고 1920년대에 엘리의 친구 중 한 명은 언급했다.[16]

쑨원은 청조를 타도하기 위한 노력에 지지를 구하기 위해 세계 곳곳을 다닐 때 몇몇 유대인들을 만났었다. 공산주의자들이 막 차르를 타도한 모스크바를 방문했을 때 쑨원은 유대인인 고위급 공산주의자를 여러 명 만났다. 훗날 쑨원의 후계자가 되는 장제스는 나중에 이 유대인 공산주의자들이 "상대적으로 더 진심으로 호의를 보였다"고 회고했다. 미국에서 쑨원은 전직 권투선수인 유대인 모리스 코언Morris Cohen을 만났고 코언은 그의 경호부장이 되었다. 상하이에서 그는 그곳의 서순 회사를 운영하고 있던 사일러스 하둔의 집을 방문했다. 쑨원은 유대인의 수난에 공감을 표시하고, 그들의 곤경이 중국이 처한 곤경을 상기시킨다고 썼다.[17] "중국이 외국인들에게 정복당하자 중국 민족주의도 사라졌다. 하지만 중국이 정복당한 유일한 국가는 아니었다. 유대인들도 자기 나라를 잃었다."

쑨원은 시오니즘과 팔레스타인, 유대인 문제를 논의하기 위해 엘리와 면담한 뒤 엘리에게 사적으로 편지를 써서 밸푸어 선언을 지지했다. "민주주의를 사랑하는 모든 사람들은 세계 문명에 그토록 크게 기여해 왔으며 여러 나라들 중에서도 영예로운 자리를 마땅히 누릴 자격이 있는 귀하의 훌륭하고 역사적인 나라를 복원하기 위한 운동을 지지하지 않을 수 없을 것입니다." 답례로 엘리는 중화민국 정부에 자신의 전문적 능력으로 힘을 보태고 쑨원의 공화정부를 지원하기 위해 공채를 구입할 용의가 있음을 암시했다.

두 사람의 관계는 1925년 쑨원이 암으로 죽은 뒤에도 이어졌는데, 갈수록 정치적 영향력을 발휘해 가던 쑨원의 미망인 쑹칭링에 의해 지속된 관계였다.

쑹칭링은 중국에서 서구 교육을 받은 가장 유력한 집안 출신이었다. 아버지인 찰스 쑹(중국명: 쑹자수)은 세 딸을 모두 미국으로 유학 보냈고 중국의 정치 엘리트와 혼인시켰다. 쑹칭링은 중국 초대 총통과 결혼하여 쑨원 부인이 되었다. 훗날 다른 두 자매도 국민당의 권력자들과 결혼했다. 쑹메이링은 중국의 새로운 지도자 장제스 장군과 결혼하여 서양에서는 마담 장제스Madame Chiang kai-shek로 알려지게 되었다. 첫째인 쑹아이링은 공자의 후손으로 부유한 은행가인 쿵샹시와 결혼했다. 중국인들은 한 자매(쑹아이링)는 돈을 사랑했고 또 다른 자매(쑹메이링)는 권력을 사랑했지만 쑹칭링은 중국을 사랑했다고 심술궂게 빗댔다.

◑

호러스와 로런스 커두리는 엘리가 그들에게 기대하고 있던 역할을 점차 떠맡아갔다. 1924년 상하이로 돌아오자마자 엘리는 호러스에게 커두리가의 연간 사교 행사 일정을 맡겼다—마블 홀의 관리를 감독하고 호화스러운 파티를 준비하고 모친이 시작했던 자선 사업을 감독하는 일이었다. 호러스는 건축을 공부하고 북미 서부에서 고상한 농부가 되겠다는 꿈을 접었다. 그는 좋은 물건과 음식을 알아보는 감식안이 있었고 수줍음을 타는 기질상 아버지에게 반항할 일이 별로 없었다.

반면 로런스는 좀 더 갈등을 겪었다. 그는 아버지가 때로 자신을 심부름꾼과 비서처럼 취급하는 데 반발했다. "소년기라고 할 만한 시기가 거의 없었다."고 로런스는 나중에 회상했다.[18] "꽤 무거운 책임을 곧장 지게 되었기 때문에 젊은 시절의 즐거움을 많이 누리지 못했던 것 같다."

엘리는 해외 출장을 갈 때 로런스를 함께 데려갔고 그를 개인 비서로 삼아 편지 초안을 작성하게 하고 약속을 잡도록 시켰다. 로라가 죽기 전, 로런스가 아직 십 대였을 때도 엘리는 그를 홍콩으로 불러 중화전력공사China Light and Power에 방문할 때 자신의 서류 가방을 들게 했다. 중화전력공사의 회장인 엘리의 영국인 사업 파트너는 할리-데이비슨사를 대표하기도 했다. 로런스는 할리-데이비슨 모터사이클을 부러움과 감탄의 눈초리로 쳐다봤다.

"자네에게 한 대 주지!"라고 엘리의 파트너가 로런스에게 말했다.

"안 받을 겁니다." 엘리가 딱 잘라 거절했다.

그걸로 끝이었다. 일터에서와 마찬가지로 집에서도 엘리의 말이 곧 법이었다. 데이비드 서순처럼 엘리는 아들들을 자신과 자기 사업의 연장으로 탈바꿈시키고 있었다. 그는 아들들을 아버지에게 충실하고 아버지의 지시를 따르도록 양육했다. 엘리는 둘 중에 로런스가 사업가로 더 낫다고―올바르게―생각했고 그가 집안의 홍콩 사업을 떠맡도록 준비시키고 있었다. 로런스는 상하이에서 지내는 시간은 줄어들겠지만, 그 역할에 따라올 권력과 독립성을 열망했다. 그것은 자신의 명성을 날릴 기회였다. 동생 호러스는 상하이에 남아 아버지를 보필할 터였다.

밸푸어 선언에 대한 쑨원의 지지를 얻어 낸 직후 엘리는 예루살렘 인근에 학교와 병원, 농장을 포함한 '전원 도시'를 짓도록 팔레스타인의 시오니스트들에게 거액 기부를 제안했다. 단 로런스와 호러스가 그 공사를 감독해야 한다는 조건이 딸려 있었다. 2년 뒤에 엘리는 프로젝트 진척 상황을 보러 팔레스타인에 갔다가 자신이 기부한 돈이 다른 목적으로 전용되었고 공사가 진행된 흔적이 전혀 없음을 알게 되었다. 지독히 실망한 그가 잘못 판단했다고 말하며 상하이 시오니스트 단체의 리더 자리에서 사임해 유대인 공동체와의 중요한 유대를 끊었다. "나는 로스차일드가보다 훨씬 부자인데도 그들은 자기들 마음대로 할 수 있는 반면, 나에게만 이런 제약들이 부과된다"고 그는 투덜거렸다.

아들들에게 힘을 실어 주려는 엘리의 시도 앞에 반대파들이 할 수 있는 일은 별로 없었다.[19] 1928년 4월 중화전력공사의 이사 중 한 명이 죽었다. 엘리는 주식을 매입해 아직 서른이 안 된 로런스를 이사진에서 자신을 대표할 사람으로 지명했다. 홍콩 중화전력공사의 일부 임원들은 엘리가 "상하이에서 건너온 머리에 피도 안 마른" 아들들을 이사회 회의실에 집어넣으려고 작심했다고 투덜거렸다. 몇 년 뒤 그는 오랜 파트너인 회장 로버트 셔원Robert Shewan을 몰아내고 로런스를 그 자리로 승진시켰다. 그는 로런스를 그가 소유한 다른 홍콩 회사들의 이사회에도 앉히기 시작했다.

"오늘 로런스 커두리를 만났는데, 특유의 매력적인 미소를 지으며 홍콩 항만 운영위원회에 들어갈 거라고 말하더군"이라고 엘리를 누구보다 싫어하는 자다인의 윌리엄 케즈윅은 어느 동료에게 편지에 썼다.[20] "작년에 나는 그들의 시도에 저항했었지. 하지만 그들이 얼마나 집요한지를 잘 알고 있는데다가 결국 돈이면 다 되니까."

◗●

마블 홀에서 몇 킬로미터 떨어진 곳에서는 또 다른 상하이가 빈곤과 과밀로 허덕이고 있었다. 상하이의 빈민가는 지구상에서 가장 인구가 과밀하고 절망적인 지역이었다. 그곳은 뉴욕 로워이스트사이드보다 인구 밀도가 두 배나 높았고, 임금은 세계에서 가장 낮은 수준이었다. 상하이 시정 위원회의 관리들은 빈민가를 방문하고는 무려 열다섯 가구가 한 집을 쓰고 있음을 발견했다. 시정부 직원들은 거리를 따라 수레를 밀고 다니며 쓰레기라도 되는 양 시신들을 주워 담았다. 상하이를 방문한 영국 작가 크리스토퍼 이셔우드Christopher Isherwood와 W. H. 오든W. H. Auden은 상하이의 일부 공장들에서 "아동의 절반은 납에 중독되어 잇몸에 푸른 줄이 보인다"고 묘사하며 "그들 가운데 대다수는 일 년 혹은 18개월 이상을 생존하지 못할 것"이라고 내다봤다.

널리 읽힌 중국 소설 《자야子夜》에서 작가 마오둔茅盾은 와이탄 일대를 장식하는 건축부터 도시 전역에서 꽃 피는 신기술까지 상하이가 다시금 어떻게 변모하고 있는지를 묘사했다. 시골에서 온 한 중국인 방문객은 새로운 건물들을 걱정스레 응시했다. "서쪽으로는 외국 양식 건물의 지붕 위에 놀랍고 신기하게도 시뻘겋고 푸르스름하게 빛을 발하는 거대한 네온사인이 보였다: 빛, 열, 동력!"[21]

엘리는 가난한 중국인 어린이들, 특히 여자아이들을 교육하기 위해 상하이에 학교 여러 채를 짓는 등 다른 외국인들보다 자선을 더 베풀었다. 하지만 커두리가나 서순가와 같은 외국인들은 "완전히 밀폐되고 격리된 유리 상자" 안에서 살았다고 영국 저널리스트 아서 랜섬Arthur Ransome은 상하이를 방문한 뒤 썼다.[22] "유럽은 그들로부터 멀리 떨어져 있었고, 그들 바로 문간에 있는 중국은 그만큼이나 멀어 보였다." 그들은 "자신들의 웅장한 건물들을 둘러보고, 그것들을 짓는 데 들어간 돈이 중국에서 나왔다는 사실을 잊은 채 이런 선물들에 중국이 자신들에게 감사해하지 않는 데 깜짝 놀란다."

"내 가족은 투명 보호막 속에 살았다"고 엘리의 손자 마이클은 수십 년 뒤 평가했다.[23]

그 보호막은 곧 터질 참이었다.

◦●

1920년 둥근 얼굴의 사서librarian이자 정치 활동가가 상하이에 도착하여 조계에 있는 사일러스 하둔이 소유한 건물의 방을 세 냈다. 하둔은 부동산 거물이자 서순 집안의 상하이 사업체의 이 전 경영자였다.

마오쩌둥은 아직 공산당원이 아니었지만—《공산당 선언》의 첫 중국어 번역본은 그해 후반에 가서야 나온다—여러 급진 운 동을 지지했고 외세의 상하이 점령을 규탄했다. 그는 더 관용적 인 조계에 살며 외국인 지주한테서 방을 빌린 덕을 봤다. 상하이 에서 마오쩌둥은 갓 탄생한 중국 공산당을 조직하고 있던 천두 슈라는 교수를 만났다. 천두슈는 마오쩌둥을 1921년 7월에 상하 이에서 열린 첫 전당대회에 초대했다. 열다섯 명의 대표가 여름 휴가를 온 대학 교수 행세를 하며 프랑스 조계 내 어느 이층집에 서 모였다. 심지어 상대적으로 자유로운 조계였는데도 전당대회 조직자들은 신경이 곤두서 있었다. 모임을 갖던 중 낯선 사람이 예기치 못하게 들어오자 마오쩌둥과 여타 대표들은 경찰의 급습 을 걱정하여 남쪽으로 달아나 거기서 모임을 마무리했다.

마오쩌둥은 1920년대에 상하이를 수십 차례 다시 찾았고 국 제 조계 바로 옆 프랑스 조계에 머물다시피 하며 근처에 살던 저 우언라이 같은 생각이 비슷한 급진주의자들과 연대를 구축했다. 영국인들이 상하이에 안정과 번영을 가져왔다고 자축하는 사이 마오쩌둥과 함께 공산당을 창당한 한 중국인 교수는 외국인들이 들어오기 전에는 상하이의 "돌멩이 하나, 풀잎 하나하나가 모두"

중국인의 것이었다고 한탄했다.[24] 하지만 이제 상하이에는 그들이 들어갈 수 없는 공원들이 있었다. 중국은 이제 민주 공화국이었지만 외국인들이 운영하는 조계에 사는 중국인들은 투표권이 없었다. 그는 서양인들과 일하고 그들로부터 혜택을 보는 중국인들은 "외국인의 주구走狗"라고 천명했다. 상하이에서 사는 것을 좋아하고, 크로켓을 즐기며, 엘리와 협력하여 밸푸어 선언을 지지한 쑨원은 외국인 지지자들을 만나 중국인은 식사를 하기 위해 외국인 소유의 클럽에 가거나 와이탄의 영국 공원들을 거닐 수 없다고 항의했다. 그는 공산주의자들과 제휴하는 쪽으로 점차 기울었다.

"외국 제국주의자들"의 목적은 중국을 식민지로 바꾸는 것이라고 마오는 썼다. 그런 "적들"에 맞서 중국인들은 "무자비"해져야 한다.[25]

공산주의는 커두리가를 겁나게 했다. 다른 무엇보다도 자본가인 그들은 중국 공산당 세력의 성장을 불안한 마음으로 지켜봤다. 1927년 3월 저우언라이는 상하이에서 공산당 무장 봉기를 일으켰다. 노동자들은 조계를 제외한 도시를 점령했다. 영국인과 상하이의 돈 많은 엘리트들의 암묵적 지지를 받아 국민당의 지도자로 쑨원의 뒤를 이은 장제스 장군은 국민당 군대에 상하이로 진격하여 도시를 탈환하라고 명령했다.[26]

커두리가와 영국인 사회는 곧 싸움이 벌어질 것 같으니 영국군을 파견해 자신들을 보호해줄 것을 런던에 긴급히 요청했다. 군인들이 도착하자 엘리는 마블 홀을 개방하고 호러스에게 병사들을 대접하라고 지시했다. 영국군은 공산당과 국민당 간 내전의 시작처럼 보이는 사태로부터 조계를 보호하기 위해 주변으로 바리케이드를 쳤다.

사태는 내전 대신 학살로 끝났다. 장제스와 국민당 군대는 상하이의 공산당을 포위하고 계엄령을 선포한 뒤 공산당 지지자들을 처형하기 시작했다—3주간 무려 1만 2,000명이 처형되었다. 장제스는 국민당 군대가 장악하고 있는 모든 지역에 공산주의자들을 숙청하라는 비밀 지령을 내렸다. 이로 인해 중국 전역에서 1만 명 이상의 공산주의자가 체포되어 죽임을 당했다. 이듬해까지 대대적인 반공 탄압이 벌어져 30만 명이 죽었다.

마오쩌둥은 진즉 상하이에서 도망쳐서 소규모 농민 군대를 이끌고 퇴각하고 있었다—훗날 인민해방군이 될 집단의 첫걸음이었다. 조계는 무사했다. 멀찍이서 학살을 지켜본 영국군 병사들은 자신들이 머문 마블 홀의 호사스런 방과 바그다드의 영향을 받은 이국적이고 "훌륭한" 요리를 칭찬하는 편지를 집으로 썼다.

위기는 지나갔다. 당분간은. 장제스와 국민당은 이제 상하이와 중국 나머지 지역을 지배했다. 조계는 여전히 영국의 형법과 상업으로 다스려지며 영국군의 보호를 받는 고립지였다. 그렇다고 해서 조계가 중국을 휩쓸고 있는 변화들에 완전히 무감할 수는 없었다. 장제스 정부는 엘리와 상하이의 여타 외국인, 중국인 사업가들을 불러서 정부 공채를 구입하여 "균형 예산에 일조"하라고 요구했다. 그 정도면 안정을 위해 치러야 할 적절한 대가였다.

상하이 학살이 일어난 지 석 달 뒤에 장제스는 "20년대 최대의 결혼"[27]을 위해 커두리의 마제스틱 호텔에 도착했다. 상대는 쑨원 부인 쑹칭링의 동생이었다. 공산당과 국민당 모두 국부인 쑨원의 후계자를 자처하느라 열심이었다. 쑨원 부인 본인은 공산당 쪽에 가담하여 모스크바에서, 당분간은 안전하지만 무력한 처지로 살고 있었다. 장제스는 쑨원 부인의 동생과 결혼함으로써 쑨원의 유산과 인기에 직접적인 연결고리를 만들고 있었다. 1,000명이 넘는 사람들이 커두리 호텔의 무도회장을 가득 메웠다. 벽은 흰 꽃으로 장식되었다. 미국인 테너 가수가 축가를 부르는 가운데 요란한 박수 소리와 함께 신랑과 신부가 입장했다. 〈뉴욕 타임스〉는 이튿날 결혼식 관련 기사를 1면 헤드라인에 실었다. 장제스는 왕조dynasty를 세워 나가고 있었다. 엘리도 마찬가지였다.

◑

한편 서순가는 데이비드가 여덟 아들과 함께 구축하려고 애썼던 왕조가 쪼개지는 불화로 어지러웠다. 1864년 데이비드의 죽음의 여파로 아들들 대다수는 런던으로 옮겨갔다. 형제들 중 가장 비즈니스 마인드가 있는 일라이어스 서순은 여전히 상하이에 살고 있었지만 가족과 소원해진 채 자기 회사 E. D. 서순 상사를 성공적으로 이끌고 있었다. 일라이어스가 예상한 대로 그의 형제들은 런던에 너무 끌린 나머지 자기들의 부동산과 사교 활동을 유지하기 위한 비용이 늘어가는데도 중국과 인도의 사업에서 점점 관심이 멀어지고 있었다.

데이비드의 여덟 아들 가운데 인도에 마지막까지 남아 있던 솔로몬 서순이 죽은 직후 그의 뒤를 잇기로 한 조카도 얼마 안 있어 죽자 서순가는 위기를 맞았다. 런던의 형제들이 누가 회사를 경영할 것인지 그리고—최초로—가족 바깥의 누군가에게 경영을 맡겨야 하나 토론하고 있을 때 봄베이에서 솔로몬의 아내 플로라가 아들이 자라서 경영에 나설 수 있을 때까지 자신이 일종의 섭정처럼 회사를 책임지겠다고 알려 왔다.[28]

그녀는 서른다섯 살—남편보다 거의 스무 살 어렸다—이었지만 족보는 흠잡을 데 없었다. 그녀는 데이비드 서순의 증손녀였다. 그녀가 데이비드의 아들과 결혼했을 때 주변 사람들은 다소 마뜩찮다는 반응을 보였다. 실질적으로 외종조부(외할아버지의 동생)와 결혼한 셈이었던 것이었다. 하지만 누구도 그녀의 지성과 교육 수준에 토를 달 수 없었다. 그녀의 부모 모두 교육을 잘 받았고 학구적이었으며 플로라가 당시 대다수의 여성들은 받을 수 없었던 훌륭한 교육을 받게 했다. 그들은 바그다드에서 저명한 랍비를 데려와 딸을 가르쳤고 봄베이의 엘리트 학교에 입학시켰다. 열일곱 살이 되자 플로라는 히브리어, 아람어, 힌두스타니어, 프랑스어, 독일어를 할 줄 알았고 셰익스피어를 인용할 수 있었다. 많은 힌두교도 여성들과 이슬람교도 여성들은 '퍼다purdah', 즉 남녀를 물리적으로 분리시키고 여성은 공공장소에서 얼굴과 신체를 가려야 하는 제도 아래에서 살았다. 플로라는 시스템을 따르길 거부하고 때로 남편을 동행하여 사무실에 나가서 전에는 회사에서 여자라곤 구경해본 적 없는 직원들의 눈을 휘둥그레지게 만들었다.

남편이 죽은 마당에 플로라는 시숙들에게 정면 도전하지 않을 만큼 생각이 있었다. 중국의 서태후처럼 그녀는 서순가의 부계 혈통이 지배하도록 자신의 아들이 장성하여 회사를 물려받을 때까지만 데이비드 서순 회사의 섭정이 될 작정이었다. 런던의 형제들은 동의했다. 그들은 플로라를 조종하기 쉬운 회사의 간판으로 만들기 위해 봄베이 회사의 다른 임원들과 개별적인 연락 채널을 구축했다.

어느 모로 봐도 플로라는 엄청난 성과를 올렸다. 그녀는 세세한 부분을 놓치지 않고 남의 말을 잘 경청하며, 직원과 경쟁 상대들로부터 티 나지 않게 유용한 정보를 뽑아내는 재능이 있는 사람이었다. 당시 여성들은 공개석상에서는 모습을 드러내지 않고 웬만해선 집밖으로 나가지 말아야 한다고 여겨졌다. 플로라도 처음에는 현지 관습을 존중하여 외부 활동을 자제했다. 카드 테이블 앞 등받이가 높은 의자에 앉아 중국, 일본, 페르시아만에서 온 편지에 답장을 쓰며 오전은 집에서 보냈다. 하지만 늦은 오후에는 회사의 면직 공장을 방문했다가 사무실에 들렀다. 직원들은 그녀가 매력적이고 다다가기 쉽다고 느꼈다. 남성들의 보루인 로열 봄베이 요트 클럽은 그녀를 회원으로 초대했다. 아편 수출이 감소하면서 플로라는 구리, 차, 은, 향신료 같은 상품 교역으로 옮겨갔다. 런던에서 오는 전보들은 하나같이 '친애하는 우리 제수 씨'의 업적을 칭찬했다.

1897년 봄 선페스트가 봄베이에서 창궐하여 인구 대다수가
─그리고 플로라의 공장 노동자들 상당수가─살고 있는 슬럼
가로 퍼져나갔다. 거의 2만 명이 사망했다. 격리된 항구에 화물
이 쌓인 채 썩어가면서 봄베이 무역은 멈춰 섰다. 뒤이어 콜레라
가 창궐하여 위기가 한층 깊어졌다.

커져가는 패닉을 진정시키려고 마음먹은 플로라는 의사와 공
무원, 사업가들로 구성된 '역병 위원회'에 참여했다. 그녀는 콜레
라 예방 백신을 개발한 젊은 세균학자의 활동을 지원했다. 힌두
교와 이슬람교의 일부 지도자들은 백신 접종이 부정하고 종교에
반한다고 지탄했지만 플로라는 본인이 접종을 받았고─사진도
찍었다─'퍼다 클럽'이라는 별명으로 통하는 다른 여성들과 함
께 나서서 다른 이들도 자신들처럼 접종을 받도록 설득했다.

역병 창궐로 서순가의 사업은 피해를 입었다. 플로라는 여러
군데의 공장을 닫고 나머지도 절반만 가동해야 했다. 그녀의 검
은 머리는 반백이 되었다.

이익이 급감하면서 런던에 있는 플로라의 시숙들은 조급해졌
다. 아랫세대 서순가 남자들─여덟 형제의 아들들─은 왜 여
자가, 그것도 장애아를 비롯해 세 자식을 키우고 있는 여자가 회
사를 맡느냐고 이의를 제기했다. 플로라는 갈수록 고립감을 느
꼈다.

런던의 형제들은 때를 기다리고 있었다. 1901년 크리스마스
전날 그들은 회사의 재무 구조를 바꿔 플로라를 사실상 몰아내

는 쿠데타를 기획했다. 그들은 회사 경영을 서순 형제들과 그들의 제수인 플로라 간 파트너쉽 관계에서 주식회사로 바꾼다고 알렸다. 새로운 회사의 모든 주식은 전부 서순 형제들이 보유하는 형태로 말이다. 형제 중 한 명이 회장이 되고 다른 세 명은 이사를 맡을 예정이었다. 봄베이 사무소의 새로운 소장은 근래에 플로라에게 자문해 온 서순 집안의 오랜 보좌관이 맡을 예정되었다. 플로라는 완전히 배제되었다.

봄베이에서는 플로라가 가족 사업에서 쫓겨났으니 자기 회사를 차릴 거라는 소문이 무성했다. 플로라에게 충직한 어느 직원은 그녀의 "파국적인" 축출이 개탄스럽다고 썼다. 또 다른 직원은 "지저분한 우리 세계에서 즐거움이 하나 줄어들었다"고 안타까움을 표했다. 플로라는 어느 여성 친구에게 쓴 쪽지에 런던의 친척들에게 뼈 있는 말을 던지며 물러났다. "내일 회사에서 물러날 거야. 다른 사람들은 피상적인 관심만 갖고 있다가 갑자기 정신을 차리면 도움을 주기는커녕 도리어 해만 끼치는데 나도 더는 온종일 고생해가며 일할 수는 없을 것 같으니까 말이야." 봄베이에 있던 플로라는 사업을 빼앗기자 장애가 있는 딸이 더 좋은 의료 서비스를 받을 수 있는 런던으로 근거지를 옮기기로 했다. 부두에서 승선하던 그녀와 자식들은 직원들과 울먹이는 하인들, 전송하러 나온 인파의 배웅을 받았다. 그녀의 특등 객실에는 꽃다발과 선물이 가득 쌓여 있었다. 배가 출항하기 직전 어린 인도 소녀가 달려와 플로라의 목에 "봄베이의 여왕, 말라바르 힐의 여제 폐하께"라고 적힌 화환을 걸어 주었다. 말라바르 힐은 서순 대저택이 위치한 곳이었다. 플로라는 배를 타고 떠났다. 그녀는 런던에서 저명한 사회사업가이자 아마추어 학자로서 존경받게 된다. 그리고 두 번 다시 서순 집안 사업에 발을 들이지 않는다.

플로라가 봄베이에서 사업 승계를 둘러싼 싸움을 벌이고—그리고 지고—있던 순간에 런던에서는 또 다른 서순가 여성이 시대를 앞서 나가며 영국 기성 사회와, 또 자신의 집안과 싸우고 있었다.

레이철 서순은 데이비드 서순이 집안 사업의 이해관계를 대표하고 런던 상류사회를 속속들이 익히도록 그녀의 아버지 S. D. 서순을 런던으로 보냈을 때 아직 아이였다.[29] S. D.는 호화로운 대저택과 하인들, 시골의 대토지를 거느리며 모두의 기대를 넘어서는 성공을 거두었다. 그는 아들 셋을 전부 옥스퍼드에 보냈다. 레이철은 당시 관례대로 집에서 길러졌다. 그녀는 손님들을 대접하고 피아노를 쳤다. 당시 여성들은 투표권이 없었다. 그들은 교육에 대한 동등한 기회도 부정당했다. 좋은 집안으로 시집가는 것만이 레이철의 앞날이었다. 바그다드에서 태어나고 자란 그녀의 어머니는 열여섯에 결혼했다.

레이철은 반발했다. 그녀는 자신이 나중에 쓰길 "똑똑한 딸"이었다. 그녀는 "해마다 [결혼] 시장으로 몰아넣어져 운명의 상대를 만나기 위해 키득거리며 돌아다니는" 다른 영국 귀족 집안의 딸들을 조롱했다. 그녀처럼 "머리가 좋은" 딸들은 "독신의 삶을 살도록 따로 떼어져" 있었다.

2부 상하이의 거물들

레이철의 아버지는 그녀가 고작 아홉 살 때 죽었다. 비록 가족은 이제 런던에 살고 있었지만 아버지는 유언장에 딸이 바그다드 유대인 공동체 출신과 결혼해야 한다고 확고한 지침을 남겨두었다. 그는 집안의 대저택과 푸른 정원들은 레이철의 오빠에게 물려주고 레이철을 위해서는 신탁 기금을 따로 남겨두었다. 총명하고 의지가 강한 레이철은 바그다드 젊은이와 결혼해야 한다는, 아니 애초에 결혼해야 한다는 주변의 기대에 반발했다. 그녀는 "연인, 어머니, 미식가, 성자, 대화에 뛰어난 사람, 좋은 주부, 안주인, 반려자, 간병인 이 모든 역할을 동시에 할 수 있는 여자는 거의 없다"고 단언했다. "남자들은 기대하는 게 너무 많다." 스물여섯—이미 혼기를 지난 나이—에 레이철은 영국 시골의 본가에서 나와 런던으로 가서 간호사로 훈련받았다. 구혼자는 여러 명 있었지만 가족은 그녀가 "미혼 노처녀"로 늙어갈 것이라고 체념하게 되었다. 그러다 서른이 거의 다 되어 레이철은 큰 재산을 물려받은 독일계 거부로서 그녀의 독립심을 흠모하는 프레더릭 비어Frederick Beer와 사랑에 빠졌다. 여러 사업상 지분 가운데 비어는 자기 가문이 사들인 런던 신문에 정력을 집중하기로 했다. 예술과 사회 정의를 다루는 일요판 주간지 〈옵저버〉였다.

유대인으로 태어난 비어는 이미 기독교로 개종했다. 1887년 결혼식 전날 레이철도 개종했다. 그녀의 어머니와 집안사람들은 격노했다. 한 가문으로 서순가는 자식들이 기독교도와 결혼할까 봐 워낙 걱정하여 유언장에 자식들이 비유대인이나 심지어 바그다드 출신이 아닌 유대인과 결혼한 경우 상속권을 박탈한다는 단서 조항을 집어넣었다. 서순가가 영국 사회에서 승승장구할수록 자식들은 하나둘 유대교 신앙을 버리기 시작했고 집안의 전통주의자들을 노발대발했다. 서순가는 레이철과 의절했다. 그녀의 모친은 상중喪中이라고—마치 레이철이 죽기라도 한 것처럼—공개적으로 밝혀서 자신의 노여움을 드러냈다.

이에 아랑곳 않고 레이철은 간호사를 그만두고 저널리즘에서 소명을 찾았다. 그녀는 남편 소유 신문의 보도 기자이자 칼럼니스트가 되었다. 여성 해방을 부르짖으며 점점 높아지는 그녀의 목소리에 남자 직원들이 반발하자 레이철은 자신만의 신문을 원했다. 그녀를 애지중지하는 남편 프레더릭은 〈선데이 타임스〉를 인수하여 레이철을 편집장으로 임명했다. 얼마 안 있어 〈옵저버〉의 편집장이 일을 그만두자 레이철은 그 주간지의 편집장으로도 임명되었다. 두 전국지를 편집한 영국 최초의 여성이었다. 여성이 다시금 플리트가에서 그렇게 높은 직위를 얻기까지는 80년이 걸리게 된다.

레이철은 페미니스트이자 진보 인사로 떠올랐다. 그녀는 부자에 대한 증세를 제안했고 노동 조건 개선과 임금 인상 법안을 지지했다. 남자 형제들은 옥스퍼드에 다니는 동안 집안에 홀로 버려져 있던 시절을 잊지 않은 그녀는 "대학은 동일한 조건 하에 남녀 모두에 열려 있어야 한다"고 주장하며 교육의 평등을 요구했다. 국제 여성대회Women's International Congress의 연사로 초청된 그녀는 자신과 다른 여성들이 이룩한 것을 돌아보고 "19세기는 여성의 세기"라고 선언했다.

레이철의 최대 특종은 드레퓌스 사건을 둘러싼 논쟁에 뛰어 들었을 때 찾아왔다. 1894년 말에 프랑스군 총참모부 내 유일한 유대인 장교인 알프레드 드레퓌스Alfred Dreyfus 대위는 독일 관리 들에게 군사 기밀 문서를 넘긴 첩자라는 혐의로 기소되었다. 그 는 악마섬으로 종신 유배형을 선고 받았고 "유대인에게 죽음을" 이라고 외치는 2만 명의 파리 시민들이 지켜보는 공개 의식에서 계급장과 제복을 박탈당했다.

자신은 개신교로 개종했지만 레이철은 드레퓌스에게 제기된 이중적 충성이라는 비난이 그녀와 다른 유대인이 이룬 성취를 위험에 빠트릴 수 있다고 걱정했다. 그녀는 "히브리 민족이 자신 들을 잘 대우해 주는 어느 나라에든 보여주는 애착과 충성심보 다" 더 대단한 것도 없다고 썼다.

〈옵저버〉의 한 기자가 드레퓌스를 고발한 사람들이 드레퓌스 에게 누명을 씌우기 위해 위조문서를 이용했다는 증거를 찾아냈 다. 그녀는 위조자를 직접 만나 호텔 객실에서 철저히 심문한 끝 에 이 사실을 보도하기로 결정했다. 드레퓌스의 유죄 판결은 나 중에 뒤집혔고 그는 원래 계급으로 완전히 복권되었다.

이런 활동 가운데 어느 것도 가문의 문을 그녀에게 다시 열어 주지 못했다. 레이철은 〈옵저버〉의 지면을 통해 서순가의 아편 무역을 변호했지만 집안 회사에 참여하거나 그들이 영국 왕세자 를 접대하기 위해 개최한 파티나 무도회에 참석하도록 초대받지 못했다. 1896년 레이철의 남편이 병으로 쓰러졌다. 의사들은 결핵이라고 말했지만 바람둥이 행각으로 걸린 매독이었을 수도 있다. 간호사로 직업 훈련을 받은 레이철은 신문사 두 곳을 운영하는 일에 덧붙여 남편도 간병하기 시작했다. 1901년 남편이 죽은 뒤 우울증에 시달리게 된 그녀는 칼럼과 논설을 제대로 마감할 수 없었다. 서순 집안이 조직적으로 나섰다. 레이철은 반항적이고 남자의 일을 하는, 반反인습적 커리어 우먼이었다. 그녀의 집안은 언제나 그녀가 별나고 종잡을 수 없다고 여겨왔다. 그녀는 이제 자식이 없는 부유한 미망인이었다. 집안의 어느 친척이 레이철이 기운이 없어 보이다가 별안간 "미친 듯이 횡설수설을 해댔다"고 말했다. 그녀는 남편의 유언장을 법원에 제출하길 거부했는데, 그 때문에 누가 그의 재산을 상속받을지에 관해 세간의 의혹을 불러일으켰다. 15년 동안 그녀를 본 적 없던 형제가 그녀가 "정신이 멀쩡하지 않은" 사람이라는 진정서를 제출했다. 세 명의 의사와 서순 집안의 변호사도 동의했다. 레이철은 법원이 지명한 '광증lunacy 전문가' 앞에 불려 나왔고 정신 이상 판정을 받았다. 가족의 지지를 받지 못한 그녀는 항거할 수 없었다. 〈선데이 타임스〉와 〈옵저버〉를 이끌던 여성은 변론을 하거나 자신을 위해서 증언해줄 의사를 부르지 못했다. 신문들은 매각되었다. 레이철은 간병인들에게 둘러싸여 여생을 대저택에서 쓸쓸히 보냈다. 그녀는 1927년 죽었다.

사촌인 플로라처럼 그리고 불운한 로라 커두리처럼 레이철 서순의 야망은 중도에 꺾이고 말았다. 그녀의 커리어는 서순가가 시달리던 역설을 집약한다: 사회적으로 진보이자 페미니스트이지만 대영 제국을 지지하고 가문에 막대한 부와 영향력을 가져다 준 아편 무역을 옹호했고, 장벽을 부수는 유대인 여성으로서 기독교로 개종함으로써 사회적 인정을 받으려 애썼지만 유대인인 가문의 전통과 유럽의 악성 반유대주의 사이에 낀 처지가 되었으며, 재능과 포부가 좌절당한 여성. 서순가에게는 19세기 —혹은 20세기—가 여성의 세기로 기록될 것이라는 신호는 별로 보이지 않았다.

∞

상하이에서의 삶이 장제스의 공산당 봉기 진압 뒤 정상으로 되돌아가는 사이 조계와 상하이 클럽의 영국 사업가들은 지팡이를 짚고 걷지만 카리스마와 성적 매력을 뽐내는 잉글랜드 출신 부유한 독신남에 관해 수군거리기 시작했다. 플로라를 둘러싼 가족 내 분란과 그녀가 영국으로 떠난 뒤 서순가는 일가의 재정적 생명선인 아시아 사업을 운영할 사람을 찾아 재빨리 움직였다. 봄베이에 기반을 둔 이 새로운 후손은 상하이를 점점 더 자주 방문하면서, 거래처와 미팅을 갖고 미모의 여성들을 경마장으로 모셔 갔다. 단춧구멍에는 언제나 카네이션이 꽂혀 있고 입에는 멋스럽게 가는 은제 담뱃대를 물고 있는 서순가의 상속자, 그의 이름은 빅터 서순이었다. 서순가는 아시아에 막 복귀할 참이었다.

빅터 서순과
친구들

5장
홍행주

"잘 지내, 자기?"

호기심과 살짝 장난기가 담긴 검은 눈동자를 초롱초롱 빛내며 빅터 서순은 몸을 숙였다. 연필로 그린 듯한 가는 콧수염과 오른쪽 눈 위에 쓴 외알 안경은 그가 하는 모든 농담과 발언에 태평한 분위기를 가미했다. 키가 180센티미터가 훌쩍 넘고 어깨가 떡 벌어진 그는 케임브리지에서 학교 대표 수영 선수였을 뿐만 아니라 복싱 선수, 평균 이상의 테니스 선수였다. 남녀를 불문하고 사람들이 왜 그에게 끌리는지는 쉽게 짐작이 갔다. 자신감, 재치, 조롱. 게다가 빅터는 미혼이고 세상에서 가장 부유한 사람 중 한 명이었다. 그는 그와 대화하는 사람이 누구든 간에 그의 관심을 한 몸에 받는 사람처럼, 마치 그가—또는 흔히 그녀가—방 안에 있는 유일한 사람인 것처럼 느끼게 만드는 정치가의 재능이 있었다. 빅터는 "기지와 재치가 대단히 뛰어나요, 사업가치고는 특히"라고 〈뉴요커〉의 작가로서, 나중에 상하이에서 빅터와 한동안 연인 관계였던 에밀리 한Emily Hahn은 어머니에게 쓴 편지에 적었다. "그는 지성을 흠모했다."[1]

집안의 가부장 데이비드 서순의 손자인 빅터 서순은 1920년
대의 새로운 모든 것을 사랑했다: 빠른 자동차, 비행기, 영화, 인
기 영화배우들을. 그는 언제든 달려 나가 친구들이나 출항하는
요트, 나중에는 일본군의 폭격을 찍을 수 있게 소형 무비 카메라
를 항상 가까이에 뒀다. 전용 사진 스튜디오를 갖추고 다양한 수
위로 옷을 벗은 여성 친구들의 초상을 찍었다. 또 세계 전역에서
경주할 말을 사육하고 경주마 마구간을 지었다.

그의 날카로운 눈빛과 재기는 그의 몸을 곧게 세워 주고 그의
사무실과 호텔, 댄스 클럽의 바닥을 가로질러 나아갈 수 있게 도
와주는 두 목발로부터 사람들의 시선을 떼어 놓았다. 허리 아래
로는 그는 불구였다. 그는 서른다섯 살이던 제1차 세계대전 당
시 군 복무 중에 비행기 사고로 엉덩이를 다쳤다. 그의 사적인
일기장은 힘든 싸움을—잠 못 이루는 밤들, 다시 정상적으로 걷
을 수 있게 해 줄 의사와 치료법 찾아 헤매던 나날을—담고 있
다. 프랭클린 루즈벨트Franklin Roosevelt처럼 그는 자신의 장애를 거
부하는 자신감과 남성적 활력을 내뿜었다. 그는 터무니없게 호
사스러운 파티를 지치지도 않고 주최했는데 별안간 강한 통증이
찾아오면 갑자기 연회장을 떠나 위층의 자기 방으로 올라가곤
했다. 남겨진 친구들은 이따금 천장을 통해 그가 쿵 하고 넘어지
는 소리를 들을 수 있었다. 그들은 눈치 못 챈 척했다.

빅터의 짐짓 꾸민 태도와 경박한 취미 활동들은 기민한 비즈
니스 마인드를 가렸다. 그는 프랑스어를 유창하게 했고, 연설하

는 것을 좋아하고, 나중에 매력 공세로 구워삶을 수 있도록 자신
이 만난 모든 사람들에게 관해 세심히 기록해 뒀다. 사업상 경쟁
자들은 종종 그를 과소평가했다. 그리고 일본인들도 그렇게 하
게 된다.

◖●

 상하이의 사업을 맡고 있던 서순가의 후계는 변변치 못했다.
그곳의 데이비드 서순 회사는 손자인 레지널드Reginald가 운영하
고 있었는데, 가문 전기 작가의 묘사에 따르면 "전쟁 영웅, 일급
골퍼이자 승마인이지만 상업적 천재성은 없는" 사람이었다.[2] 레
지널드는 시간 대부분을 상하이 클럽과 경마장에서 보냈다. 움
직임이 어설픈 사람인 그는 말을 타려고 시도하다가 5주 사이에
다섯 번이나 말에서 떨어졌고 그때마다 뼈가 부러졌다. 어느 경
주에서 들것에 실려 나간 뒤 그는 몇 시간 만에 다시 안장에 오
르겠다고 고집을 피워 관중의 박수 소리와 함께 마지막 경주에
참가했다.
 플레이보이 빅터의 등장은 처음에는 서순가의 리더십 문제에
빈약한 해법처럼 보였다. 양친이 여행 중이던 나폴리에서 태어
난 그는 영국 사립 기숙학교 해로Harrow를 다녔고 케임브리지 대
학에서 역사를 전공했다. 코러스 걸chorus girls과 데이트를 하고 흥
청망청 써 대는 서순가 친척 아저씨 '넌키Nunkie'와 친해졌다.
 친구들 대다수보다 세상을 잘 알고 부자였던 빅터는 고급 와
인을 퍼마시는 남자 대학생들의 클럽을 결성했고 뛰어난 사교춤

댄서가 되었다. 그는 결코 자식을 낳지 않을 것이라고 다짐했다. 서순가의 족보를 면밀히 살펴본 뒤 그는 다음과 같이 말했다. "내가 아이를 낳는다면 틀림없이 천재 아니면 백치가 나올 거야. 나로선 그런 모험을 할 엄두가 나지 않아."[3]

빅터 같은 상류층 출신의 '잘나신' 학생들 대다수는 케임브리지에서 '3등급 졸업'을 했다—미국 대학의 '신사의 C학점 gentleman's C'에 대응하는 것이다. 하지만 빅터는 예리한 지성을 과시했다. 파티와 댄스에 열중하고 옷과 와인에 돈을 쓰는 가운데도 역사학 논문을 써서 꽤 괜찮은 2등급을 받아 졸업했는데, 집안의 여러 사촌이나 몇 년 뒤 아예 학위도 없이 케임브리지를 졸업한 유명한 영국 시인 시그프리드 서순보다 더 좋은 성적이었다.

졸업하자마자 빅터는 아버지로부터 서순가의 일원으로서 이제 가족 회사의 런던 본부에서 일을 시작하고 영국의 부유한 유대인 집안에서 신붓감을 알아봐야 한다는 말을 들었다. 하지만 빅터는 코웃음 쳤다. 그 대신 그는 인도와 상하이의 가족 사업체로 찾아오라는 삼촌 제이콥Jacob—집안에서 내놓은 일라이어스 서순의 아들—의 초대를 받아들였다.

◖●

빅터는 아시아 방문을 기획한 제이콥과 함께 먼저 봄베이로 가서 서순사의 면직 공장을 찾았다.[4] 그는 실을 잣는 방추를 만지작거려 보고 정비 직원에게 영리한 질문을 던지며 맨체스터와 미국에서 건너온 최신 기술에 관심을 보였다.

제이콥은 그다음에 빅터를 상하이로 보냈는데, 그곳은 그 젊은이에게 한층 더 흥미진진했다. 그는 난징루에서 판매하는 옥과 상아를 구입하고 케임브리지 동창들이 그를 위해 열어 준 파티들에 참석해 술을 마시고 다 함께 노래를 불렀다. 자식이 없던 제이콥은 상류사회에서 어울리다가도 같이 사냥을 하거나 폴로 게임을 하러 군인들의 방갈로로 스스럼없이 옮겨 다닐 줄 아는 조카를 점차 좋아하게 되었다. 빅터가 상하이를 떠날 때가 되자 제이콥은 언젠가 그가 돌아오리란 희망을 품고 그를 회사의 주니어 파트너로 지명했다.

◖●

빅터의 아시아 방문은 이제 그가 좀 진지해질 거라는 희망을 집안에 불어넣었지만 런던에서 그는 이내 일을 회피한 채 새 자동차를 몰고 다니며, 열기구 경주를 보러 정장용 모자에 모닝 코트, 카네이션으로 한껏 치장하고, 거만한 눈에는 외알 안경을 낀 채 가문의 전기 작가의 표현으로는 "어김없이 코러스 걸과 팔짱을 끼고서"[5] 시골을 찾는 익숙한 생활 방식으로 돌아갔다.

제1차 세계대전이 터졌을 때 빅터는 서른셋이었다. 그는 새로 창립된 왕립 해군 항공대에 입대했다. 그가 대다수의 병사들보다 열 살 많았기 때문에 동료 병사들은 그를 '아빠Daddy'라고 불렀다. 1915년 2월 어느 이른 아침, 빅터는 젊은 동료 비행사가 이륙하는 사이 비행기 관측 좌석에 앉아 지도를 들여다보고 있었다. 갑자기 비행기 엔진이 불안하게 털털거리다가 완전히 꺼져 버렸다. 비행기는 꼬리를 선회하며 강하했다. 빅터가 "체계적이고 엄밀하고, 매우 침착한" 태도를 유지했다고 나중에 조종사는 보고했다. 추락 사고로 빅터는 불구가 되었다. 두 다리가 부러지고 엉덩이에 손상을 입었다. 그는 모르핀 주사를 맞고 들것에 실려 병원으로 옮겨졌다. "비행기는 너무 심하게 파손되어 폐기 처분될 예정이었다"고 조종사는 회고했다.

빅터는 8개월 동안 석고 붕대를 하고 지냈다. 그는 휠체어를 이용하지 않으려 했다. 돈과 지위를 노리는 게 아니라면 이제 아무도 자신과 결혼하려 하지 않을 것이라고 친구들에게 속내를 털어놓기도 했다. 어느 친척에게는 "내가 건강하고 잘생긴 자식들을 얻는다면 자식들을 지독히도 질투하게 될 것"이라고 말했다.[6]

빅터는 미국 공군과 협조하는 임무를 부여받았고 이탈리아에서 만들어지던 폭격기 생산을 가속화하는 데 자신의 지식을 보냈다─이 임무를 계기로 그는 미국을 좋아하게 되었고 그 애호는 평생 지속된다. 빅터는 파견 미군을 담당하는 영국군 장교였고, 미군 병사들이 자신의 판단에 "커다란 신뢰"를 보냈다고 나중에 회고했다. 그들은 복잡한 관료적 절차를 무시하는 빅터의 작업 방식을 환영했는데, 한번은 워싱턴 행정부에서 근무하는 친구한테 접근하겠다고 협박하여 어느 미국 장군의 허락을 건너뛰고 공장 방문 허가를 받아내기도 했다. 이탈리아에서 공장 시찰을 나가는 미군 고위 장교들을 데리고 기차를 탄 일이 있었는

데, 이동 일정을 담당한 이탈리아 장교가 알고 보니 런던에서 빅
터가 즐겨 찾던 레스토랑의 급사장이었다. 이탈리아 장교는 빅
터를 호화로운 침대차에 배정해 준 반면 고위 미군 장교들은 일
반 객차에서 밤을 지새워야 했다. "불구이면 어떤 덕을 보는지
이제 알겠군"이라고 이튿날 아침 미군 장교는 빅터에게 말했다.

　데이비드 서순사와 E. D. 서순사 둘 다 전쟁 동안 영국군의 제
복 생산에 쓰이는 면화를 공급하고 중국, 인도, 영국과 활발히
교역하면서 호황을 누렸다. 종전은 영국에서 인도산 면화 수요
가 줄어드는 것을 의미했다. 여기다가 마하트마 간디와 그의 자
치 요구를 중심으로 뭉친 인도 노동자들의 소요 사태까지 겹쳤
다. 간디의 상징은 손으로 짠 인도산 직물이는데, 이것은 이제
아편 무역이 불법이 된 이후 서순가가 주로 돈을 벌었던 섬유 산
업의 경쟁력을 약화시켰다. 인도의 노동자들은 더 높은 임금을
요구하고 있었다. 간디는 영국산 제품에 대한 불매 운동을 개시
했다. 중국에서는 일본이 자체적으로 공장을 건설하여 중국 시
장에 물밀 듯 들어오고 있었다.

　서순가가 다시 시장 지배력을 확보하기 위해서는 공장 현대
화를 위한 자본을 조달할 필요가 있었다. 하지만 사업이 어려움
에 봉착했는데도 런던에 근거를 둔 서순가는 형식적인 관심만
보였다. 영국 정계에서 급부상하고 있던 빅터의 사촌 필립은 회
사는 완전히 등한시 한 채 세 곳의 영지를 오뷔송 카펫과 태피스
트리, 벨라스케스Velázquez와 존 싱어 사전트John Singer Sargent, 게인
스버러Gainsborough 같은 거장들의 걸작으로 꾸미는 데 시간을 보

냈다.

집안의 다른 잠재적인 리더들도 그리 나을 게 없었다.[7] 빅터의 아버지 에드워드는 좀 더 비즈니스 마인드가 있는 친척들이 죽자 마지못해 E. D. 서순사를 맡았지만 50대에 몇 차례 중풍으로 쓰러지면서 기력을 잃었고 치매마저 앓게 되었다. 회사 수뇌부가 갈 길을 잃고 표류하는 데 답답해진 사일러스 하둔, 다시 말해 데이비드 서순이 상하이에서 고용했던 원조 '바그다드 소년들' 중 한 명이었던 그는 1920년에 회사를 그만두고 자기 회사를 차려 상하이시 전역에서 부동산을 사들였다. 얼마 안 있어 또 다른 잠재적 후계자가 심장마비로 급사했다.

빅터 본인은 정치를 하고 싶어 했다. 하지만 런던 시의회의 보수당 후보로 출마한 첫 선거에서는 100표 차이로 낙선했다. 마흔 살에 잘 생기고 부유하지만, 자신을 영영 상류 사회의 주변부에 머물게 할 것 같은 전상戰傷에 좌절한 그는 봄베이로 옮겨 가그곳의 서순가 사업을 떠맡기로 했다.

빅터는 휘하 경영자들을 비롯해 자신이 호사가 허수아비에 그칠 것이라고 짐작한 모두를 놀라게 하면서 회사를 장악했다.[8] 목발에 의지해 공장을 돌아다니면서 면직 공장의 복잡한 기계들과 방추의 사진을 찍고 설비 재설계를 위한 아이디어들을 담아 영국에 전보를 보내며, 봄베이를 처음 방문했을 때 시작했던 조사를 이어 나갔다. 그는 아시아 곳곳에 있는 여러 지사의 지사장들에게 공업 시설과 보험, 부동산에 관해 꼬치꼬치 캐물었다. 또 금융에 특별한 재능을 보였다. 인도, 중국, 영국에 공장과 자산,

투자물을 보유한 빅터는 돈을 옮기는 것만으로도 면을 수출하거나 향신료를 수입하는 것만큼 이윤을 남길 수 있다는 것을 깨달았다. 그는 변동 환율을 이용하기 위해 서순가가 지배하는 은행 네트워크를 확대하여 상이한 나라들의 다양한 통화에 접근했다. 만약 의회가 영국의 세율을 인상한다면 이윤을 홍콩의 자회사와 신탁으로 돌려서 세금을 줄일 수 있었다. 인도와 중국의 정치적 불안이 그곳의 통화를 불안정하게 만들면 자신의 돈을 파운드화로 전환할 수 있었다. 외환 거래는 그의 자산을 보호하고 이익을 증대시켰고, 런던의 친척들이 대저택의 사냥 파티와 미술품 수집을 계속할 수 있게 풍성한 배당금을 보낼 수 있었다.

런던에서 플레이보이로 취급당했던 빅터는 인도에서 유력 인사가 되었다. 그는 식민지 인도 의회에서 섬유 산업의 대표로 활약했다. 그는 화폐 개혁과 공장 환경에 관한 이슈에 열중했다. 그는 영국의 식민 지배가 인도에 유익하다고 여겼고 서순 가문의 온정주의가 인도 노동자들에게 혜택을 준다고 확신했다. 서순가 소유 공장의 노동 조건과 임금은 인도에서 최고 수준이었다. 그는 동료 백만장자들의 반대에도 아랑곳하지 않고 1주 노동 시간을 60시간으로 제한하고 아동 노동의 최저 연령을 12세로 높이는 법에 찬성했다. "내가 논쟁에 관해 아는 게 있다고 자처하진 않겠어. 델리에 가기 전까지 내가 보기라도 한 건 [학내] 논쟁이 유일하고 하원에는 발도 들여 본 적 없으니까"라고 그는 한 친구에게 쓴 편지에서 털어놓았다.[9] 하지만 몇몇 예외를 제외하면 영국 식민 정부 내에서 자신이 논쟁으로 꺾지 못할 사람은 없다고 느꼈다.

빅터는 인도의 정치적 지평에 복합적인 위협 요소들이 등장하고 있다고 봤다. 바로 마하트마 간디, 사회주의, 인도 독립이었다. 1922년 잘생긴 영국 왕세자 — 훗날 에드워드 8세 King Edward VIII — 가 뉴델리를 방문했다. 빅터는 왕세자가 배에서 내릴 때 다른 지도자들과 나란히 그를 맞이했다. 간디의 지지자들은 영국 왕족의 친선 순방을 망치려고 재빨리 폭동과 시위를 조직했다. 런던의 떠오르는 정치가인 윈스턴 처칠은 간디와 그의 시민 불복종 운동을 "반半벌거숭이 상태로 부왕궁의 계단을 활보하는… 불온한 탁발승"의 "우려스럽고 역겨운" 시도라고 일축했다. 하지만 사교상으로 처칠을 알았던 빅터는 친구에게 보내는 편지에서 간디라는 이름은 "인도에서 마법의 이름"이라고 경고했다.[10] 그는 영국이 간디를 감옥에 처넣는 식으로는 식민 지배를 이어갈 수 없다고 믿었다. 친구에게 보내는 편지에서 그는 봄베이에서 만난 부유한 인도인 사업가가 영국의 지배에 대한 불신과 간디의 인도 독립 요구에 공감을 표시하여 깜짝 놀란 일을 묘사했다. "그와 같은 사람이 여전히 불신한다면 제대로 교육받지 못한 사람은 어떤 생각을 하겠어?"[11]

그는 영국이 간디를 자기편으로 끌어들여야 한다고 제안했다. 방법은 간디가 통제하는 데 갈수록 애를 먹고 있는 독립운동 진영 내 공산주의자들에게 맞설 연합을 구성하는 것이었다. "영국 정권이 사라지는 순간 인도를 하나로 유지해 온 유일한 것도 사라지게 될 것"이라고 빅터는 친구에게 쓴 편지에서 예견했다.

"간디의 곤경은… [그의] 성공이 가까워질수록 줄어드는 대신 커질 것 같다."

빅터 본인도 영국에 반대하는 정서와 인도 노동자들의 요구로 인해 도전받고 있었다. 1925년 그는 봄베이에 50만 달러(1925년 미국 달러)의 비용을 들여 민간 경마장 건설을 제안했다. 그와 동시에 빅터와 봄베이 공장주들은 섬유 산업의 수요 감소로 인한 임금 삭감을 요구하고 있었다. 봄베이의 한 현지 신문은 격렬한 분노를 쏟아 냈다. "대체 공장주들이 겪고 있는 위기와 빅터 경의 야심 찬 프로젝트를 어떻게 조화시킬 수 있겠는가?" 〈인디아 타임스The Times of India〉는 빅터의 제안이 "터무니없고" 노동자에 대한 모욕이라고 했다. "쓸데없는 허영과 사치스럽고 더없이 낭비스러운 취향을 만족시키지 않고도 이 세상에 부자들이 돈을 쓸 데는 충분하다"고 신문은 단언했다. 하지만 빅터는 영국 귀족들과 인도 정치를 지배하는 문민 관료들의 우월적인 태도를 피할 수 없었다. 빅터는 인도 최대 고용주 가운데 한 명이었다. 그의 회사 직원과 간부들은 공개 석상에서 영국 총독이 종종 빅터 서순 뒤에서 걸어간다고 자랑했다. 하지만 빅터의 재산에도 불구하고 영국 관리들은 여전히 빅터와 그의 부유한 가문을 벼락부자로, '박스왈라boxwallahs'('인도 행상인'이란 뜻—옮긴이), 다시 말해 돈은 많이 벌었지만 세련미가 없고 통치하기 위한 날카로운 감각을 타고나지 못한 상인으로 취급했다.[12]

빅터는 E. D. 서순사의 중국 사업을 시찰하기 위해 일 년에 두세 달씩 상하이를 방문하기 시작했다. 인도와 대조적으로 상하이는 정치적 소요가 거의 없이 안정적이었고 사업도 잘 되고 있었다. 장제스는 공산당의 위협에 종지부를 찍었다. 영국의 포함은 영국 사업체를 보호하며 항만에 버티고 있었다. 서순가 대표가 속해 있는 상하이 시정 위원회의 7인은 치안부터 공공사업까지 모든 것을 관장했다. 세금은 많지 않았다. 서순은 한때 서순사의 야간 경비원이었다가 나중에는 상하이 사무소의 경영자였던 사일러스 하둔이 회사를 떠난 뒤에 상하이의 아파트 수천 채를 사들이고 중국인들에게 다시 임대하여 부자가 된 것을 알게 되었다.[13] 하둔의 재산은 이제 빅터의 재산에 필적했다. 빅터는 와이탄을 내려다보는 커두리 호텔들 가운데 한 곳의 스위트룸에 앉아 캐딜락이 인력거와 길을 다투며 거리를 달리는 풍경을 지켜봤다. 그는 화려한 파티에 참석하고 유행을 따라 멋지게 차려입은 여성들을 경마장으로 에스코트했다.

"결국에는 우리가 병력을 가지고 단호함을 보여 주기만 한다면 중국에서 상황이 정말로 나빠질 일은 없어"라고 그는 1927년에 상하이를 방문한 뒤에 친구에게 썼다.[14] "서양놈들이… 지금의 정착지를 개발했지. 이 정착지는 중국의 간섭과 과세에서 자유로우니까 번창한 거야." 인도에서는 간디의 세력이 커지면서 식민 지배를 위협하고 있었지만 중국에서 새 국민당 정부는 허약한데다, 빅터가 믿기로는 무능했다. 외국 사업가들은 마음대로 할 수 있고 그것은 빅터에게 너무나 매력적인 요소였다.

빅터는 인도에서 한 세기 가까이 보유했던 가문의 자산을 청산하여 상하이로 옮기기로 결심했다. 그는 한 인도 신문에 "인도

회사들과의 살인적 경쟁"과 "반외국인 정서"때문에 떠나는 것이라고 밝혔다.[15] 영국 최대 갑부 중 한 명이 인도를 버리고 상하이로 간다는 소식은 전 세계 언론의 지면을 장식했다. 빅터는 은화 육십 '라크'(십만—옮긴이) 상당액—오늘날 미 달러화로 4억 달러—을 이전할 계획할 세웠다. 서순사의 오랜 경쟁자인 자다인은 그 뉴스에 전형적인 반유대주의를 내비치며 반응했다. 상하이의 새 서순 회사의 이사들에는 "틀림없이 최고의 '스코틀랜드' 혈통일 사람들이 다수 포함되어 있다"고 자다인의 한 간부는 빅터의 임원들 다수의 잘 알려진 유대인 출신 배경을 비아냥대며 언급했다. 그렇긴 해도 그 간부는 "그들은 향후에 십중팔구 우리의 가장 심각한 경쟁자, 까다로운 상대가 될 것"이라고 경고했다.

빅터는 와이탄에서 가장 눈에 띄는 부지, 난징루와 부두가 교차하는 지점 한 구역 전체를 사들이고 서순 하우스로 알려질, 새로운 본사를 짓기 시작했다. 꼭대기에 구리 탑을 씌운 9층짜리 건물이었다. 당시 상하이 최고층 건물이던 와이탄을 따라 몇 블록 떨어져 있는 홍콩상하이 은행보다 15미터 더 높고 1.5킬로미터 가량 떨어진 곳에 근래에 완공된 커두리의 마제스틱 호텔보다 훨씬 웅장했다. 그는 건축가들에게 본부 건물에 새 호텔도 추가하고 싶다고 알렸다. 호텔에는 마르코 폴로가 중국을 지칭해 쓴 이름을 붙일 계획이었다. 바로 캐세이Cathay 호텔(Cathay: 중세에 서양에서 중국을 일컬은 이름 중 하나로, 거란을 가리키는 '기탄'이나 '키타이'가 와전된 것이다—옮긴이)이었다.

빅터는 세계에서 가장 호화로운 호텔에 수시로 묵었다. 봄베이의 타지마할 호텔, 파리의 조지5세 호텔, 런던의 클래리지 호텔 등이었다. 그는 캐세이 호텔을 그것들에 필적하게 만들 것이라고 다짐했다.

한 건축 비평가의 표현으로는 그에 따라 신축된 호텔은 "황푸강에서 솟아오른 아르데코 우주선처럼" 와이탄 위에 우뚝 솟아 있었다.[16] 캐세이 호텔이 들어서기 전에는 관광객과 외국인, 중국인들은 심지어 사치품을 구매하기 위해서도 상하이의 무질서한 골목과 시장을 조심조심 지나가야 했다. 캐세이 호텔 모자이크 천장 아래 로비 아케이드에는 파리에서 가져온 최신 유행 모자와 란제리(여성용 속옷), 린넨은 물론 옥 손잡이가 달린 은제 음료 막대 같은 관광객을 위한 기념품을 파는 상점 20개가 입점했다. 복도는 랄리크(아르누보 양식의 유리 공예 제품—옮긴이) 수정 램프와 거울로 장식되었다. 각각의 호텔 출입구와 연결된 로비(현관 통로)들은 돔 아래서 만나며 장관을 연출했다. 객실 외에도 캐세이 호텔에는 '내셔널 스위트룸' 층이 있었는데, 각각의 스위트룸은 상이한 이국적 스타일로 장식되었다. 일본 스위트룸에는 다다미가 깔려 있고, 인도 스위트룸에는 인도산 러그와 쿠션이, 중국 스위트룸에는 중국산 가구와 도자기가 비치되었다. 이러한 호화로움 뒤에는 상하이나 중국에서 전에는 널리 이용이 불가능했던 현대적 편의 시설이 제공되었다. 투숙객들은 전화로 웨이터, 룸서비스 급사, 하녀, 드라이클리닝 직원, 개인 서비스 직원, 세탁원을 부를 수 있었다. 깊은 욕조에 달린 은제 수도꼭지에서는 도시 바깥 버블링 스프링스 웰에서 나오는 정수를 공급했다.

상하이에 자리 잡은 서순가의 이전 세대들은 회사를 운영하기 위해—사일러스 하둔 같이—같은 바그다드 출신들로 긴밀하게 엮인 집단에 의존했다. 빅터는 그 접근법을 버리고 대신 글로벌한 운영팀을 꾸렸다. 그는 봄베이 타지마할 호텔에서 캐세이 호텔의 지배인을, 런던의 클래리지 호텔에서 총지배인을 데려왔고, 베를린에서 캐세이 호텔의 나이트클럽 지배인을 데려와 바이마르 독일의 풍미와 데카당스 분위기를 가미했다.

빅터는 9층 스위트룸에 입실했다. 배의 이물처럼 와이탄 너머로 튀어나온 스위트룸의 창문은 발아래 항구와 아르데코 양식 건물들이 한눈에 들어오는 탁 트인 전망을 제공했다. 그는 그 전망을 자신의 '뮤즈'(영감의 원천—옮긴이)라고 불렀다. 욕실에는 욕조를 두 개 설치했다. 언젠가 그는 한 친구에게 "누군가와 침대를 같이 쓰는 것은 좋아하지만 욕조는 아니"라고 말했었다.[17]

캐세이에 비하면 커두리의 호텔들, 심지어 명성이 자자한 마제스틱 호텔마저도 볼품없게 비쳤다. 투숙객들은 와이탄을 따라 캐세이에서 조금 떨어져 있는 커두리의 애스터 하우스 호텔을 버리고 떠났다. 그곳은 여전히 급사를 불러 침실용 변기를 치워 달라고 부탁해야 했지만 캐세이에는 실내 화장실이 있었다. 빅터의 캐세이는 하룻밤 사이에 그 커두리 호텔을 '이류 시설'로 전락시켜 버렸다고 상하이의 한 영자 신문은 썼다. 한 미국 방문객은 애스터 하우스를 "천장이 높고 곰팡내 나는 객실이 딸린 휑뎅그렁한 빛바랜 녹색 목조 건물"이라고 묘사했다.[18] 반대로 우아한 청삼을 입은 늘씬한 중국 여성들은 마제스틱에 퇴짜를 놓고 캐세이로 몰려가 유행의 최첨단인 티 댄스—애프터눈 티와 댄스를 결합한 영국 전통—와 최신 재즈를 찾는 외국인 투숙객들과 어울렸다. 세계 일류의 카바레 아티스트들이 춤을 추기에 좋은 스프링 플로어(충격 흡수가 잘 되는 마룻바닥—옮긴이)를 갖춘 캐세이의 무도회장에서 공연했다.

투숙객들은 빅터의 맞춤 제조 칵테일들을 주문했는데—그 가운데는 브랜디와 큐라소, 크림을 같은 양만큼 섞은 뒤 압생트를 세 번 살짝 따라 만든 '코브라의 키스'가 유명했다. 다양한 코스로 구성된 인도풍 점심 '티핀tiffin'도 빼놓을 수 없었는데, 목요일이면 봄베이 스타일 채소 커리에 얼음처럼 차가운 배스Bass 에일이 나왔다. 룸서비스는 마데이라 포도주와 푸아그라, 트뤼플 버섯으로 요리한 '케이펀 사워도우Capon Sourdough'와 잘게 썬 파인애플을 키르슈(으깬 체리를 원료로 한 무색 증류주—옮긴이)로 재운 '크레프 조르제트Crêpes Georgette'를 배달했다. (균형 잡힌 몸매이지만 항상 몸무게를 걱정한 빅터 본인은 식단을 더 신경 썼다. "채소로 몸매 유지"라고 그는 일기에 기록했다.[19] "9일 식단 조절. 매일 아침식사: 자몽 반쪽과 블랙커피. 레몬으로 만든 샐러드.") 광범위한 토지를 소유한 덕분에 빅터는 투숙객들에게 인분 대신 안전한 비료로 재배한 채소를 호텔 식탁에 올린다고 장담할 수 있었다.

부유한 중국인들이 생일과 기념일을 축하하고 여타 특별 행사를 치르기 위해 캐세이 호텔로 몰려들었다. 호텔 로비에 빅터는 전화박스처럼 생긴 녹음실을 설치했다. 손님들은 그 안에서 축하 인사와 건배사를 녹음해 기념품으로 그 녹음 레코드판을 가져갈 수 있었다.[20] "중국인들이 전보다 훨씬 더 많이 외출을 해서 요즘에는 여기저기 파티에서 많이 만날 수 있다"고 빅터는 한 친구에게 썼다. "그 사람들이 얼마나 유럽화되었는지 정말 놀라워. 아가씨들은 얼마든지 노닥거릴 용의가 있는데 몇 년 전만 해도 들어본 적 없는 일이었지."

1930년 중반에 이르자 연간 4만 명의 관광객이 세계를 일주하는 대양 여객선에서 내려 상하이에 들렀다. 트리에스테, 함부르크, 런던, 오슬로, 시애틀, 밴쿠버에서 온 관광객들이 매일같이 여객선에서 쏟아져 나왔다. 상하이에 들르지 않으면 세계 유람을 마친 게 아니었다.[21] 한때 마제스틱을 상하이의 집으로 삼았던 유명 인사들은 더 현대적이고 화려한 캐세이로 갈아탔다. 노엘 카워드는 캐세이의 스위트룸에 투숙했다가 독감에 걸리는 바람에 베개에 기대 앉아 침대 위에서《은밀한 삶들Private Lives》 초고를 썼다. 상하이는 쉽게 번 돈과 해이한 성도덕의 도시였다. 한번은 후일 에드워드 8세와 결혼하여 영국에 파문을 몰고 올 월리스 심슨이 상하이에서 오로지 구명환만 걸친 채 카메라 앞에서 포즈를 취했다고 한다. 이제 빅터는 상하이를 말 그대로 세계 지도 상에 올리고 있었다.

나중에 그레타 가르보Greta Garbo가 출연하는 영화로도 만들어진 소설《그랜드 호텔》의 작가 비키 바움Vicki Baum은 상하이에 왔다가 캐세이에서 교차하는 코즈모폴리턴 삶을 토대로 한 후속편을 썼다. "낙관주의자, 비관주의자, 서양인, 동양인, 남자, 여자.

유럽인, 미국인, 동방인orients. 용기와 비겁. 이상주의와 탐욕, 적의와 사랑. 온갖 성향을 띤 각양각색의 사람들. 목소리, 소음, 웃음, 차. 위스키. 별별 인간군상의 오케스트라 전체: 그것이 옥상 정원에서의 티타임이었다."찰리 채플린과 장차 그의 아내가 될 폴레트 고다드Paulette Goddard는 1936년 상하이에서 휴가를 보내며 캐세이 호텔에 묵었다(1년 전에 방문했을 때는 와이탄을 따라 더 가면 나오는 커두리의 애스터 하우스에 묵었다). 타워 나이트클럽에서 채플린은 빅터에게 중국을 배경으로, 먹고 살기 위해 직업 댄서로 전락한 백계 러시아White Russian(러시아 혁명과 내전, 이후의 공산주의 정권을 피해 도망친 망명자나 이주민—옮긴이) 백작 부인에 관한 영화를 만들고 싶다고 설명했다. 나중에 〈홍콩에서 온 백작 부인〉으로 만들어진 영화다.

커두리가 마제스틱 호텔의 예약은 곤두박질쳤다. 캐세이 호텔을 연 지 일 년 만에 빅터는 일단의 투자자들을 모아 마제스틱을 사들인 다음 곧 그곳의 문을 닫고 호텔 내부의 각종 가구와 물건들을 경매로 처분했다.

캐세이의 성공은 상하이를 변신시킬 건설 붐을 촉발했다.[22] 빅터는 캐세이 다음으로 출장 여행객을 겨냥한 메트로폴 호텔을 지었다. 여기에 여러 채의 아파트와 오피스 빌딩—그로브너 하우스, 엠뱅크먼트 하우스, 캐세이 맨션, 해밀턴 하우스 등 모두 위엄 있는 영국식 이름이 붙은 건물들—이 뒤따랐다. 이 건물들은 다 합쳐서 세입자에게 에어컨이 딸린 1,000개의 침실과 스위트룸—어떤 스위트룸들은 세 층에 걸쳐 있었다—을 제공했다.

사일러스 하둔이 죽은 뒤 자식들이 상속을 둘러싸고 다투기 시작하자 빅터가 잽싸게 끼어들어 하둔의 부동산을 수십 개 사들였다. 하루는 저녁에 빅터가 인기 나이트클럽과 무도장을 방문했을 때 일행과 함께 댄스 플로어에서 멀리 떨어진 테이블로 안내되었다. 그가 불만을 표하자 웨이터는 사과하면서 빅터가 지팡이 두 개를 짚고 있으니까 춤을 출 수 없을 거라 짐작해서 그랬다고 설명했다. 빅터는 나이트클럽을 떠나 근처에 부지를 구입한 뒤 시로스 클럽Ciro's을 지었고, 빅터의 클럽은 상하이에서 가장 인기 있는 댄스 클럽이 되었다.

건설 붐은 와이탄의 부동산을 런던이나 뉴욕의 고급 지구의 건물 부지보다 더 값나가게 만들었다. 1935년에 이르자 빅터는 부동산만으로 상하이에 투자한 돈 전부를 회수했는데, 그 가치가 8,700만 위안, 오늘날 미화로 4억 6,000만 달러에 달했다. 부동산 제국에다가 이제는 직물 공장, 목재 거래, 조선소, 상하이 버스 회사, 자동차 거래점, 화물 보관 서비스업, 양조장이 추가되었다. 캐세이 호텔 옆에 빈 땅이 생겼을 때 국민당 정부가 그 부지에 중국은행Bank of China을 짓고 캐세이 호텔을 압도할 33층짜리 건물을 올리려 한다는 이야기가 빅터의 귀에 들어왔다. 하지만 방대한 부동산 자산 덕분에 그는 와이탄을 따라 건축 허가를 내주는 외국인이 지배하는 기구, 다시 말해 상하이 시정 위원회를 좌지우지할 수 있었다. 위원회가 은행의 제안을 '기술적 근거'에서 거부하여, 캐세이는 그 일대에서 가장 높고 눈에 띄는 건물로 남을 수 있었다.

커두리가와 달리 서순가는 중국인들을 개인적인 차원에서 그다지 상대하지 않았다. 그들은 중국인들을 결코 대등하게 여기지 않았고 영국 귀족층과 친분을 쌓는 데 훨씬 더 많은 에너지를 쏟았다. 후손들은 서순 가문이 원래 출신지인 바그다드와 인도에 진정한 애정을 가졌다고 회상한다. 그들은 인도 커리와 달콤한 중동식 디저트를 먹었으며 봄베이를 그리워했다. 그들의 편지에는 중국인들과 이렇다 할 관계를 맺은 사례가 거의 나타나지 않는다. 그들에게 중국은 비즈니스였다.[23]

빅터는 달랐다. 한때 영국 정계에 진출할 생각을 했었던 만큼 관계를 구축하는 데 있어 정치가다운 관심이 있었다. 인도에서 그는 사업과 사회적 모임 간의 상호작용—서순가가 런던에서 통달하게 된 것으로서, 그들은 영국 국왕과 귀족계급과 친분을 쌓음으로써 대중의 반감에 직면해서도 아편 무역을 유지할 수 있었다—을 의식하는, 이미 더 코즈모폴리턴적 인물이었다. 빅터의 일기장은 세심한 색별 분류 체계를 담고 있다.[24] 그는 자신이 이미 아는 사람들의 이름에는 파란색 밑줄을 그어놨고 처음으로 만날 사람들의 이름 아래는 빨간 줄을 그어놨다. 또 자신이 주최하는 주찬과 만찬 자리에 사람들을 어떻게 앉힐지 좌석 배치도를 작성해, 인도 왕족과 저명한 사업가들에게 각별히 신경 썼다.

장제스와 새 국민당 정부는 일찍이 빅터가 경제적, 정치적으로 얼마나 유용할지를 파악했다. 상하이는 1920년대 후반에 이르자 중국의 주요 은행과 공장의 거의 절반이 위치한 중국 경제의 중심지였다. 국민당은 나라를 근대화할 야심찬 의제를 갖고 있었다. 그들은 북부 산악지대와 일부 시골 지방에서 마오쩌둥이 이끄는 공산당 '비적들bandits'과 싸우고 있는 군대에 돈을 대기 위해 세금이 필요했다. 장제스는 처음에는 상하이 폭력배들과 손을 잡고 상하이의 붐으로 부유해진 중국 사업가들을 갈취하고 납치함으로써 자금을 마련했다. "상하이와 그 주변의 중국 상인들의 수난은 가련하다"고 〈뉴욕 타임스〉는 보도했다.[25] "장제스 장군의 독재에 내맡겨진 상인들은 이튿날이면 무슨 일이 벌어질지, 재산 몰수나 강제 융자, 유배, 아니면 어쩌면 처형을 당하게 될지 알 수 없다." 어느 염료업자의 아들은 장제스의 국민당 정부에 의해 '반혁명분자'로 체포당했지만 그의 아버지가 장제스에게 20만 달러를 '기부'한 뒤 풀려났다. 또 다른 상인은 세 살짜리 상속인이 실종된 뒤 50만 달러를 지불했다. 중국은 면화왕 룽종징이 정부 공채 구입을 거절하자 그를 체포하기도 했다.

그러한 강압 전술은 빅터한테나 커두리 같은 외국인들에게는 통하지 않을 터였다. 그들의 후원은 사업 투자뿐만 아니라 미국과 영국의 지원을 유지하기 위해서도 절실했다. 그것은 다른 외국 회사들과 중국인 투자자들에게 국민당 정부가 정치적으로 신뢰할 만하다는 신호가 될 것이었다. 중국 근대화와 국민당 정권의 성공으로 가는 길은 와이탄을 따라 달렸다.

빅터가 상하이로 자산을 옮길 의사를 밝힌 순간부터 장제스는 서양식 교육을 받고 영어에 능통한 정부의 최고위 재정 관료들을 주찬 자리에 파견하여 이득이 큰 사업과 높은 투자 수익률을 약속했다.[26]

장제스와 그 주변의 관리들은 미국 관리들과, 막강한 언론인인 〈타임〉의 헨리 루스Henry Luce를 비롯해 막후 유력자들에게 구애하는 데 어마어마한 노력을 기울였다. 그들은 중국 국민당 정권에 대한 미국 대중의 지지를 이끌어내도록 동원되어, 미국에 차이나 로비China Lobby로 알려지게 되는 것을 만들어냈다. 국민당 정부의 재무장관 쑹쯔원宋子文은 아이비리그에서 교육받고 현재 중국을 이끌고 있는 엘리트들을 열심히 띄웠다. "우리 정부의 현 내각 가운데 절반 이상이 미국 대학 졸업생이라는 걸 알고 계십니까?"라고 쑹은 한 라디오 연설에서 미국 청취자들에게 말했다.[27] "저는 하버드 동창이라는 영예를 누리고 있습니다. 또 저의 가까운 친지 중, 제 누이이자 장제스의 부인은 웨슬리 대학교를 나왔습니다. 다른 두 누이인 쑨원 부인과 쿵샹시孔祥熙 부인은… 조지아주 메이컨에 있는 웨슬리언 칼리지를 다녔고요."

빅터는 자신을 능수능란한 정치 내부자라고 여겼다. 그는 인도 의회에서 봄베이 공장주들을 대표했다. 그는 돈의 흐름을 이해했고 인도의 통화 규제 조치들을 만드는 데 힘을 보탰다. 또 인도의 미래와 간디의 부상이 영국과 자신 같은 자본가들에게 초래할 문제를 올바르게 진단했다고 그 자신은 믿었다. 그는 자산을 중국으로 옮기고 상하이에 투자하는 것이 중국 국민당 정부를 주기적으로 뒤흔드는 정치 사변에도 불구하고 영민한 결정이었다고 확신했다. "여기서는 내가 아는 어느 곳보다 시간이 빠르게 흐른다"고 빅터는 상하이에서 어느 친구에게 썼다.[28] "언제나 많은 일들이 일어나고 있기 때문인 것 같아. 여기서는 매일같이 각종 전쟁, 혁명, 공황 상태, 경계 상황, 습격 작전들이 일어나지." 그럼에도 빅터는 "실제로는 아무 일도 일어나지 않는다"고 믿었다.

국민당 관계자들도 빅터를 믿었다. 상하이로 옮긴 지 일주일 뒤에 그는 중국과 외국의 대표적인 사업가들의 만찬 테이블에서 재무장관 쑹 바로 옆 주빈석에 앉았다. 그들은 빅터에게—다른 어느 투자보다 높은 수익률인—연간 12퍼센트에서 15퍼센트 이자율의 정부 공채를 구입할 기회를 제의했다. 국민당 정부는 또한 공산주의에 대한 빅터의 공포에도 호소했다. 한 주찬에서 국민당 관계자들은 '볼시들bolshies'(볼셰비키들의 줄임말—옮긴이) 사이에 믿을 만한 정보원이 있는 고위 군 관리를 함께 데려와 그에게 군사적 상황에 대해 간략히 알려 주었다. 또 다른 자리에서 빅터는 국민당 정부를 후원하는 부유한 중국인 사업가 집단을 만났다. 그는 "분명히 그들은 모두 국민당 정부를 믿는다"고 기록했다. 그리고 모두가 "볼시 분자들"에 관해 "퍽 잘 알고 있는" 듯했다.

빅터와 국민당 정부와의 제휴는 양측에 이득이 되었다. 대공황이 세계 나머지 지역을 덮치는데도 빅터는 상하이에서 계속 돈을 벌었다. 또 그 돈을 이용해 대공황이 휩쓴 나라들에서 자산을 사들였다. 그는 미국 회사들의 주식, 오스트레일리아의 채권,

소형 프랑스 은행을 지배할 지분을 샀다. 국민당 정부는 군대와 자국 경제 근대화에 비용을 대기 위해 빅터가 구입한 채권에서 나온 돈을 이용했다. 더욱이 그들은 세계 최고의 갑부 중 한 명이 함께 점심을 먹고 경마장을 방문하는 자리에서 자신들과 경제 문제를 상의한다는 위신과 지지도 누렸다. 1935년 6월 국민당 고위 관리는 캐세이를 찾아와 빅터에게 직접 중국 최고의 영예인 '1등급 금메달'을 수여했다.[29]

빅터의 명성은 헨리 루스가 이끄는 미국 내의 막강한 차이나 로비 집단의 지지로부터도 덕을 봤다. 선교사의 아들로 태어난 루스는 국민당이 중국 미래의 열쇠라고 믿게 되었다. 그는 당대 가장 영향력이 있던 시사 잡지인 〈타임〉과 대표적인 경영 전문 잡지 〈포춘Fortune〉에서 장제스와 그의 부인을 치켜세우는 등 타임사 제국의 자원을 동원해 국민당 정부를 도왔다. 1935년 〈포춘〉은 "새로운 활력이 중국인들에게 찾아왔다. 민족주의와 서구화는 1860년이나 심지어 1927년에도 존재하지 않았던 새로운 힘들을 풀어헤쳤다."고 선언하며 '상하이 붐'에 관한 특집 기사를 아낌없이 실었다.[30] 1920년대 어느 때이든 "미국 주식에서 돈을 빼서 부동산 투자 형태로 상하이에 이전했다면 당신은 7년 안에 돈을 세 배로 불렸을 것이다."

"사실 이 세상에서 단 한 사람이 이 일을 해냈다"고 잡지는 공언했다—그리고 그 〈포춘〉 지면에는 끝에 상아를 씌운 지팡이 위에 손을 얹고 마치 다 안다는 듯 독자에게 미소를 짓고 있는 빅터 서순이 있었다.

"독신자라면 십중팔구 빅터 서순 경의 세련된 새로운 아파트 가운데 하나에서 살 것"이라고 잡지는 단언했다. 캐세이 호텔은 "맨해튼 최고의 호텔에도 필적하는, 세상에서 가장 호화로운 숙박 시설 가운데 하나"였다. 그럼 빅터 서순 본인은? "그는 상하이에 치솟은 대부분의 빌딩들로 자신의 자취를 남겼고, 자신의 재산을 위한 피난처를 찾았다. 그는 위대하다."

◗●

빅터가 상하이에 더 크게 베팅하는 동안 엘리 커두리는 자신의 투자 중 일부를 상하이에서 홍콩으로 옮기기 시작했다. 식민지 홍콩은 영국 행정관이 통치하고 영국 병사들의 보호를 받는 대영 제국의 변함없는 일부였다. 1920년 그는 홍콩 섬 리펄스베이의 호화로운 호텔을 구입하기로 했고, 1920년에 나중에 홍콩 항만의 가우룽 쪽에 있는 한층 더 호화로운 호텔인 페닌술라 호텔을 구입했다. 그는 빅토리아 피크까지 통통거리며 올라가는, 아시아 토목공학의 경이 가운데 하나인 전차 선로—수직 전차—를 운영했다. 마침내 영국 시민권을 얻었을 때 엘리는 중화전력공사 이사회에 진입하여 이제 배후가 아닌 전면에 나섰다. 그는 1926년 기사 작위를 받았고 상하이의 어느 영국인의 말마따나 "우리 가운데 한 명이 되다시피" 했다.

엘리는 여전히 다른 외부자들과 협력하면서 최상의 사업 기회를 찾아냈다. 1926년 마카오에 정착한 포르투갈인을 아버지로 두었으며 중화전력공사에서 일자리를 얻은 주제 페드루 브라가José Pedro Braga는 엘리와 함께 가우룽의 시골 지역으로 차를 타고 나가 논으로 덮인 넓은 부지를 살펴봤다. 그 땅은 곧 경매에 나올 예정이었다. 그곳의 상업적 가능성은 "무한하다"고 브라가는 엘리에게 말했다.[31] 엘리는 포르투갈계 이민자와 브라가 외에도 홍콩 최대의 부동산 소유주 중 한 명이 된 로버트 호통과 동업자 관계를 맺었다.

엘리는 가우룽에서 토지를 구입할 자금을 마련하기 위해 상하이의 주식 일부를 조용히 팔아치우기 시작했다. 격렬한 경매 전쟁에서 그는 일단의 중국 투자자들을 물리쳤다. 엘리와 그의 동업자들은 그 부지를 커두리 힐이라고 이름 짓고 커두리 애비뉴를 닦을 지점을 점찍었다. 엘리는 테니스 코트와 차고를 갖춘 식민지 양식 호화 주택 수십 채를 짓기 시작했다. 역대 홍콩 최대의 토지 개발 사업이자 홍콩 섬 꼭대기 영국인이 지배하는 빅토리아 피크에 위치한 홍콩의 또 다른 그리고 속물적인 호화 정착지의 대안으로서 엘리, 브라가, 호통 같은 외부자들에게 매력적으로 다가갈 만한 개발이었다. 바다를 내려다보는 곳 위, 가우룽 북쪽의 신제New Territories, 新界(홍콩 섬과 가우룽을 제외한 홍콩 외곽 지역. 1898년 2차 베이징 조약으로 영국이 조차했으며, 99년 후 반환하기로 되어 있었다―옮긴이)에 엘리는 볼더 로지Boulder Lodge로 알려진 주말 휴양지를 짓기 시작했다. 빅터 서순은 상하이가 인도보다 더 안전한 투자 대상이라 판단했다. 커두리 집안에게는 홍콩이 상하이보다 더 안전한 대상, 아니면 적어도 좋은 대비책처럼 보이기 시작했다.

◗●

빅터는 전상으로 인한 지속적인 통증에도 불구하고 보통 사람이라면 녹초가 되었을 정도의 사업상, 사교상 일정을 소화했다. 보통 아침은 캐세이 사무실에서 보낸 뒤 점심은 사업상 지인들과 함께하고 오후에는 경마장이나 투자처를 방문한 다음 저녁은 정찬에 참석했고, 여기에 흔히 자신의 요트를 타고 유람을 하는 일정이 추가되거나 자신의 클럽 가운데 한 곳에 들러 식후 음료를 들었다. 그는 캐세이 호텔을 물의를 일으키는 파티의 무대로 탈바꿈시켰지만 그래도 사람들은 너도나도 그 파티에 초대받기를 원했다.[32] 학교를 주제로 한 어느 가장 무도회에서 참석자들은 어린 학생처럼 입고 와야 했다. 빅터는 사각모를 쓰고 말 안 듣는 학생들을 때릴 회초리를 든 채 학교 교장처럼 차려 입고 손님들을 맞았다. 또 다른 파티에서는 상하이의 사교계가 하룻밤 동안 서커스 천막으로 변신한 캐세이 호텔의 무도회장에 초대받았다. 상하이의 유명 사업가들은 줄타기 곡예사처럼 차려 입고 왔다. 한 부인은 물개처럼 분장을 하고 왔다. 빅터는 실크 해트top hat와 콧수염, 채찍까지 완벽하게 갖춘 서커스 단장으로 변신했다.

어떤 이들에게는 지칠 줄 모르는 그의 출세욕이 비위에 거슬렸다. 한 번은 캐세이 호텔에서 어느 저녁에 빅터가 상하이를 방문한 영국 귀족과 젊은 여성 사이의 대화에 끼어들었다. 귀족은 "바그다드로 돌아가! 바그다드로 돌아가!"라고 외쳤다.

"그는 유대인이었지만 영국 왕세자와 같이 골프를 치는 사람을 못 본 척 무시할 순 없잖아요?"라고 부유한 어느 영국 부인은 말했다. "그건 클럽에서 당혹스러운 화제였어요. 정말이지 말예요."[33]

비즈니스 미팅을 하거나 여성들의 사진을 찍거나 파티를 계획하고 있지 않을 때—종종 그런 일들을 하고 있을 때도—그는 경마대회에 참석하고 점점 커져가는 자신의 경주마 마구간을 찾았다.[34] 경마는 빅터의 승부사 기질을 자극했고, 한편으로 그가 고백한 대로 그의 사회적 야망을 충족시켰다. 집안의 다른 사람들이 "나보다 더 유명"하다고 그는 털어놨다. 시인 시그프리드 서순은 제1차 세계대전의 경험을 토대로 한 시로 영국 전역에 명성을 떨쳤다. 또 다른 사촌 필립 서순은 데이비드 로이드 조지 총리의 보좌관이었다가 영국 내각에서 일했다.

"나의 유명세는 금세기 영국 최고의 경주마들을 소유하고 있다는 사실 덕분"이라고 빅터는 말했다. 빅터의 말들은 과연 명성이 자자했다. 그의 경주마들은 영국의 주요 경마대회에서 수시로 우승했고 그는 종종 귀빈석에 앉아 귀족들, 사업가들과 담소를 나누며 시합을 지켜봤다. 상하이 경마장에 지정된 그의 개인 박스석은 언제나 사업상 지인들과 중국 여성, 서양 여성들로 채워져 있었다. 빅터라는 이름으로 통했지만 그의 정식 본명은 엘리스 빅터 서순Ellice Victor Sassoon이었고, 그는 앞 이름 머리글자 두 가지를 변주하여 자신의 많은 경주마에 이름을 붙였다. 듀이 이브, 해피 이브, 홀리데이 이브, 코팅 이브, 웨딩 이브, 허니문 이브, 오페라 이브. 어떤 경주마 이름들은 명사들의 호감을 사기 위해 붙인 이름이었다. 예를 들어 어느 말에는 유명한 이탈리아 오페라 가수 에치오 핀차Ezio Pinza를 따서 '핀차'라고 붙였다. 핀차는 더비 경마로 알려진 영국 제일의 경마대회에서 우승했다. 금융 조작을 즐기고 환율 변동에 통달한 금융가에 걸맞게 빅터는 우승마를 낳을 종마를 교배시키면서 혈통과 종마를 연구하는 것을 좋아했다.

빅터 서순은 '유명인사인 사업가'라는 발상을 개척하고 있었다. 캐세이 호텔에 투숙하고, 그의 건물들 가운데서 집을 임대하고, 경마장에서 그의 박스석에 같이 앉고, 그의 파티에 참석하는 일―이 모든 것이 방문객들을 빅터만의 특별한 세계 안으로 이끌었다. 빅터 서순은 상하이의 얼굴이 되었다. 미국 유머 작가이자 공연자 윌 로저스Will Rogers가 그 도시를 방문했을 때 그는 빅터를 "중국과 인도의 J. P. 모건"이라고 칭했다.[35]

◖

빅터의 성생활은 추측이 분분한 주제였다. 그가 개코원숭이의 고환을 얇게 잘라 사람의 음낭에 이식하면 회춘할 수 있다고 주장한 러시아 태생 의사 세르게이 보로노프Serge Voronoff를 만났다는 말이 있었다. 그는 중국 정치가와 사업가들과의 점심 약속을 적어둔 다이어리 사이사이에 자신이 찍은 유럽 여성과 중국 여성들 누드 사진을 정성스레 붙여 두었다.[36] 어떤 이들은 소파에 요염하게 기대어 앉아 있다. 어떤 이들은 운동선수 같은 자세를 취하거나 가슴을 다 드러내고 정교한 머리장식에서 길게 내려온 보석을 젖꼭지 위에 늘어트린 채 부처상 앞에 서 있다. 그는 자기 밑에서 '비서'로 일하도록 코러스 걸들을 고용했다. 한번은 캐세이 사무실에서 거래처와 면담 중인데 젊은 여성이 찾아와 상하이를 떠날 거라고 알렸다. 빅터는 다이아몬드 팔찌가 가득한 책상 서랍을 열어서 선물로 하나 고르라고 말했다.[37] 그녀가 뭘 골라야 할지 모르겠다고 말하자 빅터는 "그럼 아예 서랍째 가져 가!"라고 쏘아 붙인 뒤 면담을 재개했다.

그가 양성애자라는 풍문도 떠돌았다. 한 파티에서 빅터가 어느 중국 금융가의 딸의 무릎에 손을 얹었다.[38] 그녀는 손을 밀치며 거부했다. 그러자 빅터는 재빨리 그의 오빠의 무릎에 손을 얹었다. 그는 65세가 될 때까지 결혼하지 않았다가 공산당이 권력을 잡은 뒤 망명을 간 바하마에서 지낼 때 미국인 간병인과 결혼했다.

빅터와 연결된 모든 여성들 가운데 에밀리 한이라는 미국 작가[39]가 가장 흥미로운데, 그녀는 20대 초반부터 〈뉴요커〉에 글과 기사를 기고했다. 스물다섯 살 때는 벨기에령 콩고로 가서 2년간 적십자사에서 일했다. 그녀는 커다란 시가(엽궐련)를 피우고 호탕하게 술을 마셨다. 그녀는 자매와 함께 세계 일주를 하던 중 1935년 4월에 상하이에 도착해 원래는 몇 주만 머물며 관광을 한 다음 아프리카로 여행을 계속할 예정이었다. 갈색 머리를 유행하는 보브bob 스타일로 자른, 서른두 살의 한은 '육감적인' 몸매의 소유자였다. "에밀리 한도 여기 있다"고 〈타임〉 통신원 시어도어 화이트Theodore White는 어머니에게 보내는 편지에 신이 나서 썼다. 그는 그녀를 "말도 안 되는 굉장한 여자, 총명하고, 아름답고… 엄청나게 똑똑하고, 시가를 피우며, 중국어를 하고 모든 남자들을 자신과 사랑에 빠지게" 한다고 묘사했다.

상하이에서의 첫날밤에 에밀리 한은 캐세이에서 몇 블록 떨어진 빅터 소유의 건물 가운데 한 곳에서 빅터의 친구가 마련한 D. H. 로런스에 관한 강연에 참석했다. 강연과 만찬이 끝난 뒤 빅터는 에밀리 한 자매를 롤스로이스에 태워 자신의 시골 저택으로 데려갔다. 나흘 뒤에 그는 두 사람을 다시 초대했고 한에게 자신의 촬영 스튜디오에서 포즈를 취해 달라고 부탁했다. 그는 두 자매에게 자신이 찍은 상하이 최고 미인들의 누드 사진을 모은 커다란 앨범을 구경시켜 주었다. 자매인 헬렌이 아니라 자신에게 모델이 되어 달라고 한 사실에 으쓱해진 에밀리는 선뜻 동의했다. "빅터 경은 헬렌에게는 부탁하지 않았고 헬렌은 계속해서 '나도 몸매가 멋지면 좋을 텐데'라고 말했다"고 에밀리는 회상했다. "빅터 경은 그냥 미소만 지었다. '하지만 당신은 마음씨가 정말 곱잖아요.'"

에밀리 한은 상하이에 계속 머물기로 했다. 빅터는 그녀를 자신이 소유한 호화 아파트 건물의 스위트룸에 입주시켰다.

"빅터 경이 엄청나게 낮춘 가격으로 우리에게 세를 주게 해준 덕분에 이제 우린 캐세이 맨션으로, [하나짜리] 방 대신에 [여러 개가 딸린] 스위트룸으로 돌아왔지요. 그 사람은 상하이의 거의 모든 중요 부동산을 소유하고 있어요"라고 그녀는 어머니에게 썼다. "어제 들어가 보니 각종 술이 담긴 큰 바구니가 있더라고

요. 보드카도 포함해서 생각나는 것은 거의 모두 있었고 거기다가 맛있는 크림치즈 한 상자까지 있었답니다."

에밀리 한은 〈노스차이나 데일리 뉴스〉에서 자리를 얻었고 〈뉴요커〉의 중국 연안부 통신원으로 임명되었다. 그녀는 빅터와 정기적으로 만나 식사를 하고 온갖 잡담을 나눴다. 자매에게 쓴 편지에 따르면 그녀는 "일주일에 한 번씩 그를 만나서 서로 등을 긁어 주기 위해 가려운 데를 아껴두는 고양이" 같았다. 한은 빅터의 파티에 참석하고 그를 동행해 경마대회에 갔다. 주말이면 그들은 그가 노르웨이에서 제작한 요트를 탔고 친구들과 함께 오리 사냥을 갔다.

한은—빅터처럼—늘 연애할 상대를 찾았고, 잘 생긴 유부남 중국 작가 샤오쉰메이邵洵美를 만났다. 파리에서 살았고 문학잡지를 낸 바 있는 그를 한은 〈뉴요커〉에 발표한 글에서 이렇게 묘사했다: "웃거나 이야기하고 있지 않을 때 그의 상아색 얼굴은 완벽한 계란형이지만 그의 눈을 들여다보면 완벽함을 떠올리게 되지는 않는다. 그 살짝 치켜 올라간 아름다운 눈은 넘치는 생기로 반짝였다.… 조각한 듯한 부드러운 입술을 조상들처럼 콧수염으로 장식하여 입꼬리를 날카롭게 만들었다. 턱 끝에 살짝 스치는 수준인 미미한 턱수염은 그가 아직 젊은이임을 장난스럽게 놀리는 듯했다. 가만히 있을 때면 얼굴이 더할 나위 없이 맑았지만 그가 가만히 있는 경우는 거의 없었다."[40]

빅터와 만난 첫날밤 한은 그와 밤늦게까지 이야기를 나눈 뒤 누드 사진을 찍으러 스튜디오로 돌아왔다. 샤오쉰메이와의 첫날

밤에는 바로 눈이 맞아 같이 아편 담배를 피우고 곧장 관계를 시작했다.

샤오쉰메이와 동침하는 동시에 한은 그의 아내와 자식들, 가족, 지인들과도 친해져서 〈뉴요커〉에 그들에 관해 거의 가공하지 않은 이야기들을 쓰기 시작했다. "내가 만난 모든 중국 사람들 덕분에, 내가 들은 그들의 모든 사연 덕분에 조금씩 나는 새로운 창을 통해 볼 수 있게 되었다"라고 한은 썼다. 그녀는 〈뉴요커〉에 샤오쉰메이를 "판 씨Mr. Pan"씨로 바꿔 서양 방문객들— 캐세이에 머무는 사람들을 비롯해—이 중국에 관한 희화화된 이미지를 무턱대고 수용하는 방식을 풍자한 인기 단편을 연재했다. "수수한 갈색 외투, 창백하고 유령 같은 분위기, 진짜 중국 수염 몇 가닥이 달린 얼굴, 멍하니 먼 곳을 바라보는 듯한 길쭉하고 가는 눈, 그는 누구보다 무신경해진 관광객도 숨이 턱 막히고 입이 떡 벌어지게 만들기에 그만이다"라고 한은 자신이 창조한 판 씨에 관해 설명했다. "처음에 그는 동의를 바라는 듯 나를 주시한 채 공자를 인용한 다음 진짜 중국어로 웨이터들과 이야기했다.… 그는 레스토랑에서 지루한 저녁을 보내고 나면 '그거 아세요? 당신은 거기에 가본 첫 번째 외국인입니다'라고 입버릇처럼 말했다."[41] 판 씨는 "외국인들이 자기에 관해 뭐라고 말하는지 신경 쓰지 않는다"고 한은 썼다.

한은 어머니와 자매에게 쓴 편지에 샤오쉰메이와 빅터 사이를 왔다 갔다 하는 "복잡다단한 심경"에 관해 종종 털어놨다.[42] "빅터 경은 세상에서 제일 괜찮은 사람인데, 간혹 가다 어떻게든

내게 선물을 주고 나는 다들 그렇게 하듯이 사양하지 않고 받지. 그 사람은 세상에서 제일 부자이기도 하고 록펠러 씨와는 다르게 자기 돈을 그렇게 낭비하고 싶어 하는 것 같으니까." "그가 나를 도와줄 거라고 기대하는 습관에 빠져들지만 않는다면 괜찮은 거지, 안 그래?"

빅터가 인도로 여행을 떠났을 때 한은 헬렌에게 편지를 썼다. "헬렌, 난 정말로 그를 사랑해. 그에 관해 아는 것도 전부 다."

빅터는 빅터대로 한을 그의 다이어리에 스쳐 지나가는 다른 여성들과는 다르게 대했다. 짤막한 관계로 시작한 것은 우정으로 진화했다. 한은 빅터가 친밀해지고 속내를 털어놓을 수 있는 몇몇 여성들 가운데 한 명이 되었다. 한이 쑹씨 가문에 관한 책을 집필하는 계약을 맺었을 때 그녀는 초반부 원고를 그에게 보여 주었다. 한은 그가 "내게 엄청난 호의를 베풀었다"고 회상했다.[43] "그때까지 나는 먼데이 나이트클럽의 오랜 친구들을 희생양으로 삼아서 그들에게 원고를 한 챕터씩 읽어 주고 의견을 구했다. 친구들은 원고를 듣고 칭찬도 하고, 넌지시 이런 저런 제안을 하거나 질문도 던졌지만 평가하기엔 항상 너무 이르다고 말했다." 빅터는 그렇게 예의를 차리지 않았다. "그는 내 귀중한 원고에 직설적인 논평을 달아 보내왔다. 그는 '이건 따분해'라고 딱 잘라 말했다. '지루해 죽을 지경이었어. 이미 침대에 누워 있지 않았더라면 읽다가 의자에서 곯아떨어졌을 거야.'"

한은 원고를 고쳐 쓰기 시작했다. 다시 쓴 두 번째 원고를 읽고 나서 빅터는 원고를 읽느라 새벽 1시까지 깨어 있었다고 말했다. 책은 결국 베스트셀러가 되었다.

하지만 그들의 전문적인 조언은 양방향으로 흐르지 않았다. 빅터는 공산당에 대한 지지가 상하이에서 늘어가고 있다는 애인의 경고에 크게 주의를 기울이지 않았다. 기자로서 에밀리는 공산당에 대한 지지를 부채질하고 있는 중국인들의 빈곤과 외국인들의 풍요 사이의 불균형을 목격했다. 또 빅터 같은 백만장자들과 어울렸지만 중국인 연인인 샤오쉰메이는 그녀에게 저우언라이를 비롯해 중국 좌파 사상가들과 지식인들을 소개했다. 한은 "심지어 이곳의 귀족들도, 다시 말해 내가 아는 귀족들도 공산주의만이 유일한 출구라고 인정한다"고 적었다.[44] 그녀는 중국 정치가들과 친구가 되었고, 그중 한 명은 "영국인들은 별안간 불쾌한 진실을 깨달을 수밖에 없을 것"이라고 경고했다.

빅터는 그녀의 불안감을 일축했다. 그의 판단력은 공산주의는 위협이 되지 않는다고 안심시키는 국민당 정부와의 비즈니스 그리고 한과 샤오쉰메이 간 계속되는 관계에 대한 질투심으로 인해 흐려졌는데, 두 사람의 관계는 빅터의 지인들 사이에서 공공연한 비밀이었다. 그는 그녀가 외국 이름을 중국식으로 발음하면 벌컥 성을 냈다. 한번은 에밀리가 빅터의 요트를 타러 수영복을 입고 나타났다가 피부가 누렇게 뜬 것을 들켰다―아마도 샤오쉰메이와 함께 아편을 피우다 생긴 황달 증상이었을 것이다. 그는 "정말 심하게 중국인이 되어 가고 있군"이라고 소리쳤다.

한은 자신이 목격한 빈곤에 갈등을 느꼈다. 그녀는 중국에 있다는 것 자체가 착취에 공모하는 일이라고 생각했다.[45] 그녀는

회고록에서 "인력거에 왜 꺼림칙해 하는가?"라고 반문했다. "그
것 말고도 온갖 방식으로, 인구가 넘쳐나는 중국에서 외국인으
로 살고 있는 것만으로 이미 그만한 해를 끼치고 있는데? 내가
신고 있는 신발은 착취 노동으로 만들어졌다. 신발 제조업자는
나와의 흥정에서 져서 값을 깎였고 그만큼 노동자들을 혹사시킨
다. 그러니 그들은 인력거꾼만큼이나 (나에 의해) 착취당하고 있
는 것이다.⋯"

"상하이 같이 광대한 도시에서 값싼 노동은 값싼 생산을 의미
한다: 가구, 집안일, 의복, 야채류. 안일한 무지에 빠져서 나는 못
먹은 무수한 쿨리들 위에 앉아 있었다."

◗

1935년, 〈포춘〉이 빅터와 '상하이 붐'을 격찬한 그 해에 상하
이 시정 위원회는 조계 거리에서 중국인 시신 5,950구를 수습
했다. 기아나 질병으로 사망한 뒤 가족들이 너무 가난한 나머지
묻어줄 여유도 없었던 중국인들의 시신이었다. 전직 미 해군 요
리사가 차린 인기 레스토랑으로서 빅터도 자주 찾은 지미스 키
친은 햄버거와 콘드비프해시corned beef hash를 너무 많이 줘서 손
님들은 돌아갈 때 도기 백(본래 의미는 '강아지 봉지'란 의미로 식당에
서 남은 음식을 싸주는 봉지—옮긴이)을 하나씩 받아가야 했는데—
집에 있는 개한테 줄 게 아니라 밖에서 기다리는 거지들에게 주
기 위한 것이었다. 곧 옌안으로 가서 마오쩌둥과 공산당의 재기
를 동조적으로 보도하게 될 미국 저널리스트 에드거 스노Edgar

Snow(《중국의 붉은 별》 저자—옮긴이)는 와이탄을 따라 캐세이에서 조금 떨어진 커두리의 애스터 하우스 호텔 303호실에 묵으면서 상하이의 부자와 빈자, 외국인과 중국인 간 극명한 대비를 간명하게 표현했다. 상하이의 외국인은 "자기만의 세계에 산다"고 스노는 썼다.[46] "그에게 상하이 광역권에 사는 300만 명가량의 중국인 노동자는 순전히 배경일 뿐이다—무역과 산업을 위해 필요한 배경 말이다. 그 사람들이 모두 우리 같을 순 없다니, 아! 안타까운 일 아닌가?"

상하이에서 사회 불안이 확산되면서 급진주의가 캐세이 호텔의 직원들 틈으로 파고들었다. 가난한 어느 상하이 집안의 아들인 양밍량은 캐세이 호텔 레스토랑의 문 앞에서 손님들을 맞이하는 직원으로 고용되었다.[47] 그는 열두 살이었다. 레스토랑의 외국인 지배인은 그에게 "열심히 일하는 게 좋을 거야. 밖에 나가 개 100마리를 찾는 것보다 웨이터 100명을 고용하는 게 더 쉽다는 거 너도 알지?"라고 말했다.

승진하여 웨이터가 되기 위해 양은 야간학교에서 영어를 공부하고 영어 책과 잡지들을 구입하기 시작했는데 그중에는 공산주의와 중국이 영국에게 당한 치욕을 다룬 책, 캐세이 호텔 근처 조계 상점들에서 구할 수 있는 책들도 포함되어 있었다. "모든 사람이 나라의 흥망에 책임이 있다"고 그는 결론 내렸다. 그는 공산당 지하조직에 가입했고 캐세이의 인기 레스토랑과 호텔에서 열리는 개인 파티들에서 웨이터로 일하면서 중국 국민당 지도자들의 동정과 나중에는 일본 사업가와 관리들의 동정을 살펴는 유능한 스파이가 되었다. 1949년 공산당이 상하이를 함락했을 때 그는 도시를 점령한 인민해방군의 최고위 간부가 되었다.

빅터는 때로 상하이란 공간이 얼마나 깨지기 쉬운지, 그곳의 중국인들 사이에 만연한 빈곤이 자신의 경제적 성공마저도 얼마나 제약하는지를 이해하는 듯했다. 1932년에 그는 "서양은 동양에 공산품을 계속 공급할 수 없을 것이다. 기계로 생산한 그 상품들을 구입할 사람들의 구매력을 증대할 일정한 수단도 같이 제공하지 않고서는"이라고 썼다. 그는 자신이 상하이의 거의 모든 서양 사업가들보다 중국인 노동자들에게 더 높은 임금을 제공하는 것에 자부심을 느꼈다.

하지만 캐세이 호텔은 최상위 부자 중국인을 제외하고는 거의 모두에게 출입 금지 공간이었다. 1933년 한 중국인 고객이 현지 신문에 캐세이 호텔 빅터의 사무실이 있는 층에 하나는 '신사용' 하나는 '중국인용'이라고 쓰인 인종 분리 화장실이 있다고 항의하는 글을 썼다.[48] 그는 "달갑지 않은 중국인의 돈은 강으로 바로 버려질 수 있게 호텔 경영진에게 계산대에 호텔 바깥 강으로 통하는 활송 장치를 설치하라고 제안해도 좋을 듯하다. 그 돈은 백인의 손이 돌려준 거스름돈과 섞여도 될 만큼 깨끗하지 못하니까"라고도 덧붙였다.

몇 년 뒤 중국 좌파 작가 루쉰이 영국인 친구를 만나러 캐세이 호텔을 방문했다.[49] 그가 로비 엘리베이터에 들어섰을 때 중국인 엘리베이터 오퍼레이터는 그를 못 본 척했다. 몇 분을 기다린 뒤 루쉰은 7층을 걸어서 올라갔다. 훗날 루쉰이 많은 중국인들이 그런 굴욕에 직면하여 "단칸방에 살면서 빈대에 말 그대로 몸을 뜯기게 된 것"이라고 쓴 것도 당연했다.

◯●

상하이의 정치와 경제, 분열 너머로 점차 불길하게 고개를 쳐 드는 것은 일본이라는 망령이었다. 중국처럼 일본은 19세기 중 반에 서양 전함이 도래하기 전까지는 서구 열강과의 교역을 거 부했다. 하지만 중국과 달리 (일단 서구 열강과 맞닥뜨리자―옮긴이) 일본은 정치 시스템을 개혁하고 서양으로부터 배우기 위해 학생 과 전문가들을 파견하고 재무장하는 등 효과적이고 단호하게 반 응하여 아시아의 강국이 되었다. 1895년 일본은 청일전쟁에서 중국을 패배시켰다. 10년 뒤에는 러시아도 격파하여 유럽 국가 를 상대로 승리한 최초의 아시아 열강이 되었다.

이후 중국 북부 지방을 사실상 식민지화 하려고 작정한 일본 은 1931년부터 중국 땅을 점령할 구실을 얻기 위해 각종 사건 을 조작했다. 일본의 대중국 무역은 이미 증가일로였다. 일본인 들은 다른 외국인들처럼 상하이 주변에서 낮은 임금에 중국인 노동자를 고용하여 30곳의 직물 공장을 운영했다. 1931년에 이 르면 3만 명이 넘는 일본인들이 상하이에 살았는데, 영국 거주 민의 세 배가 넘는 수치였다. 같은 해에 일본군은 일본이 소유 한 철도 노선 근처에서 폭파 사건을 일으킨 다음 중국 반체제 인 사들의 소행으로 몰아 만주를 침략하고 괴뢰국가 만주국을 세 웠다. 중국 학생과 노동자들은 거리로 나와 시위를 벌이며 일본의 만주 점령에 항의했고 일본 제품 불매 운동을 벌였다. 빅터는 시위가 부질없다고 일축했다. 중국 정부 관계자들은 자신들보다 훨씬 힘센 "일본과 전쟁을 벌일 수 없다는 것을 안다"고 그는 친구에게 쓴 편지에 적었다. "모든 외국인에 맞서 싸우자는 학생들의 요구는 현실성이 없다."

자국 시민들을 보호해야 한다는 구실로 일본은 1932년 상하이를 폭격했고 수천 명의 일본군 병력이 도시를 침략했는데, 조계 북쪽 훙커우로 알려진 일본인 거류지에 초점을 맞춘 작전이었다. 중국군은 반격에 나섰고 양측 간 전투는 영국이나 여타 서구 열강을 끌어들이지 않기 위해 조심스레 조계는 피해서 중국 정부가 지배하는 상하이 지역 곳곳으로 확산되었다.

빅터는 중국군이 상하이항에 정박해 있는 일본군 기함 근처에 폭탄을 터트렸을 때 캐세이 호텔에서 점심을 먹고 있었다. 호텔이 흔들렸다. 그는 사진을 찍기 위해 카메라를 집어 들고 절뚝절뚝 밖으로 나갔다. 중국군 병사가 쏜 총알이 그의 머리 위를 지나 와이탄에 늘어선 은행 한 곳의 유리창을 박살냈다. 친구에게 쓴 편지에 "7월 4일의 어느 미국 도시보다 언제나 위험이 덜한 곳"[50]이라고 말한 외국인 거주 구역에 안전하게 틀어박혀 있는 대신 빅터는 새 무비 카메라를 집어 들고 미군 장교와 함께 파괴된 지역들을 둘러봤다. "전투의 실제 현장은 이프르Ypres(제 1차 세계대전 당시 철저히 파괴된 벨기에 도시—옮긴이)의 폐허처럼 보인다"고 그는 일기에 적었다. "부비트랩에 소스라치게 놀람."

그는 일기장에 불길에 휩싸인 인근 기차역을 찍은 사진을 붙인 다음 그 아래에 "정말로 전쟁이다"라고 썼다.

몇 달 안으로 싸움은 잦아들었다. 일본 측은 빅터를 향해 발포한 것을 사과했다. 정전 협정에 따라 중국 측은 상하이에서 병력 대부분을 철수시킬 밖에 없었다. 일본은 이제 만주를 지배했고 일본인 수천 명이 상하이로 쏟아져 들어와 사실상 일본이 장악한 와이탄 북쪽의 홍커우 지구에 자리를 잡았다. 캐세이에서의 삶도 다시 기지개를 켜기 시작했다. 빅터는 일기에 "젊은이들은 극소수이지만" 캐세이 호텔이 "만찬과 작은 파티들로 꽉꽉 들어 찼다"고 썼다.

그는 친구에게 일본인들이 "상하이를 제것으로, 모든 사람들을 적으로 취급"하는데도 중국인들이 "그저 시간을 끌면서 아무 합의도 하려고 하지 않는 것은 지금 실제로 나라를 다스린다고 할 만한 정부가 없기 때문"이라고 썼다.[51]

빅터는 경마대회에 참석하고 호텔에서 기억에 남을 만한 파티를 개최하는 등 항상 좋아하던 활동을 재개했지만 스트레스를 받고 있음을 보여주는 흔적이 나타나기 시작했다. 이제 50대에 접어든 빅터가 런던을 찾았을 때 친구는 그의 윤기 있던 검은 머리가 희끗희끗해지고 얼굴에 주름이 생긴 것을 보고 깜짝 놀랐다. "요즘 그다지 즐겁게 지내고 있지 못하다"고 그는 일기장에 털어놨다. "중국인 친구들이 여전히 오긴 하지만 다들 많이 변한 것 같다. 일부는 광둥으로 가버렸고 일부는 난징으로 가 버렸다. 그래도 그 친구들을 위해 몇 차례 파티를 주최하긴 했다."

이익이 되던 장제스 국민당 정부와의 관계도 틀어지기 시작했다. 빅터는 나중에 미국도 알게 되듯이 국민당이 자신들만의 꿍꿍이가 있었음을 알아챘다. 1935년 〈포춘〉이 격찬한 상하이 붐은 여러 측면에서 국민당 정부가 만들어낸 허상이었다. 고수익률 정부 채권은 그 채권이 없었다면 중국의 금융이나 산업에 투자되었을 돈을 빨아들여 빅터 같은 투자자들, 장제스 정부, 군대의 수중에 안겨 주었다. 상하이가 호황을 누리는 동안 중국 농민과 농촌 지역은 깊은 불황에 빠져들고 공산당의 정치적 메시지가 점점 호소력을 얻어 가고 있었다.

중국은 미국의 대공황 기간에 빅터 같은 투자자들의 고수익 투자 등 세계화의 덕을 봤다. 하지만 이제 중국은 동일한 경제적 힘들에 의해서 고통 받게 되었다. 지폐를 신뢰하지 않은 빅터는 자신의 돈 대부분을 은으로 보유했고 원할 때면 지폐로 바꾸거나 거래할 수 있었다. 1933년 미국은 금본위제를 포기했다. 채광을 하는 미국 서부 주들의 정치적 요구를 들어 주기 위해 미 정부는 인위적으로 높은 가격에 은을 사들여 재무부 금고에 보유하기 시작했다. 상하이의 금융가들에게—그리고 빅터 서순에게—이것은 국민당 정부의 채권을 구입하는 대신 미국에 자신들이 보유한 은을 팔아서 단기간에 10퍼센트의 확실한 이익을 거둘 수 있다는 뜻이었다. 이것이 중국 경제에 가져온 결과는 참사나 다름없었다.[52] 무려 1억 7,000만 달러어치 이상의 은이 1934년 1월부터 8월 사이에 중국에서 빠져나갔는데, 오늘날 가치로 30억 달러에 달하는 양이었다. 채권을 팔 수 없게 되자 장제스의 군비 증강도 둔화되었다. 마오의 홍군Red Army은 약화된 국민당 군대의 봉쇄를 돌파하고 옌안의 안전한 새 근거지로 대장정을 시작할 수 있었다. 국민당 정부는 재정적으로 붕괴하기 직전이었다.

국민당은 중국의 은행들을 사실상 국유화하여 장제스의 통제하에 두는 조치들을 잇달아 취했다. 그들은 은행이나 개인이 보유한 모든 은을 지폐로 교환해 정부에 넘길 것을 요구했다. 국민당은 이제 화폐 공급과 은의 가치를 통제했다. 빅터와 다른 사람들은 이를 "상하이 은행 쿠데타"라고 불렀다.[53] '쿠데타'는 난데없이 하루아침에 일어났고 동결된 은 자산을 국민당이 통제하는 화폐로 교환해야만 했던 빅터는 수백만 달러의 손해를 봤을 것이다.

격노한 빅터는 국민당 정부와의 금융 연락책인 리밍Li Ming에게 따졌다. 장제스와 국민당 지도부—빅터와 함께 식사를 하고 어울리던 그 사람들—는 어떻게 자신에게 예고도 없이 그런 결정을 할 수 있는가? 리밍은 국민당 지도부는 정부 "바깥의 누구와도 상의하지 않는다"고 태평스레 대꾸했다.

국민당 관계자들은 외국인과 외국인들의 기업 행위를 중국 법률과 중국 정부 권한 관할 밖에 두는 치외법권 관념의 변경도 요구하기 시작했다. 외국인들은 상하이에서 본질적으로 독립 국가의 시민으로 살았을 뿐 아니라 조계에 살고 있는 100만 중국인도 중국인이 아니라 외국인들이 통치했다. 국민당은 이런 현실을 더는 수용할 수 없었다. 1930년 영국은 국민당의 요구에 굴복하여 엘리 커두리가 첫발을 내딛었던 웨이하이웨이의 지배권을 중국에 반환했다. 상하이 시정 위원회도 압력을 받아 위원회에 중국인 위원을 다섯 명 추가했지만 여전히 외국인들이 다수를 점했다. 상하이의 향후 외국인 투자 전망은 "위태롭다"고 영국 재계가 의뢰한 1931년의 한 조사 보고서는 경고했다.[54] 상하이의 외국인 투자는 영국, 미국, 프랑스 "병력과 선박의 지속적 보호와 중국 정부 측의 일정한 용인에 달려 있다."

빅터는 궁지에 빠졌다. 상하이는 그를 세계 최고의 갑부로 만들어줬다. 그가 보유한 부동산 자산 가치만 5억 달러가 넘었다. 하지만 그는 황금 새장에 갇힌 몸이었다. 부동산의 성공은 상하이의 지속적인 성장에 달려 있었고 그는 자신의 수익을 국외로 더 이상 자유롭게 보낼 수 없었다. 국민당은 은을 통제함으로써 은행과, 투자자들에 대한 대출, 빅터 같은 외국인들이 돈을 중국 안팎으로 드나들게 하는 능력을 제한했다. 상하이 은행 쿠데타는 빅터와 장제스의 국민당 정부 간 밀월 관계를 끝장냈다. 몇 년 뒤에 일본의 침공 위협에 맞서 중국인들이 도움을 구하며 접근했을 때 빅터는 거절했다. "이 문제에서는 '너희 두 가문에 역병이 내릴진저'(셰익스피어의 《로미오와 줄리엣》에서 머큐시오가 죽어가면서 내리는 저주로 이 맥락에서는 국민당 정부와 일본 둘 다 꼴도 보기 싫다는 의미임―옮긴이)가 내 좌우명이지만 그래도 입조심은 해야겠지. 가차 없는 진실을 말해줘봐야 아무 도움도 안 될 테니까"라고 그는 런던의 친구에게 썼다.[55]

영국과 미국처럼 빅터는 커져가는 민족주의 감정과 호전적 언사에도 불구하고 일본이 전쟁을 벌이지는 않을 것이라고 믿었다. 일본 군대는 "현대적"이고 "잘 훈련"되어 있지만 "현대적 유럽 수준"에는 못 미친다고 그는 친구에게 썼다. 그는 일본의 항공 역량은 "매우 형편없고" 중국에 있는 일본 조종사들은 "삼류"라고 평가했다. 1937년 여름에 빅터는 인도로 여행을 떠났다. 7월 8일, 그는 한 줄짜리 전신 뉴스를 확인했고 일본군과 중국군이 베이징 바깥 마르코 폴로 다리에서 충돌했다는 기사를 읽었다. 그것은 일본이 연출한 또 하나의 '사변'이었다.

24시간 내에 일본 순양함과 구축함 선단이 상하이로 밀려들어오고 폭격기들이 저공비행하며 상하이 주변에 기총소사를 가했다. 중국군과 일본군 간 또 한 차례 무력 충돌 발발에 대비하여 영국군과 미 해병대는 철조망과 모래주머니로 조계를 에워쌌다. 1937년 8월 14일 토요일 아침 중국 항공기들이 와이탄 옆에 정박해 있던 일본 전함을 공격했다. 일본군의 응사에 도망치던 중국 비행기 두 대는 폭탄을 투하했다. 하나는 캐세이 호텔 바로 맞은편 민간인들로 혼잡한 거리에 떨어져 거대한 불길을 일으키며 잔해가 공중으로 치솟았다. 거리에는 자동차들이 불타고 있었고 좌석마다 숯덩이가 된 시체들이 눈에 띄었다. 수백 구의 시신이 거리에 널브러져 있었는데 다수가 신원을 알아볼 수 없을 만큼 훼손되었다. 시체의 살점들이 캐세이 호텔의 5층과 6층 벽까지 튀었다.

한 달 뒤 빅터가 상하이로 돌아왔을 때 싸움은 계속되고 있었다. 그는 일기장에 "여러 집들"에 가봤고 "정원사와 가족의 시신들"을 봤다고 적었다.[56] 또 다른 중국인 정원사는 빅터에게 딸이 일본 병사들에게 강간을 당했다고 말했다. 12월에 일본군은 더 남쪽으로 내려가 난징을 침략, 함락했다. 일본군이 중국 민간인 대량 학살과 집단 강간을 저지르고 있다는 보고가 상하이에 도달했다. 빅터는 일본이 어느 날 정말로 미국, 영국과 전쟁에 나설지도 모른다고 걱정했다. 더욱이 그에게는 무척 불길하게도 자신이 일본 측의 의혹을 사고 있음을 알아차렸다. 그는 일본의 부상을 좌절시키려 한다고 영국을 성토하는 한 일본 신문을 인용한 기사를 오려냈다. 그가 일기장에 붙여 둔 기사는 "영국의 정책은 일본의 경제적, 재정적 붕괴를 바라며 일본의 앞길에 줄곧 경제적 장애물을 설치하는 것이었다"라고 주장했다. 그리고 중국에서 일본의 적으로 두 명의 영국 시민을 지목했다.[57] 주중 영국 대사와 빅터 서순이었다.

1938년 새해 첫날 직후에 빅터는 캐세이 호텔 사무실에 앉아 런던에 있는 그의 유럽 본사에 보내는 글을 썼다. "이곳 상황은 정치적, 재정적 관점에서 볼 때 어느 때보다 심각하고 위험해지는 것 같다." 일본은 "아무도 두려워하지 않는 단계에 이르렀다." 그는 상하이의 일본 병사들이 최근에 거리를 순찰하던 영국 경찰을 구타한 일이 있었다고 전하며 "그들 말에 따르면 그저 그 경찰이 일본 해군 상륙대의 모터사이클이 지나갈 수 있게 재빨리 차를 비켜주지 않아서라고 한다. 이런 것을 보아하니 사정은 더 나아지기는커녕 나빠질 것"이라고 예상했다. 또한 은행 쿠데타의 계속되는 파장에 관해 불만을 표시했는데, 이는 국민당 정부가 돈을 중국 외부로 유출하지 못하게 할 거란 뜻이었다. 만약 일본이 중국을 장악한다면 상황은 더욱 나빠질 것이다.

나흘 뒤에 그는 다시금 소식을 보냈다. "이제 상황이 정말로 심각해지고 있다. 어찌 해야 될지 모르겠다."[58] 그는 일본이 중국을 경제적으로 탈취할 준비를 하고 있다고 믿었다. 영국이 일본을 봉쇄하거나 무역 제한 조치를 부과하려고 하면 "그들은 중국의 자원을 대대적으로 몰수해야 살아갈 수 있을 거라 예상하고 우리를 상대로 선전포고를 할 것이다." 그는 "홍콩의 민간인을 비롯해 중국으로부터 영국 국민을 전원 철수시킨 다음… 일본과의 모든 무역을 중단해야 한다"고 결론내렸다.

빅터는 런던의 매니저에게 자신의 이런 견해를 상하이의 회사 직원이나 간부들과는 공유하고 있지 않다고 말하며 편지를 끝맺었다. "내가 얼마나 우울한 기분을 느끼고 있는지를 그들은 몰랐으면 한다."

빅터 서순이 찍어서 개인 스크랩북에 간직한 사진.
상하이 '유대인 문제'를 담당한 반유대주의적 일본 해군 대령
이누즈카 고레시게(맨 왼쪽)가 캐세이 호텔을 찾아
일본군 동료 및 여성들과 환담을 나누며 어울리고 있다.

6장

"난 줄타기를 하고 있어"

1938년 11월 추적추적 비가 내리던 쌀쌀한 어느 날, 빅터가 런던에 걱정을 담은 편지를 쓴 지 11개월 뒤에 이탈리아 호화 여객선 콘테비안카마노호가 독일과 오스트리아에서 온 100명이 넘는 유대인 난민을 싣고서 상하이에 입항했다. 여러 해 동안 콘테비안카마노호는 캐세이 호텔에 묵을 명사들과 부자들을 상하이로 데려왔었다. 이제 이 여객선은 암시장에서 뱃삯의 두세 배를 지불하는 유대인 승객들을, 나치를 피해 달아난 유대인을 받아줄 유일한 곳으로 부지런히 실어오고 있었다. 각국이 차례차례로 문을 걸어 잠그면서 기세등등한 나치즘을 피해 도망친 유대인들에게 상하이는—중국, 일본, 영국, 프랑스 사이에 권력이 나뉘어 있는—유일하게 개방된 도시였다. 상하이에서는 입국 비자가 필요하지 않았으므로 누구도 돌려보낼 수 없었다.

콘테비안카마노호의 승객 가운데 한 명은 빈에서 온 열두 살의 에리히 라이즈만Erich Reisman이었다.[1] 에리히와 가족에게 지난 아홉 달의 기억은 공포와 절망으로 흐릿했다. 에리히의 아버지는 과일 도매업을 했다. 어머니는 한때 빈 시내에서 잘나가는 식품점deli을 운영하던 가정주부였다. 반유대적인 조롱과 발언은 생활의 일부였지만 1938년 3월 독일군이 오스트리아를 병합하려고 빈으로 입성하자 분위기는 암울해졌다. 환호하는 군중이 히틀러를 빈으로 맞이한 뒤 금요일에 에리히는 보이스카우트 모임에서 돌아와 어머니는 어디 계시느냐고 물었다. "여기, 창밖을 봐"라고 형이 대답했다. 아파트 빌딩 아래 거리에 사람들이 몰려와 야유하는 가운데 에리히의 어머니가 길바닥을 닦고 있었다. 에리히는 어머니를 도우려고 달려 내려갔다. 사람들이 그를 땅바닥으로 밀치고 역시 길을 박박 닦으라고 했다. "유대인! 착한 유대인답게 어머니를 도와야지!"라는 외침이 들렸다. 다음 주에 에리히의 형 파울이 고등학교로 걸어가고 있는데 교문 근처에 사람들이 웅성거리는 것이 보였다. 학교 안으로 들어갔을 때 4층에서 나치 완장을 찬 학생 패거리가 어느 유대인 학생을 붙들어 난간 아래 로비로 내던졌다. 에리히의 형은 겁에 질려 집으로 달려왔고 다시는 등교하지 않으려 했다. 집에 돌아온 아버지는 실의에 빠져 있었다. 그의 회사를 기독교도 동업자들이 차지해버린 것이다.

라이즈만 가족은 빈에서 도망칠 방도를 찾기 시작했다. 그들은 해외에 살고 있는 가족들에게 편지를 썼다. 오스트리아를 떠나게 해줄 비자를 찾아서 에리히와 형, 아버지가 돌아가면서 외국 영사관 앞에 다른 유대인과 함께 줄을 섰다. 그들은 전날 저녁부터 줄을 서서 이튿날 아침 영사관이 문을 열 때까지 기다리곤 했다. 때로는 줄 맨 앞쪽의 열다섯 명, 때로는 열 명만이 안으로 들어갈 수 있었다. 그러나 들어간 사람이 얻은 것은 비자 신청이나 그들의 사정을 호소해볼 대사나 영사를 만날 기회가 전부였다.

외국 공관들이 하나같이 아버지의 비자 발급 요청을 거절하던 가운데 어느 날 에리히 가족은 중국 영사관을 발견했다. 독일어를 하고 유달리 동정적이던 허何라는 중국 영사는 가족에게 상하이를 거론했다.

그 외교관은 세상을 구경하고 부자가 되고자 중국 시골을 떠나 상하이로 몰려든 중국인 가운데 한 명인 허펑산이었다.[2] 허펑산은 1901년 중국 시골에서 태어났다. 그가 일곱 살 때 아버지가 돌아가시자 어머니는 허펑산을 무료로 다닐 수 있는 노르웨이 루터파 선교 시설과 그다음에는 예일 대학교가 근래 그 근처에 설립한 학교에 보냈다. 대다수의 중국인들처럼 그의 가치 체계는 굳건하게 유교에 뿌리박혀 있었다. 그는 나중에 두 자식에게 유교 원리인 '덕'과 '예'를 딴 이름을 지어준다. 하지만 그는 유대교와 기독교를 비롯해 서양 종교에도 관심이 많았고 영어와 독어를 유창하게 구사하게 된다. 1926년에 상하이로 간 그는 도시의 코즈모폴리터니즘에 흠뻑 빠졌고 새 세대의 중국 학생들을 서양 언어와 지식으로 육성하고 싶은 국민당 관계자들의 눈에 띄어 물리학을 공부하도록 독일로 보내졌다. 공부를 마치고 중국으로 돌아와서는 외무부로 발령받았다. 아돌프 히틀러가 막 권력을 장악해가고 있을 때인 1932년 그는 다시금 독일로 유학을 가 뮌헨 대학교에서 정치경제학 박사학위를 받았다. 유럽 문화에 매혹된 그는 빈 근무를 자원하였고 1937년 그곳의 영사로 임명되었다. 빈의 영사는 중국 문화와 역사에 관해 강연해 달라는 요청을 수시로 받았고 부유한 유대인 여성 세 자매를 비롯해 유대인 지식인들과 친분을 맺었다. 중국 국민당 정치가들이 유럽을 방문하러 왔을 때 허평산은 나치의 위협은 진짜이며 그들의 반유대주의는 치명적이라고 경고했다. 그는 유럽을 방문한 중국 대표단에게 "현재 상황은 종이봉투에 불이 난 것과 같아 홀랑 타버릴 것"이라고 말했다. "그 결과는 특히 유대인에게 매우 끔찍할 것이다."

1938년 3월 히틀러가 빈으로 진군하여 열광적으로 환영을 받았을 때 허평산은 경악했다. 흡사 팬들이 인기 영화배우를 맞이하는 분위기였다. 그는 자신이 알고 지내던 유대인 자매인 도론 Doron 가족의 집으로 가서 그들을 보호해 주겠다고 약속했다. "그는 외교관 지위 때문에 나치들이 감히 우리를 해치지는 못할 것이라고 말했다"고 자매 중 한 명은 회고했다. 그가 빈의 커피숍에 앉아 있는데 나치 불량배들이 유대인들을 찾아내려고 들어오기도 했다. 그는 빈의 유대인들의 탈출을 돕도록 무슨 조치를 취해야 한다고 중국 외무부에 촉구했지만 국민당 정부는 독일로부터 무기를 구매하고 있었으므로 독일 정부의 심기를 건드리고 싶지 않았다.

그래서 허평산은 자체 행동에 나서기로 마음먹었다. 그는 팔레스타인으로 탈출할 수 있도록 도론 자매에게 출국 비자를 내

주었다. 또 비자를 얻길 기대하며 줄을 서있는 유대인들에게 중국 영사관에서 조금 떨어진 카페에서 보자고 한 후 사람들에게 상하이로 들어가는 데는 비자가 필요 없다고 알려 주었다. 하지만 유대인들이 오스트리아에서 나갈 출국 허가를 얻기 위해서는 상하이 비자를 보여줄 필요가 있었다. 그래서 허펑산은 상하이 비자를 발급해 주기 시작했다. 히틀러가 오스트리아를 병합하고 석 달 뒤인 1938년 6월에 이르자 그는 비자 300장을 발급했다. 넉 달 뒤에 그 숫자는 1,900장에 달했다. 허펑산이 발급한 비자의 소지자가 전부 상하이로 간 것은 아니었다. 그 대신 그들은 그 비자 서류를 이용해 제3국을 경유하는 통과 비자를 얻어 다른 곳, 이를 테면 미국, 팔레스타인, 필리핀 등지로 탈출할 수 있었다. "동정심을 느끼고 도와주려고 하는 게 그저 당연한 일이라고 생각했다"고 그는 나중에 가족에게 남긴 회고록에 썼다.[3] "인도주의적 관점에서 볼 때 마땅히 그리 해야 한다." 아내에게 바친 시에 그는 이렇게 썼다.

> 하늘이 내려준 선물은 우연이 아니며
> 영웅의 신념은 가볍게 얻어지지 않는다.

허펑산이 발급한 상하이 비자로 에리히의 아버지는 가족과 함께 출국 허가를 받았다. 그는 집안에 있던 동양산 러그를 팔아서 스위스를 통과해 이탈리아로 가는 열차표를 샀고 그곳 나폴리에서 콘테비안카마노호에 올랐다. 배는 수에즈 운하와 홍해를 통과해, 봄베이, 싱가포르, 홍콩을 지나서 한 달 뒤 마침내 와이 탄과 맞닿은 상하이 항구의 흙탕물에 닻을 내렸다. 에리히는 겨울옷을 입고 수에즈 운하를 경유하기 위해 이집트에 기착했을 때 구입한 모자pith helmet를 쓰고 있었다. 그의 옆에는 형—학교에서 나치 깡패들이 유대인 급우를 죽음으로 몰아간 광경을 목격한 뒤 아직 정신적 상흔에서 회복되지 못한—과 부모가 함께했다. 원양 여객선의 갑판에서 에리히와 형은 부둣가에 늘어선 아르데코 양식 고층 건물과 그 아래 독dock과 거리를 따라 분주히 오가며 그들에게는 낯선 언어로 고함을 치고, 소리를 지르고 외쳐대는 중국인들을 넋을 잃고 바라보았다.

군중을 훑어보던 그들은 누군가가 독일어 팻말을 들고 있는 것을 발견했다. 팻말에는 다음과 같이 적혀 있었다: 상하이에 오신 것을 환영합니다. 당신은 더 이상 유대인이 아니라 세계 시민입니다. 상하이 사람 모두가 당신을 환영합니다.

"사람들이 개미떼처럼 보인다"라고 열다섯 살의 형은 말했다.

라이즈만 가족은 배에서 내려 십여 명의 다른 난민과 함께 짐을 챙겨 트럭에 올라타 어느 숙소로 갔다. 거기서 방을 배정받고 식사도 했다. 그들은 몰랐지만 이를 후원한 자선가는 빅터 서순이었다.

◐

일본이 유대인에 특별한 관심을 갖게 된 계기는 러일전쟁이었다.[4] 1905년 일본은행의 부행장인 다카하시 고레키요는 유럽과 미국의 은행들에서 일본의 전쟁 비용을 조달하고자 런던으로 갔다. 그것은 대담한 시도였다. 아시아의 신흥 국가가 유럽의 대국인 러시아를 공격하겠다며 서구의 은행들에게 지원을 요청했던 것이다. 1905년 4월 어느 만찬장에서 다카하시는 독일 출생 유대인으로서 월스트리트의 투자회사인 쿤 로브 컴퍼니Kuhn, Loeb & Co.의 회장 제이콥 H. 시프Jacob H. Schiff를 만났다. 시프 역시 다른 미국 유대인들처럼 유대인 마을을 공포로 몰아넣는 반유대주의 공격이 심심찮게 일어나는 러시아와 차르를 혐오했다. 2년 전에는 나이프와 도끼로 무장한 러시아인 패거리가 키시네프 거리를 습격하여 49명의 유대인을 살해하고 수십 명의 여성을 강간했다. 키시네프 유대인 박해의 여파로 수만 명의 러시아 유대인들이 미국과 팔레스타인으로 도망쳤다. 시프를 비롯해 미국의 유력 유대인들은 시어도어 루즈벨트 대통령에게 개입을 호소했지만 소용없었다.

　해군을 강화하고 러시아를 공격하려는 일본의 움직임에서 시프는 가증스러운 차르를 약화시킬 기회를 보았다. 그는 일본의 군비 증강을 위해 2억 달러(현재 가치로 330억 달러)가 넘는 차관을 제공했고 다른 미국 은행가들도 일본에 돈을 빌려주도록 발 벗고 나섰다. 이 차관들은 일본 해군의 절반을 구축하는 데 들어갔고, 일본 해군은 1905년 러시아의 발트 함대에 결정적 타격을 입히며 일본이 승리하는 데 일조했다. 다카하시는 재무대신이 되었고 그다음에는 내각총리대신이 되었다. 그는 딸이 미국에서 유학할 때 함께 지내도록 시프한테 보냈다. 시프는 일본 천황으로부터 욱일 훈장the Order of the Rising Sun을 받은 최초의 외국인이 되었다.

일본이 러시아를 상대로 거둔 승리가 가져온 한 가지 결과는 전쟁에서 귀환한 병사들이 악명 높은 〈시온 장로 의정서Protocols of the elders of Zion〉 책자를 같이 가져온 것이었다. 1903년에 러시아에서 처음 출판된 〈시온 장로 의정서〉는 세계 지배를 획책하는 유대인 지도자들의 회의록이라고 주장하는 날조된 소책자였다. 수세기에 걸친 반유대주의와 반유대적인 신화와 전설에 의존하는 〈의정서〉는 여러 언어로 번역되어 세계 곳곳에서 출간되었다. 헨리 포드는 1920년 미국에서 이 소책자를 50만 부 인쇄하는 사업을 후원했다. 나치는 반유대주의적 선전 활동에 〈의정서〉를 이용했고 많은 학교에 〈의정서〉를 가르칠 것을 지시했다. 〈의정서〉는 다수의 일본 군국주의자들에게도 호응을 얻었다. 그들은 서양이 그리고 제1차 세계대전 이후 국제연맹이 왜 일본의 대두와 중국으로의 팽창에 반대하는지 이해하려고 애쓰고 있었다. 〈의정서〉는 손쉬운 대답을 주었다. 유대인과 그들의 사악한 지배력이 일본이 세계에서 마땅한 지위를 차지하는 것을 방해하고 있다는 것이다.

이러한 견해를 널리 퍼트리게 한 사람은 급부상하던 일본 해군 대령 이누즈카 고레시게였다. 이누즈카는 필명으로 글을 쓰면서 〈의정서〉와 반유대적인 선전물을 일본어로 번역해 일본 군부의 정기 간행물에 실었다. 그는 유대인에게 "영국, 미국, 중국, 러시아의 배후에 일본에 맞선 국제적 음모를 조종하고" 있는

"사악한 생각들의 근원"이라는 딱지를 붙였다. 유대인들은 "일본 젊은이들에게 영화를 보여줌으로써 그들의 부도덕한 행실"에 책임이 있고 "미국 언론과 여론"을 지배하여 "여론이 일본에 등을 돌리게" 만들고 있다. 유대인에 대한 히틀러의 공격은 "피할 수 없는" 책무라고 이누즈카는 썼다.

하지만 〈의정서〉는 독일과 달리 일본에서는 전파력이 강하지 않았다. 독일에서 〈의정서〉의 전파력은 수세기에 걸친 기독교도의 증오와 반유대주의에 기댔고, 유대인을 게토에 가두거나 추방하는 사태로 이어졌다. 반면 상하이에서 대다수의 일본인이 접하거나 들어본 적이라도 있는 유일한 유대인은 다름 아닌 제이콥 시프였다. 그 결과 일본 육군과 해군의 고위 장교들은 서양을 연구하고 이해하려고 노력하는 가운데 온갖 관점이 뒤섞인 독특한 반유대주의를 만들어냈다. 그들은 유대인이 정말로 세계 권력을 좌지우지하고 있다고 결론내렸다. 하지만 유대인을 말살시켜야 한다고 믿는 나치나 여타 반유대주의자들과 달리 일본 군부 인사들은 올바르게 접근한다면 제이콥 시프 같은 유대인들 사이에서 유용한 동맹 관계를 구축할 수 있다고 봤다. 이누즈카는 유대인 절멸을 원치 않았다. 그는 그들을 구워삶아, 일본의 '대동아공영권' 건설, 특히 중국 북동부 괴뢰국가 만주국의 산업 발전에 자금을 대도록 그들의 부와 권력을 이용하길 원했다. 유대인은 과연 강력한 적이 될 수 있다고 이누즈카는 결론내렸다. 하지만 그들은 강력한 우군이 될 수도 있었다.

이누즈카는 중국에서 유대인 권력의 핵심 인물은 상하이 최대의 부자이자 국민당 정부의 재정적 뒷배 그리고 장제스의 좌장인 쿵샹시, 쑹쯔원과 가까운 친구인 빅터 서순이라고 믿었다. 유대인은 "중국 경제와 지도자들을 좌지우지하는 중국의 진정한 지배자"라고 이누즈카는 썼다.[5] "장제스는 그 주인들인 유대인 금권정치가, 특히 빅터 서순 경의 꼭두각시에 불과하다고 여겨진다."

그렇다면 목표는 빅터 서순을 제이콥 시프로 탈바꿈시키는 것이었다. "유대 민족을 자세히 연구하고 우리가 어느 정도까지 그들을 이용할 수 있는지 알아내는 것이 중요할 것"이라고 이누즈카는 썼다. "따라서 우리의 첩보 기관들을 강화하고 현장을 보다 밀착 조사할 것을 강력 권고한다." 1938년 가을에 이누즈카는 작업에 착수하기 위해 상하이에 도착했다.

◗

종교는 빅터에게 별 의미가 없었다. 그는 음식과 관련한 유대교 율법을 준수하지 않았고 종교적 의식에 참석하기보다는 가문의 체면을 유지하기 위한 기부 정도 하는 쪽이었다. 이따금 반유대주의적 비방을 듣기는 했어도 그는 사회에 동화되고 받아들여지는 데 성공한 유대인의 화신이었다. 공개적인 자리에서 그는 유대인이라는 자신의 출신 배경을 대수롭지 않게 취급하며 그 대신 사업가이자 도락가라는 명성을 끌어안았다. 그는 "유대인보다 더 위대한 종족race은 더비the Derby뿐"―빅터가 참석하고 자신의 순혈 종마들을 출전시킨 영국의 일급 경마대회race―이라

고 단언했다고 한다.[6]

반대로 엘리 커두리는 이따금 상하이의 다른 유대인들과 충돌하기는 했어도 상하이 유대인 지역사회의 최대 자선가이자 사실상의 리더였다. 그는 쑨원을 설득하여 밸푸어 선언을 지지하게 했고 시오니즘 운동에 오랫동안 관여해왔다. 그는 홍콩에 점점 더 많이 투자하고 있었지만 상하이에 보유한 투자 자산도 여전히 많았으며 그곳에 거의 30년 동안 살아왔다. 1930년대 중반부터 상하이에 유대인 난민들이 하나둘씩 도착하자 엘리와 여타 유대인 지도자들은 그들을 돕기 위한 활동을 조직하고 돈을 기부했다. 그들은 배에서 내린 난민 가족들—대부분은 중간계급 전문 직업인이었다—에게 하숙집이나 구세군, 중국 YMCA에서 운영하는 공간을 제공했다. 그들은 난민들에게 식사를 제공하고 구직을 도왔다. 중국 지식인들과 정치가들에게는 반유대적인 정책을 완화하도록 중국 정부에 압력을 가하라고 호소했다. 작고한 남편과 엘리 커두리 사이 인연을 잊지 않은 쑨원 부인은 반유대적인 정책에 항의하기 위해 대표단을 이끌고 상하이 독일 영사관을 방문했다.

하지만 1937년 말 매달 100명 이상의 난민들이 상하이에 도착하고 나치가 유대인의 독일 탈출을 부추기는 상황이 되자, 엘리와 여타 유대인 지도자들은 커져가는 위기에 대처하기 위해 도움을 구하기 시작했다. 그들은 뉴욕과 런던의 유대인 단체에 기부를 요청하는 전보를 보내고, 독일로부터 이어지는 유대인 대탈출 행렬에 대처하기 위해 애쓰고 있는 대형 유대인 기관들에 직접 기부를 요청하기 위해 두 도시로 특사도 파견했다. 하지만 모두가 그들을 거절했다. "대단히 미안하지만 여기에 내줄 예산이 없다"고 한 미국 유대인 단체는 대답했다.[7] 미국과 영국의 유대인들은 상하이의 유대인 사업가들이 얼마나 부유한지 알고 있었다. 왜 백만장자 플레이보이 빅터 서순에게 물어보지 않는가?

엘리는 캐세이 호텔의 사무실로 빅터를 찾아가기로 결심했다. 그건 자존심을 접은 방문이었다. 인도에서 상하이로 옮겨온 이래로 빅터는 상하이에서 서순 집안의 으뜸가는 지위를 회복했다. 캐세이 호텔은 난징루 건너편에 있는 엘리의 더 작은 팰리스 호텔을 압도했다. 그는 한때 상하이 굴지의 호텔이었던 엘리의 마제스틱 호텔을 사들여 폐쇄했다. 마블 홀은 여전히 우아한 파티가 열리는 장소였지만 빅터가 주최하는 화려하고 짜릿한 가장 무도회와는 경쟁이 되지 않았다. 커두리가는 빅터의 파티에 좀처럼 초대받지도 못했다—그들은 딱히 재미있는 사람들이 아니었으니까. 하지만 엘리는 상하이로 유입되는 난민이 증가하고 있으므로 연합 전선이 필요하다고 생각했다. 빅터는 런던과 일본인들 사이에서 영향력이 있었다. 유대교에 대한 빅터 본인의 생각이 어떻든지 간에 엘리와 난민들은 그의 재산과 인맥이 필요했다. 독일에서 전해지는 뉴스와 상하이로 쏟아져 들어오는 난민들의 절박한 처지는 나치와 반유대주의적인 나치의 협력자들이 부유한 유대인을 가만 놔두지 않을 것임을 예고했다. 엘리는 엘리베이터를 타고 빅터의 스위트룸으로 올라가 그의 자존심

2부   상하이의 거물들

과 정신적 유산에 호소했다.

"빅터, 전쟁이 벌어지고 있어." 엘리가 말했다.[8] "플레이보이 놀음은 그만 해. 자넨 서순 가문 사람이야. 리더라구. 우린 자넬 따를 거네. 자네가 리더야."

빅터는 난민 구호 활동에 가담하는 데 동의했다. 시오니즘에 흥미가 생긴 것은 아니었다. 그는 영국인으로 나고 자랐다. 하지만 빅터 자신도 이제 나치가 제기하는 위협을 인식했고 걱정하고 있었다. 그의 가족들은 오래 전에 영국에 정착했고 점점 커져 가는 히틀러의 권력에 영국의 많은 사람들, 특히 유대인들은 겁먹고 있었다. 아시아에서 일본 세력의 확대는 중국과, 빅터가 거대한 가산家産을 쌓아올린 상하이의 안정을 위협했다. 그의 최측근 자문들 다수는 유대인이었고 그중 일부는 그의 가문처럼 똑같이 바그다드에 뿌리를 둔 사람들이었다. 히틀러의 집권은 자신 같이 부유한 누군가에게조차도 실존적 위협을 제기함을 빅터 서순도 깨달았다.

그다운 방식대로 빅터는 찰리 채플린에게 연락하여 미국과 유럽에서 상하이 유대인 난민을 위한 기금 마련 활동에 도움을 구했다. 그는 채플린이 영화 〈독재자〉의 수입 일부를 기부한 것처럼 그의 예를 따라 다른 할리우드 스타들도 영화 출연으로 받은 수입의 일부를 기부하도록 독려했다. 빅터 본인은 난민 700가구를 돕는 '재활 기금'을 설립했다. 덕분에 난민 출신 의사들은 상하이에 번창하는 병원을 개업할 수 있었고, 다른 직업인들도 작업장과 공장을 세웠다. 빅터는 난민 위기도 그가 호텔을

지을 때나 파티를 주최할 때 보여주는 자신감과 활기를 가지고
접근했다.

◖◗

　빅터와 반유대적인 일본 대령 이누즈카 사이 첫 만남은
1938년에 있었다. 이누즈카는 빅터에게 일본인에 대한 공공연
한 반감과 중국 침략에 대한 비판을 누그러뜨려 달라는 말로 운
을 뗐다. 그는 30년 전 제이콥 시프가 일본에 재정적 도움을 주
었던 일을 끄집어냈다. 일본인과 유대인은 다시금 공통의 적에
직면해 있다. 과거 유대인에 대한 위험은 러시아 차르의 유대인
박해에서 비롯되었다. 이제 그 위험은 공산주의 소련 그리고 자
본주의에 대한 공격을 확산시키고 서순의 기업 제국을 곤경에
빠트리고 있는 중국과 인도의 공산주의였다. 이누즈카는 높은
수익률로, 다시 말해 빅터가 보유한 방대한 중국 채권에서 얻는
것보다 더 큰 이윤을 일본 공장에 투자하여 얻을 수 있다고 제안
했다. 우선 만주의 일본 공장에 70만 달러를 투자해보라. 이누즈
카는 상관들에게 쓴 보고서에서 "유대 민족을 이용하는 데 있어
서 그들이 바라는 바를 상세히 알아낸 다음 우리 쪽의 요구를 명
확히 하는 게 필수적"이라고 썼다. 나중에 이누즈카의 아내가 되
는 그의 비서는 목표를 더 단순하게 표현했다. "그를 설득해 우
리를 지지하게 하려고 애쓰고 있었다"라고 그녀는 회상했다.[9]
　누구도 빅터 서순처럼 사람을 구워삶을 수는 없었다. 초기에
이누즈카는 빅터와 만나고 나면 기대감에 들떠 자리를 떴다. 빅

터는 이누즈카에게 일본 장교들은 캐세이 호텔의 바와 식당에서 언제든 환영받고 정중하게 대접받을 것이라고 약속했다. 이누즈카는 서순이 이곳을 "이끄는 인물"이며 "기꺼이 협조하려고 한다"고 도쿄에 보고했다. "상하이의 선도적인 유대인 집단은 매우 친일본적으로 바뀌었다." 일본 정부가 채택한 지침서에 이누즈카는 상하이에 도착하거나 살고 있는 유대인들은 "다른 외국인 국적자들과 똑같은 방식으로 공정하게 취급되어야 한다. 그들을 추방하기 위한 특별 조치를 할 필요가 없다"고 지시했다.

사실 빅터는 일본인들을 불신했다. 1937년부터 빅터는 스파이와 정보원들로 이루어진 첩보망을 구성했고 영국과 미국의 첩보원들과 협조하고 있었다. 그는 두 나라가 서로 연합하는 게 결정적이라고 믿었다. 캐세이 호텔 바깥에서 폭탄이 터지는 사고로 이어진 중일전쟁을 예의 주시하던 빅터는 일기장에 "첩보 업무"를 한 어느 중국인에게 500달러를 줬다고 적어놨다.[10] 훗날 바하마에 살 때 빅터의 아내는 미 당국이 상하이에서 "예방적 조치"로서 빅터에게 경호원을 붙여줬었다는 이야기를 남편에게 들었다고 기억했다.

"아주 쉬쉬하던 사안이었던 것 같아요."[11]

빅터는 이제 새로운 일본인 지인들에 관한 정보를 수집하기 시작했다. 그는 "일본 대사 이토가 무례를 범하기 직전까지 감 ―상당히 [취했음]"이라고 일기에 기록했다.[12] "내가 이해하기로는 지난 밤 여자를… 요구하고 있었음."

입담이 좋고 재치 있는 빅터는 일본 측의 제의를 숙고하는 듯한 인상을 유지하기 위해 공개석상에서 말을 아끼는 척하기 시작했다. 1938년 미국을 방문했을 때 그는 월스트리트의 친구들과 미 국무부의 관리들에게 금수 조치를 내리면 중국에서 일본 세력을 금방 몰아낼 수 있을 것이라고 이야기했다. 하지만 샌프란시스코에 도착하여 기자들과의 면담에서 상하이에 관해 질문을 받았을 때는 짤막하게 "노 코멘트"라고 답변하여 기자들을 놀라게 했다. 이튿날 아침 세인트프랜시스 호텔에서 조간신문을 펼친 그는 '빅터 서순 경 아무것도 몰라'라는 헤드라인을 보고 속이 부글부글 끓었다.

"내가 아무것도 모른다니 말이 돼?" 그는 씩씩거렸다.[13]

심지어 유대인 난민들을 돕는 위원회의 동료들도 빅터가 막후에서 무슨 일을 하고 있는지는 까맣게 몰랐다. "우린 위원회 모임들에서 각종 사실들과 이런저런 추측에 관해 많이 들었다"고 유대인 지도자 제이콥 얼코Jacob Alkow는 회고했다.[14] 빅터는 일본인들과의 대화 내용을 "밝히길 거부"했고 "나의 질문에 답변을 회피했다. 하지만 일본인들에게 전달한 청원 사항에 답변을 받지 못한 적은 없었다고 기억한다."

빅터가 아는 일본의 의원들과 은행가, 기업가들은 수십 명이었다. 그는 일본 정부나 군부가 양분되어 있다고 믿었고 따라서 결국에는 일본이 전쟁에 가담하지 않을 것이라고 내다봤다. 강경파 육군은 "일본이 대륙 열강이 되길 원하며 외국인과 세계를 전부 파멸시키고 싶어 한다."[15] 반면 이누즈카가 대변하는 해군은 "그것은 불가능하고, 일본은 무역에 의존하는 섬 열강으로 남

　　　　　2부　　상하이의 거물들

아야 하며 따라서 사방에서 일본의 활로를 차단할 수 있는 영국에 신중해야 한다고 말한다." 그는 엘리 커두리에게 너무 공포에 사로잡힐 것 없다고 주의를 줬다. "빅터 경은 조만간 일본인과 영국인이 좋은 친구가 될 것이라고 믿는다"라고 로런스는 동생에게 썼다.[16] "사실 그는 이곳에서의 상황에 관해 매우 낙관적이었어."

빅터는 한 친구에게 쓴 편지에서 자신과 이누즈카 사이에 펼쳐지고 있는 춤사위에 관해 설명했다. "그들은 [수백만 파운드]를 내놓고 동조해 주면 우리를 조계에 가만히 놔두겠다는 암시를 줘. 그럼 나는 미소를 지으며 협박에 굴복하는 것은 언제나 잘못된 일이며 어떤 융자이든 중국을 비롯한 모든 사안의 완전한 타결이 선행되어야 한다고 대답하지. 그들은 자기들이 반영 反英적이지 않다고 말해. 육군은 여전히 날 의심하고 있지만 나머지 사람들은 내가 영국과의 연락책으로서 가장 믿을 만한 상대라고 말하고."

그는 이렇게 편지를 끝맺었다. "난 줄타기를 하고 있어."[17]

◗

1938년 10월 19일 엘리는 난민 구호 활동을 논의하기 위해 상하이의 부유한 유대인 사업가들을 자신의 사무실로 초대했다. 그때까지 1,000명 이상의 난민이 도착했고 배들이 매주 수백 명을 더 실어오고 있었다. 모임을 마무리 할 때 돈과 숙소, 식량 배분을 관장하는 제이콥 얼코가 돈이 떨어져가고 있으며 난민들이 곧 아무런 지원도 받지 못하게 될 것이라고 밝혔다. 엘리는 수표책을 꺼내서 5만 달러를 적고 서명했다. 엘리는 수표를 얼코에게 건네며 한마디만 했다: "이제 빅터한테 가시오!"

얼코는 캐세이 호텔에 있는 빅터의 사무실로 올라갔다. 서순은 미소를 지었다. "엘리가 주는 것은 뭐든 주겠소"라고 말하며 똑같은 액수를 수표에 적었다.[18]

빅터는 자신은 일본인들에 대처할 수 있고 상하이는 난민 문제에 대처할 수 있다고 자신했다. 그는 난민 위기가 일시적인 거라고 여겼다. "우리가 구호 기금을 마련하는 한, 그리고 이 사람들이 궁극적으로는 우리 손을 떠날 거라는 건 아는 한 점진적으로 3,000에서 4,000명을 돌보는 수준까지 갈 수 있을 거라고 생각"한다고 친구에게 썼다.

하지만 자신감 넘치는 태도와 달리 빅터는 점점 걱정이 깊어졌고 불확실한 미래에 대비한 계획을 세우기 시작했다. 1938년 그는 브라질로 날아가 26만 제곱킬로미터의 토지를 구입했다.[19] 표면상으로는 투자를 위한 매입이라고 밝혔다. 하지만 내심으로는 독일과 일본이 부상하여 아시아와 유럽을 위협하는 가운데, 미래는 미국과 유럽이 손을 잡으며 남아메리카의 천연자원을 이용하는 데 달려 있다고 믿었다. 그의 또다른 목적은 유대인을 위한 피난처를 찾아내는 것이었다. 그는 시오니스트가 아니었다. 그는 난민 위기에 대한 해답이 유대인을 팔레스타인으로 보내는 것이라고 믿지 않았다. 남아메리카가 더 현실적으로 보였다. 그는 브라질 대통령 제툴리우 바르가스Getúlio Vargas를 만나서 "유대인이 청소부부터 대통령까지 모든 것을 하는"식민 정착지 건설을 제안했다. 전 세계의 모든 정부와 마찬가지로 브라질 정부도 유대인 난민을 돕는 데 관심이 없었다.

바르가스는 "내게 적합한 종류의 사람들이 오길 원한다고 말했다.… 덴마크인이나 스칸디나비아인 같이, 상상력이나 두뇌는 없지만 땅을 가는 능력이 뛰어난 종족을" 원했다고 빅터는 훗날 밝혔다. "그는 브라질의 도시에 살기를 바라는 사람은 원치 않았다. 그는 그들이 미개척지로 가서 땅을 갈고 거기에 정착하길 바랐다."

상하이로 돌아온 빅터는 상하이 시정 위원회의 힘 있는 비非 유대인 위원들이 점차 인내심을 잃어가고 있음을 알았다. "이제 더는 외국 난민들을 흡수하기 힘들다"고 위원회는 빅터에게 말했다.[20] 도시는 "난민의 추가적 상륙을 막는 조치를 취할 수밖에 없을지도 모른다."

◖◗

1938년 7월, 독일과 오스트리아, 여타 유럽 지역에서 빠져나오려고 하는 절박한 유대인 난민들 수만 명을 어떻게 처리해야 할지 결정하기 위해 캐나다, 오스트레일리아, 뉴질랜드를 비롯한 32개국 대표들이 프랑스 에비앙에서 만났다. 딱 한 나라— 도미니카 공화국—만 빼면 모두가 자국은 입국을 불허하고 있다고 밝혔다. 빈에서는 허펑산이 오스트리아를 떠나 상하이로 갈 수 있도록 유대인들에게 더욱 많은 서류를 발급하기 시작했다. 1938년 11월 엘리와 호러스는 로런스와 뮤리엘 거베이Muriel Gubbay의 결혼식에 참석하기 위해 홍콩으로 갔다. 역시 바그다드로 뿌리가 거슬러가는 저명한 유대인 가문 출신인 신부의 어머니는 로런스의 어머니 로라의 절친한 친구였었다. 로런스도 홍콩에 도착한 유대인 난민들에게 중화전력공사의 일자리를 제공하는 등 그들을 돕기 위해 노력하고 있었다.

나치 세력이 집권하고 전쟁이 일어날 거란 소문이 무성해지던 와중에도 자다인사의 홍콩 지점장인 J. K. 패터슨은 커두리가를 또 다시 조롱했다. 상하이에 있는 상사 윌리엄 케즈윅에게 로런스의 결혼식이 홍콩의 오헬 레아Ohel Leah 시너고그—히브리어로 '레아의 집'이라는 뜻으로, 성경에 나오는 유대인 가모장의 이름을 딴 것이다—에서, 피로연은 유대인 커뮤니티 센터에서 열렸다고 알리면서, 패터슨은 키득거리며 '헬'(지옥)이란 단어로 말장난을 쳤다. "'오헬!'이라니 딱 맞죠."[21] 그러고는 커두리 사람들이 "쥬보이스 클럽Jew boy's club(쥬보이는 나이와 상관없이 유대인 남성을 낮잡아 이르는 표현이다—옮긴이)"에서 즐겁게 보냈기를 바란다고 덧붙였다.

로런스의 결혼식은 1938년 11월 9일에 열렸다. 이튿날 아침 커두리가 사람들은 저 멀리 세계 건너편, 오스트리아와 독일에서 크리스탈나흐트—'깨진 유리의 밤'—가 일어났음을 알게 되었다. 폭도들이 유대인 소유 상점을 불태우고 약탈하는 동안 경찰은 멀뚱멀뚱 지켜보거나 공격을 조장하기까지 했다. 독일과 오스트리아 유대인들 사이에 퍼져 있던 염려와 불안은 이제 전면적인 패닉으로 바뀌었다. 상하이로 조금씩 도착하던 유대인 난민의 흐름은 홍수가 되었다. "토요일자 기선으로 562명이 추가로 도착할 예정"이고 2주 내로 "또 다른 700명이 도착할 것으로 안다"고 호러스 커두리는 런던의 한 친구에게 썼다. "상하이는 그들을 감당할 수 없다."

빅터는 자신의 호화 마천루 가운데 하나인 엠뱅크먼트the Embankment 빌딩의 1층을 난민 리셉션 센터로 내놓았다.[22] 거기서 난민들은 각자 담요와 침대 시트, 주석 접시, 컵, 숟가락을 받았다. 지하에는 매일 1,800끼를 제공할 수 있는 식당을 만들었다. 또 자신이 소유한 공장 중 하나를 난민 숙소로 변경하고 발 시무어Val Seymour라는 가명을 써서 많은 난민들이 세관을 통과하기 위해 내야 하는 입국비를 대신 내줬다. 난민들을 진료하기 위해 차려진 세 군데 병원 가운데 한곳에 값비싼 철제 호흡 보조기 수술을 할 수 있도록 돈을 기부하고 난징루에 있는 소유 건물 가운데 하나를 이민자 중고품 가게로 바꾸어 그곳에서 난민들이 소지품을 팔아서 돈을 마련할 수 있게 했다. 200명의 사람들에게 정비공, 소목공, 목수 훈련 과정을 제공하는 직업 훈련 센터를 설립하고 난민들을 자기 회사에 고용하기 시작했다. 난민 가운데 원래 직업이 식물학자인 한 명은 상하이 교외에 있는 그의 시골 대저택과 토지를 관리하는 임무를 맡았다. 또 다른 사람은 다른 세 가구와 함께 쓰는 주방에 재봉틀을 들여와 빅터의 직물 공장에서 기부한 천을 받아 셔츠를 제작했다.

그간 빅터가 플레이보이인데다가 상하이 시의 빈곤과 불평등은 못 본 척한다고 비판해온 상하이 거주 영국인인 실비아 챈슬러Sylvia Chancellor는 생각이 바뀌었다. 그녀는 "그가 (난민들에게―옮긴이) 베푼 자선 덕분에 신은 그의 모든 죄를 용서하실 것"이라고 공언했다.[23] 난민들은 자신들의 독지가를 언뜻 보기는 했지만 그가 누구인지는 제대로 알지 못했다. "우리를 도와준 사람들, 그 사람들은 모로코인"이었다고 에리히 라이즈만은 기억했다.[24]

빈의 세련된 분위기에서 살다가 1938년 11월에 도착한 라이즈만 가족에게 상하이는 충격이었다. 길거리에서 에리히는 종이 상자 안에서 살아가는 중국인 가족을 보고 눈을 떼지 못했다. 한번은 길을 가고 있는데 길바닥에 거적이나 신문지로 싼 꾸러미에서 작은 다리 하나가 삐져나와 있는 게 보였다. 그는 그 꾸러미가 부모가 길가에 내놓은 아이 시신이라는 것을 문득 깨달았다. 아이는 간밤에 굶어 죽은 것이었다.

갓 도착한 난민들 누구도 중국어를 할 줄 몰랐다. 영어를 할 줄 아는 사람도 극소수였다. 비록 독일과 오스트리아에서 중간계급으로 살아왔지만 그곳을 떠날 때 나치는 그들의 재산을 몰수해 버렸다. 그들은 어리둥절하고 겁에 질려 있었다. 에리히의 가족은 운이 좋았다. 그들이 배정받은 공동주택 단칸방에는 화장실이 딸려 있었다. 대다수의 난민 가족들은 폭격이 휩쓸고 간 홍커우 지구에 보내졌는데, 그곳은 1932년과 1937년에 중국군과 일본군 간 전투 당시 철저히 파괴되었다. 중심가에서 떨어진 골목길을 따라 다닥다닥 늘어선 단층이나 이층집 한곳에 여러 가구들이 몰리면서 집들이 미어터졌다. 어둡고 갑갑한 집마다

방 열 개와 원시적인 화장실이 딸려 있었는데 화장실이란 흔히 하루에도 여러 번씩 비워야 하는 '꿀단지'나 들통에 불과했다. 갓 도착한 한 난민은 이렇게 썼다: "비교할 수 없게 나은 여건에 익숙했던 사람들에게 이것은 너무 끔찍하고 주변 환경은 너무 지저분해 보였다… 다 큰 남자들이… 앞날이 캄캄하고 절망에 빠져 더러운 마룻바닥에 주저앉아 아이처럼 엉엉 울었다."[25]

1939년 2월에 이르자 난민 숫자는 빅터의 예상치를 이미 뛰어넘었다. 6,000명이 넘는 난민들이 상하이에 살고 있었고 매달 1,000명씩 도착하고 있었다.

○●

생활환경은 암울했지만 난민들이 법적 장벽이나 제한에 부딪칠 일은 없었다. 에리히의 아버지는 일거리를 찾기 시작했다. 빈에서 아버지는 과일 수입 도매업체를 운영했었다. 가족이 빈을 떠나야 한다는 것이 분명해졌을 때 에리히의 어머니는 어느 유대인 기관에서 장갑 재봉 수업을 받기 시작했다. 상하이에서는 이것이 가족의 생계 수단이 되었다. 많은 남성들처럼 에리히의 아버지는 벌이 없이 가장으로서의 위신도 사라진 처지에 적응하는 데 애를 먹었다. 그는 아내가 만든 장갑을 다른 난민들에게 판매하다가 에리히의 형과 함께 어느 독일인 이민자가 소유한 상하이 버스 회사의 정비공으로 일자리를 얻었다.[26] 그들은 금방 돈을 모아 홍커우에 작은 집을 샀고 방 일부를 세를 줘서 약간의 부수입을 얻었다.

몇 달 뒤에 에리히와 가족은 거리에서 몇 블록 떨어진 곳으로 가서 1939년에 빈이나 베를린에서는 불가능했을 일을 했다. 에리히가 열세 살이 되면서 바르 미츠바bar mitzvah 성년의례를 치른 것이다. 상하이로 쏟아져 들어온 유대인들은 과밀한 주거 환경, 열악한 위생, 부족한 일자리에 관해 끊임없이 불평했지만 그들은 한편으로 자유로웠다. 그들이 홍커우에 도착하면서 상하이는 또 한 번 변신했다. 도시에는 이미 중국이 관할하는 일부 지역들과 나란히 국제 조계와 프랑스 조계와 같은 외국인 거류지가 있었다. 이제 '리틀 비엔나'가 추가되었다.

상하이로 오기 전 하던 일을 찾을 수 없던 다수의 난민들은 홍커우에 하나둘 가게와 레스토랑, 카페를 차렸다. 독일어 간판을 달고 독일 음식을 팔았다. 난민들이 운영하는 정육점과 양복점의 광고 수입으로 유지되는 세 종의 독일어 신문도 발간되었다. 사람들은 모여서 실내 관현악단을 구성했다. 아마추어 연극단이 여기저기서 결성되어 빈과 베를린 출신 예술가들이 베르톨트 브레히트Bertholt Brecht의 《서푼짜리 오페라Threepenny Opera》와 아우구스트 스트린드베리August Strindberg, 조지 버나드 쇼George Bernard Shaw, 노엘 카워드의 작품으로 최고의 무대를 올리기 위해 실력을 겨뤘다. 거의 300명의 예술가들이 유럽 유대인 예술가 협회에 가입하여 전시회를 기획했다.

바쁜 사교 일정 와중에도 빅터는 시간을 내서 난민들과 함께 식사를 하고 아마추어 난민 극단의 공연을 관람했다. 그는 영국 대사를 초대하여 난민 작업장을 둘러보게 했다. 일기장에는 "우리 아동 우유 기금을 위한 공연을 돕고, 일을 잘하는 몇몇 난민 사업체에 파트너를 찾아주느라 바쁨.… 실력 좋은 여성복 재단사와 가죽 장인, 비누 제조인 모두 아주 잘 하고 있음"이라고 적었다.

빅터가 고용한 난민 가운데 한 명은 의지가 굳은 어머니와 함께 베를린에서 상하이로 도망쳐온 시어도어 알렉산더Theodore Alexander라는 젊은이였다.[27] 시어도어의 어머니는 집안의 금과 채권 증서를 매트리스 속에 넣어 꿰맨 다음에 매트리스를 꼭 끌어안고 가족을 상하이로 데려다 줄 배에 올랐다. 시어도어는 크리스탈나흐트 때 나치들에게 약탈당한 동네 시너고그에서 토라 두루마리를 챙겨왔다. 거친 바다를 건너는 동안 배가 요동쳐서 뱃멀미로 고생하는 다른 승객들은 갑판으로 올라갈 때도 시어도어의 어머니는 세 자식들이 식탁을 떠나지 못하게 했다. 그녀는 "우리가 언제 다시 먹거나 재미있게 지낼지 모른다"라고 말하고는 키안티 포도주 한 병을 주문했다. 상하이에 상륙하자마자 그녀는 이제 막 열여덟 살이 된 시어도어를 돌아보며 말했다. "여긴 세상에서 가장 사악한 도시 가운데 하나다. 네가 여자를 만나는 걸 막을 순 없지만 내일 아침 반드시 [성병을 막을] 주사를 맞도록 해."

베를린에서 영어를 공부했던 시어도어는 빅터에 의해, 캐세이 호텔과 서순의 여타 부동산에 물자를 구입해 조달하는 구매 담당자로 고용되었다. 베를린의 혼란과 반대유대주의를 피해 도망쳐온 뒤 시어도어는 상하이에서 빅터와 커두리가의 권력을 보고 감탄을 금치 못했다. 그는 일생의 꿈을 추구할 용기를 얻었고 랍비가 되기 위해 공부하기 시작했다.

◖●

1937년 2월 난민들이 처음 도착하자, 호러스 커두리는 유대인 아동 난민에게 음식과 의료, 레크리에이션 활동을 제공하는 지역사회 단체를 출범시키기로 했다. 상하이의 기존 영어 학교들은 그들을 받아줄 수 없었고 많은 아동들이 방치되어 있었다. "상하이에 도착한 이래로 그들은 삶의 여러 즐거움을 누릴 수 없었다"고 상하이의 한 영자 신문은 보도했다. "많은 아이들이 골목 좁은 곳에 살았고… 일부는 한 방에 40명씩 들어가 잤다. 일자리를 찾느라 정신이 없는 부모들은 아이들을 신경 쓸 여유가 없었고 그리하여 아이들은 돌봐주는 이 없이 거리를 배회해야 했다."

당시 30대 중반에 이른 호러스는 형의 그늘 아래서 성장했다. 로런스가 홍콩에서 늘어나는 투자 프로젝트들을 관리하는 사이 마블 홀을 운영하고 아버지의 사업을 돕는 일은 호러스의 몫이었다. 일본이 상하이를 조여 들어오고 와이탄 선착장에 도착한 여객선에서 난민들이 쏟아져 나오고 있을 때 로런스는 남쪽으로 1,100여 킬로미터 떨어진 안전하고 평온한 홍콩에서 위기를 잘 넘기고 있었다. 엘리는 상하이가스회사와 같은 일부 투자를 호러스에게 맡겼지만, 로런스는 사업 수완이 부족하다며 툭하면 동생을 나무랐다. 상하이가스회사의 회장이 되었을 때 호러스는 형에게 "직원들은 나의 임명에 기뻐한다"고 썼다. 이 편지에 로런스는 메모의 여백에다가 "좋아—네 새 직책이 마음에 들었으면 좋겠다. 넌 가스에 관해서 좀 배워야 한다"라고 썼다.

위기가 계속되면서 상하이에 남겨진 호러스는 아버지는 물론 갈수록 위협적인 일본인들을 상대해야 했다. 호러스가 화가 났다 해도 그런 내색을 한 적은 없다. 난민 위기는 그가 아버지와 형과는 분리된 자신만의 정체성을 확립할 기회가 되었다. 여러 해 동안 호러스는 언제나 형에게 건강하길 바란다고 예의 바르게 답장을 쓰고 아버지와 형의 뜻을 거스르지 않으면서 위와 같은 지적들을 묵묵히 수용해왔다. 이제 그는 제 목소리를 찾았고 형에게 자신도 몰랐던 당당함으로 대응했다.

난민들의 고난은 사업은 결코 가져다주지 못한 활력을 호러스에게 불어넣었다. "끔찍한 파국이 우리 모두에게 들이닥쳤다"고 그는 런던의 친구에게 편지를 썼다. "상하이에서 이 불쌍한 난민들 틈에서 살면서 그들이 무슨 일을 겪었고 또 겪고 있는지 직접 보고 들었다." 가족과 함께 도착한 난민 아동들이 운동할 장소가 전혀 없는 것을 걱정한 호러스는 청소년들에게 스포츠와 레크리에이션 활동은 물론 기술, 회계, 속기, 부기 분야 직업 훈련 과정을 제공하는 상하이 유대인 청소년회를 출범시켰다. 단체는 300명의 청소년을 취직시켰다. 또한 신체검사와 건강 진단, 장난감과 도서, 하키 리그, 걸스카우트와 보이스카우트 클럽을 제공했다. 여름이 되자 호러스는 상하이 바로 바깥에서 진행되는 18일짜리 여름 캠프에 돈을 대서 수영과 테니스, 배드민턴,

야간 캠프파이어 프로그램을 제공하고 마블 홀에서 특별 만찬과 파티도 주최했다. "무더운 도시에서 한 번도 벗어나 본 적 없는 대다수의 아이들에게 훌륭한 휴가가 되었다"고 한 교사는 썼다. 호러스는 비서와 함께 매일 캠프를 방문하여 운동장과 식당, 주방을 점검하고 의사와 교사들과 면담했다. 그는 "첫 여름 캠프 18일 사이에 아동 1인당 평균 체중 증가는 3.3파운드"라고 적었다.

1939년 11월에 호러스는 훙커우에 건물을 한 채 임대하여 개조한 뒤 난민 지역사회와 상하이의 영어 사용 지역사회에서 교사를 채용했다. 커두리 학교로 알려지게 된 이 시설에는 교실, 도서관, 음악실, 체육관이 있었다. 그는 음악 수업에서 교사들이 이용할 수 있도록 로런스에게 어머니가 치던 기타를 보내 달라고 부탁했다. 그는 영어가 상하이 재계와 시정 업무에서 지배적 언어였고 난민들의 모국어인 독일어보다 학생들에게 더 유용할 것이기 때문에 모든 수업을 영국식 교과 과정을 따라 영어로 가르쳐야 한다고 주장했다. 유럽에서 상하이로 돌아오는 배 위에서 호러스는 이전에 베를린에서 학교 교장으로 일했었던 루시 하트위치Lucie Hartwich라는 유대인 난민을 만났다. 그는 즉석에서 그녀를 커두리 학교의 교장으로 채용했다. 1940년에 이르자 700명이 커두리 학교에 재학 중이었고 추가로 수백 명의 학생이 야간에 직업 훈련을 받고 있었다. 에리히 라이즈만도 입학하여 6개월 만에 영어에 유창해졌다. 호러스는 학생들에게 계속 세심한 주의를 기울였다. 아이가 아파서 병원에 입원하게 되면—상하이의 열악한 위생 여건과 한정된 의약품을 고려할 때 자주 발생하는 일이었다—환자 가족에게 과일과 꽃바구니를 보냈다. 또한 학생의 집으로 보내는 통지표에 공동 서명했다. 상하이 영자 신문의 기자는 학교를 방문하여 "모범 기관"이라고 소개했다. 신문은 "전적으로 난민 아동을 위해" 그런 공간이 있다는 사실을 믿기 힘들다고 썼다.

"많은 난민들이 우리가 자기 아이들을 위해 어떤 일을 하고 있는지를 보면 말 그대로 울음을 터트렸다"고 호러스는 형에게 썼다.

로런스는 홍콩에서 동생에게 편지를 쓰면서 호러스가 가스 회사를 경영하는 대신 학교에 너무 많은 시간을 투자하고 있다고 불만을 드러냈다. "네가 가족 사업에 관심을 보인다면 크나큰 보답이 될 것"이라고 그는 동생을 꾸짖었다. 호러스는 한번은 사업과 관련하여 형이 보내온 장문의 메모에 자신이 그동안 "난민들을 만나서 이곳 사정을 설명해 주기에 바빠서… 편지를 쓸 시간이 없었다"고 답변하며 형의 짜증을 대수롭지 않게 넘겼다. 그의 상하이 사무실은 "비공식 난민 센터"가 되었지만 "이건 멋진 삶이고, 어쨌거나 우리는 너무 바빠서 걱정할 틈도 없다"고 호러스는 말했다.

◖●

이누즈카를 비롯해 일본인들과 만나는 동안 빅터는 계속해서 시간 끌기 작전을 펼쳤다. "요즘 도쿄에서 사람들이 내게 순례를 오고 있다"고 그는 친구에게 편지를 썼다.[28] "어제는 전직 재무대신이자 귀족원 의원이, 오늘은 제국의회 의원 둘이 찾아왔지.… 내가 그쪽 일각에서 좀 영향력을 얻고 있나 봐. 잘된 일이지. 물론 군대가 고집불통이 되면 여기서 뭔가 바보 같은 짓을 할 위험은 항상 있어." 일본은 아직 추축국의 일원으로 독일 편에 정식으로 가담하지는 않았고, 빅터는 이누즈카 대령과 그가 만나는 다른 일본 관리들에게 그렇게 하는 것은 실수가 될 것이라고 설득하려고 애썼다. 그는 친구에게 자신의 전략을 은밀히 털어놓았다. "내가 취하고 있는 노선은 1)일본에 일어날 수 있는 최악의 일은 독일과 러시아 사이 동맹이며 2)그 다음으로 최악의 일은 일본이 추축에 가담하여 극동에서 영국이 일본에 맞서 러시아와 손을 잡게 몰아가는 일이다."

이누즈카는 점차 미심쩍어지고 있었다. 그는 프랭클린 루즈벨트를 중재해 주고, 여론을 일본의 목표들에 우호적인 쪽으로 돌리도록 미국 신문들을 움직이라고 빅터를 압박했는데 유대인이 미국 언론계를 장악하고 있다고 믿었기 때문이다. 이누즈카는 유대인이 제대로 손질해서 내놓지 않으면 치명적인 미식美食인 복어와 같다고 썼다.[29] "그것은 별미이지만 어떻게 요리하는지 잘 모르면 목숨을 잃을 수도 있다."

◗

1939년 초봄에 이르자 상하이에는 1만 명의 난민이 있었다. 빅터와 여타 유대인 지도자들은 더는 감당하기 힘들었다. 그들은 봇물처럼 쏟아져 들어오는 난민의 유입을 늦춰 달라고 유럽의 유대인 단체들에 호소했지만 게슈타포는 유대인들이 상하이로 도망치게 조장하고 있으며 이탈리아 유람선 회사들은 상하이가 난민들이 아무런 공식 절차 없이 갈 수 있는 유일한 곳이라고 광고하고 있는 실정이라는 답변이 돌아왔다. 난민 지원 사업에 관여하고 있는 기업가들은 구호 활동이나 사회복지 업무에 참여해본 경험이 없었고 다양한 내부 갈등이 빚어졌다. 빅터는 회계사를 보내 자기가 기부한 돈이 어떻게 쓰이고 있는지 조사하게 했고 경비 사용을 감독하는 자체 위원회를 설립했다. 또 국제 난민 단체에 돈을 보내 달라고 간청했다. 그는 미 합동 분배 위원회the Joint Distribution Committee(이하 합동위원회)에 "병원에 250만 달러 필요 여건이 매우 열악하고 위험이 급증하고 있음"이라고 전보를 쳤는데 이 단체는 유럽에서 탈출하려고 하는 유대인을 돕는 전 세계의 활동을 관장하는 단체였다. "문제가 시급… 상황이 절박해질 수도 있음"

난민들은 계속 도착하고 있었다. 1939년 5월에 이르자 상하이에 있는 난민은 1만 2,000명이 넘었다. 그들은 홍커우 지구의 공동주택을 가득 메웠고, 상당수는 한 방 안에 서너 명씩 살았다. 일부는 굶어죽지 않으려고 성매매에 의존했다. 가족들은 배급 식량을 얻기 위해 길게 줄을 섰다. 빅터의 국제 위원회와 여타 단체들이 넘쳐나는 난민들을 수용하기 위해 지은 숙소에는 디프테리아, 성홍열, 결핵, 홍역, 장티푸스가 발생했다. 빅터는 전염병이 상하이의 부유한 지구들로 확산되지 않을까 걱정했다.

그는 늘어나는 난민 숫자를 감당하기 위해 그동안 제공하던 무료 급식을 하루에 한 끼로 줄이는 방안을 고려하고 있었다. 그는 절친한 친구 에밀리 한에게 지금 도착하는 유대인들 다수는 유럽의 "찌꺼기들", 가난하고 절박한 빈곤층을 대변한다고 불만을 늘어놓았다.[30]

빅터와 만난 자리에서 이누즈카는 심지어 더 많은 난민을 수용하고 와이탄에서 강 건너편 푸동 지구에 난민을 수용하는 거류지를 세우는 방안을 제안했다. 그 방안은 결국 수포로 돌아갔지만 상하이에 도착하는 수천 명의 유대인은 일본의 목적에 보탬이 되었다. 유대인 난민을 "우리의 영향력 하에 두는 것은… 일종의 '인질' 개념"이라고 이누즈카는 도쿄에 친 전보에서 설명했다. "유럽에서 전쟁이 벌어지면서 유대인의 피난처를 찾는 일은… 다급한 문제다. 무슨 수를 써서라도 안전한 장소를 얻으려는 그들의 바람은 시간이 지날수록 더 진심이다."

도쿄에서 이누즈카의 일부 상관들은 빅터가 자신들을 속이고 있다고 의심하기 시작했다. 서순의 진심은 "의심스럽고" "유대인의 타고난 본성을 고려할 때" 일본을 돕도록 그에게 의지하는 것은 "선뜻 믿기 어려운" 일이라는 것이다.

이런 회의주의를 부채질하듯 빅터는 공개적으로 일본을 지지하는 발언을 좀처럼 하지 않았다. 1939년 7월에 홍콩으로 가는 길에 잠시 일본에 들렀을 때 그는 출입국 관리와의 대화에서 서방과의 높아지는 긴장을 일본 탓으로 돌렸다. 그는 만약 일본인들이 상하이에 있는 그의 공장에 대해 계속해서 귀찮게 굴면 그와 다른 많은 사업가들이 홍콩으로 사업을 이전할 것이라고 말했다. 여행 나머지 기간 내내 일본 경찰이 그를 졸졸 따라다녔다. 뉴욕을 방문했을 때 빅터는 라디오 청취자들에게 일본 국민들은 얼른 "권력에 미친 군부 파벌에 맞서 들고 일어나야 한다"고 말했다. 도쿄의 신문들을 그를 체포해야 한다고 목소리를 높였다. 일본의 직접적 지배를 받는 만주국에서 활동 중인 일부 유대인 지도자들은 서순에게 공개적인 발언을 삼가해 달라고 간청했다. 뉴욕에서 FBI는 빅터가 나치나 일본 동조자들에게 공격당할 수도 있다고 우려해 경호원 두 명을 붙여줬다.

그럼에도 이누즈카는 도쿄의 상관들에게 자신의 '복어' 계획—난민을 인질로 삼는—이 올바른 접근법이라고 계속 역설했다. 자신은 빅터의 눈을 똑바로 쳐다보며 이야기했고 그가 진심임을 안다는 것이다. "유대인들은 2,000년간 지속된 습관으로 거래를 흥정하는 데 영리하며, 자신들의 본심을 표정에 드러내는 멍청한 수법을 쓰지 않는다. 그들은 뭔가를 강하게 바랄수록 짐짓 더 냉정한 태도를 취한다.… 이 사실은 유대인과 교류해본 경험이 있는 사람이라면 누구든 인정할 것이다."

1939년 늦봄에 빅터는 이누즈카를 만나서 그와 동료 사업가들은 난민들을 먹이고 수용할 돈이 바닥나고 있다고 말했다. 숫자는 점점 불어나고 있었다. 독일은 유대인 대탈출을 늦출 의사가 없었다. 이누즈카도 도쿄로부터 상황을 통제하라는 압박에 시달리고 있었다. 석 달 뒤인 1939년 8월 일본 당국은 유대인을 상하이 시에 더는 받아들이지 않을 것이라고 공표했다.[31] 상하이에는 1만 5,000명의 난민이 있었고 3,000명이 더 그곳으로 오고 있었다. 그 1만 8,000명까지 보호하는 데에 이누즈카와 일본 관계자들은 동의했다.

◦●

1940년 9월 일본은 정식으로 독일과 이탈리아 편에 합류해 추축국을 구성했고 이로써 이누즈카가 서순과 벌이는 협상을 의심스러워하던 일본 강경파들의 입지가 강화되었다. 나치는 상하이의 유대인들에게도 관심을 돌리고 있었다. 일본 당국자들은 빅터와 유대인 지도자들에게 유대인 난민 전원에 대한 목록을 내놓으라고 요구했다―나치가 유럽의 유대인들을 일제히 몰아넣기 전에 흔히 쓰던 수법이었다. "그 사람들은 스페인에서 건너온 독일 유대인들이 중국 편에 가담하고, 독일 독가스 전문가들이 중국 편에 가담할까봐 걱정한다"고 빅터는 일기장에 털어놨다.[32] "그 사람들은 [위원회가] 홍커우의 독일 유대인 전원의 기록을 파악할 것을 원한다!"

군부가 통제하는 상하이의 일본어 신문들은 리틀 비엔나에서 유대인 상인들이 급증하여 일본 상점과 업체를 위협한다고 경고하는 기사를 싣기 시작했다. 게슈타포가 리틀 비엔나를 찾아와 유대인 난민들이 써서 무대에 올린 연극 공연을 중단시켰다. 그 작품은 나치가 오스트리아를 점령한 뒤 유대인이 겪는 곤경을 묘사한 것이었다. 공연이 중단되지 않는다면 "독일에 살고 있는 유대인과 이곳의 유대인 망명자들에게 보복 조치가 취해질 것"

이라고 한 상하이 신문은 보도했다.[33]

일본군이 "금주법 시대에 꼭 미국 갱스터들이 하던 것처럼 행동하고 있다"고 빅터는 한 친구에게 썼다.[34] "보호받기 위해 모두가 돈을 내야 한다." 일단의 일본 병사들이 상하이 남쪽에 빅터가 소유한 면직 공장에 나타나 자신들에게 옷감을 원가의 40퍼센트 가격으로 팔라고 요구했다. 그들은 빅터가 요구를 거절할 경우 그가 다른 누구에게도 물건을 팔 수 없게 막는 훈령을 내릴 것이라는 뜻을 밝혔다. "이곳의 일본인들은 참 이상하다"고 빅터는 캐세이 호텔의 사무실에서 쓴 서신에 밝혔다. "군대는 내게 매우 짜증이 나 있고 나를 '처리'해야 한다는 말이 도는데 나를 납치하거나 쥐도 새도 모르게 없애버릴 거란 뜻이다. 반면에 나는 현재 도쿄의 구舊 정부 인사들 및 은행가와 기업가들 사이에 인기가 아주 많은데 그 사람들은 내가 명료한 생각을 갖고 있고, 영국인으로서 나의 견해가 틀린 게 전혀 없으며 모든 곤란이 사라지면 일본의 좋은 친구가 될 가능성 큰 사람으로서 관계를 구축해 두어야 한다고 말한다."

캐세이에서 빅터는 점점 줄어드는 상하이의 외국인 주민들에게 스파이 영화를 보여주면서 사기를 북돋고자 했다. 베를린에서는 헤르만 괴링Hermann Göring이 그를 "말썽쟁이 할리우드 플레이보이"로 깎아내렸다.[35] 독일이 전쟁을 개시하지 않을 것이라는 희망을 버리지 않았던 빅터는 독일이 폴란드를 침공하자 암담한 심경이었다. 몇 달 뒤 라디오를 듣는데 프랑스가 항복했다는 뉴스가 흘러나왔다. 그는 "프랑스가 강화를 요청했다는 나쁜 소식을 들음"이라고 일기에 적었다.[36] 1940년 7월 이누즈카는 빅터와 여러 차례 만남을 요구했다. 그는 빅터가 선의를 보이고 난민들의 안전을 도모하기 위해 일본 공장에 투자해야 한다고 다그쳤다. 빅터는 일기에 "자금을 구할 수 없다고 말함"이라고 적었다.

이누즈카와 일본 관계자들은 압박 수위를 높였다. 그들은 빅터의 부동산을 "안전하게 지키기" 위해 그의 방대한 부동산 자산을 일본 회사와 합병하자고 제안했다. 마지막으로 한 일본군 장교가 무장한 상사 두 명을 대동하고 캐세이 호텔의 사무실로 찾아왔다. 빅터는 그들에게 합병할 부동산 자산 목록을 제시했다―쥐가 들끓는 공동 주택과 버려진 집들이었다. 장교는 "이건 일본에 대한 모욕"이라고 외치며 자리에서 벌떡 일어났다.[37] "우린 당신을 결코 용서하지 않을 것이오."

몇 주 뒤에 일본 관계자들은 캐세이 호텔에서 빅터에게 개인적으로 만찬을 대접했다. 술잔 너머로 한 일본군 장교가, 빅터가 더 협조적으로 나오지 않는다면 막강한 서순 제국도 금방 무너질 것이라고 경고했다.

그가 나직하게 물었다. "빅터 경, 당신은 대체 왜 그렇게 반일적인 것이오?"

그는 "난 전혀 반일파가 아니오"라고 대답했다. "난 그저 친親 서순파이고 매우 친영국파일 뿐인 거요."

이 만남들에 대한 이야기를 들은 이누즈카는 이제 진절머리가 났다. 빅터 서순은 "여태까지 일본 당국이 유대인 난민에 베푼 동정과 관대한 처사를 무시하기로 분명히 마음먹었다." 그는

"반일 선전 활동"에 관여하고 있었다.

그가 상하이에 남아 있고 일본군이 조계를 점령할 경우 십중 팔구 체포될 것이라는 경고를 받은 빅터는 1941년 가을에 인도로 향하는 배에 올랐다—진주만 공격이 일어나기 불과 몇 주 전이었다.

◯●

커두리 학교에 헌신하던 호러스는 남았다. 그는 가족 소유 롤스로이스를 가져와 호화로운 차체는 떼어내고 대신 앞바퀴와 뒷바퀴 사이에 임시변통의 버스 차체를 부착하여 아이들을 학교로 실어 날랐다. 점점 더 많은 아이들이 학교로 오자 난민 아동에게 무료로 제공하는 끼니 숫자를 하루 한 끼로 줄였다. "의사들 말로는 그렇게 되면 질병과 사망이 더 많이 발생할 거라고 하지만 우리도 어쩔 수가 없다"고 그는 로런스에게 썼다. "무척 걱정이 돼." 식량이 상하이 전역에서 바닥나고 있고 도시 곳곳에 식량 폭동이 "일상다반사"가 되고 있다고 호러스는 알려왔다. "오늘 오전 5시에 우리 대문 앞 차이나 클럽 코앞에서 납치 사건이 일어났다"고 호러스는 로런스에게 썼다. "내가 알기로는 서너 명이 납치되었어. 정말이지 우린 멋진 동네에 살고 있군." 며칠 뒤 일본군은 마블 홀 앞길을 봉쇄했다. "여섯 살짜리 사내애가 우리 동네 주택가 바깥에서 앵앵 울어대고 있었어. 집에 갈 수가 없어서. 그래서 그 앨 집안으로 들여서 하룻밤 재워줬지."

9월에 커두리 형제는 이제 76세이고 몸이 좋지 않은 엘리를 로런스 곁에서 지내도록 홍콩으로 보내기로 했다. 둘 다 홍콩이 더 안전한 곳이라고 생각했다. 그들은 엘리의 주치의도 함께 보냈고 아버지를 가족이 소유한 페닌술라 호텔의 스위트룸에 투숙시켰다. "전쟁이 시작되면 우린 오랫동안 떨어져 지내며 각자 판단에 따라 행동해야 할 것"이라고 호러스는 형에게 썼다.

◗

일본 비행기가 진주만을 공격해 미국 함대를 무력화하고 있을 때 상하이는 1941년 12월 8일 월요일 이른 아침이었다. 4시 직전 일본도로 무장한 일본군 병사들이 황푸강에 정박한 미국 전함 웨이크호에 올라 승무원들을 제압했다. 일본군은 근처의 영국 전함들에도 포격을 가해 파괴했다. 거칠 것이 없는 일본 해병대는 탱크와 장갑차에 올라타 와이탄을 따라 이동했다. 확성기를 단 트럭이 캐세이 호텔을 지나가면서 상하이 점령 소식을 요란한 소리로 알렸다. 일본군의 폭탄이 떨어지는 가운데 병사들은 루즈벨트와 처칠이 서로 끌어안고 벌벌 떨고 있는 풍자만화가 실린 유인물을 뿌렸다. 영국과 미국 시민은 해밀턴 하우스에 출두하라는 명령이 내려왔다. 빅터의 그 호화 아파트 단지는 헌병대—일본의 게슈타포에 상응하는 기관—의 본부로 바뀌어 있었다. "적국인"은 밖에서 차야 하는 선명한 붉은 완장을 받았다. "A"는 미국인, "B"는 영국인을 뜻했다. 와이탄 앞 항만, 일본 영사관을 마주 보는 지점에 일본 전함이 닻을 내렸다. 그것은 35년 전 제이콥 시프의 차관으로 건조된 전함 가운데 하나인 이즈모호였다.

일본군 장교들이 커두리 학교에 나타났다. 그들은 호러스에게 수업은 이제 영어가 아니라 독일어로 진행될 것이라고 말했다. 또한 마블 홀에서 호러스를 퇴거시키고, 다른 곳에 가택연금 시켰다가 또 다른 외국인이 소유한 개인 주택으로 데려가 그곳의 두 외국인 환자를 돌보도록 시켰다.

캐세이 호텔에서 서순사의 간부들은 시어도어 알렉산더와 다른 직원들을 불러 사무실로 일찍 와서 회사 문서들을 파기하라고 지시했다.[38] 회사 문서가 일본군의 수중에 들어가지 못하게 하려는 것이었다. 직원들이 파쇄기에 서류를 집어넣고 있는데 복도에서 군홧발 소리가 들려왔다. 문이 벌컥 열렸다. 일본군이 들어와 사무실을 장악하고 직원들을 억류했다. 이누즈카 대령이 캐세이 호텔에 도착해 엘리베이터를 타고 9층으로 올라와 빅터가 버리고 떠난 스위트룸으로 성큼성큼 들어왔다. 일본 군인들이 빅터의 서류를 들여다보는 사이 이누즈카는 빅터의 책상 뒤로 가서 그의 의자에 앉았다.[39] 그는 일본 사진사들에게 사진을 찍으라고 지시했다. 이제 그가 상하이의 보스였다.

수척해진 수용자들이 일본이 운영하던
상하이의 차페이Chapei 집단수용소를 해방시킨
미군들을 환영하고 있다. 커두리 가족도 이곳에 수용되어 있었다.

7장
전쟁

일본군이 상하이 캐세이 호텔을 점령하고 동생 호러스를 붙잡아 가택연금시키는 사이 로런스는 군 해난 구조선에 쭈그려 앉아 홍콩만을 가로지르고 있었다.[1]

중국 남부에 붙어 있는 농촌 지역 가우룽 반도가 그의 뒤편에 있었다. 앞쪽은 부둣가에 오피스 빌딩이 즐비하게 늘어선 홍콩 섬이었다. 부둣가 위로는 홍콩의 랜드마크인 550미터 높이의 빅토리아 피크가 우뚝 솟아 있었다. 1941년 12월 8일이었다. 구름 사이로 모습을 드러낸 피크 꼭대기 근처, 홍콩 최고급 주택 지구에 일본군의 포격에 노출된 로런스의 집이 있었다. 집안에는 아내와 어린 두 자식이 숨죽인 채 있었다. 1941년 12월 7일 하와이 진주만 공습과 상하이 조계 공격에 발맞추어 일본군 비행기가 홍콩 공항에 폭탄을 떨어뜨렸다. 일본군과 포대는 몇 킬로미터 떨어진 중국 국경선을 넘어 휩쓸고 들어왔다.

로런스는 일본의 공격을 예상하지 못했었다. 1940년 4월 영국령 홍콩 식민 정부는 영국 여성과 아동들에게 배에 올라 오스트레일리아로 소개하도록 강력 권고했다. 로런스의 아내 뮤리엘은 소개 면제를 신청했다. 그녀는 엄마가 된 지 얼마 되지 않았고 둘째 아이를 임신 중이었다. 남편을 두고 떠날 생각이 없었다. 1941년 초에 이르자 중국 국경 지대 근처에서는 탄약과 물품을 배급하는 길게 늘어선 일본군 대열을 볼 수 있었다. 영국군 증원군이 홍콩에 도착하여 침공에 대비하기 시작했다. 로런스와 다른 영국인 남성들은 군사 훈련을 받도록 징집되었다. 하지만 로런스는 대다수의 영국인들처럼 홍콩의 방비는 철통같고, 전쟁은 가능성이 먼 얘기로 여겼다. 상하이와 달리 홍콩은 영국 식민지였다. 그곳은 인도처럼 제국의 일부였다. 영국은 홍콩이 항복하게 놔두지 않으리라.

일본인들을 점차 불신하고 싫어하게 된 빅터와 달리 커두리 집안은 일본을 여전히 좋게 생각했다. 어린 시절 로런스와 호러스는 부모와 함께 거의 해마다 두 달씩 일본에서 여름휴가를 보냈다. 그들은 일본의 평온함, 그곳의 예술, 건축, 풍광의 섬세함에 찬탄했다. 그곳은 시끌벅적한 상하이와는 천양지차였다. 어머니 로라는 일본의 빠른 근대화 속도에 감탄했다. "모두가 일본이 부상하고 있다는 데 동의한다"고 1919년 일기에 적었다. 엘리는 일본 회사들과 협업하며 목재를 수입해 일본의 여러 사찰 정원을 아름답게 꾸미는 일을 도와 일본 왕실로부터 감사를 받기도 했다. 홍콩의 많은 영국인들처럼 커두리가는 일본이 중국보다 더 문명화되고 우아하다고 생각했고, 일본의 팽창을 걱정하면서도 1905년에 러시아를 패배시켰고 나중에 만주를 정복한 일본의 능력을 인정하지 않을 수 없었다.

상하이의 불안을 점점 의식하게 된 커두리가는 1930년대 내내 남쪽으로 1,125킬로미터 떨어진 홍콩에 계속해서 투자를 늘려나갔다. 엘리는 로런스가 사업을 떠맡도록 준비시켜왔고 이제 마흔두 살이 된 그는 어느 모로 보나 성공한 인물이었다. 아버지에 의해 중화전력공사의 회장으로 임명된 이래로 10년 넘게 로런스는 엘리가 로버트 호퉁과 주제 페드루 브라가와 함께 투자한 홍콩 북부 지역 가우룽에 전기―와 근대화―를 도입하려고 힘써왔다. 로런스에게 전기electricity―그가 더 즐겨 부르는 대로는 동력power―는 홍콩 미래의 핵심이었다. 1940년에 그는 자랑스레 말했다. "가우룽이 밤이면 빛이 없었고" 길거리가 등유 램프로 밝혀지던 "시절을 기억할 사람이 있을 것이다."[2] 하지만 이제는 "선향線香(사당의 신상 앞에서 피우는 향―옮긴이) 제조부터 대양을 오가는 증기선 건조에 이르는 다양한 규모의 산업과, 생강의 보존 가공과 방연광(납의 원석―옮긴이)의 채굴에 이르는 다양한 속성의 산업들이 오늘날 커두리가가 제공하는 전기에 의존한다." 로런스는 홍콩의 외진 곳에 시골 저택을 설계해 지은 다음 유럽에서 들여온 최신 설비를 장착했는데, 여기에는 거실 한구석에서 섭씨 32도가 넘는 습하고 더운 공기에 시원한 바람을 틀어 주는 에어컨도 있었다.

로런스가 홍콩에서 가장 기념비적 시설로 여겼던 것은 아시아 최대의 발전소인 혹운Hok Un 발전소였다. 1940년 2월 성대한 개소식에서 로런스는 자리를 함께 한 영국 고관들과 공무원들

앞에서 "미래에 낙관적 전망을 품고" 새 발전소를 지었다고 밝혔다.

22개월 뒤 일본이 홍콩을 침공했다. 국경선으로 밀고 들어온 일본군은 곧장 로런스의 자랑거리로 향했다. 영국 관리들은 로런스에게 일본이 침공할 경우 일본군의 손이 닿지 못하게 발전소를 폭파시켜야 한다고 경고했다. 발전소 근처에 살던 중화전력공사 기술자들이 달려가 폭약을 터트려 터빈을 파괴했다. 그리고 발전소를 가동시킬 수 없게 핵심 부품을 떼어내어 바다에 내버렸다. 침공 몇 주 전부터 군인 신분으로 훈련을 받은 로런스는 아버지와 중화전력공사 관계자들을 구조할 소형 보트와 통행증을 받았다. 기술자들이 파괴 작업을 마치자 로런스는 그들을 서둘러 항구로 데려가 보트에 올라탄 다음 진격해오는 일본군을 피하기 위해 홍콩 섬으로 다시 향했다.

뭍에 오르자 로런스는 눈앞으로 포탄이 떨어지는 가운데 선빔 탤벗(고급 스포츠 세단의 일종—옮긴이)을 몰고 급커브가 많은 도로를 지나 피크에 있는 집으로 갔다. 그가 액셀레이터를 밟는 순간 총알 두 개가 차 뒷좌석을 파고들었다. "모든 일이 한꺼번에 터지고 있는데 멈출 도리가 없으니 그냥 쭉 가는 거였다"라고 그는 나중에 회상했다.[3]

로런스는 집앞에 차를 세웠지만 집은 비어 있었다. 당황한 그는 근처 집들의 문을 두드리다가 마침내 어느 이웃집에 숨어 있는 가족과 조우했다. 뮤리엘이 두 아이와 함께 문간에서 그를 맞았다. 리타는 한 살이었고 마이클은 여전히 엄마 품안에 있었다.

뮤리엘은 그 집을 떠나지 않으려 했다. 일본군의 포탄이 근처에서 폭발했다. 리타를 안고 있던 커두리 가족의 중국인 유모는 얼굴에 파편을 맞아 피를 흘리며 땅바닥에 쓰러졌다. 집안의 커튼에 불이 붙었다. 리타의 옷은 소이 폭발물에 그슬렸다. 한 명씩 차 안으로 들어간 커두리 가족은 도로를 타고 내려가 어느 친구 집으로 도망쳤다. 그들은 포격에 고스란히 노출된 피크를 탈출한 마지막 가족이었다. 1941년 크리스마스에 홍콩은 항복했다.

열하루 뒤인 1942년 1월 5일 일본군은 로런스와 가족에게 영국 국적자 전원과 함께 홍콩 부둣가를 따라 홍콩상하이 은행 본부 앞에 있는 작은 공원인 황후상 광장Statue Square에 모이라고 명령했다. 거의 50년 전에 홍콩상하이 은행의 한 간부가 공원 벤치에 우두커니 앉아 있던 엘리에게 다가와 더 넉넉한 대출 한도를 받을 수 있게 새로운 은행으로 돈을 옮기라고 권유한 바로 그 장소였다. 덕분에 엘리는 막 부화한 자신의 사업이 무너지지 않게 버틸 수 있었다. 페닌슐라 호텔의 스위트룸에서 떠밀려 나올 때 엘리는 한겨울 추위를 막으려고 모닝코트를 잽싸게 집어 나왔다.

황후상 광장에서 일본군은 붙잡힌 민간인들에게 '굴욕의 행진'을 시켜서 수용소로 싣고 갈 버스에 오르게 했다. 도로를 따라 늘어선 철조망에는 일본군에게 사살된 시신들이 걸려 있었다. 상하이에서 빅터 서순의 애인이었던 〈뉴요커〉의 작가 에밀리 한은 그 광경을 목격했다. 그녀는 나중에 이렇게 썼다. "생각해보라. 홍콩의 영국 엘리트들은 쿨리들의 값싼 노동 덕분에 떵

떵거리며 왕처럼 살았다. 그걸 기억해라. 그런데 갑자기 이런 일이 닥친 거다."[4] 로런스와 아내, 두 아이, 그리고 그의 아버지는 버스에 밀어 넣어져 홍콩 섬의 반대편인 스탠리에 있는 홍콩 교도소 바로 옆 건물에 수용되었다. 원래 대학 건물이었다가 집단 수용소로 황급히 개조된 곳이었다. 커두리가의 또 다른 호화 호텔인 리펄스베이는 5킬로미터도 떨어져 있지 않았다.

2,000명이 넘는 민간인 포로들이 이곳에 몰아넣어졌다. 환경은 암울했다. 수용소 건물들은 일본의 폭격으로 여러 군데 지붕이 날아가거나 벽에 구멍이 뚫려 있었다. 커두리 가족이 배정받은 '기혼자 구역'에서는 서른 명이 샤워기 한 대를 같이 썼다. 침대는 거의 없었다. 여건이 좋을 때면 배급은 "담배 한 개비, 작은 깡통에 담긴 진밥(질게 지어진 밥), 데친 상추와 수프 약간"이었다고 기억했다.[5] 항상 하인들에 의지해왔던 수용소 재소자들은 요리를 하고 옷을 짓고 수선하고 빨래하는 법을 익혔다. 그들은 뜰을 가꾸고 연극과 음악 공연을 하고, 예배를 보고 카드놀이를 했다. 로런스는 전쟁 후의 정부와 예산에 관한 계획을 짜며 애국심을 북돋우려고 애쓰는 일단의 정부 관리 재소자 그룹에 합류했다.

일본군은 다른 재소자들과는 달리 연로한 엘리에게는 여러 허드렛일을 면제해 주었다. 그는 모닝코트를 걸친 채 수용소를 돌아다니며 이따금 나무 아래 앉아 주변에 빙 둘러 앉은 다른 재소자들과 담소를 나눴다. 하루는 한 영국인 재소자—전쟁 전에 경감이었던—가 흥분해서 로런스에게 달려왔다.

"난 당신 아버지와 상하이로 가지 않을 거요"라고 경감은 밝혔다. "빌어먹을! 난 여기 남을 거요."⁶

"대체 무슨 소릴 하는 겁니까?" 로런스가 어안이 벙벙해 되물었다.

"당신 아버지가 자신과 수용소를 통째로 상하이로 옮길 거라고 하던데요?"

로런스는 나무 아래 앉아 있는 아버지한테로 성큼성큼 다가가 무슨 일이 벌어지고 있는 것이냐고 따졌다. 아버지가 정신이 어떻게 된 게 아닌가? 엘리는 농담을 했던 거라고 설명했다.

"심지어 이런 상황에서, 전쟁의 와중에 내가 그런 일을 할 수 있다고 사람들이 믿는다면 내 신용은 여전히 좋은 게지."

실상은 아무도 어디로 가지 않을 것이고 그의 신용은 더는 중요하지 않았다는 것이다.

　　◖

한편 상하이에서는 일본인들이 호러스 커두리를 '적국인'으로 구금하긴 했어도 유대인 난민들에게는 아직 아무런 조치도 취하지 않았다. 호러스가 커두리 학교의 교장으로 채용한 독일 유대인 난민인 루시 하트위치는 여전히 독일 시민으로 간주되었다. 아이러니하게도 독일이 일본의 동맹국이었으므로 하트위치는 하루하루 학교를 계속 운영할 수 있었다. 그럼에도 이제 빅터 서순은 인도에 있고 호러스는 구금 중이므로 난민들을 위해 힘써줄 또 다른 사람이 필요했다. 버펄로에서 온 미국 여성이 그 역할을 떠맡았는데 알고 보니 그녀의 가장 중요한 임무도 빅터의 경우처럼 이누즈카 대령을 구워삶는 것이었다.

빅터와 엘리, 여타 사람들이 몇 년 동안 간청한 끝에 나치를 피해 도망친 유대인을 돕는 전 세계의 활동들을 관장하는 미국 유대인 합동위원회가 1941년 봄에 마침내 상하이를 지원하기로 결정했다. 진주만 공격 7개월 전에 위원회는 자신들이 어떻게 도울 수 있을지 알아보고자 미국인 로라 마골리스Laura Margolis를 상하이로 파견했다.[7] 마골리스는 좌파 성향의 버팔로 출신 사회복지사였다. 그녀는 부유한 독지가들을 딱히 달가워하지 않았다. 부자 기부자들은 그저 양심의 가책을 줄이기 위해 돈을 주고 있을 뿐이며 자신 같은 현장의 사회복지사들이 하는 일에 항상 간섭한다고 생각한 그녀는 버팔로에서 부자 기부자들과 심심찮게 충돌했었다. 자선 활동은 사업처럼 운영되지 않는다고 마골리스는 믿었다. 기업가들은 그걸 이해하지 못한다. 1939년 합동위원회는 마골리스를 쿠바로 보내 그곳에 상륙한 유대인 난민들을 돕게 했다. 그녀가 아바나에 있을 때 대서양 횡단 정기 여객선 세인트루이스호가 미국에 가려던 유대인 난민을 900명 넘게 태우고 왔다가 입국을 거부당해 어쩔 수 없이 유럽으로 귀환했고 결국 거기서 다수가 죽임을 당하는 사태가 벌어졌다. '저주받은 자들의 항해'로 알려지게 된 사건이었다. 상하이에는 거의 스무 배나 많은 1만 8,000명의 난민이 있었다. 마골리스는 세인트루이스호 유대인에게 벌어진 비극이 되풀이되지 않게 하겠다고 굳게 마음먹었다.

마골리스는 2주간 대양을 건너 마침내 1941년 5월에 상하이에 도착했다. 도시는 그녀를 충격에 빠트렸다. "난 그곳을 싫어했다"고 그녀는 나중에 술회했다. "그 도시는 번쩍번쩍 빛나고, 혼잡하고, 길거리에 죽은 중국인이 있는 곳이었다." 마골리스는 실용적인 작업복과 굽 낮은 구두를 담은 여행 가방을 들고 상하이에 도착했다. 하지만 마블 홀의 파티에 참석해 난민 학교에 돈을 대는 커두리가 사람들을 만날 수 있게 새 드레스를 구입하라는 소리를 들었다. 빅터 서순은 그녀를 캐세이 호텔에 묵게 하고는 곧 출장을 가 버렸다. "무엇도 그들을 건드릴 수 없고 그들에게는 무슨 일도 일어날 수 없다"고 로라는 커두리가와 서순가를 두고 말했다. 하루는 저녁에 마블 홀을 나서다가 거리에서 죽은 중국인의 시신을 밟을 뻔했다. "나는 호텔로 가서 블라인드를 내리고 침대로 들어갔다. 머릿속에서 이 참상을 그냥 다 지워버리려고." 마골리스는 빅터 서순과 커두리가, 난민들을 돕고자 하는 다른 유대인 사업가들이 일을 망쳐놨다고 결론내렸다. 버팔로의 부유한 기부자들처럼 그 사람들은 복지 기관을 운영할 줄 모른다. 그들은 '억만장자들의 위원회'였다. 캐세이 호텔에서 여러 차례 열린 칵테일 파티에서 마골리스는 이누즈카 대령을 만났고 조용하고 예의바르다는 인상을 받았다. 그녀는 조수와 함께 난민 구호 사업을 정식으로 인계받을 계획을 짰다.

1941년 12월 8일 새벽 4시에 캐세이 호텔의 객실에서 마골리스는 일본군의 상하이 조계 공격에 잠을 깼다. 창밖을 내다보니 항구가 불길에 휩싸여 있었다. 마골리스는 신속히 중요 서류들

을 찢어서 변기에 버리고 물을 내렸다. 호텔 로비로 내려가자 총
검을 든 일본군 경비병들이 보였다. 그들은 마골리스를 객실로
돌려보냈다. 미국인들은 밖으로 나갈 수 없다고 했다. 그들은 민
간인 포로였다.

며칠 뒤에 마골리스는 이누즈카가 빅터의 사무실과 펜트하
우스를 차지해 본부로 삼았음을 알게 되었다. 그녀는 면담을
요청했다. 이누즈카는 그녀를 정중하게 맞이하고 차를 내놨다.
마골리스는 일본이 침공하기 직전 위원회에서 보낸 전보를 건
넸다. 상하이 난민들을 먹이고 입히는 데 쓸 돈을 스위스 은
행에 예치해 두었다고 알리는 내용이었다. 은행들이 폐쇄되고
자신은 호텔에 갇혀 있으니 마골리스는 그 돈에 접근할 수 없
었다.

"당신들은 지금 점령 세력이지 않습니까?" 마골리스는 이누
즈카에게 말했다. "점령 세력은 폭동을 좋아하지 않죠. 배고픈
사람들은 폭동을 일으키고요. 당신과 나, 우리 두 사람의 나라
는 밖에서 싸우고 있을지도 모르지만 내가 그 계좌의 돈을 쓰도
록 허락하는 게 당신한테도 좋을 겁니다." 이누즈카는 동의했지
만 빅터 서순이나 커두리가 또는 그들과 일했던 사람들 누구한
테도 도움을 구해서는 안 된다고 못 박았다. 이제 빅터의 배신이
드러났으니 이누즈카가 빅터에게 "몹시 노한" 것이 빤히 보였다.
그는 상하이에 남아 있던 빅터의 대리인 가운데 한 명을 이미 체
포했다. 마골리스가 자리를 뜨려고 하는데 이누즈카가 상하이의
난민들과 그들을 도우려고 하는 유대인들이 미국 정부에 영향력

을 갖고 있다는 그의 끈질긴 믿음을 반영하는 또 다른 요청을 했다. 그는 마골리스에게 혹시 유대인이냐고 물었다. 그녀가 그렇다고 대답하자 그는 유대인 출신인 미국 재무장관 로버트 모겐소Robert Morgenthau에게 연락해 미국 내 일본 자산을 동결한 규제를 완화하도록 요청해줄 것을 부탁했다. 마골리스는 자신은 모겐소를 모른다고 대답했다. 그리고 이누즈카의 인도주의적 협조에 감사한다고 덧붙인 뒤 재빨리 그 방을 나왔다.

◑

1942년 여름에 이르자 로런스와 가족들은 홍콩의 수용소에 다섯 달째 지내고 있었다. 동료 수용자들은 용기를 얻고자 그에게 의지했고, 그는 일본의 패배를 확신하며 미래에 초점을 맞춘 채 모든 사람들의 기운을 북돋는 데 자부심을 느꼈다. 하지만 전쟁은 실질적인 타격을 주었다. 로런스는 몸이 축나고 있었다. 엘리의 건강은 악화되었다. 함께 수용된 영국인 의사가 로런스에게 엘리가 전립선암에 걸린 것 같다고 밝혔다. 로런스는 아버지 곁에 앉아 그가 일본인 수용소장에게 편지 쓰는 것을 도왔다.[8] 78세라는 '고령'과 '쇠약한 상태'를 거론하며 엘리는 그와 가족이 상하이의 마블 홀로 돌아가 전쟁이 끝날 때까지 그곳에 머물 수 있게 허락해줄 것을 요청했다. 그는 "상하이와 홍콩 양쪽에 있는, 일본과의 사업상 중요 인맥"을 열거하고 과거에 일본을 여러 차례 방문했음을 밝혔다. 자신이 훈장도 받았고 이라크의 파이살 국왕과 에티오피아의 하일레 셀라시에 황제를 비롯해 많은 사람들을 안다고도 덧붙였다. 며칠 뒤 로런스는 수용소장 앞에 불려가 곧 석방된다는 말을 들었다. 단 이제부터 그의 신분은 '캐나다 신문 기자'였다. 그와 가족이 상하이까지 갈 배표는 알아서 구입해야 했다.

현금이 없고 은행들은 일본 당국이 통제하고 있었으므로 로런스는 인도인 친구한테서 돈을 빌려 외교관과 외교관 가족들, 여타 외국인들을 싣고 타이완에 먼저 갔다가 상하이로 갈 작은 배의 표를 구입했다. 배의 승객 정원은 600명이었지만 3,000명 이상이 승선해 꽉꽉 들어찼다.[9] 커두리 가족 다섯 명 ― 성인 셋과 어린 아이 둘 ― 은 비좁은 선실 하나에 모두 들어갔다. 선실 침대는 나날이 아프고 쇠약해지고 있는 엘리에게 내주었다. 사흘이면 될 항해는 배가 미국 잠수함들을 이리저리 피해 다니느라 9일이나 걸렸다. 승객들은 저녁이 되어야만 갑판 위에 올라올 수 있었다. 로런스는 갓난 아들의 기저귀를 갑판 바깥에서 간 다음 바닷물에 씻었다.

전시 상태였으므로 일본군은 상하이 곳곳에 장벽과 검문소를 설치했다. 처음에 중국인과 외국인 모두 점령이 금방 끝날 것이라고, 일본은 화가 난 미국에 상대가 되지 않을 것이라고 믿었다. 하지만 일본이 잇따라 승리를 거두며 전쟁이 길어졌고, 일본 당국은 통제의 고삐를 조였다. 식량은 비쌌고 곧 암시장이 생겨났다. 호러스 같은 부자 외국인들은 필요한 식량을 구할 수 있었다. 일본인들은 검문소에서 중국인들에게 특히 잔인했다. 그들은 중국인들을 무릎 꿇리고 팔을 앞으로 쭉 뻗게 시킨 다음 몇 시간씩 그 자세로 두었다가 통과시켰다—그들이 집에 가거나 일을 하러 가거나 상관없었다.

로런스가 기대한 '석방'은 알고 보니 속임수였다. 가족이 상하이에 도착했을 때 엘리는 마블 홀—일본인들에게 넘어가 있었다—로 보내져 집 뒤편의 마구간에 호러스와 함께 감금되었다. 로런스와 아내, 젖먹이 아이들은 와이탄에서 11킬로미터 떨어진 차페이 집단수용소에 수감되었다. 수용소는 화학 공장 옆, 버려진 어느 대학의 제멋대로 뻗은 3층짜리 기숙사 건물 두 채였다. 미혼인 수용자들이 한 채에, 기혼자 가족들이 다른 한 채에 각각 수용되었다. 커두리 가족도 다른 가족과 함께 기숙사 방에 배정되어, 여덟 사람이 학생 두 명이 사용하던 공간에 우겨넣어졌다. 깨진 유리창으로 비가 들이쳤다. 가족들은 침대 8개를 들여 와 밤에는 그 위에서 함께 자고 낮 동안에는 벽에 세워두었다. 수용자들은 아침저녁으로 점호를 위해 복도에 줄을 섰다. 샤워—찬물 샤워—는 복도식 공동 샤워장에서 했다. 난방이 안 되는 넓은 방에서 일본 경비병들이 소량의 쌀—담뱃갑 크기—과 썩은 채소를 나눠 주었다. 수용소 재소자들은 쌀에서 발견한 바구미(바구밋과의 곤충—옮긴이)를 삶아 먹으며 단백질을 섭취했다. 한 재소자는 그의 아버지가 "토마토 껍질과 깨진 달걀 껍데기, 쌀이 담긴 그릇을 들고 와서" 아이들에게 저녁으로 내놨다고 기억했다. 일본인들은 상하이 개 경주장을 뒤져서 이미 죽었거나 너무 늙어서 경주를 할 수 없는 개 사체를 가져와 고기로 내놨다. 수용소 요리사들은 개고기를 푹 고아 마늘을 잔뜩 얹은 다음 점심으로 조금씩 나눠줬다. 커두리 가족과 방을 함께 쓰던 여성 중 한 명은 몸무게가 61킬로그램에서 38킬로그램으로 줄었다. 식당의 벽에는 '음식을 먹고 싶지 않으면 먹지 않아도 되지만 안 먹을 거면 살아남아야 하는 사람들을 위해 놔두시오'라는 손으로 쓴 공지가 적혀 있었다.

로런스의 아내 뮤리엘 커두리는 수용소에 갇혔을 때 스물여섯 살이었다. 서순 일족의 유복한 분가 출신인 그녀는 홍콩 상류층의 일원이었고 아버지는 저명한 학자였다. 그녀는 피아노를 치고 음악을 좋아했다. 1930년대에 로런스와 사귀던 당시 굉장한 미모에 성격이 활달했던 뮤리엘은 상하이로 자주 찾아와 마블 홀에 묵으며 아침이면 승마를 하고 저녁이면 파티와 나이트 클럽에서 로런스와 춤을 추었다. 그녀는 상하이를 운영하던 영국 사업가들을 많이 만났는데 그중에는 특이한 방식으로 옷장을 정리해둔 사람도 있었다. 그 사람은 아침마다 하인에게 그날의 기온을 물었다. 하인이 "화씨 75도"라고 답하면 그는 옷장에서 그 숫자가 표시된 서랍을 열었고 그 안에는 그 기온에 알맞은 의복 한 벌이 갖춰져 있었다. 그는 즉시 셔츠와 타이, 양복을 입고 중산모까지 갖춰 쓸 수 있었다.

1938년에 로런스와 결혼했을 때 뮤리엘은 스물셋이었고 그는 서른아홉이었다. 그녀는 행정 당국이 진주만 공습 직전에 영국 여성과 아이들의 소개를 명령했을 때 홍콩을 떠나지 않았다. 간호사가 되었던 그녀의 어머니는 다른 수용자들을 돌보다가 스탠리에서 사망했다. 얼마 안 되는 배급 식량을 환자들과 나눠 먹었던 뮤리엘은 영양실조가 어머니의 죽음을 재촉했다고 믿었다. 더 젊은 시절 품었던 모든 소망들은 전쟁으로 깡그리 사라졌다고 그녀는 다른 수용자들에게 말했다. 그녀는 자신의 역할을 냉정하게 인식했다. "내 아이들을 챙기고, 할 수 있는 모든 일을 하고 최대한 정상적으로 살려고 노력하는 것"이었다.[10]

일본군은 이틀 동안 물을 주지 않는 방식으로 커두리 가족과 다른 수용자들을 자주 처벌했다―아직 영아인 마이클과 리타에게 특히 잔인한 처벌이었다. 유독 괴롭히길 좋아하는 일본 경비병들은 사소한 위반에도 무시무시한 처벌을 내렸다. 한 중국인은 민간인 포로들에게 식량을 팔기 위해 수용소로 몰래 들어왔다가 붙잡혀 나무에 묶인 다음 수용자들이 모두 보는 앞에서 사흘 간 매질을 당했다. 수용자들은 그 사람이 흘리는 신음 소리 때문에 밤새도록 한숨도 자지 못했다.

로런스는 수용자들이 기운을 낼 수 있도록 홍콩의 미래를 논의하는 모임을 조직하는 리더가 되었다. 그는 모임에서 논의한 내용을 받아 적을 수 있게 독학으로 속기를 터득했다. 일주일에 여러 차례 여성 수용자들과 함께 수용소 가족 동棟 안뜰에 모여 빨래를 했는데 대걸레 자루 끝에 구멍이 뚫린 빈 캔을 박은 다음, 양동이에 담긴 비눗물에 아들의 더러운 기저귀를 넣고 꾹꾹 누르는 막대로 썼다. 그는 빨래를 담당한 유일한 남성이었다. 그는 뮤리엘에게 그 공동 세탁이 수용소에서 오가는 소문과 소식을 들을 수 있는 좋은 방법이라고 말했다.

◖●

1942년 7월 차페이 수용소 바깥에 사는 여러 난민들이 겁에 질려 마골리스를 찾아왔다. 독일 친위대원ss들이 상하이에 왔는데 유대인을 절멸시킬 계획을 세우고 있다는 것이었다.[11]

그들의 두려움에는 근거가 있었다. 이누즈카 대령은 갑작스레 상하이에서 마닐라로 전속되었는데, 일본 군부 내 강경파가 득세하며 상하이 난민들에 더 엄혹한 조치를 취할 준비를 하고 있다는 신호였다. 폴란드 유대인 수천 명을 죽음으로 몰아넣어 '바르샤바의 도살자'란 별명을 얻은 친위대 대령 요제프 마이징거 Josef Meisinger가 다른 친위대 장교를 대동하고 상하이로 파견되었다. 8월에 마이징거는 상하이 일본 해군 본부에서 일본 관리들을 만나 1만 8,000명의 상하이 난민 '문제'를 '처리'할 여러 방안을 내놓았다. 유대인을 만주나 여타 지역으로 보내 일본의 전쟁 수행 노력을 뒷받침할 강제 노역을 시킬 수도 있었고, 아니면 양쯔강 근처에 '의학 실험'용 강제수용소를 세우는 방안도 있었다. 마지막으로 마이징거는 대형 상하이 지도를 펼친 다음 자신이 선호하는 계획을 제시했다. 몇 주 안으로 유대인 명절인 새해 첫날이 오는데 그날 밤 독일 친위대 부대가 상하이 시너고그에서 예배에 참석하는 유대인과 그 가족들을 모두 한 곳에 모은다. 나머지 유대인들은 집으로 찾아가 색출한다. 그 다음 유대인들을 행진시켜 항구로 데려간 다음 폐선 처리 예정인 배들에 태워 바다로 끌고 나간 후 침몰시키는 것이었다.

일본 관리들은 경악했다. 내부 토론을 거친 뒤 그들은 나치 동료들에게 타협책을 내놨다. 난민들은 여전히 쓸모 있는 인질이다. 하지만 더 단단하게 통제할 필요가 있다. 일본 당국은 값싼 거처를 찾아서 이미 1만 명의 난민이 정착해 있던 홍커우 지구—옥외 변소와 지저분한 골목길을 따라 늘어선 복작복작하고 가난한 연립주택 지구로서 리틀 비엔나로 알려진—에 게토를 세우기로 했다.[12] 라디오와 신문 일면을 통해 게토 계획이 공표되었다. "군사적 필요에 따라" 모든 유대인은 홍커우 내 2.6제곱킬로미터 면적의 지역으로 이주하라는 명령이 내려졌다. '유대인'과 '게토'라는 표현은 사용되지 않았다. 유대인은 '무국적 난민'으로, 게토는 '지정 구역'으로 지칭되었다. 로라 마골리스는 포로수용소로 보내졌다. 난민들을 돕기 위한 그녀의 활동도 졸지에 끝나 버렸다.

'지정 구역' 바깥에 있는 집을 구입했던 에리히 라이즈만과 그의 가족은 게토로 옮겨야 하며 집은 몰수되어 어느 일본군 장성에게 넘겨질 것이라는 통지를 받았다. 에리히는 커두리 학교에 다니며 과외 활동으로 복싱 수업을 듣고 있었다. 그와 형, 어머니와 아버지는 새로운 게토의 단칸방으로 옮겨갔다. 이제 1만 8,000명 이상의 유대인 난민이 10만 명의 중국인과 나란히 홍커우에 살았다. 사람들은 그곳에 있는 유일한 녹지는 녹색 칠이 된, 보도의 벤치뿐이라고 농담을 했다. 식량 배급이 줄었다. 커두리가와 서순가, 나중에는 마골리스와 합동위원회가 제공하던 식품과 우유가 대폭 줄어들었다. 일본 보초병들은 곳곳에 철조망을 세우고 게토의 출입구를 지켰다. 난민들이 게토를 드나들려면 제대로 도장이 찍힌 통행증이 필요했다. 이누즈카가 떠난 뒤 난민 관리 업무는 또 다른 반유대적인 일본군 장교 가노 고야에게 넘어갔다. 스스로 '유대인의 왕'으로 자처한 고야는 통행증을 신청한 난민들이 뙤약볕 아래 몇 시간씩 줄을 서서 기다리게 만들기를 좋아했다. 또 커두리 학교에서 열리는 축구 경기에 참관하러 와서 선수들이 자기 앞으로 행진하게 시켰고 행동이 거슬리는 난민들의 따귀를 때렸다. "그는 때로 아주 야비하게 굴었고 누군가 아주 조그만 규칙이라도 위반했다가 들키면 가혹하게 처벌하곤 했다"고 한 난민은 기억했다.[13]

가족의 생계에 보탬이 되고자 에리히의 아버지는 게토 안에 채소 가판대를 차렸고 에리히와 형은 통행권을 얻기 위해 매일 줄을 서서 기다려야 했다. 그래야만 통행권을 받아서 게토 철조망 바깥의 중국 시장에 가서 채소를 사와 게토에서 재판매할 수 있었기 때문이다. 커두리 학교는 계속 열려 있었다. 에리히는 학교를 졸업해 약국에서 주문을 받고 약품을 배달하는 일자리를 얻었다. 그가 번 돈으로 가족은 근근이 연명할 수 있었다. 누구도 어떤 앞날이 기다리고 있는지 알 수 없었다.

◗

비록 대부분의 재산을 잃고 이제는 상하이 게토의 코딱지만 한 방에 내몰려 살아가고 있었지만 난민들은 중국인 이웃들보다 형편이 나았는데, 중국인 이웃들 가운데 일부는 더 북쪽의 전쟁터에서 도망쳐 온 난민들이었다. 중국인과 유대인은 서로 의 사소통하기가 쉽지 않았다. 대다수의 난민들은 중국어 몇 마디 하는 게 전부였고, 중국인들도 독일어나 영어를 몰랐다. 하지만 자신들이 떳떳하게 살아갈 수 있다는 사실 자체가 많은 난민들에게는 놀랍기 그지없었다.[14] 빈 출신의 난민 게르하르트 모제스 Gerhard Moses는 이렇게 회상했다: "유럽에서는 어느 유대인이 도망친다고 하면 숨어 지내야 하지만 여기 상하이에서 우리는 춤을 추고 기도를 하고 일을 할 수 있었다." 그는 "나보다도 처지가 더 나쁜 사람들이 내 처지를 참 딱하게 여겨주어서" 놀랐다. 어린이 난민인 요제프 로스바흐에게는 갖고 노는 대나무 장난감 인력거가 있었다. 한 상하이 인력거꾼이 일주일에 여러 차례 밤이면 찾아와 요제프와 자기 아이들을 인력거에 태우고 웃으면서 거리에서 끌고 다니곤 했다. "그 사람들은 반유대주의를 모른다" 고 또 다른 난민인 레오 로트는 놀라서 가족들에게 말했다.

◗

빅터 서순은 일본 군부의 손이 닿지 않은 인도에 있었다. 그는 영국군 부상병들을 돕기 위한 기금을 마련하고 연합국의 대의를 지지하는 발언을 하러 세계 곳곳을 다녔다. 공산당에 동조적인 좌파 작가 한수인韓素音은 봄베이에서 뉴욕으로 가는 선상에서 빅터를 만난 뒤 그를 콧대 세고 거만한 사람으로 일축했다. "그는 다리를 절며 배 위에 올랐는데 외알 안경과 이제는 거의 패러디처럼 보이는 상하이표 오만함은 여전했다"고 그녀는 나중에 적었다.[15] 그는 "외알 안경을 낀 도도함"을 풍기며 "우리는 내년에 상하이로 귀환할 것"이라고 장담했다.

보스턴에서 한 연설에서 빅터의 시각은 좀 더 현실적이었다. 그는 진주만 공습 이래로 아시아에서 연합군이 잇따라 겪은 패배와 영국과 미국이 일본의 군사력을 어떻게 과소평가했는지, 그리고 홍콩과 싱가포르 항복을 설명했다. "그들은 우리 영역에서 정확히 무슨 일이 벌어지고 있는지, 우리가 무엇을 하고 있는지, 우리가 무엇을 할 작정인지, 자신들이 어떤 문제를 해결해야 하는지 잘 알고 있는 것 같다. 반대로 우리는 그들이 무엇을 하고 있는지에 관해 아는 게 거의 없는 것 같다."

빅터는 연합국이 결국에는 전쟁에서 승리할 것이며 세계는 "러시아 제국"과 미국이 주도하는 유럽, "아마도 중국인들이 운영할" 아시아 제국이 지배할 것이라고 내다봤다. 그는 중국인들이 일본의 성공을 목도하고는 다음과 같이 자문할 것이라고 주장했다. "서양의 비결을 몇 가지 터득한 것만으로 일본이 미국과 영국을 거의 이길 뻔했으니 인구 4억 명을 보유한 중국의 성공 가능성은 얼마나 크겠는가? 예전에 세계를 다스렸으니 그들로서는 다시금 그러지 못할 거라고 생각할 이유가 없지 않겠는가?"

"내 생각에 중국인들은 정신 상태를 바꾸고 있다"고 그는 결론지었다. "그들은 눈을 떴으며 일본인들의 방법을 거울삼을 것이다."

하지만 지금은 일본인들이 상하이를 장악하고 빅터의 고위 간부이자 정치 자문인 엘리스 하임Ellis Hayim을 수감하고 있었다.

19세기 초에 서순 가문이 상하이로 데려온 바그다드 출신 유대인인 하임은 난민들에게 숙식을 제공하는 데 핵심 역할을 했다. 이제 그는 한때 빅터의 대표작이었던 엠뱅크먼트 하우스에 아픈 몸으로 아무런 도움도 받지 못한 채 갇혀 있었다. 하임과 같이 갇혀 있던 미국 저널리스트가 석방되어 빅터에게 하임이 겪는 고통의 실상을 알려왔다. 그는 하임이 다음과 같이 말했다고 전했다. "이 고초를 60일째 견뎌왔지만 이제 82일이 지나면서 무너지고 있다. 내 고열을 살펴줄 의사를 구하려고 며칠이나 애썼지만 그들은 손 하나도 까딱하려고 하지 않는다. 내 재산이 다 무슨 소용인가? 내가 지독하게 더러운 쿨리처럼 살아가는 이런 처지에 빠지리라고는 꿈에도 생각 못 했다." 하임은 너무 쇠약해져서 변소에 갈 때 다른 수감자들의 부축을 받아야 할 지경이었다. "그가 말하기로는 말라리아로 쓰러진 것이고 구석에 너무 웅크리고 누워 있다 보니 팔다리가 저리다고 한다"고 기자는 빅터에게 썼다. "그는 자신의 비참한 처지를 당신 탓으로 돌리고 싶어 했습니다."[16] 한편 기자는 "일본놈들은 당신의 그 스튜디오 겸 아틀리에에서 당신이 두고 간 것들을 들여다보며 즐거워하고 있다"고 덧붙였다.

안전한 인도에서 그 편지를 읽은 빅터는 자괴감이 들었다. 미래에 대한 절망이 깊어졌다. 그는 그와 함께 인도로 온 회사의 간부들에게 자신의 자산 가치가 어느 정도인지 물었다. 그들은 여전히 은행에 안전히 들어 있는 현금과 미국 주식시장에 투자된 수백만 달러, 인도의 공장, 상하이에 있는 광대한 부동산과 투자 대상 등을 열거했다.

"중국은 없는 셈 쳐." 빅터는 우울하게 대답했다.[17] "그건 잃어버린 재산이야."

●

1944년에 이르자 커두리 가족이 상하이 차페이 수용소에 갇혀 지낸 지도 2년이 되었다.

엘리는 갈수록 몸이 나빠졌다. 로런스는 낡은 타자기를 찾아내 일본 수용소장에게 아버지가 가족들이 돌보는 가운데 자택에서 돌아가실 수 있게 허락해 달라는 편지를 썼다. "올해 여든인 부친은 가실 날이 멀지 않았습니다. [돌아가시 전에] 장남과 손주들을 보는 것이 당신 최대의 기쁨이 될 겁니다." 로런스는 커두리 가족이 마블 홀로 돌아가서 "얼마 남지 않은 여생 동안 아버지를 돌보고 편안히 해드릴 수 있게 아버지와 함께 사는 것"을 허락해 달라고 청했다.

로런스는 집으로 돌아가도 좋다는 허락을 받았고 마구간 위층 작은 방에서 이전 하인들과 함께 아버지의 마지막을 지켰다. 1944년 8월 엘리는 세상을 떠났다. 로런스는 땅에 묻기 전에 아버지의 시신을 집안으로 들여도 된다는 허락을 받았다. 아버지를 묻은 직후 일본인들은 커두리 가족이 차페이 수용소를 떠나 마구간에서 가택 연금 상태로 살도록 허용했다. 마블 홀의 본관은 상하이 꼭두각시 총독의 관저로 쓰일 예정이었다.

일본군이 침략하기 전에 호러스는 단파 라디오가 내장된 커다란 가구를 구입했었다. 마블 홀로 돌아온 뒤 로런스는 밤늦게 슬쩍 응접실로 숨어들어가 일본 경비병들이 안 들리는 데서 미군 방송을 듣곤 했다. 바로 거기서 그는 전황을 파악할 수 있었고 1945년 8월에 미군 방송 아나운서가 "인류의 경로를 바꿀" 것이라고 말한 원자폭탄 투하 소식을 알게 되었다.

일주일 뒤 1945년 8월 20일─아내 뮤리엘의 생일─에 미군 병사들이 마블 홀 문앞에 나타났다. 근 4년 만에 처음으로 로런스는 마블 홀의 불을 켰다. 전쟁이 끝났다.

◖●

홍커우 게토에서는 에리히 라이즈만이 출입구를 지키던 일본 경비병들이 출입구를 열어 놓은 채 별안간 사라진 것을 알고서 전쟁이 끝났음을 깨달았다. 난민들과 중국 민간인들은 홍커우의 거리로 쏟아져 나와 기뻐했다. "잠자는 숲속의 미녀가 깨어난 것 같았다"고 한 난민은 회상했다. 에리히와 다른 난민들은 거리로 달려나가 '지정 구역'의 경계를 표시한 표지판들을 떼어냈고 옆에서는 중국인들이 환호하며 춤을 췄다. 미군이 상하이 시로 입성하여 와이탄에 늘어선 빌딩들에 미국 국기를 올렸다.

미군들은 유럽의 다른 게토와 강제수용소들의 참상에 관해 이야기를 들었던 터라 유대인 게토가 있다는 북쪽으로 향하면서 단단히 마음의 준비를 하고 있었다. 하지만 상하이에서는 기적적이게도 1만 8,000명이 넘는 유대인이 생존해 있음을 확인했다. 그들은 불결한 환경에서 생활하며 제대로 먹지 못했지만 고의적으로 살해된 유대인은 없었다. 지난 4년 반 동안 외부 소식과 차단되었던 난민들은 미군들을 둘러싸고 오스트리아와 독일에 있는 친지들의 소식을 물었다. 대다수의 난민들은 1941년에 일본군이 상하이를 점령한 뒤로 고국의 가족들로부터 소식을 전혀 듣지 못했다. "독일이 폴란드를 침공한 뒤로… 가족한테서 오는 편지가 점차 뜸해졌다. 내가 마지막으로 받은 연락은 적십자사를 통해 누이한테서 온 편지로, 1942년 11월 8일자 소인이 찍힌 것이었다"고 한 난민은 회고했다.[18]

라디오 방송과 영화관 상영 뉴스, 적십자 직원들을 통해서 상하이 난민들은 이제 유럽 유대인의 비극적 운명을 알게 되었다. 신문들은 알파벳 순서로 생존자 명단을 매주 발표했고, 그러면 난민들은 명단을 가져와 홍커우 곳곳에 게재했다. 난민들은 매주 모여 명단을 검토하며 자신들이 간절히 찾는 이름이 보이길 고대했다. "우리는 비탄에 빠져 저마다 생각에 잠긴 채 앉아 있었다"고 한 사람은 썼다. 음울한 소식이 들려오면서 홍커우에 사는 라이즈만 가족의 이웃 한 명은 친가와 외가 양쪽으로 거의 모든 친척이 다해서 40명 넘게 죽었음을 알게 되었다. 어떤 두 여성은 가족을 전부 잃었다. "그간 우리가 겪은 모든 일이 갑자기 아무 것도 아니게 되었다"고 한 난민은 썼다. "굶주림, 질병… 가난 어느 것도 더 이상 중요하지 않았다. 우리는 운이 좋았다. 아무도 우리를 독가스로 죽이지 않았다. 우리에게는 우리의 삶이 있었지만 그것은 축하할 일이 되지 못했다."[19]

◐

빈의 영사관에서 4,000장 넘게 비자를 발급한 뒤 허펑산은 상관인 베를린 주재 중국 대사에 의해 1940년 5월 소환되었다.[20] 국민당 정부가 독일과 관계를 유지하고 일본과 싸울 무기를 구입하려고 했으므로 중국 대사는 허펑산이 나치의 반감을 사고 있다고 걱정했다. 그는 허펑산이 비자를 팔아서 돈을 벌고 있다고 고발했다. 허펑산은 혐의를 부인했다. 입증된 것은 없었다. 그는 상부의 지시에 '불복종'했다는 비판을 받았다. 공산당이 집권하고 국민당 정부가 타이완으로 도망쳤을 때 허펑산은 국민당 정부에 계속 충성했고 이후로 이집트, 멕시코, 볼리비아, 콜롬비아 대사를 역임했다. 그는 자신이 유대인들을 구한 일에 관해 공개적으로 이야기하지 않았다. 1997년 그가 죽은 뒤에 딸이 아버지의 사연을 조금씩 짜 맞춰 정리했고, 결국 이스라엘 홀로코스트 추모 기관인 야드 바셈Yad Vashem은 허펑산의 용기와 인도주의를 기려 '열방의 의인Righteous Among the Nations'(홀로코스트 당시 위험을 무릅쓰고 나치로부터 유대인을 구한 비유대인에게 수여되는 칭호이다―옮긴이)의 한 사람으로 선정하여 추모했다.

에리히 라이즈만은 전후에 가족과 함께 상하이를 떠나 미국에 정착했고 거기서 결혼하여 항공기 정비사로 일했다. 형인 파울은 상하이에서 만난 유대인 난민 여성과 결혼하여 이스라엘에 정착했다가 나중에는 남아메리카로 이주했다.

붙잡혀 상하이 포로수용소에 억류되었던 로라 마골리스는 1943년 9월에 포로 교환을 통해 미국으로 송환되었다. 그녀는 합동위원회에 빅터 서순과 커두리 가족, '억만장자 위원회'의 구호 활동을 통렬히 비판하는 보고서를 제출했다. 오랜 세월이 지난 후에 그녀는 자신이 너무 심했고 그들이 엄청난 압박을 받는 상황에서 최선을 다했다고 인정했다.[21]

빅터 서순은 유대인 직원들 전원에게 3년치 봉급—그들이 실직 상태로 게토에서 살아야 했던 기간만큼의 액수—을 수표로 보냈다.[22] 게토의 작은 공동 주택으로 옮겨가야 했음에도 시어도어 알렉산더는 랍비 공부를 마치고 상하이 유대인 난민 랍비들로 구성된 심사단에 의해 랍비 서임을 받았다. 그는 상하이에서 만난 난민과 결혼했고 부부는 커두리 학교에서 악단의 연주와 춤이 함께 하는 피로연을 열었다. 1947년 시어도어는 빅터가 보내준 뜻밖의 거금으로 캘리포니아로 가는 여객선의 표를 구했다. 그는 파괴된 베를린 시너고그에서 건져내어 상하이로 가져왔던 토라 두루마리도 같이 갖고 갔다.

이누즈카 대령은 마닐라에서 미군에게 체포되었고 그를 전범으로 기소하려는 절차가 준비되고 있었다. 하지만 상하이 난민들과 만주의 유대인들이 나서서 그가 더 과격한 일본군 장교들과 유대인을 해치려는 나치들에 맞서 자신들을 보호하려고 했으며, 나치를 피해 도망 온 유대인 1만 8,000명에게 피난처를 제공했음을 근거로 들어 그를 변호했다. 이에 대한 증거로 이누즈카도 전쟁 당시 만주에 있던 일단의 유대인들이 그가 베푼 도움에 대한 감사의 말을 새겨 선물한 담배 라이터를 제시했다. 미국은 결국 그를 기소하지 않기로 결정했다. 이누즈카는 그를 따라 상하이로 와서 빅터와의 만남에 동석했던 일본인 비서와 결혼하여 15년 간 도쿄의 어느 아파트에서 살았다. 그는 아파트 현관 통로에 액자를 걸어 놨는데 자신과 군 동료들이 캐세이 호텔에서 웃고 떠드는 모습을 빅터 서순이 찍은 사진이었다.[23]

1949년 중국 공산당원들이
상하이 함락을 축하하고 있다.

8장

"난 인도를 버렸고 중국은 날 버렸다"

제2차 세계대전이 시작되었을 때 상하이의 국제 조계는 영국
이 관할했지만, 이제 유럽 전역에서와 마찬가지로 책임자는 미
국인들이 되었다. 중국 주둔 미군 총사령관 앨버트 C. 웨더마이
어Albert C. Wedemeyer 장군은 서순이 소유한 캐세이 호텔의 스위트
룸을 본부로 삼았다. 20명의 미군 대표단은 마블 홀에 나타나 커
두리 가족에게 숙식 제공을 요청했다. 마블 홀에서 로런스의 네
살배기 아들 마이클은 67미터 길이 베란다를 따라 비행기 소리
를 내어가며 삼륜 자전거의 페달을 밟았다.[1] 한 미군이 그를 어
깨에 태워 "B-29(제2차 세계대전 당시 미군의 주력 중폭격기―옮긴이)
가 나가신다"라고 외치며 침대로 데려갔다. 커두리가의 하인들
이 상하이의 창고를 돌아다니며 일본인들이 보관해둔 가구들
을 되찾아오는 사이 가족은 미군들과 함께 K 레이션(제2차 세계대
전 당시 미군의 전투 식량―옮긴이)을 먹고, 로런스의 아내 뮤리엘은
피아노를 연주하며 상황이 예전으로 돌아가면 "커리 점심"을 해
주겠다고 약속했다. 또 다른 미군은 바깥 날씨를 보여주는 기압

계를 확인하고 맑은 하늘을 내다본 다음 "얘들아, 비행 연습 나갈 시간이다"라고 알리곤 했다. 1945년 9월 28일 호러스의 43번째 생일에 미군은 마블 홀 위로 요란한 엔진 소리와 함께 200대의 비행기를 날려 보냈는데, 호러스가 미군들에게 베푼 환대에 대한 감사 인사이자 환대가 왜 당연시되는지를 상기시키는 인사이기도 했다. 로런스는 호러스에게 "가능한 어떤 방식으로든 미국인과 협조하는 것이 가장 중요하다고 생각한다. 그들이 중국에 관심을 가질수록 이곳의 모든 사업가들이 직면한 문제들을 더 잘 이해할 테니까"라고 말했다.

영국 총영사는 자신과 동포 영국인들이 홀대받고 있는 것 같다고 항의했고 그래서 호러스와 로런스는 영국 공군도 여러 명 마블 홀에서 기거하도록 초대하고 저택의 한쪽 동을 VIP 방문객을 접대할 수 있는 공간으로 영국 영사관에 제공했다. 두 사람은 커두리가 소유의 또 다른 집도 영국 영사관저로 개방했다. 영국군 사령관은 로런스에게 그가 억류되어 있었던 차페이 수용소를 구경시켜줄 것을 청했고, 상하이 주둔 일본군의 항복 문서에 공식 조인하는 자리에 로런스도 초대했다.

마블 홀의 거대한 식당에 앉아 장교들이 새벽 3시까지 술을 마시며 무용담을 주고받던 어느 만찬 자리에서 로런스는 영국군의 비행기를 얻어 타고 홍콩에 갈 수 있을지를 물었다.[2] 그는 홍콩에 있는 커두리가의 소유 집들과 발전소가 어찌 되었는지 알고 싶었다. 영국군 사령관은 3시간 안으로 떠날 테니 아침 6시까지 떠날 채비를 갖추면 가능하다고 동의했다. 로런스는 자고 있던 뮤리엘을 흔들어 깨워 아이들과 집을 돌보라고 당부한 뒤 상하이의 불확실한 형편은 다시금 호러스에게 맡긴 채 홍콩으로 향했다.

다음 2년에 걸쳐 두 형제는 거의 매일 쪽지와 편지로 홍콩과 상하이 사이에서 연락을 주고받았는데, 공산당이 중국을 장악해나감에 따라 그들이 여백에 휘갈겨 적은 메모는 갈수록 다급해져 갔다.

◗●

미군은 상하이를 해방시켰지만 도시를 관리하는 일상 업무는 재빨리 장제스와 국민당 인사들에게 일임했다. 호러스는 친절하고 정치적으로 기민한 주인장 노릇을 하려고 마음먹고 있었지만 중국 병사들의 숙소를 제공하는 데에는 선을 그었다. 중국군 80명이 마블 홀에 나타나 숙식을 요구했을 때 그는 그들을 돌려보낸 다음 대신 그들 중 절반을 경비원과 보초로 고용하여 그들의 감정이 상하지 않도록 배려했다. 그것은 언제나 상하이를 규정해왔던 식민주의적 심리의 잔재였다.

하지만 도시는 변화하고 있었다. 전쟁의 드라마가 펼쳐지는 가운데 1943년 미국과 영국이 모든 외국인과 외국인 사업체를 중국법 관할 밖에 두었던 치외법권 지위를 종식하기로 동의했다는 사실을 주목한 사람은 거의 없었다. 조계도—서순가와 여타 기업가들이 지배한 시정 위원회, 자체 사법권과 경찰력, 조계를 보호하던 영국의 군사력과 더불어—일단 전쟁이 끝나자 더는 존재하지 않게 되었다. 커두리가와 서순가가 1840년 이래로 살아왔던 투명 보호막은 사라졌다. 이제 커두리가는 상하이의 일부였고 100여 년 만에 처음으로 다시 중국인들이 도시 전체를 지배했다. 중국인들은 "매우 배외적anti-foreign"이 되었다고 호러스는 걱정스레 로런스에게 보고했다.

1945년 9월 23일 오전 10시 30분에 호러스는 마블 홀을 떠나 종전 이후 처음으로 상하이가스회사에 갔다.[3] 그는 여전히 회장으로 등록되어 있었다. 남아 있는 것은 썩은 책상 몇 개가 전부였다. 일본군이 후퇴하면서 사무실을 약탈하고 갔던 것이다. 중국인 직원들이 호러스를 막아섰다. 그들은 운송 수단이 그렇게 부족한 때에 호러스에게는 더 이상 차를 굴릴 권리가 없다고 말하며 그가 회사 차에 타려는 것을 막았다. 호러스는 중국인 고위 간부를 사무실로 불렀으나 간부는 호출에 응하지 않았다. 그래서 호러스가 그의 사무실로 찾아갔다. 호러스는 "나는 당신 방으로 들어가는 게 안 어울릴 정도로 그렇게 대단한 사람은 아니지만, 당신이 내 방으로 들어오길 원치 않는다면 대신 당신 방으로 찾아가도 될 정도로는 높은 사람"이라고 일갈했다. 호러스는 그 간부에게 "우리는 함께 전쟁에서 싸웠고 전후의 문제들도 다함께 바로잡아야 함"을 상기시켰다. 호러스의 제스처는 다툼을 가라앉혔고 그는 자동차를 돌려받았다. 사무실로 돌아온 호러스는 자리에 앉아서 홍콩의 로런스에게 걱정이 담긴 편지를 썼다. 커두리가의 중국인 직원들이 "외국인 동료들에 대한 존경심을 잃어가고 있다." 그들은 곧 "우리를 전혀 존중하지 않을 것이다."

로런스는 호러스에게 중국인들을 마블 홀로 초대하여 어울림으로써 그들의 환심을 사야 한다고 말했다. "네가 접촉하는 각계각층의 중국인 관리와 사업가들과 친분을 쌓아라"라고 형은 동생에게 충고했다. "그들에게 함께 식사하자고 말하고 바그다드 음식을 대접해라. 아버지는 마블 홀로 사람들을 초대해서 중국인을 비롯해 많은 사람들과 좋은 친구가 되셨었다."

이제 자신만만하게 자신들의 권위를 내세움에도 불구하고 국민당 정부는 도시를 다스릴수 없었다. 연료가 몹시 부족했다. 철도망이 붕괴했다. 물가는 솟구치고 있었다. 호러스는 로런스에게 편지를 써서 상하이에서 구할 수 없는 잼과 버터를 좀 보내달라고 부탁했다. 미국이 장제스와 국민당 정부를 통해서 중국에 쏟아 붓고 있는 구호물자는 부패한 국민당 관리들이 야금야금 빼돌리고 있었다. "중국은 너무도 불확실한 나라다. 거듭되는 전쟁, 부정부패한 정부, 꼭대기부터 말단까지 썩은 관리들"이라고 호러스는 어느 친구에게 보낸 편지에 썼다. "나는 모든 사람들에게 낙관론을 펼치고 있지만 때로는 나도 내 말을 믿어야 할지 궁금해진다."

1946년 2월에 호러스는 상하이에서 고작 100킬로미터 떨어진 곳에서 국민당과 공산당 간 전투가 격렬하게 전개되고 있다고 알렸다. 영국이 중국에 홍콩을 반환해야 할지도 모른다거나 미국이 국민당 정부를 버릴 것이라는 말이 떠돌았다. 제2차 세계대전과 일본군의 점령 동안 공산당과 국민당은 1927년 상하이에서 시작된 내전을 중지하기로 합의했었다. 일본의 패배는 내전 재개의 신호탄이었다. 국민당 군대는 베이징과 상하이를 비롯해 주요 도시들을 장악하고 있었다. 공산당은 농촌 지방 대부분을 지배했다. 미국은 협상을 하도록 양측을 찔러보았지만 1945년 가을이 되자 일본이 항복한 지 몇 달 만에 국민당 군대와 공산당 군대는 곳곳에서 싸우고 있었다. 상하이와 커두리가에 대한 진짜 위협은 누가 회사 자동차를 가져야 하는가를 두고 호러스와 다투던, 근래에 대담해진 국민당 계열 중국인들이 아니었다. 진짜 위협은 마오쩌둥이 이끄는 공산당이었다. 호러스—숫기 없고 상냥한—는 역사의 줄을 잘못 서 있었다.

◗

빅터 서순은 상하이의 장래에 관해 호러스보다 덜 낙관적이었다. 일본이 항복한 지 얼마 지나지 않아 홍콩에 도착한 빅터는 중국 정부는 얼마간 있다가 없어질 테지만—황제든 공화주의자든 국민당이든 공산당이든—정부가 생존하기 위해서는 모두 서순가 같은 외국 사업가들이 필요하다는 의견을 언론에 밝혔다. "중국인들은 외국과의 비즈니스에서 자신들의 한정된 경험을 잘 의식하고 있는 냉철한 민족"이며, 장제스와 국민당은 이제 "외국 기업들의 이해관계를 잘 파악"하여 "외국 기업들에게 안전한 투자"를 보장해야 한다고 기자들에게 말했다.

공산당은 물론 빅터 서순 같은 사람들을 상대할 생각이 전혀 없었다. 빅터는 호러스에게 상하이로 복귀할지 말지를 결정하기 전에 우선 "바람이 어느 쪽으로 불지"를 두고 볼 것이라고 말했다.[4] 그는 앞으로도 6개월 이내로 상하이를 찾을 생각이 없었고 투자에 관해서도 향후 1~2년 간 아무런 계획도 세우지 않을 작정이었다.

사실 빅터는 이미 내심 상하이를 포기하기로 마음먹었다. 그는 사촌이자 오른팔인 루시언 오바디아Lucien Ovadia를 상하이로 보내 자산을 팔기로 했다.[5] 하지만 살려는 사람은 거의 없었다. 캐세이 호텔은 난장판이었다. 일본군은 후퇴하면서 바닥에 깐 융단과 객실의 고정 설비까지 뜯어갔다. 호텔을 재개장하려면 최소 1년은 수리해야 했다. 오바디아는 오피스 빌딩 한 채를 매각하고 빅터 소유의 양조 공장을 중국은행에 파는 거래를 거의 성사시켰지만 중국은행은 마지막 순간에 손을 뗐다. 그는 다른 여러 부동산들도 원래 감정 평가액의 몇 분의 일밖에 되지 않는 가격으로 팔았다.

마침내 상하이로 돌아왔을 때 빅터는 외환을 중국 밖으로 빼돌리고 국민당 정부가 공항과 부두에 배치한 세관을 회피할 길을 모색하기 시작했다. 하룻밤은 그의 친구 중 한 명이 비행기로 상하이에서 3만 1,000달러를 빼돌리려고 하다가 붙잡혔다. 그는 "쓸데없고 변명의 여지없이 멍청한" 짓거리였다고 일기에 분노를 쏟아냈다.[6]

치솟는 인플레이션은 경제를 망가트리고 국민당 정부에 대한 중국 노동자들의 신뢰는 무너지고 있었다. 1944년에는 20위안으로 미화 1달러를 살 수 있었다. 1946년에 이르자 위안화와 달러화의 교환 비율은 2,000 대 1이 되었다. 1년 뒤 환율은 1만

2,000위안으로 뛰었다. 그로부터 넉 달 뒤 암시장에서 환율은 무려 100만 위안이었다. 캐세이 호텔 직원을 비롯해 빅터의 중국인 직원들은 임금을 현금으로 받는 것을 거부하고 대신 쌀이나 옷감, 그도 아니면 먹거나 입을 수 있는 거의 아무것으로나 줄 것을 요구했다. 현금으로 받기로 한 사람들은 임금을 사흘에 한 번씩 받아야 한다고 주장했다.

하루는 봉급날에 직원들에게 지급해야 할 지폐 뭉치가 모자라자 성난 직원들이 캐세이 호텔의 무도회장에서 긴급회의를 요구했다. 빅터는 험상궂은 표정의 직원들 수백 명이 들어찬 무도회장으로 들어섰다.[7] 옅은 색 양복을 입은 그는 단상 위로 올라갔다. 큰 식칼로 무장한 주방장들이 그를 양쪽에서 호위했다. 그는 중국식 나무 탁자 모서리에 지팡이를 걸치고서 그 뒤에 섰다. 두 주먹을 꽉 쥐어 마음을 다잡은 다음 꼿꼿이 서서 입석만 있는 만원 청중에게 연설했다. 그는 몇 시간 내로 월급을 받을 것이라고 직원들을 안심시켰다. 직원들은 해산했다. 빅터는 필요한 현금을 구하여 중국인 직원들에게 나눠주게 했다. 또 한 차례의 위기가 지나갔다.

◗

공산당은 빅터가 상하이로 돌아온 직후인 1947년 초에 대규모 공세를 시작했다. 미군 관계자들은 공산당이 승기를 잡았다고 평가했다. 중국 공산당 중앙위원회에 올린 보고에서 마오쩌둥은 "지금은 역사의 전환점"이라고 낙관적으로 선언했다.

공산당 진격 소식은 마블 홀을 뒤흔들었다. "상하이의 여건은 나빠지고 있다"고 호러스는 로런스에게 썼다.[8] 쓰레기 수거원들이 사흘 동안 파업을 벌였고 그 다음 상하이전기회사에서 직원들이 조업을 중지했다. 상하이 시내의 전철은 멈춰 섰다. 상하이 경찰들이 이틀 간 출근을 거부하자 폭동과 약탈이 벌어졌다. 호러스는 노동자들이 서순가의 오랜 라이벌 자다인 매티슨의 사무실로 쳐들어가 날뛰는 물가를 상쇄할 더 높은 급여를 약속할 때까지 경영진을 붙잡아 두었다고 보고했다. 호러스는 "보호"를 제공받기 위해 영국 대사관 직원을 초대해 마블 홀에서 지내게 했는데 대사관이 무장 경비를 집 바깥에 배치했기 때문이다. 또한 중국 화폐 가치가 무너진 걸 보전해 주기 위해 집안일을 하는 직원들에게 "사례금으로" 하루에 200만 위안을 나눠 주었다. 그는 "우리의 재무 상황은 끔찍하다"고 로런스에게 썼다. "난 이곳에 진저리가 나." 호러스는 이제 루거 권총을 지니고 다녔다.

빅터가 자신에게 말한 내용과는 반대로 부동산을 팔고 있다는 사실을 알았을 때 호러스는 또 한 번 타격을 받았다. 아닌 게 아니라 빅터는 커두리가의 사무실이 입주해 있는 빌딩을 매각했는데, 그 빌딩에 입주해 있던 호러스와 직원들은 나가야 한다는 말을 들었을 때에야 그 사실을 알게 되었다. 호러스는 "서순가는 상하이에 보유하고 있는 투자 대상을 최대한 빼내가려고 안간힘을 쓰고 있다"고 로런스에게 알렸다.

상하이가 공황 상태에 빠지면서 형제간의 긴장도 심해졌다. 로런스는 멀리 홍콩에서 동생에게 상하이 사업을 더 잘 운영하라고 설교를 늘어놓았다. "네가 일과를 제대로 짜고 정확하게 명시된 시각에만 사람들을 만난다면 업무를 훨씬 더 빠르게 더 힘들이지 않고 처리할 수 있을 게다. 요즘에 그러는 것처럼 사람들이 너를 아무 때나 찾아오게 놔두지 말고 말이다." 또 다른 쪽지에서는 호러스의 너그러운 태도를 나무라고 그가 사기를 당하고 있는 게 아닌지 걱정했다. 한 현지 신문이 호러스의 손님 가운데 한 명이 마블 홀에 하도 오래 머물러 있어서 자신이 그곳의 새로운 주인이라고 말하고 다닌다고 보도했을 때 로런스는 폭발하고 말았다. "히스테리컬하고 얼빠진 이런 유의 여자가… 내 집에 머무르며 우릴 웃음거리로 만들고 있다는 게 마음에 들지 않는다." 같은 편지에서 그는 한때 건축가가 되길 꿈꿨고 상하이와 더불어 홍콩의 가족 부동산에도 관심이 많았던 호러스가 홍콩의 시골 대저택과 상하이의 팰리스 호텔 개조에 돈을 너무 많이 쓴다고 비난했다. "상황을 엉망으로 놔두지 말라고 부탁했는데 유감스럽게도 그렇게 하고 말았구나." 그는 호러스에게 주식과 재산을 서둘러 처분해야 한다고 말했다. 호러스는 형의 뜻에 동의했지만 일거수일투족을 주시하는 국민당의 시선을 끌거나 상하이 주식시장에 공황 상태를 유발하지 않고자 조심스레 움직였다.

호러스가 압박감을 받고 있다는 것이 점차 드러났다. 로런스로서는 아연실색할 일이지만, 일본군의 가택 연금 하에서 죽어가는 아버지의 마지막 몇 달을 곁에서 지켰던 호러스는 아버지의 묘에 세울 비석을 알아보느라 하루에 몇 시간씩을 보내기 시작했다.[9] 그는 스코틀랜드와 미국에서 수입할 수 있는 비석을 조사하여 어느 비석이 좋을지에 대한 의견과 각종 비석 스케치 및 도안, 비문을 하루가 멀다 하고 로런스에게 보냈다. 공산당 군대가 진격해오는 가운데—언제나 동생보다는 덜 감상적이었던—로런스는 호러스에게 비석 알아보는 일은 그만하고 그 대신 상하이에서 비석을 구입하여 묘소에 세우도록 마블 홀의 직원에게 일을 맡기라고 말했다. 발끈한 호러스는 계속 고집을 부리다가 결국 비석을 수입할 수 없다는 것이 분명해지자 그제야 그 일을 중국인 직원에게 맡겼다. 그는 1920년대부터 아버지와 형하고 같이 살아온 상하이 집이 어떻게 될지 걱정하기 시작했다.

국민당은 군사적으로 수세에 몰리고 있었다. 국민당 병사들은 수천 명씩 공산당 편으로 넘어갔다. 수십만 명이 항복했고 공산당 군대는 그 병사들의 미제 라이플 소총과 트럭을 압수했다. 1948년 말이 되자 공산당 군대는 양쯔강을 건너 중국 남부와 상하이로 진격할 준비를 하면서 북부에 집결했다. 호러스는 이제 커두리 회사들의 장래 걱정이 아니라 마블 홀과 커두리가가 보유하고 있는 박물관 수준의 수집품을 걱정하기 시작했다. 호러스는 세계적으로 손꼽히는 상아 컬렉션을 보유하고 있었고 전쟁이 발발하기 전에 그 컬렉션을 비시Vichy 프랑스(1940년 6월 남부 프랑스의 비시를 수도로 수립된 친나치 정권—옮긴이) 조계에 살고 있는 어느 프랑스인 판사에게 맡겼었다.[10] 이 판사는 전쟁이 거의 끝나갈 무렵 한밤중에 아무도 모르게 나타나 로런스에게 자기 대신 금괴를 숨겨 달라고 부탁했다. 로런스는 정원에 금괴를 묻었다. 전쟁이 끝난 뒤 금괴를 수습하여 판사에게 돌려주며 호러스는 자신의 상아 컬렉션은 어찌 되었는지 물었다. 판사는 이 물음에 불편한 기색을 보이며 되찾기 힘들 것이라고 말했다. 나중에 컬렉션은 골동품 가게에서 나타났다. 호러스는 컬렉션을 되사겠다고 제의했지만 거절당했다.

하지만 커두리가의 중국인 하인들은 상하이의 막강한 지하세계에 연락책이 있었던 것 같다. 로런스가 상하이를 방문했을 때 중국인 하인 중 한 명이 흥분한 채 와서 이상한 남자가 정문 앞에서 커두리 집안 사람을 찾고 있다고 알렸다. 로런스는 누군지 알아보려고 밖으로 나갔다가 머리와 얼굴에 흉터가 있는 크고 건장한 남자와 맞닥뜨렸다.

"당신이 커두리요?" 그가 대뜸 물었다.

로런스는 고개를 끄덕였다.

"당신은 우리 도시에 상아 컬렉션을 갖고 있고 당신 가족들은 중국에 잘해줬소. 내일 아침이면 당신은 상아 컬렉션을 돌려받을 거고 우린 그걸 갖고 있는 사람을 죽일 거요."

로런스는 그런 극단적인 조치는 필요 없다고 말했다. 이튿날 여섯 점을 제외한 600점의 상아 컬렉션이 베란다로 돌아왔다. 마블 홀에 머물고 있던 한 미국 해군 후위제독rear admiral(제독, 부제독 다음 가는 직위로 육군 소장에 해당한다—옮긴이)이 컬렉션을 자기 기함에 실어 상하이에서 반출해 주겠다고 제의했다.

호러스의 비서는 자신의 '정보원'을 인용해 로런스에게 장제스와 국민당은 "국민들에게 아무런 힘도 없으며" "공산당이 중국에서 많은 영토를 차지하고 있으니 상하이가 조만간 함락되는

2부   상하이의 거물들

것도 충분히 가능하다"고 밝혔다. 공산당 군대가 도시에서 단 몇 시간 거리까지 진격해오자 로런스는 동생에게 자신들의 서신과 모든 사업 기록을 파기하라고 지시했다.

호러스는 상하이 로터리 클럽에 참석해 빅터 서순의 연설을 들었다. 빅터는 유달리 비관적이었다. 그는 공산당의 승리가 목전에 와 있을 뿐 아니라 소련도 접경지대인 만주 영토를 접수할 가능성을 점치며 눈독을 들이고 있다고 공언했다. "만약 러시아가 오늘 당장 [만주에] 선전포고를 한다면" 미국과 영국은 신속히 대응할 수 없으므로 "일방적 승리를 거둘 것"이라고 예측했다.

"빅터 경의 연설은 훌륭했지만 연설을 하지 않았다면 더 좋았을 것이란 느낌이 든다"고 호러스는 홍콩으로 돌아가 있던 형에게 말했다.[11]

빅터의 비관적 연설을 들은 지 몇 주 뒤에 호러스는 홍콩행 비행기를 타고 상하이를 떠났다. 그는 중국인 집사를 함께 데려갔다. 그는 출발 전날 저녁에 형에게 "여름옷이 하나도 없어서 필요"하다며 "즉시 입을 수 있게 좀 좋은 걸로 부탁해. 겨울옷을 걸친 채 땀을 뻘뻘 흘리고 싶진 않군"이라고 썼다.[12] 그는 마블홀에서 다시금 파티를 열 때가 오면 자기 집사는 상하이로 재빨리 복귀할 수 있을 것이라고 로런스를 안심시켰다.

호러스는 상하이로 다시 돌아가지 못했다.

◐

상하이에 계속 남아있던 빅터는 공산당이 거리를 좁혀오자 그동안 쌓인 뒤틀린 심사를 쏟아냈다. "중국인들은 외국인을 좋아하지 않으며 좋아한 적도 없다"거나 "그들은 우리와 사업을 하긴 하겠지만 오로지 자신들의 목적에 부합하는 정도까지만"이라거나 "중국인은 여자와 같다. 여자에게 많이 줄수록 여자는 더 많은 것을 기대한다. 그리고 그녀가 당신의 조언에 반하여 한 일이 잘못으로 드러나면 '왜 날 말리지 않았느냐?'고 말한다"는 등의 이야기를 기자에게 했다.[13]

이 시점에 이르자 많은 중국인들도 빅터에게 진절머리가 났다. 상하이 신문에 투고한 편지에서 한 중국계 미국인 사업가는 공언했다. "그가 그 많은 돈을 번 곳은 중국이다. 그런데 그는 중국인들에게 감사를 표하기는커녕 우리를 통째로 저주한다.… 그가 말한 대로 우리가 외국인을 좋아하지 않는다면 그는 인생 대부분을 어떻게 중국에서 보낼 수 있었는가? 중국에서 가장 인기 없는 사람은 미국인이 아니라 타인의 친절을 고마워하지 않는 사람이다."

1948년 11월 28일, 빅터는 팬 아메리카 월드 항공 왕복 탑승권을 갖고 상하이를 떠났는데 돌아오는 비행기 편은 1950년 봄으로 잡혀 있었다. 그는 기자들에게 그때쯤이면 상하이는 공산당이 장악하고 있을 것으로 기대한다고 말했지만 그들도 서구의 제품이 필요할 테니 "공산주의자들은 미국과 영연방과 교역을 할 것"이라고 주장했다. 물론 자신은 자산을 처분하고 싶다고 기자에게 밝혔다. "하지만 지금 중국이 이런 상태인데 누가 그걸 기꺼이 매입하겠소? 당신이 그곳의 내 자산을 뭐라도 팔 수 있

　　　　　2부　　　상하이의 거물들

다면 엄청난 수수료를 지불할 용의가 있습니다."

◐

홍콩에서 호러스는 상하이의 상황과 공산당의 진격을 그곳에 있는 비서와 마블 홀의 관리인이 매일 보내오는 서신을 통해 예의 주시하고 있었다. 그가 상하이를 떠난 지 몇 달 뒤 비서는 호러스가 그렇게 오랫동안 속을 태웠던 비석이 부모님의 무덤 앞에 세워졌다고 알렸다. 호러스와 로런스 둘 다 그곳에 함께할 수 없었으므로 중국인 하인들과 사무실 직원들 몇몇이 무덤가에 꽃을 두어 대신 예를 표했다.

그것만 빼면 들려오는 소식은 암울했다. 마블 홀의 중국인 하인들은 가구, 카펫, 은제식기 등을 홍콩으로 부칠 수 있길 바라며 정신없이 포장했다. 인민해방군이 도시에 포격을 개시했다. "둔중한 포성이 도시 전역에서 들린다"고 마블 홀의 관리인은 호러스에게 보고했다. 포탄 파편 두 조각이 날아와 마블 홀에 박혔다.

"새 정권이 들어서기 전과 직후에 식량이 극히 귀해지는 시기가 있을지도 모른다"고 호러스는 답장을 썼다. "우리의 생각은 상하이에 있는 여러분 모두와 함께하고 있습니다.… 이 편지가 당신에게 닿을지 매우 의심스럽지만 어쨌든 시도는 해야죠."

와이탄에서 중국 국민당 병사들은 상하이를 "최후까지" 사수하겠다고 맹세하며 캐세이 호텔로 몰려와 거리가 내려다보이는 객실들에 기관총 거치대를 설치했다. 하지만 3주 뒤에 공산당 군대는 별다른 저항을 받지 않고 입성했다. 국민당 군대는 캐세이 호텔의 창문에서 총을 몇 발 쏜 다음 항복했다. 공산당 병사들―대다수가 시골 출신의 농민병들이었다―은 호텔의 로비로 들어서서 대리석 벽과 정교한 장식들을 보고 눈이 휘둥그레졌다.

런던의 리츠 호텔에서 생활하고 있던 빅터는 상하이가 공산당에 함락되었다는 한 줄짜리 전신 뉴스가 들어왔을 때 자신의 변호사 사무실에 앉아 있었다.

"음, 그렇군." 그는 조용히 말했다. "난 인도를 버렸고 중국은 날 버렸어."[14]

며칠 뒤 빅터가 런던에서 연극을 관람하고 있는데 막간 휴식 때 어떤 남자가 가까이 다가왔다.

"마지막으로 상하이를 방문했을 때 당신의 캐세이 호텔에 묵었습니다."

빅터 경은 서글픈 미소를 지으며 그의 말을 정정했다. "예전의 내 호텔이란 뜻이겠죠."

◖●

상하이는 다음 차례의 변신을 시작했다. 공산당도 자신과 다른 외국 사업가들과 일할 것이라는 빅터의 예측과 반대로 상하이의 새 통치자들은 커두리가와 서순가 사업체를 상대로 느리지만 가차 없는 인수 작업에 착수했다. 그들은 커두리가의 상하이가스회사와 같이 도시 운영에 핵심적인 회사들을 즉시 장악했다. 그다음 사유 재산을 즉각 몰수하고 외국인들을 몰아내는 대신 공산당은 외국 기업들로부터 최대한 뜯어내기로 했다. 그들은 세금 고지서와 각종 규정, 노동자 요구 사항을 끝없이 들이밀었다. 그리고 이 요구 사항을 들어줄 때까지 회사의 외국인 간부들이 중국을 떠나는 것을 허용하지 않았다. 중국은 커두리가와 서순가 같은 자본가들의 손에 "한 세기의 굴욕"을 겪었다. 이제 외국인들이 굴욕을 당할 차례였다.

일본군이 상하이를 좁혀 들어왔을 때처럼 빅터 서순은 도시에서 도망치고 회사를 하급자에게 맡겨두었는데 이번에 남은 사람은 1945년 이래로 서순가의 자산을 매각하려고 애쓰고 있지만 별다른 성공을 거두지 못한 사촌 루시언 오바디아였다. 공산당이 중화인민공화국의 수립을 선언한 직후 공산당 경찰 당국은 오바디아에게 그가 영국 시민이어도 경찰의 허가 없이는 중국을 떠날 수 없다고 통보했다. 그러면서 경찰 허가증은 캐세이 호텔과 빅터의 회사들 전부가 세금과 임금, 연금을 비롯해 회사의 채무 관계를 전부 정리하기 전까지는 발급될 수 없다고 했다. 오바디아는 포로가 되었다.[15]

먼저 세금 고지서가 날아왔다. 상하이의 스카이라인을 이루는, 빅터가 지은 빌딩들—캐세이 호텔, 해밀턴 하우스, 엠뱅크먼트 하우스—에는 수십만 파운드(오늘날 가치로 수백만 달러)의 세금이 새로 부과되었고 당장 납부하지 않으면 매일 1퍼센트의 이자가 붙을 예정이었다. 오바디아는 세금을 낼 수 없다고 말했다. 공산당은 해외로부터 외화를 요청해야 한다고 대답했다. 오바디아는 빅터에게 요구에 응하지 말라고 알렸다. "절대 돈을 내서는 안 된다"고 오바디아는 강경하게 나왔다. 어차피 "모든 자산이 넘어가는 것은 시간문제일 뿐"이었다. 오바디아는 상하이를 떠날 수 있게, 중국인이나 다른 외국인 경영자에게 자기 자리를 넘기겠다고 제안했지만 중국인들은 그 제안을 거절했다.

다음으로 노동과 관련된 요구 사항이 있었다. 서순 회사들은 1,400명을 고용하고 있었다. 이 가운데 1,100명은 캐세이 호텔과 빅터의 여러 호화 아파트에서 근무했다. 다른 300명은 그 아래서 사무직원으로 일했다. 공산당이 집권한 뒤 첫 몇 주 사이에 캐세이 호텔은 투숙객 대부분이 빠져나갔다. 몇 달 안으로 대형 아파트와 오피스 빌딩의 입주자들—대부분 외국인들—도 떠났다. 임대료가 들어오지 않으니 직원들에게 월급을 지급하기가 어려워졌다. 그러나 새로운 규정에 따라 회사는 직원들을 정리해고 할 수 없었다. 오바디아는 빅터의 부동산을 전부 공산당 정권에 넘기겠다고, 그리하여 자신이 중국을 떠날 수 있게 사실상 그 자산들을 포기하겠다고 제의했다. 공산당 정권은 이번에도 제의를 거절했다.

교착상태가 계속되었다. 한때 상하이의 주인처럼 군림했던 외국 기업가들은 두려움 속에 살았다. 자다인 매티슨의 한 영국인 간부는 아무런 설명 한마디 없이 6일간 투옥되었다. 공산당 비밀경찰 두 사람이 한밤중에 오바디아의 거처에 찾아와서 그의 신원과 이력과 관해 상세한 질문지에 답변을 작성하게 했다. 오바디아는 그의 중국인 변호사를 비밀리에 만나야 했는데 변호사

가 그와 함께 있는 모습이 남들의 눈에 띌까봐 두려워했기 때문
이었다.

◖◗

상하이 함락 전 몇 주 동안 마블 홀의 관리인들은, 집안의 직
원들과 커두리가의 다른 부동산의 중국인 세입자들이 계속 신의
를 지킬 것이라고 호러스에게 거듭 장담했다. 승리가 임박했다
는 장제스의 발언들처럼 이런 말들은 허상이었다. 공산당이 상
하이로 입성한 직후 커두리가의 하인 22명―요리사, 정원사, 하
녀, 일꾼―은 노조를 결성하고 임금 인상을 요구했다.[16] 커두리
가 여러 부동산의 세입자들은 방을 빼려고 하지 않았다. 40명이
넘는 커두리가 하인의 친척들이 마블 홀로 입주했다. "상황이 그
리 밝지 않고, 중국인이든 외국인이든 만나는 사람마다 비관적
이야기만 한다"고 관리인은 홍콩에 있는 호러스에게 알렸다. 중
국인들은 호러스가 아끼던 커두리 학교가 입주해 있던 건물을
몰수하여 외벽에 있던 커두리의 이름을 지우고 한 중국 방직 회
사에 넘겨주었다.

공산당 정부의 감독관들은 커두리가 소유 호텔―팰리스 호
텔과 애스터 하우스―로 찾아와 벌금을 피하기 위해서 해야 할
'수리'와 '개축' 목록을 내놓았다. 마블 홀에 부과된 새로운 세금
은 국민당 정권 치하에서보다 다섯 배나 많았다. 애스터 하우스
호텔의 중국인 매니저는 호러스에게 편지를 보내 점점 늘어나
는 정부 지시 수리비용과 벌금, 체납 세금을 낼 돈을 보내 달라

고 요구했다. 그러고 나서 매니저는 중간 연락책을 통해 홍콩의 로런스 커두리에게 자신의 "무례한 전보와 편지들"에 사과하는 메시지를 슬쩍 보냈다.[17] 그는 "시켜서 그렇게 한 것"이며 그렇지 않았다면 "외국인에게 동조한다"는 비난을 샀을 것이라고 설명했다.

"그냥 버리는 돈이 될 거니까 내지 마십시오"라고 매니저는 로런스에게 경고했다. "그 사람들은 더 많은 돈을 뜯어내려 할 겁니다. 그래봤자 당신의 자산은 결국 다 몰수될 겁니다."

커두리 가족은 공산당이 상하이를 좁혀 들어올 때 쑨원 부인과 계속 연락을 유지해왔다. 그녀는 공산당에 동조적이었고 로런스는 그녀가 정권 장악 과정에서 도움이 될 수 있을 거라 믿었다. 그녀는 "중국 혁명의 일원"으로 자처하고 국민당과 미국인들을 "반동분자"로 규탄했다. 호러스가 허겁지겁 마블 홀의 짐을 싸고 있을 때 쑨원 부인이 커두리 가족에게 마블 홀에서 자선 행사를 열 수 있을지 물어왔다. 로런스는 호러스에게 쑨원 부인의 부탁을 수락하라고 지시했다. 그는 그녀가 현 정세에서 어떤 입장인지 분명해질 때까지 연락 채널을 열어두는 것이 중요하다고 생각했다.

쑨원 부인의 입장은 1949년 10월 마오쩌둥이 자금성의 연단에 올라 단상 아래 군중에게 중화인민공화국의 창건을 선포했을 때 명백해졌다. 쑨원 부인은 마오쩌둥 옆에 서 있었다. 그녀가 커두리가와의 30년 관계를 호의적으로 볼지도 모른다는 희망은 2년 뒤 쑨원 부인의 비서격인 어느 여성이 마블 홀 문간에 나타났을 때 싹 증발했다.

1951년, 쑨원 부인의 비서는 부인이 마블 홀을 자신의 아동 복지기금을 위해 '임대'하길 원한다고 밝혔다. 부인은 마블 홀을 어린이 극장과 병원으로 전환할 계획이었다. 임대료는 마침 상하이 정부가 마블 홀에 부과할 예정인 다섯 배 늘어난 세금을 충당해줄 것이다. 마블 홀의 관리인은 이 같은 요청 사항을 홍콩의 호러스와 로런스에게 알렸다. 닷새 뒤에 쑨원 부인의 비서가 다시 나타나 답변을 요구했다. 그 주에 인근에 사는 모든 외국인들은 즉시 퇴거하라는 명령과 함께 짐을 싸서 나가는 데까지 고작 몇 시간만을 허락받았다. 상하이의 다른 지역에서는 일단의 독일인 자산이 몰수되었다. "지금쯤이면 결정을 내렸기를 바란다"라고 관리인은 쓰면서 쑨원 부인이 "상하이 및 그 주변의 많은 가치 있는 자산을 접수하고 있으며 당신이 자진해서 임대를 내주겠다고 하지 않는다면 어차피 강제 수용될 것"이라고 알렸다.[18]

호러스는 제의를 거부했다. 그는 "그런 조치를 취하는 데 명백히 반대"한다는 답장을 보냈다. "우리 집안과 상하이와의 오랜 인연을 고려할 때 그 건물[마블 홀]을 가능한 계속 보유해야 한다. 사정이 호전되어 우리가 상하이로 돌아가게 된다면 그 거처는 우리에게 매우 유용할 것이다."

빅터 서순은 그런 환상을 품지 않았다. 거의 2년 동안 중국을 떠나지 못하고 시달린 끝에 오바디아는 빅터 서순이 지었던 모든 건물—거의 5억 달러 가치—을 아무런 보상 없이 공산당 정부에 넘겼다. 그는 출국 허가증과 홍콩행 기차표와 함께 48시간 내로 중국을 뜨라는 명령을 받았다.

한때 상하이의 일부를 이루며 활기를 더했던 유대인의 흔적은 지워지고 있었다. 옛 홍커우 지구에서 공산당 병사들은 유대인 난민들이 전쟁 당시에 예배를 드렸고 에리히 라이즈만이 바르 미츠바 의례를 치렀던 시너고그로 입성했다. 이제 상하이 전체에는 다해봐야 연로한 유대인 몇 명만이 남아 있을 뿐이었다. 다른 사람들은 이스라엘이나 미국, 오스트레일리아로 떠나버렸다. 병사들은 예루살렘을 향해 동쪽을 바라보는 벽 위 진열장 안에 보관되어 있던 토라를 꺼낸 다음 그 대신 마오쩌둥의 초상화를 조심스레 걸었다. 건물은 정신병원으로 바뀌었다.

커두리가는 불가피한 결말을 지연시키고 있을 뿐이었다. 이제 확고하게 공산당 편인 쑨원 부인은 커두리가에 본때를 보여주려고 작정했다. 그녀는 어느 연설에서 "온 국민의 눈이 상하이를 향하고 있다"고 밝혔다. "우리는 우리 노동자와 시민들의 등골을 빼먹어온 제국주의와 자본주의의 무거운 부담에 맞선 투쟁의 상징이 되었다."[19] 1954년 쑨원 부인의 요구를 몇 년째 거부해오던 로런스는 마침내 마블 홀을 지키려는 싸움에 졌음을 인정했다. 그는 그 부동산을 쑨원 부인과 그녀의 아동기금에 '기부'하기로 동의했다. 쑨원 부인은 그 대저택에 딸려 있는 각종 가구와 집기, 직원은 필요하지 않다고 말했다. 공산당은 커두리가의 가구를 싹 창고에 넣은 다음 보관물의 가치보다 훨씬 많은 보관료를 물렸다.

로런스는 동생에게 다음과 같은 쪽지를 보냈다. "우리가 상하이에 갖고 있던 것은 전부 잃었다고 간주해야 할 것 같다."[20]

3부

추방과
귀환

홍콩에서 로런스(왼쪽)와
호러스 커두리

9장
결산

로런스 커두리는 상하이와 가문의 사업 제국이 무너지는 것을 안전한 홍콩에서 지켜보았다.

1945년 9월, 미군이 상하이를 해방시킨 지 몇 주도 지나지 않은 때였다. 로런스는 홍콩의 자기 집과 중화전력공사 시설들이 어떻게 되었는지 궁금해서 죽을 지경이었다. 그는 몇 주 동안 영국군과 미군 장교들에게 홍콩으로 태워다 달라고 간청했다.[1] 결국 로런스는 중국 남부 쿤밍까지 가는 데 성공하였고, 그곳에서 영국군의 지프를 얻어 타고 영국 영사관으로 가고 있었는데 좌석 쿠션 밖으로 튀어나온 못에 바지가 걸리고 말았다. 영사관 앞 계단에 서서 난감하고 불편한 기색이 역력한 채 바지를 붙잡고 있는 그를 일단의 미군 병사들이 차를 타고 지나가다 발견했다.

"이봐, 형씨, 무슨 문제 있소?" 미군 한 명이 소리쳤다.

"사람이 바지가 한 벌밖에 없으면 무슨 문제인지 알 거요." 로런스도 크게 외쳤다.

"이런, 우리 지프에 올라타요!"

45분 뒤에 로런스는 미 육군의 황갈색 작업복을 입고 있었다. 그는 영국 공군 기지로 갔다. 공군 지휘관들은 요지부동이었다. 군복을 빌려 입었든 어쨌든 간에 로런스는 민간인이고 민간인 승객은 홍콩으로 가는 비행기에 태울 수 없다는 것이었다.

"그럼 저를 화물로 분류하면 어떻겠습니까?"

그래서 그들은 미군 정규 군복을 걸친 그를 비행기 뒷좌석, 점령 당시 일본의 은행권을 대체할 빠닥빠닥한 홍콩의 새 지폐 더미 위에 앉혔다. 홍콩 경제를 재건할 사람에게 어울리는 등장이었다.

전쟁 전, 아직 젊고 미혼이었을 때 로런스 커두리와 친구들은 밤낮없이 성행 중인 나이트클럽과 댄스홀에다가 호사스러운 파티가 수시로 열리는 상하이와 비교해서 홍콩은 "세상에서 불을 가장 환히 밝힌 공동묘지"라고 우스갯소리를 하곤 했다. 1945년 9월 로런스는 아내 뮤리엘에게 홍콩은 이제 "세상에서 가장 심하게 약탈당한 도시"라고 썼다.[2] 일본군은 나무란 나무는 다 가져다 땔감으로 써 버렸다. 쓰레기 더미가 거리 곳곳에 쌓여 있었다. 건물마다 창문틀과 문짝, 마룻바닥이 뜯겨 나가고 없었다. 로런스는 길가에 버려진 그랜드 피아노 곁을 지나갔다. 목재 덮개가 없어져서 금속 현과 내부 장치만 남아 있었다. 밤이 오자 홍콩은 "암흑"으로 바뀌었다고 그는 아내에게 말했다. 불이 켜진 건물은 몇 군데에 불과했는데 그 중 한 곳은 일본 점령군이 사령부로 썼던 커두리의 페닌슐라 호텔이었다. 항구를 내려다보는 세인트조지 빌딩에 있는 커두리가의 본사는 일본군 헌병대가 이

용했었다. 일본군이 포로를 처형했던 빌딩 안뜰에는 탄환 자국
이 남아 있었다. 들개들이 거리를 떠돌았다. 홍콩은 "비쩍 마르
고 지친 사람들"로 가득했다. 수천 채의 집은 사람이 살기 불가
능한 수준이었다. 1941년 일본군 점령 이전에 홍콩에는 125만
명이 살았는데, 60만 명으로 줄었다.

전쟁은 로런스에게도 큰 타격이었다—두 군데의 수용소에서
갇혀 지낸 4년간의 수용 생활, 마블 홀의 마구간 위 단칸방에서
가택 연금을 당한 채 아버지가 아무런 의료 지원을 받지 못하고
돌아가시는 것을 지켜봤던 경험이 그것이었다. 홍콩에서 어느
인도 사업가가 주최한 결혼식에 참석한 뒤 그는 뮤리엘에게 "그
렇게 많은 음식을 구경해보기는 몇 년 만에" 처음이었다고 말했
다.[3]

하지만 로런스에게 전쟁은 한편으로 해방이기도 했다. 이제
어린 애가 둘 딸린 마흔여섯의 유부남인 그는 그때까지 일생을
다른 사람들의 그늘에서 살아왔다. 변호사를 꿈꾼 아들의 진로
를 바꿔 상하이로 데려왔고 나중에는 가문의 회사를 운영하도
록 홍콩으로 보낸 그의 아버지 엘리. 그리고 부와 인맥, 파티로
상하이 재계를 주름잡았던 빅터 서순. 이제 전쟁의 여파 속에서
엘리는 죽었고, 상하이의 자산을 매각할 수 없는, 중국과 역사가
그에게 등을 돌림으로써 쓴 맛을 보게 된 빅터는 쪼그라들었다.

로런스는 여전히 자산이 있었다.[4] 아버지의 혜안 덕분에 그는
가우룽의 대형 전기 회사인 중화전력공사의 지배 주주였다. 일
본군은 홍콩 은행들을 약탈하지는 않아서 커두리가의 홍콩 재산

은 여전히 안전했다. 또 로런스 본인은 홍콩을 방어할 때 영웅적인 활약상을 보였다. 그러나 그는 자신의 가족들이 상하이에 관해 잘못 알고 있었음을 이제야 깨달았다. 그들은 다른 외국인들과 마찬가지로 상하이의 불평등, 일본의 침략, 공산당의 대두, 그리고 상하이의 모든 것들이 한순간에 사라질 수 있다는 사실을 인식하지 못했었다. 커두리가가 홍콩을 경영하고자 한다면 로런스는 그의 아버지와 빅터 서순과 그리고 그 자신이 상하이에서 해왔던 방식과는 달리 해야 할 것이었다.

빅터는 상하이에서 성공을 위한 본보기를 제시했다. 자신만만하고 현란한 수완가라는 본보기를. 젊은 시절 로런스도 마블 홀에서의 파티를 즐기고 나이트클럽을 찾고 말을 타러 다니는 그런 삶을 살았다. 그의 가족은 식민 체제로 막대한 이득을 봤다. 그 시절 상하이에서 대다수의 외국인들에게 중국인은 그리 중요하지 않았다. 중요한 것은 성공이었다. 이제는 상황이 달랐다. 중국은 더 이상 납작 엎드려 있지 않았다. 통일된 공산 정권 중국이 국경 너머에서 부상하고 있었고 그 새로운 중국은 원하기만 하면 언제든 병력을 파견하여 홍콩을 가져갈 수도 있으리라. 중국 가까이에 있는 홍콩에서 사업을 하려면 꿋꿋한 용기가 필요할 것이었다. 빅터는 도망쳤다. 커두리가도 웅장한 대저택 마블홀을 한때는 한 편이라고 여긴 어느 여성, 쑨원 부인에게 빼앗긴 채 물러났다. 유대인 난민들의 고난─그들 다수는 이제 팔레스타인이나 오스트레일리아로 출항할 준비를 하며 페닌술라 호텔 무도회장에 급조한 숙소에서 지내고 있었다─과 본인의 수용

3부   추방과 귀환

생활은 로런스에게 자신의 가족이 세파에 얼마나 취약한지를 상기시켰다.

가문을 다시 일으키고 언젠가 상하이로 돌아갈 희망을 가지려면 로런스는 다른 방식, 다시 말해 세간의 이목을 끌지 않는 방식으로, 가문을 거의 끝장낼 뻔한 정치를 더 염두에 두면서 일해야 함을 알게 되었다. 상하이에서 로런스는 대저택에서 아버지, 동생과 함께 마흔두 명의 하인을 거느리고 살았었다. 여기 홍콩에서 그는 빅토리아 피크에 저택을 지을 기회를 마다하고 대신 가우룽의 수수한 주택으로 이사하게 된다—물론 본인 소유의 다른 주택과 아파트 빌딩에 둘러싸인 집이긴 했다. 그는 상하이 시절의 사치는 더 외져서 세간의 눈에 띄지 않는 신제의 시골 별장에 아껴두었는데, 그곳은 워낙 커서 집안 친구의 아들이 방문했을 때 놀라서 "여긴 어디예요, 호텔?"이라고 소리칠 정도였다.

"우리가 가만히 앉아서 걱정만 한다면 아무런 진전도 보지 못할뿐더러 모든 게 더 나빠질 것"이라고 로런스는 홍콩에서 여러 달을 보낸 뒤 1946년 중반에 호러스에게 썼다. "만약 우리가 낙관적으로, 그리고 홍콩 앞에는 위대한 미래가 있다는 믿음에서 [사업을 다시] 시작한다면 어쩌면 우리가 틀리고 실패할지도 모르지. 하지만 한편으로 우리 생각이 옳다면, 그리고 나는 우리 생각이 결국 옳을 것이라고 생각하는데, 우린 손실을 회복하고 발전할 거다." 엘리 커두리의 두 아들에게 홍콩은 "또 다른 상하이가 될 수도 있다"고 로런스는 당당하게 밝혔다.[5]

◗●

영국 공군의 비행기를 타고 홍콩으로 날아간 뒤 로런스는 페닌술라 호텔 444호에 투숙했다. 1945년 크리스마스이브에 그는 객실의 책상 앞에 앉아 영국 식민 당국 앞으로, 세금 체계의 개편부터 시작하여 홍콩을 어떻게 재건할지에 관한 제안을 담은 짤막한 비망록을 썼다. 그는 전시에 민간인 수용소에서 지루함을 이기기 위해 함께 갇혀 지내던 일단의 식민지 관리와 사업가들과 전후 홍콩에 관한 계획을 논의하곤 했었다. 그는 "갇혀 지내는 동안 이 주제에 관한 제안서를 작성했지만 유감스럽게도 그 제안서를 파기해야 하는 것이 바람직한 상황이 발생했다"고 짐짓 사무적인 어조로 썼다.[6]

영국 식민 정부는 도시 재건을 돕겠다는 로런스의 제의를 환영했다. 그들은 도시가 다시 일어서게 하기 위해 정신을 차릴 수 없을 만큼 다양한 프로젝트에 착수했다.[7] 로런스는 홍콩의 피해 내용을 파악하고 재건을 위해서는 필요한 사항들의 목록을 작성하는 민관 위원회의 수장으로 임명되었다. 목재는 얼마나 필요할 것인가? 또 전기 배선은? 사라진 문손잡이 수천 개에 이르기까지 세계 최대의 쇼핑 목록이 작성되었다. 그는 망가지거나 교체가 필요한 욕조와 수도관 수를 셌다. 또 중국인 16만 명—홍콩의 중국인 인구의 10퍼센트—과 더불어 유럽인 7,000명이 살 곳과 집을 잃었다고 보고했는데, 여기에는 항구를 내려다보는 피크의 자택이 일본군의 포격에 파괴된 자신도 포함되어 있었다.

일본의 수용소에서 보낸 3년 반의 세월과 중국 본토에서 공산당의 예상 밖 신속한 진격은 로런스를 바꿔 놓았다. 상하이의 막강한 외국인 백만장자들은 도시의 중국인 주민들의 고통과 혁명에 기름을 붓고 있던 지독한 경제적 불평등에 눈을 감는 오류를 범했다고 그는 결론내렸다. 어쩌면 그것은 그 자신이 너무도 많은 것을 잃었고, 공산당이 상하이로 진격해오면서 그토록 많은 가산이 이제 위험에 처했다는 깨달음이었을 것이다. 로런스가 상하이 시절 끌어안았던 극단적인 자유 시장 지상주의는 도시를 복구하고 재건하기 위해 정부가 개입하면서 때로는 뉴딜정책처럼 보이기도 하는 시각으로 대체되었다. 그는 홍콩의 집주인들이 폭리를 취하는 것을 막는 정부의 임대료 통제를 지지했고 가우룽에 새 소방서와 경찰청, 이민청, 우체국, 우편물 분류소, 돼지고기 도축을 위한 도축장, 정신병원 신설 계획을 입안하는 위원회의 장을 맡았다. 다음으로 그는 교통 문제에 뛰어들었다. 그는 홍콩의 중국인 시민들에게 페리(연락선) 서비스를 어떻게 개선하면 좋을지 묻는 설문지 30만 장을 배포하는 업무를 주관했는데, 식민 당국이 중국인 거주민들의 의견을 청취하기는 이번이 처음이었다. 로런스는 홍콩 섬과 가우룽 반도를 잇는 교량 건설을 위해 로비 활동을 펼치고 홍콩 대학교에 경영대학원을 신설하기 위한 기금을 마련했다. 또 중국에서 국민당에 대한 지지를 갉아먹은 부정부패를 피하기 위해 전전보다 더 높은 봉급을 주고 능력이 더 뛰어난 공무원을 채용하도록 요청했다. 그는 자잘한 사안도 거의 놓치지 않았다. 학교에서 수업이 재개되었지만 가구가 부족하자 로런스는 교실 의자와 책상을 하루에 200~300개 제작할 수 있는 중국인 운영 공장을 찾아냈다. "6개월 만에 6년 동안 한 것보다 더 많이 해냈다"고 그는 자랑스러워했다.

식민지 정부와 영국 지배층과 밀접히 연관된 현지 신문인 〈사우스차이나 모닝 포스트〉는 영국 행정관들이 로런스 같은 "다양한 사회적 배경과 재능을 갖춘 사람들을 적극적으로 유치하려" 한다고 칭찬했다.[8] 더는 외부자로 간주되지 않은 로런스는 "홍콩에서 태어났고… '현지'인… 모든 인종과 신앙을 아우르는 책임감 있는 주민… 홍콩을 자신들의 고향으로 여기는 사람들과 더 확실하게 결부되어야 한다." 한 영국 고위 관리는 로런스의 어깨를 두드리며 같은 클럽의 친구 같은 어조로 "그 분야의 일인자인 당신 같은 이들의 의견을 알 수 있으니 좋다"라고 말했다. 뮤리엘과 아이들은 상하이에서 건너와 로런스에게 합류했다. 그들은 상하이에서 돈을 빼내 1930년대에 매입한 토지에 지은 집으로 이사했다. 새 집 주소는 커두리 애비뉴였다.

홍콩을 새로운 터전으로 삼는 한편으로 로런스는 남아 있는 가문 재산이 다시는 위험에 처하지 않을 길을 모색했다. 그는 상하이 유대인 난민 일부를 자국에 받아주려고 하는 오스트레일리아 관리를 만났다. 그는 관리를 한쪽으로 데려가 "오스트레일리아는 젊은 나라"라고 운을 뗀 다음 "그곳에 소소한 투자를 하고 싶다"며 오스트레일리아 관리 알렉스 메이즐Alex Maisel에게 오스트레일리아 지폐 뭉치를 건넸다. "날 대신해서 이 돈을 좀 투자해 주시겠소?" 로런스는 메이즐에게 성장하는 회사들의 주식과 도심 인근 부동산을 매입하고 커두리 회사의 이름으로 구입 신고해 달라고 부탁했다. 그는 자신이 특히 길목에 있는 아파트 블록과 아래층은 소형 상점이고 위층은 주거용인 아파트를 좋아한다고 말했다. 그러면 근면한 가게 주인들이 위층과 아래층을 모두 임대해 밤이면 가게를 닫고 곧장 자러 가고 이튿날 아침 내려와 일찍 문을 열 수 있을 것이다.

로런스는 두 번 다시 커두리가 자산의 절반 이상을 중국이나 홍콩에 보유하지 않겠다고 마음먹었다. 만약 중국 공산당이 지금 상하이를 위협하고 있는 것처럼 행여 홍콩을 위협한다면 로런스는 가문을 중국과 이어온 "탯줄을 끊고" 다른 곳에서 새 출발하겠다고 결심했다.

◑

서순가와 커두리가만이 상하이가 붕괴 직전임을 깨달은 유일한 사업가는 아니었다. 상하이에서 큰돈을 번 중국인 갑부들도 똑같이 공황 상태에 빠졌다. 1920년대와 30년대에 중국이 자국의 주요 도시들을 상당 부분 점령하고 경제를 지배하던 외세를 어떻게 물리칠 것인가를 두고 씨름하던 있을 때 이 야심찬 젊은 중국인들은 자신들의 분노를 바깥의 외세보다는 오히려 내부의 중국 자체를 향해 돌렸다. 그들은 전통적인 중국의 정체 상태에 답답해하며 상하이 그리고 커두리가나 서순가와 같은 외국 가문들의 성공에서 자신들의 출세를 위한 청사진을 보았다.

제분과 섬유 산업 분야의 거물인 룽Rong씨 가문은 이런 하위 집단의 전형이었다.[9] 막대한 재산 때문에 이미 국민당과 일본의 표적이 되었지만 그들은 공산당 정권 치하에서는 상황이 더 나빠질 수밖에 없으리란 것을 잘 알았다.

룽씨 가문은 상하이에서 서쪽으로 120킬로미터 떨어진 우시無錫 출신이었다. 19세기에 그들은 전통적인 누에고치 무역에 관여하는 회사를 소유했다. 집안의 아들 가운데 한 명인 룽종징은 마침 엘리가 서순가에 의해 중국으로 파견된 지 몇 년 지나지 않은 1887년에 상하이로 옮겨가기로 했다. 엘리처럼 룽종징은 집을 떠났을 때 열네 살에 불과한 젊은이였다. 또 엘리처럼 그에게 상하이는 경제적으로 사업적으로 기회의 도시였다. 룽종징은 잘나가는 중국 사업가의 장남에게 기대되는 길을 밟았다. 그는 현지 상하이 은행들에서 실력을 쌓고 가족에게 돈을 부쳤다. 그다음 아버지와 자신의 동생과 합작하여 상하이에 자기 은행을 차렸다. 넉 달 뒤 아버지가 돌아가셨다. 그 시점에 스물세 살이던 룽종징은 잘 다져진 경로를 벗어났다. 우시로 돌아가 가업을 떠맡는 대신 사업 전망이 더 밝다고 믿은 상하이에 남겠다고 고집했다. 그의 친척 중 한 명은 영국 회사 자다인 매티슨과 손을 잡고 매판으로 일하고 있었다. 룽종징은 그와 함께 모험적 사업에 뛰어들어 서양의 기술과 사업 실무를 배우기 시작했다. 그는 제분 공장과 면방직 제조업으로 사업을 확장했다. 1921년 그는 가문의 회사를 상하이로 이전했다.

그의 동생은 룽종징에게 '풍수', 즉 주변 환경과 조화를 이루고 행운을 가져오는 방식으로 부지를 선정하고 건물을 지어야 한다는 중국식 믿음을 토대로 본사의 위치를 정하라고 권유했다. 룽종징은 이러한 권고를 물리치고 대신 본사를 조계 안, 와이탄을 따라 늘어선 은행과 서양 회사들 근처에 두기로 했다. 다른 장소는 "풍수는 좋을지 모르지만 전화 서비스가 좋지 않다"고 그는 동생에게 말했다. 그는 서순가가 창립했으며 커두리가에게 대출을 해 주기도 한 홍콩상하이 은행으로부터 대출을 받기 시작했고 계속해서 사세를 확장했다. 화물을 중국 내륙으로 운송하기 위해 일라이어스 서순의 도움을 받아 설립된 중화상단 기선회사China Merchants Steam Navigation Co.와 대량 선적 화물의 운임을 협상했다. 서순가의 예를 본받아 그는 고향인 우시에 자신의 사무소와 공장에서 일할 소년들을 교육시킬 학교를 열었다. 이 소년들은 학교에서 직업 훈련을 받은 뒤 상하이에서 수련생으로 고용되어 실무 능력을 쌓았다. 상하이에서 사업을 시작한 지 10년 만에 룽종징은 상하이 최고의 중국인 갑부 사업가가 되었다. 신문들은 그를 '밀가루 왕'이자 '면사綿絲 왕'이라고 불렀다. 그의 기업 제국에는 10개의 방직 공장과 16개의 제분소가 포함되어 있었다. 그는 3만 1,000명의 노동자를 고용했다. 자신의 등장을 알리고자 룽종징은 원래 서양 갑부가 지었던 유럽식 대저택으로 이사했고 서양인 기업 엘리트들과 어울리기 시작했다. 새로운 저택의 현관 바닥에서 룽종징의 가족은 이전 유럽 집주인이 설치한 모자이크 타일 장식에 주목했다. 처음 보는 그것은 유대인의 상징인 다윗의 별이었다.[10]

공산당이 진격해오자 룽씨 가족은—많은 중국인 가족들과 마찬가지로—분열되었다. 가족의 다수는 돈을 가져갈 수 있을 만큼 최대한 챙겨 중국에서 도망친 후 태국과 브라질에서 다시 사업을 시작할 계획을 밝혔다. 하지만 가업을 이을 후계자인 서른두 살의 룽이런은 남기로 결심했다. 그는 공산당이 중국을 재건하기 위해 사업가들을 필요로 할 것이라고 생각했다. 그는 애국자가 되고자 했다.

룽종징의 친척 가운데 한 명은 제3의 계획을 들고 나왔다. 그는 홍콩으로 사람들을 대거 이끌고 가 거기서 회사를 세울 생각이었다. 비록 영국 치하의 식민지이긴 해도 그곳은 중국 옆에 붙어 있었고 만일 시간이 지나 공산당이 합리적으로 나온다면 상하이로 귀환할 기회가 생길 것이다. 물론 홍콩은 폐허가 되어 있었다. 전기도 거의 들어오지 않았다. 그러나 룽씨 가문은 로런스 커두리를 알고 있었다.

룽씨 가문의 대표가 일단의 중국인 사업가들을 상하이에서 홍콩으로 이끌고 와 로런스 커두리에게 만남을 요청했다. 그들은 상하이 기업들 전체가 얼마나 공황과 혼란에 휩쓸려 있는지를 설명했다.

룽씨 가문과 여타 방직업자들은 일본 항복 이후 낙관적 전망을 품고 있던 시기에 유럽에 새로운 장비를 주문했다. 이제 그들은 인도받을 그 장비들을 홍콩으로 돌려서 그곳에 새로운 섬유 공장을 세울 작정이었다. 그들은 두 가지 문제에 직면했다. 홍콩은 상하이보다 더 습하므로 면사를 망치지 않도록 습도를 일정하게 유지하기 위해 에어컨을 가동해야 했고, 따라서 전력 공급이 믿음직하게 이루어져야 했다. 중국 사업가들은 일본군에게 입은 피해를 여전히 복구 중이던 중화전력공사가 공장을 가동할 만큼 충분한 전력을 공급할 수 있을지도 걱정스러웠다. 그들은 원래 타이완으로 이전하려고 계획했으나 타이완은 전력이 충분치 않아 그 계획은 포기한 참이었다.

"우리가 홍콩으로 온다면 전력을 공급해 주시겠소?"[11] 상하이 방직 공장주들은 로런스에게 물었다.

"물론입니다." 로런스는 장담했다.

사실 로런스의 답변은 허풍이었다. 기존 고객들에게 전력을 공급할 터빈도 충분치 않은 상황이었다. 로런스의 엔지니어들은 일본군이 침공할 때 발전기 다수를 파괴했고, 남아 있는 발전기를 보관하던 건물들은 방치된 채 쥐가 들끓고 있었다. 하지만 로런스는 방직 공장을 유치하면 홍콩과 그 자신의 대차대조표에 큰 이익이 될 것임을 간파했다. 그는 런던의 중장비 제조업자에게 연락하여 원래 남아프리카공화국의 한 회사에 공급하기로 되어 있는 터빈을 자기에게 먼저 보내 달라고 설득했다. 로런스는 여전히 홍콩을 통치하고 있던 영국 군정 당국을 사흘 만에 설득하여 가우룽 반도 여러 부지를 방직 공장 터로 기증하게 했다. 그는 룽씨 가문과 합작 회사를 설립했다. 로런스가 난양 면방직 공장Nanyang Cotton Mill이 되는 이 회사 이사회의 회장을 맡기로 함으로써 회사는 영국인 동업자를 갖게 되었고 은행과 신용에 대한 접근성이 유리해졌다.

로런스는 홍콩이 공산당의 진격을 어떻게 버텨낼지 아직 불분명하던 시기에 자신의 상하이 연줄에 승부를 걸었고, 이 도박은 통했다. 1949년에 이르자 로런스는 249곳의 공장에 전기를 공급하고 있었다. 이듬해 367곳이 더 추가되면서 중화전력공사는 홍콩의 지배적인—그리고 채산성이 극도로 뛰어난—전력생산업체로 자리 잡아갔다. 이렇게 갖춰진 경제적 인프라에 궁극적으로 상하이에서 홍콩으로 10만 명이 건너와—인근 광둥 사람들과 더불어—기술을 제공하면서 홍콩 시를 이끌어가게 된다.

상하이 제분업과 직물업계 거물의 후손인 룽이런은 공산당이 집안 소유의 공장과 자산을 몰수하는 것을 속수무책으로 지켜보았다. 그는 중국에 남기로 한 반면 그의 형은 홍콩으로 건너가 커두리가와 동업자 관계를 맺었다. "한쪽은 중국에 남고 한쪽은 해외로 나간다. 중국에 아무런 문제도 없다면 귀환할 수 있다"고 형은 동생에게 편지를 썼다. 하지만 상하이 시를 함락하자 공산당은 곧 중국인 사업가들을 향해 정치적 캠페인을 벌이기 시작했다. 그들은 기업가들을 '5대 악'—뇌물, 탈세, 국가 자산 절도, 편법, 경제 정보 도용—의 표적으로 삼았다. 1952년 첫 넉 달 안으로 200명이 넘는 전직 공장주와 기업가가 자살했다.

어느 봄날 오후에 룽이런은 자신의 경제 범죄를 낱낱이 적은 자백서를 담은 두툼한 봉투를 쥔 채 화려하게 장식된 빅터 서순의 옛 캐세이 호텔 로비에 다른 기업가 수십 명과 함께 줄 서 있었다. 줄은 로비를 가로질러 한때 빅터가 좌중을 휘어잡으며 자신의 대표 칵테일을 내놓던 바까지 이어졌다. 흰옷을 차려 입은 웨이터들이 음료를 내오는 대신 바 뒤편에는 베이지색 군복을 입은 병사들과 푸른 '마오 재킷'(인민복)을 입은 당 간부들이 서 있었다. 그들의 머리 위로는 현수막이 걸려 있었다: 낱낱이 자백하고 다른 사람을 폭로하는 이들에게는 관대한 처분을, 자백을 거부하고 노동자를 위협하는 이들에게는 엄벌을!

어렸을 적 그 광경을 목격했던 한 중국 작가는 나중에 다음과 같이 회상했다: "그 행렬에 있던 사람들은 엄청난 공포에 떨고 있었다. 제2차 세계대전 당시 유대인들을 섬뜩하게 연상시킬 만큼."[12]—빅터가 유대인 난민들을 구하기 위해 했던 일을 생각할 때 대단히 인상적인 이미지다.

공산당은 그토록 많은 중국인을 치욕에 빠트리고 극심한 빈곤과 불평등을 낳은 외세의 흔적을 지우려고 작심했다. 빅터가 경주마를 출전시키고 친구들을 접대했던, 영국인이 지은 상하이 경마클럽은 완전히 헐려서 노동자들이 인공 호수에서 노를 젓고 뱃놀이를 하는 인민 공원으로 바뀌었다. 와이탄을 따라 늘어선 빌딩들은 '경제 제국주의의 발판'으로 지탄 받았고 이제 중국인 간부와 관료들이 차지했다. 관광객들은 더는 빅터의 자랑거리인 나이트클럽 시로스에서 뉴욕이나 런던의 최신 유행음악에 맞춰 춤을 추지 않았다. 그들은 중국 전통 속요와 각종 민요를 들었다. 상하이 주민 가운데 대략 20만 명이 농민들을 돕도록—그리고 외국물과 자본주의에 찌들었던 과거를 깨끗이 씻어내도록 시골로 보내졌다. 상하이에 거주하는 외국인의 수는 3,000명 미만으로 확 줄었고 그 대부분은 공산당에 동조적인 아프리카, 아시아, 라틴아메리카 등의 국가로부터 온 유학생들이었다.

캐세이에서 룽이런은 불법적 폭리를 취했음을 고백하고 공산당의 사회주의 국가 건설에 이바지하겠다고 맹세했다. 마오쩌둥은 그를 베이징으로 초대하여 본인이 직접 쓴 휘호를 선물했다. 휘호에는 다음과 같이 적혀 있었다: 사회 진보의 법칙을 붙들어라. 제 손으로 운명을 개척하라. 룽이런은 산업 부문을 담당하는 상하이의 부시장으로 임명되었다. 그는 가문의 재산을 포기했지만 살아남아 공산당 치하 중국에서 새 출발할 수 있었다. "그는 험한 바다에서 목적지로 항로를 정하고 암흑 속에서 환하게 빛나는 기선과 같았다"고 한 중국 작가는 회고했다. 빅터 서순이 여전히 상하이에 있었다면 룽이런의 생존 본능을 높이 평가하고 그와 친구가 되길 원했을 것이라고 그 작가는 생각했다.

◑

후줄근하고 기진맥진한 호러스가 1948년 공산당을 피해 상하이를 떠나 홍콩에 도착할 무렵, 로런스의 맹렬한 개혁 조치와 연구는 도시를 확 바꿔 놓았다. 한 미국 잡지는 중국 본토에 기승을 부리는 인플레이션과 물자 부족, 내전과 대조적으로 홍콩은 이제 "붐 타운"이라고 공언했다.

집안의 집사와 함께 옷 몇 벌만 간신히 챙겨 상하이에서 빠져나온 호러스는 가우룽의 커두리 애비뉴에 모여 있는 여러 집들 대신 신제에 있는 커두리가의 주말 저택인, 상대적으로 외진 볼

더 로지에 자리 잡았다. 로런스는 동생을 페닌술라와 리펄스베이 호텔의 회장으로 임명했는데, 호텔 사업은 상하이에서 가문 소유 호텔들을 총괄했던 경험과 디자인 및 미식을 애호하는 호러스의 성향을 잘 활용할 수 있는 분야였다. 상하이에서 보낸 마지막 10년은 호러스를 탈진시켰다. 로런스는 누가 봐도 집안의 리더였고 스포트라이트를 즐겼다. 두 형제를 함께 만난 정부 관리들은 호러스는 로런스만큼 영리하지 않다고 여겼다. 그래도 로런스는 동생과 상의하지 않고는 사업상 결정을 내리지 않는다고 말했다.[13] 형제는 수표책을 공유했고, 호러스가 볼더 로지에서 차를 타고 나와 커두리 애비뉴에 있는 로런스의 집으로 찾아와서 대부분의 아침을 함께 먹었다.

1949년 어느 날 아침 호러스는 볼더 로지에서 나와 새 정원사가 화단에서 일하고 있는 것을 발견했다.[14] 그는 중국인 하녀를 불렀다.

"이 사람은 누구지?" 그가 초보적인 중국어로 물었다.

"걘 내 조카인데요." 하녀가 안절부절못하며 대답했다. "중국에서 피난 왔어요." 공산당이 중국 전역에 권력을 단단히 다지면서 1만 명이 넘는 난민들이 공산당 집권을 피해 중국 남부에서 홍콩으로 쏟아져 들어왔다. 그들은 사업가, 지주, 부유한 자본가, 국민당 지지자들이었다. 홍콩은 "세상에서 가장 심하게 약탈당한 도시"에서 인구가 가장 밀집한 도시 가운데 하나가 되었다. 난민들은 시골이나 산비탈에 배관 설비나 전기가 없는 무허가 판자촌으로 몰려들었다. 그들은 자신들을 숨겨주고 보호해 달라고 친척들에 매달렸다.

호러스의 화단에서 작업하고 있던 새 정원사는 렁치Leung Chik 라고 했다. 그는 아내와 두 자식, 그리고 우리 안에 토끼 몇 마리 를 데리고 그 전날 이곳에 도착했다. 렁치의 아주머니—호러스 의 하녀—는 그들을 호러스의 차고에 숨겨 주었다. 중국 남부에 서 소규모 땅뙈기를 여러 군데 소유한 농부였던 렁치는 공산당 군대가 진격해 오자 가족과 현금 6달러를 들고 도망쳤다. 렁치 는 눈앞의 키 크고 쭈뼛쭈뼛한 외국인을 근심스레 바라보았다. 그는 무릎길이 낙낙한 반바지를 입고 허리 위쪽으로 볼품없게 벨트를 두르고 있었다. 검은 신발과 무릎께로 올라오는 검은 양 말 위로는 창백한 흰 피부가 드러나 보였다.

호러스는 그에게 한발 다가가며 하녀에게 자기 말을 통역하 라고 손짓했다.

"나도 피난민이네."

상하이에서 유대인 난민들이 처한 곤경이 호러스에게 활력을 불어넣은 것처럼, 중국에서 도망쳐온 이 새로운 난민 집단도 사 업에서 성공을 추구하는 로런스의 추진력에 버금가는 목적의식 을 일깨웠다. 공산당 첩자들이 난민들에 섞여 홍콩으로 잠입하 는 일을 걱정하던 홍콩 정부는 일대의 중국인 가구들이 몰래 난 민을 숨겨주고 있지는 않은지 볼더 로지 주변의 집집마다 경찰 을 보내 확인하고 있었다. 경찰이 일상적인 점검의 일환으로 볼 더 로지에 들러 호러스에게 근처에서 난민을 목격한 적이 있느 냐고 물었을 때 호러스는 "아니, 여긴 아무도 안 왔소"라고 말하고 그들을 돌려보냈다. 렁치는 호러스의 차고에서 나와 근처 본채 옆에 붙여 지은 판잣집으로 옮겨갔다. 그는 가족들을 먹이기 위해 버려진 푸성귀를 찾아 인근 밭을 뒤졌다. 그는 자신이 채소를 재배할 수 있게 땅을 10년간 임대하여 소작농이 되기로 했다. 이 소식을 듣고 호러스는 렁치와 그 아주머니를 불러서 렁치가 왜 그냥 땅을 매입하지 않느냐고 물었다. 렁치가 자신한테는 돈이 없음을 일깨우자 호러스는 그에게 돈을 빌려주겠다고 제의했다. "천천히, 서서히 갚으면 되네. 난 상관없으니까." 호러스는 렁치의 농가를 방문하여 난방에 숯을 쓰면 집이 너무 더러워진다고 그를 나무랐다. 그 뒤 중화전력공사에 연락해 집에 와서 전기 배선을 설치해 달라고 요청했다. 또 렁치에게 페닌술라 호텔에서 버린 테이블을 가져다주어 이제 렁치의 네 아이에게는 공부할 수 있는 공간이 생겼다.

렁치는 도움을 호소하며 호러스 앞으로 다른 피난민 농부들을 데려오기 시작했다. 호러스는 농민들이 농기구와 종자를 살 수 있게 돈을 주었다. 어느 크리스마스이브에 호러스는 차를 타고 시골 도로를 지나가다 근처에서 불에 타버린 농가를 보았다.[15] 이튿날 그는 그 농가를 찾아가 푸Fu라는 집주인에게 새 집을 지을 수 있게 무이자 대출을 제의했다. 또 그에게 돼지와 닭, 돼지우리를 사주도록 시키고, 푸가 걷거나 자전거를 타고 마을로 가서 채소를 팔 수 있도록 돈을 주고 인부들을 사서 마을로 가는 길을 닦았다. 푸는 명절에 중국인 친척을 찾아가듯이 크리스마스가 되면 호러스를 찾아와 한 해를 어떻게 보냈는지 이야기를 주고받았고 이렇게 해서 크리스마스에 인사를 하러 오는 전통이 시작되었다.

호러스는 영국 행정관들에게 농촌 문제에 관해 편지를 써 보내기 시작했고, 그가 하도 집요하게 문제를 제기하자 홍콩 정부는 아예 그를 신제의 농민들이 직면한 문제점들을 다루는 위원회에 앉혔다. 그가 관청에 보낸 편지들은 내성적인 호러스가 공개석상에서는 보여준 적 없는 결연함을 드러낸다. 대중 앞에 나서지 않으면서 호러스는 신제의 농민과 난민들의 열렬한 옹호자가 되었다. 그는 정부 관리들과 농민 단체들 간 면담을 지속적으로 파악하고 관청 쪽에서 면담을 취소하면 질책했다. 또한 농업 정책에 무턱대고 도장을 찍어 주는 사람이 되길 거부했다. 어느 사안도 사소하지 않았다. 그는 농촌 지역에서 목격한 몰래 내버린 쓰레기와 산업 폐기물로 인한 오염, 시골 도로의 과속 차량 문제를 논의하기 위해 정부 관리들을 만나러 다녔다. 1951년 호러스는 로런스를 찾아가 신제에서 근근이 살아가는 수만 명의 난민들을 돕기 위해 더 많은 일을 하고 싶다고 말했다. 그는 영농 지원 프로젝트를 제안했다. 로런스는 농사에 관해서는 아무것도 몰랐지만 호러스가 농학에 줄곧 관심이 많았고 사무실에서 지내기보다는 야외 생활을 더 좋아한다는 것을 알고 있었다. 로런스는 100만 홍콩 달러—현재 미화로 17만 달러—의 투자금으로 프로젝트를 출범시키는 데 동의했다. "그 일이 호러스를 행복하게 해준다면 난 상관없다"고 그는 친구들에게 말했다.[16]

호러스는 커두리 영농지원협회Kadoorie Agricultural Aid Association, 즉

KAAA를 설립했다. 초기 투자금을 들고 그는 홍콩 식민 당국에 마이크로 대출로 알려진 시범 사업을 제안했고, 이 사업 모델은 수십 년 뒤에 널리 퍼지게 된다. 우선 커두리가 농민들에게 몇 백 달러의 융자금을 준다. 이 돈은 작은 땅뙈기와 종자, 농기구와 더불어 돼지 두 마리와 돼지우리를 지을 석재를 구입하기에 충분한 돈이다. 그러면 홍콩 정부가 농민들에게, 산비탈의 경사진 척박한 토양을 경작지로 바꾸는 계단식 농업처럼 효율적인 영농 기술을 가르쳐줄 전문가들을 파견한다. 농민들은 커두리가 대출해준 돈을 가지고 작물을 재배하고 내다 팔아 얼마간 이윤이나 종자, 식량을 남기고 되갚았다. 이 접근법은 자선이 아니라고 호러스는 강조했다. 그것은 농민들이 자조自助하는 것이었다. 커두리가는 농사를 시작할 수 있을 만큼의 돈을 농민들 개개인에게 준다. 정부는 전문적 기술을 제공한다. 그러면 필요한 나머지 일은 농민들이 하는 것이었다.

이 같은 정책 프로그램에 긴급성을 더한 것은 정치였다.[17] 공산당은 홍콩과의 접경에서 진격을 멈췄지만 원한다면 언제든 홍콩을 빼앗을 수 있었다. 난민의 급증은 이제 한 가족과 일가친척이 국경선 양편에 살고 있다는 뜻이었고 이런 현실은 홍콩 정부가 지배하는 신제가 잠입이나 첩보 활동, 정치적 불만의 온상이 될 수 있는 가능성을 의미했다. 농민들을 도우면 홍콩의 정치적 안정을 도모할 수 있었다. 도심 재건 과제를 떠맡은 정부는 농촌을 도울 만한 자원이 남아 있지 않았다. 전시에 상하이에서 그랬던 것처럼 호러스가 대신해서 그 빈틈을 메웠다. 얼마 지나지 않아 신제 여기저기에, 농민들은 동네를 오가며 농산물을 팔 수 있고 아이들은 걸어서 학교에 갈 수 있도록 커두리가 닦은 도로를 알리는 표지판들이 들어섰다. KAAA는 수십 군데의 마을에 둑을 쌓고 저수조를 설치했다. 호러스는 과수원 기금을 마련하고 농민들이 양계를 하여 영농을 다각화하도록 장려했다.

창Tsangs씨네는 호러스가 도와주던 전형적인 가족들 중 하나였다.[18] 창씨네는 발전한 홍콩 사업 지구와 공장 지구에서 한참 떨어진 외딴 란터우Lantau 섬에 살았다. 어머니는 여전히 새벽 4시에 일어나 한 시간을 걸어서 우물에 가 펌프로 물을 퍼서, 씻고 아침을 준비할 물을 집으로 가져왔다. 자식들은 등교하기 전에 같은 길을 걸어서 밭에 댈 물을 끌어왔다. 창씨네는 자신들은 정치에는 관심이 없다고 주장했지만 사실 공산당원들에게 동조적이었고 일본군의 홍콩 점령 당시 공산당 게릴라들을 숨겨주었다. 공산당이 집권하고 여러 해 동안 공산주의자들이 국경을 넘어와 홍콩에 잠입해 자기 논밭을 오갈 때도 창씨네는 영국 식민 당국에 아무말도 하지 않았다. 그들은 짐짓 중립적 태도를 취했다. "우리는 모두 같은 잔으로 차를 마신다"고 집안의 할아버지는 식구들에게 말했다.

1950년대, 하루는 호러스가 창씨네 농가에 나타났다. 통역을 해줄 중국인 직원을 대동한 그는 가족들에게 물었다. "뭐가 필요해요? 돼지가 필요합니까?"

"아니, 필요 없소." 할아버지가 대답했다. 손녀는 부끄럼을 타는 듯 옆에 서 있었다.

"닭은 안 필요합니까?" 호러스가 물었다.

"필요 없소"라는 대답이 돌아왔다.

"소는?"

"필요 없소."

호러스의 통역이 광둥어로 끼어들어 창씨네 할아버지에게 뭐가 문제냐고 물었다. 왜 거부감을 보이는가?

"우리는 이 궤일로gweilo[외국인]를 몰라"라고 할아버지는 대답했다. "그런데 어떻게 믿어? 우리한테 원하는 게 있는 거 아냐?"

"이 사람은 아무것도 원하지 않습니다." 호러스가 지켜보는 가운데 통역이 광둥어로 말을 이었다. "이 사람은 매우 부자예요. 갖고 있는 것도 많고요. 산정까지 오르내리는 피크 트램, 시멘트 회사가 다 이 사람 거예요. 이 사람이 어르신을 돕고 싶다고 합니다."

"그럼 시멘트를 좀 받고 싶소." 할아버지는 잠깐 생각한 다음 "시냇물을 우리 밭에 끌어올 수 있게 파이프도 좀…"이라고 덧붙였다.

호러스는 커두리 시멘트 회사에서 시멘트를 가져갈 수 있게 허락하는 편지와 밭으로 물을 돌릴 파이프를 구입할 수 있게 수백 달러짜리 수표를 써 주었다. 다음 몇 년에 걸쳐 창씨네는 호러스의 KAAA에서 무이자로 돈을 빌려 비료와 종자를 사고, 채소를 팔아 버는 돈으로 6개월 안에 융자금을 갚았다. 또 KAAA가 둑을 쌓아 논밭의 관개 시설을 개선할 수 있게 도왔다. 양계도 시작했다. 전에는 쌀이 모자라서 자식들에게 종종 고구마를 먹여야 했다. 이제는 쌀이 넉넉했고 커두리가가 시작한 조합에 가입해 시장에 내다 팔 채소를 배로 운송했다. 커두리 그룹에서 파견한 수의사들이 농가를 방문해 닭을 살펴보고 생산량을 늘리기 위한 조언과 항생제를 제공했다. 호러스의 방문을 지켜봐왔던 손녀는 "커두리가가 우리 삶을 바꿨다"고 말했다.

다음은 돼지 차례였다. 돼지고기는 홍콩 사람들의 주식이자 인구 증가와 함께 급성장하는 시장이었다. 호러스와 영농 전문가들은 양돈이 번영으로 가는 최상의 지름길이라고 여겼다. 농민들이 6개월짜리 돼지를 각자 4마리 받아 여덟 달에서 아홉 달가량 키우면 새끼를 낳을 테고 돼지는 고기로 팔 수 있어 안정적 수입을 얻을 수 있을 것이다. 호러스는 농민들이 기술적 지원과 더 고품질의 비료, 종자, 가축을 얻을 수 있다면 농장을 경영하고 돈을 벌 수 있을 만큼 영리하다고 믿었다. 그는 양돈을 통해 농민들이 자신들의 투자 대상이 말 그대로 커지는 것을 두 눈으로 볼 수 있을 거라 생각했다.

호러스는 '굽은 등 돼지'를 없앨 방법에 관한 연구에도 착수했다. 수십 년에 걸친 영양실조와 부적절한 식습관으로 홍콩 돼지는 점차 등이 앞쪽으로 굽는 기형으로 자라게 되었는데 이 때문에 고기의 양이 줄어들고 돼지들이 다 자라기도 전에 죽었다. 호러스는 고기량이 더 많은 새로운 홍콩 돼지 품종을 개발하는 연구에 자금을 댔다. 1962년에 이르자 호러스의 KAAA는 그때까지 총 30만 명의 난민들을 지원하고 6,000만 달러를 융자해주었는데, 이 융자는 모두 일정한 간격에 따라 농민들에 의해 상환되고 마이크로 대출 형식으로 다시 대부되고 있었다. 렁치는 1년에 2만 마리의 돼지를 고기로 가공하는 공장을 지었다. 그다음 농장에서 얼마 떨어진 길가에—농장에서 나온 돼지고기를 비롯해—다양한 음식을 파는 식당을 차리고 호러스의 이름을 따서 식당 이름을 붙였다. "호러스는 돼지고기를 먹지 않아. 유대인이라서"라고 렁치는 가족들에게 말했다. "하지만 돼지에 관해서 아주 똑똑하지."

농부들은 이내 "커두리 집안은 돼지에 관해서 모르는 게 없다. 단 맛만 빼고"라는 말을 즐겨 하게 되었다.[19]

커두리 가족은 자신들이 속한 세계의 정치가 어떻게 변했는지를 인식했다. 대영 제국은 후퇴하고 있었다. 인도는 독립을 부여받았다. 하지만 독립은 홍콩에게는 해당되지 않는 선택지였다. 공산당 정권은 그곳을 수복할 생각임을 분명히 했었다. 공산당이 본토를 정복함에 따라 마오쩌둥은 "우리가 홍콩의 반환을 부르짖기에는… 중국 본토의 난장판을 수습하기 위해서 처리해야 할 문제가 산적해 있다"라고 천명했다. "어쩌면 지금부터 10년이나 20년, 아니면 30년 뒤쯤 반환에 관한 논의를 할 수 있을 것이다." 냉전으로 인해 홍콩은 공산주의와 자본주의, '자유 세계'와 '붉은 중국' 사이에 끼어 옴짝달싹 못 했다. 미군과 중국군이 맞붙은 한국전쟁은 홍콩이 언제든 일촉즉발의 상황으로 치달을 수 있음을 보여 주었다.

홍콩의 해법은 본토 사안과 관련해서는 항시 경계하며 중립

정책을 유지하는 것이었다. "홍콩에서 우리의 입지는 대체로 정치적 쟁점에 엮이지 않는 것에 달려 있다"고 홍콩 총독은 천명했다.[20] "이것은 정치적 색채를 띤 어떤 쟁점에든 엄격한 합법성과 불편부당한 자세를 유지함으로써만 달성될 수 있다."

그와 동시에 홍콩의 중국인 주민의 인심을 얻기 위한 전투가 전개되고 있었다. 호러스와 친해진 난민 렁치처럼 많은 홍콩 주민들은 공산주의를 피해 도망쳐 왔다. KAAA는 그들의 이전 터전에서 자행된 탄압과 토지 재분배에 대한 자본주의적 대안을 제공했다. 영국 식민 정부는 중국을 자극하고 싶지 않았다. 하지만 관리들은 커두리가와 조용히 협력하며 자본주의의 혜택을 보여주고 홍콩의 자립을 증진하는 프로그램들을 추진할 수 있었다. "공산주의에 대한 최상의 보호책은 중국 본토보다 더 나은 생활 여건을 제공하는 것"이라고 로런스는 단언했다.

전기電氣는 체제 대결의 또 다른 전장이 되었고 여기서는 로런스가 주도했다. 홍콩 경제가 회복되고 1950년대 들어 성장하기 시작했음에도 불구하고 수십만 중국 거주민들은 여전히 지난 50년간 전혀 변한 것 같지 않은 삶을 살았다. 공장 노동자들은 해가 지면 어둠이 깔리는 동네로 귀가했다. 전기는 간선도로를 따라서만 들어왔다. 세탁과 요리, 변기에 쓸 물은 직접 길어 와야 했다. 전기가 들어오지 않아 낮 시간은 짧았고, 화재의 위험이 높았으며, 급수가 어렵고, 아동의 학습 시간이 제한되고 사람들은 최신 뉴스나 심지어 바깥세계에 노출될 기회를 차단당했다. 그나마 존재하는 가로등은 가스등이었다. 오후 5시나 6시만

되면 20세기 초에 로런스가 부모님과 함께 홍콩에 처음 왔을 때처럼 끝에 불이 붙은 대나무 장대를 든 사람들이 거리를 걸어 다니며 가스등에 불을 붙였다가 아침이면 돌아와 불을 껐다. 점쟁이들이 거리로 나와 석유램프 옆에 앉아 점을 쳤다. 아이들은 석유램프 아래 옹기종기 모여 앉아 공부를 했다. 화재의 가장 흔한 원인은 석유램프를 넘어뜨리는 사고였다. 전기가 너무 절실해서 사람들은 주 전력 공급선에서 자기 집으로 슬쩍 배선을 연결하는 방식으로 수시로 전기를 훔쳤다. 전기가 워낙 비싸서 집에 전기가 들어오는 경우에도 흔히 5와트짜리 전구 하나만 달아서 필요할 때만 켰다. 중국인 의사 곽긍은 가우룽의 야우마테이 지구에서 손님이 많이 찾는 한약방을 운영했는데 그곳은 널찍했지만 어두침침했다. 약방에서 유일하게 밝은 데는 하나짜리 알전구 아래 그가 환자들을 살펴보고 시술하는 곳이었다. 전력 공급 부족으로 인한 문제는 난민이 급증하며 더욱 심각해졌다. 1953년 석유램프로 시작된 화재가 거대한 판자촌으로 퍼져나가 하룻밤 사이에 5만 명이 살 곳을 잃는 일도 있었다.

로런스는 가우룽 거리를 메우며 직물, 장난감, 저렴한 전자제품을 생산해 홍콩의 경제를 변모시키고 있던 공장들에 전선을 가설하여 전력을 공급했다. 이제 그는 번화한 공업 지구부터 북쪽으로 중국 접경지대까지 뻗은 주거 지구와 마을로도 전기를 가져왔다. 공산 정권 치하에서 중국은 농촌 전화電化 프로그램을 공격적으로 추진하고 있었다. 홍콩 전력망과의 연결은 주민들이 선풍기와 더 뛰어난 조명, 냉장고와 전기밥솥과 같은 여타 가전

제품을 이용할 수 있다는 뜻이었다. 10년 전 호러스가 도와줬던 창씨네의 외진 농가는 밭에 물을 대고 씻고 요리하기 위해 여전히 매일 아침 우물에서 펌프로 물을 끌어올려야 했다. 아홉 자식들은 밤이면 석유램프 아래 다 같이 모여 앉아 공부했다. 로런스와 중화전력공사가 란터우 섬에 전선을 가설한 뒤 창씨네 아이들은 집안 어디서나 공부할 수 있게 되었고 가족은 양돈 사업을 확대했다. 창씨네 아홉 자식 가운데 네 명은 학업을 이어가 대학 학위를 받았다. 가족은 의사 두 명, 교사 한 명, 농부 세 명, 사업가 두 명을 배출했다. 1950년대와 1960년대에 밤낮으로 쉬지 않고 전력 생산과 공급을 늘리기로 한 로런스의 결정은 에어컨 냉방 영화관과 환하게 불을 밝힌 쇼핑몰, 갈수록 치솟는 빌딩을 오르내리는 엘리베이터와 에스컬레이터, 눈부신 스카이라인과 번화가를 위한 길을 닦았다. 그것은 제2차 세계대전 직후 로런스가 귀환했을 당시 망가지고 약탈당한 도시를 "단색조의 중국 가장자리에 네온사인이 휘황찬란한 자본주의 현대성의 전초기지"로 탈바꿈시켰다.[21]

어느 오스트레일리아 출판인은 호러스와 로런스 커두리를 만나고 나서 두 사람은 아시아가 배출한 가장 유능한 반공주의자라고 공언했다.[22]

로런스는 본인을 최후의 빅토리아인이라고 불렀다. 그는 1899년, 빅토리아 여왕의 치세 말년에 태어났다. 그는 빅토리아인들과 제국의 낙관주의를 공유했다. 홍콩과 중국인들에게 무엇이 가장 좋은지를 자신이 알고 있다는 확신 말이다. 식민주의는 후퇴하고 있으며 악평을 사고 있을지도 모르지만—인도와 중동, 아프리카에 종족 분쟁과 전쟁의 유산을 남기며—여기 홍콩, 대영 제국 최후의 전초기지에서는 성공하고 있다고 로런스는 믿었다. 그는 어느 잡지와의 인터뷰에서 "식민주의에는 좋은 점이 많다"고 밝혔다. "그것은 교육을 가져오고, 우체국과 은행을 가져왔다. 그것은 법과 질서를 가져왔다. 인도를 보라. 거긴 모두가 자폭하고 있지 않은가? 어느 쪽이 더 나은가?" 격식을 차리고 정중한 로런스는 종종 가부장적이고 거만하다는 인상을 줬다. 식민주의는 그에게 잘 맞았다. "홍콩이 엘리트에 의해 다스려지고 있다는 것은 의심의 여지가 없다. 그건 사실이다"라고 로런스는 공언했다.[23] "나는 엘리트를 믿으며 그런 엘리트 지배가 서구 민주주의보다 훨씬 낫다고 생각한다." 로런스가 제2차 세계대전 직후 도와줬던 상하이 기업가들과 새 세대의 홍콩 기업가들이 합세하여 중화전력공사가 독점적 지위를 이용하여 다른 도시들에서보다 더 높은 전기료를 물리고 있다고 불만을 제기했을 때, 로런스는 자신의 전기 회사를 국유화해야 한다는 요구를 물리쳤다.[24] 많은 홍콩 식민 관료들은 항의에 공감했다. 그들은 로런스가 폭리를 취하고 있다고, 홍콩 식민 정부에 이것저것 졸라대며 그 자신과 자기 회사들에게만 이득이 되는 특혜 조치들을 위해 로비한다고 불만을 표명했다. 그들은 호러스가 신제에서 도와준 농민들이 곧 중화전력공사의 유료 소비자가 되었다고 지적했다. 한 식민지 관리는 커두리 가문이 "떽떽거리는 특권층"처럼 굴며, "대형 리무진을 탄 상하이 사람들"처럼 행동한다고 썼다.[25] 로런스는 일정한 수익률을 보장받는 대가로 정부에 어느 정도 전기료 규제 권한을 허용하는 타협책을 얻어냈다. 홍콩을 방문한 많은 이들에게 로런스는 그 도시처럼 시대착오였다. 하지만 그것은 작동하는 것처럼 보이는 시대착오였다.

홍콩에서 가장 막강한 기관으로서 다름 아닌 식민정부에 버금가는 홍콩상하이 은행은 로런스의 영향력을 인식하고 그를 이사진에 앉혔다. 그 자리는 전에는 대대로 서순가 사람들이 차지했다. 로런스의 임명은 커두리가가 오랜 맞수를 능가해 출세했음을 대변했다. 로런스 커두리도 상하이에서 큰 재산을 잃었다. 하지만 홍콩에서 그는 그 전부를 회복하고—그보다 훨씬 더 많은 재산을 쌓고 있었다.

중국은 반대로 공산당 집권 이후 십년간 급성장을 경험한 뒤 영국과 여타 자본주의 국가들을 추월하려는 정치적 동기에 기인한 경제 실험을 잇달아 실시하고 있었다. 1950년대 후반 마오쩌둥이 개시한 대약진 운동은 중앙의 계획 경제를 통해 뒤뜰의 모든 헛간과 별채를 공장으로 탈바꿈시키고 곡물을 대대적으로 증산하는 것을 목표로 했다. 하지만 실제로는 수많은 사람들을 아사시킨 전국적인 기근을 초래했다. 그 참사의 전모는 몇 십 년 동안 감춰지지만 중국에서 홍콩으로 도망친 난민들은 경제적 처지가 나아지고 있던 친지와 친구들에게 끔찍한 아사와 가난의 사연을 들려주었다.

빅터 서순은 상하이로 돌아가는 비행기 탑승권을 결코 쓰지 않았다.[26]

중국이 공산 정권 치하에 들어가자 빅터는 바하마 제도 나소 Nassau에 있는 새로운 본사와 각국의 호텔을 전전하며 세계를 여행했다. 바하마 제도는 개인세나 법인세가 없는 데다 온화한 기후가 만성적인 엉덩이 통증 완화에 도움이 되리라 생각하여 빅터는 그곳에 자리를 잡았다. 한때 세계 최대의 갑부였던 그는 공산당이 상하이를 함락했을 때 총자산 가치가 5억 달러로 추정되는 빌딩과 회사를 잃었다. 그의 사촌 루시언 오바디아는 커두리가가 홍콩에서 거두고 있는 성공을 보고는 빅터에게 수익성이 좋은 서순가의 홍콩 부동산을 계속 보유하고 더 많이 매입할 것을 충고했다. 하지만 빅터는 충고를 거절하고 자산을 처분했다. 그는 중국과 연을 끊었다. "빅터는 항상 잘못된 장소에서 잘못된 시기에 잘못된 결정을 내렸다"고 한때 상하이에서 빅터 밑에서 일했으며 자기 사업을 시작하기 위해 홍콩으로 건너온 모리스 그린Maurice Green은 평가했다.

바하마 제도에서 빅터는 왕년 자신의 상하이 제국을 크게 축소한 열대지방 버전 제국을 세웠다. 그는 5층짜리 분홍색 오피스 빌딩을 매입해 '서순 하우스'라고 불렀다. 또 상하이에서 그랬던 것처럼 보험 회사와 여타 투자회사를 설립했다. 이전 직원들 상당수가 그 밑에서 일하기 위해 바하마에 정착했다. 그는 시시때때로 텍사스주 댈러스에 있는 카메라 매장에 들러 최신 기기와 사진 장비들에 심취하곤 했다. 또한 수만 달러를 써가며 종마 사육장을 방문하고 경주마를 매매하고 품종을 연구했다. 런던과 아일랜드에 경주마 마구간과 조교사를 유지했고 5월부터 9월까지 이어지는 경마 시즌 동안에는 잉글랜드에서 지냈다.

이제 70대에 접어든 그는 국민당 정권을 택한 두 쑹씨 자매와 연락을 유지했다. 뉴욕에 있을 때면 옛 연인인 에밀리 한을 만나 21클럽이나 포시즌스에서 점심을 함께 했다. 두 사람은 각종 매체에서 읽은 중국에서 일어나고 있는 변화에 관해 이야기를 나눴다. 그는 한에게 "중국인들은 하루가 갈수록 공산당을 싫어하고 있다"라고 썼다.

빅터는 뉴욕 여행길에 허리 디스크가 생겼고 병원에 실려 갔다가 결국 휠체어에 의지하게 되었다. 그는 뉴욕에서 자신을 보살핀 미국인 간호사를 설득해 바하마로 건너오게 했다. 빅터의 새 간병인의 이름은 에벌린 반스Evelyn Barnes였다. 댈러스 출신인 그녀는 아담한 체구의 서른 살 금발 머리 여성이었고 빅터는 에벌린의 빠릿빠릿한 일처리에 호감을 느꼈다. 그녀는 '남부 촌뜨기'를 자처했고 친구들에게는 빅터를 실제 나이보다 더 젊게 묘사했다. 연인이 된 두 사람은 친구들을 초대해 파티를 열곤 했다. 대여섯 계단을 내려가면 해변과 수영장으로 이어지는 나소의 자택 널찍한 테라스에 앉아서 빅터는 손수 칵테일을 제조하고 언제나 기운이 넘쳐 보였다.

그는 중국에 관해 좀처럼 이야기하는 법이 없었고 어쩌다 이야기할 때면 상실감과 응어리가 묻어났다. 에벌린 콕스라는 반스의 조카가 대학에 들어가기 전에 1년 간 학업을 쉬면서 이모와 빅터와 함께 지냈다. 당시에 빅터는 콕스에게 중국인들이 자기 목에 현상금을 걸어놨다고 말했다. 그는 두 번 다시 중국에 돌아갈 수 없으리라. 그가 맞닥뜨린 반유대주의에 관해서도 이야기했다. 자신은 최고의 파티를 주최했지만 다른 사람들이 여는 파티에 항상 초대받지는 못했다고 말이다. 저녁 식사 자리에서는 공산당이 집권한 뒤 기관총을 쏘아대는 병사들을 뒤로 하고 보트로 탈출한 친구들에 관해 이야기하곤 했다. 빅터는 공산당 군대가 도착하기 전에 탈출했지만 공산당은 그의 자산을 몰수했고 그가 매각한 것들도 실제 가치에 못 미쳤다. 콕스는 빅터의 우울한 심사를 감지했다. "그가 살아온 세계는 너무 많이 변해 버렸다"고 콕스는 회고했다.[27] "그에게는 이제 예전과 같은 영향력이 없었어요. 그가 마지막으로 상하이를 떠나면서 어떤 심정이었을지 나로서는 상상도 할 수 없죠.… 모든 희망과 꿈을, 자신이 건설한 것, 인생을 갖다 바친 그 전부를 [두고 떠났으니]…"

70대 후반이 되어서 빅터는 자신의 간병인 에벌린 반스와 결혼했다. 반스의 가족들은 두 사람의 결혼이 그녀가 그를 보살펴 준 것에 감사를 표시하는 방식이자 그녀에게 경제적 안정을 보장해 주려는 수단이라고 생각했다. 빅터는 "다른 수많은 여자들을 실망시킬 수밖에 없었지"라는 농담으로 그답게 가볍게 받아 넘겼다.

죽기 직전 그는 뉴욕에 있는 변호사를 만나서 유언장을 수정했다. 변호사 사무실을 나서면서 그는 콕스에게 말했다. "얘야, 너에게 알려 주고 싶은 게 있어. 내가 방금 너에게 돈을 좀 남겼 거든. 그런데 내게 두 가지만 약속해줄래? 첫째, 달걀을 한 바구 니에 모두 담지 말아라. 둘째, 금방 부자로 만들어 준다는 거래 는 절대로 하지 마라."

나중에 그는 세 번째 약속을 추가했다. "중국에는 절대로 가 지 않는다고 약속해 다오."[28] 1961년 8월에 빅터는 심장마비를 겪었고 여든 살의 나이로 세상을 떴다. 그는 댈러스에 새집을 짓 고 있는 중이었다. 새집은 그가 왕년에 상하이에 지었던 여름 별 장을 본떠 정문 현관홀을 내려다보는 주랑柱廊이 있는 집이었다.

　　◗●

로런스의 아버지 엘리는 상하이에서 자신의 권력과 위신을 과시하기 위해 마블 홀을 지었었다. 로런스는 이미 홍콩 최고의 호텔 두 곳—호사스러운 페닌슐라와 리펄스베이 호텔—은 물 론 한적한 커두리 힐에 그만의 대저택과 자기 소유 시골 해변 에 대저택을 갖고 있었다. 그는 자신만의 기념비로 오피스 빌 딩 신축을 계획했다. 새 빌딩은 홍콩 부둣가에 있는 베란다가 딸 린 4층짜리 식민지풍 건물을 대체할 예정이었는데, 그곳은 아버 지가 70년 전 사업을 시작한 이후로 줄곧 커두리 회사의 본사로 사용해 왔다. 홍콩의 최고층 빌딩이 될 새 마천루에는 햇빛을 반 사하는 청동을 씌울 계획이었다. 커두리가가 수집한 옥과 상아 컬렉션 전시관이 들어가고 꼭대기층 펜트하우스 아파트에는 유럽에서 학업을 마치고 홍콩으로 돌아와 가업을 이을 준비를 할 로런스의 아들 마이클이 입주하기로 했다.

공사는 1960년대 중반, 바로 대혼란이 중국을 막 휩싸고 있을 때 시작되었다.

상하이의 백만장자 자본가 룽이런은 1950년대에 캐세이 호텔 로비에서 자신의 경제 '범죄'를 고백한 뒤 처음에는 승승장구했다. 공산당은 그를 경제를 담당하는 상하이 부시장으로 임명했다. 하지만 1950년대 후반부터 마오쩌둥은 반대파와 '낡은old 중국'의 온갖 잔재에 과격한 공격을 개시하면서 룽이런과 여타 많은 이들을 탄압했다. 지주들은 처벌받았고 지식인들은 굴욕을 당했다. 상하이 자체도 표적이 되었다.[29] 상하이는 중국에서 가장 부유한 도시였고, 그곳의 공장은 중국 GDP의 절반 이상을 생산했지만 공산당 지도부는 마블 홀과 캐세이 호텔의 그늘에서 성장한 사람들에게 줄곧 의혹의 눈초리를 거두지 않았다. 심지어 한번은 '재교육'의 일환으로 상하이 인구 전체를 시골로 옮기는 방안을 논의하기도 했다. 마오쩌둥의 대약진 운동은 널리 대기근을 초래한 참사였다. 남부의 많은 중국인들은 오로지 홍콩의 친척들이 식량을 밀반입해 주었기 때문에 연명할 수 있었다. 나중에 공산당 관리들은 공산당 집권 첫 30년 사이에 1억 명의 사람들이 이런저런 형태로 탄압을 받았다고 시인했다.

문화대혁명은 한술 더 떴다. 대약진 운동의 참사에 따라 중국의 다른 지도자들은 마오쩌둥을 뒷전으로 밀어내고 경제 개혁 조치를 도입하기 시작했다. 마오쩌둥은 반격에 나서기로 하고 급진화된 젊은이들을 동원하여 반대파를 몰아낼 수단으로 문화대혁명을 개시했다. 역설적이게도 그는 자신의 새로운 투쟁의 거점으로 상하이를 선택했다. 상하이는 베이징의 정적들로부터 멀리 떨어져 있었다. 아내인 장칭江靑은 마오를 지지하는 여러 급진주의자들과 더불어 그곳에 권력 기반을 닦았다. 급진파는 룽이런을 축출했고 쑨원 부인 같은 정치적 인물들을 높이 기리기도 했다.

젊은 혁명가들은 거리와 빌딩 이름을 다시 지었다. 사일러스 하둔이 건설한 중국 최고의 쇼핑가 난징루는 (제국주의에 반대한다는 의미에서—옮긴이) 반제로反帝路가 되었다. 서순가 사람들과 여타 외국인들을 와이탄으로 실어온 황푸강은 반제강反帝江으로 이름이 바뀌었다. 과격한 홍위병들은 캐세이 호텔의 외벽에서 로고를 뜯어냈다. 그들은 엘리와 로라가 잠들어 있는 유대인 공동묘지를 비롯해 상하이 시의 공동묘지들을 쑥대밭으로 만들었다. 호러스가 설계 도안을 고르는 데 몇 달을 썼던 묘비는 파괴되었다. 시위대는 와이탄을 따라 캐세이 호텔에서 몇 블록 떨어져 있는 영국 영사관으로 쳐들어가 벽과 여왕의 초상화에 반영反英, 친親마오쩌둥 구호를 썼다. 상하이 주변으로 흔히 중학생과 고등학생으로 구성된 홍위병 무리가 1만 명이 넘는 사람들을 공격하고 구타해 그 중 11명이 사망했다. 또 다른 707명은 스스로 목숨을 끊었다.

문화대혁명은 홍콩으로도 퍼져나갔다.[30] 홍콩에서 문화대혁명은 조화造花 공장의 파업으로 시작되었다. 시위대는 식민 정부 청사를 에워싸고 마오쩌둥 어록을 읊었다. 6월에는 총파업이 일어났다. 폭동이 일어나 모두 51명이 죽었다. 250건의 폭탄 공격이 발생했고 1,500개의 뇌관이 제거되었다.

로런스 커두리는 당연히 홍콩의 영국 지배층과 식민 정부 편에 섰다. 좌파 세력이 도시를 마비시키기 위해 중화전력공사의 파업을 시도했을 때 로런스는 발전소를 계속 가동시키고 파업 노동자들을 해고했다. 새 발전소 건설은 중단 없이 진행되었다.

가우룽의 커두리 자택은 언덕 위에 있었는데 언덕에서 조금 떨어져 있는 학교의 교사들은 홍위병을 지지했다. 로런스와 그의 가족들은 매일 아침 학생들의 구호와 시위 소리를 들을 수 있었다. 그 일대가 워낙 위험하게 여겨져서 근처에 살고 있던 미국 대사관 직원은 건너편 홍콩 섬으로 옮겨갔다. 사람들은 홍위병이 국경을 넘어와 홍콩을 장악하지는 않을지 불안해하며 홍콩과 중국의 접경지대를 주시했다. 폭동이 격화하자 영국 정부는 병력을 동원했다. 영국 관리들은 로런스에게 만약 중국 병사들이 국경을 넘어온다면 영국군은 홍콩을 8시간 이상 방어하지 못할 것이라고 말했다. 하루는 호러스가 롤스로이스를 타고 사무실을 나오다가 거리를 가로막고 깃발을 흔드는 성난 친공산주의 시위자 무리와 맞닥뜨렸다.[31] 재빨리 머리를 굴린 호러스는 자동차 유리창 밖으로 고개를 내밀고 깃발을 몇 장 구입하고 싶다고 했다. 시위대는 깃발을 건네주며 그를 통과시켜 주었다.

역사는 반복되는 것일까? 홍콩은 상하이처럼 중국 공산당의 수중에 떨어지기 직전인가?

로런스는 유럽에 있던 아들 마이클까지 비행기를 타고 오라고 불러서 가족 모임을 열었다.[32] 그들은 커두리 회사 본사가 입주할 예정인 아직 완공되지 않은 마천루 옆 임시 가족 사무실에서 모였다. 항구를 내려다보는 그 24층짜리 건물은 이미 도시 어디에서나 눈에 들어왔다. 보잉 707기 두 대가 건물 외벽에 씌울 청동 알루미늄 패널을 홍콩으로 실어오기 위해 대기하고 있었다. 하지만 홍콩 곳곳과 중국에서 폭동이 벌어지는 가운데 로런스는 공사를 계속 진행해야 할지 확신이 서지 않았다. 커두리가가 상하이에서 도망치고 수백만 달러를 잃었던 불길한 기억이 어른거렸다. 값비싼 외장 공사는 취소하고 다른 건물들처럼 강철 콘크리트 형태로 완공할 수도 있었다.

"비용을 크게 줄이고 일반적인 외장 공사 방식으로 갈 수도 있다"고 로런스는 말했다. "이봐, 미래는 알 수가 없고 우리가 다른 사람보다 더 많이 아는 것도 아니야. 난 이곳에 믿음이 있다. 하지만 나만 믿음이 있는 것만으로는 충분하지 않다." 결정은 가족 모두의 동의가 필요할 것이었다.

가족들은 공사를 계속 진행하기로 뜻을 모았다. "홍콩은 고무공 같다"고 로런스는 말했다. "더 세게 떨어트릴수록 더 강하게 튀어 오른다." 그동안 공사는 주간에 진행하고 있었다. 로런스는 야간까지 공사를 이어가라고 지시했다. 청동 외장재는 용접을 해야 하기 때문에 이제는 밤새도록 빌딩과 지붕에서 수십 제곱미터에 걸쳐 불꽃이 튀어 오르게 되었다. 홍콩의 모두가 "커두리는 여전히 짓고 있다"는 사실을 보게 될 것이라고 로런스는 공언했다.

몇 주 뒤에 로런스는 미국이 중국과의 접경지대를 위성사진으로 찍어서 중국 인민해방군이 홍콩 쪽으로 전진하는 모습을 포착했다는 것을 알게 되었다. 병사들은 국경 앞에서 멈췄다. 중국이 침공을 준비하고 있다는 소문이 홍콩을 휩쓸었다. 마이클은 미국 대사관의 친구에게 연락해 사진들을 자세히 들여다볼 수 있었다. 그는 재빨리 아버지에게 보고했다. 공산당은 군사 시설을 짓고 있기는 했지만 그것은 엉뚱한 쪽을 향하고 있었다. 침공을 준비하기 위해서라면 홍콩을 향해 지어야 하는데, 반대쪽을 향해 짓는다는 것은 홍위병이나 상부의 명령을 무시한 독자적 병력이 홍콩을 침공하는 것을 막기 위함이었다.

당분간 홍콩은 안전했다.

중국 지도자 덩샤오핑(왼쪽)과
로런스 커두리

10장
마지막 타이판

중국이 몰락하는 가운데 홍콩은 일어섰다.

매주 평일 아침 8시에 호화 외제차 두 대가 로런스의 집을 나와 커두리 애비뉴를 지나갔다. 볼더 로지에서 형과 아침을 함께하기 위해 컨트리하우스에서 재규어를 몰고 나온 호러스는 속도를 높여 중국을 내려다보는 신제 언덕에 위치한 그가 아끼는 KAAA로 가거나 페닌술라 호텔의 사무실에 들러 새로운 장식과 가구 비치를 검토하고 양식 메뉴에 추가할 사항을 논의했다. 운전사가 로런스를 MG 스포츠카에 태워 부두로 모셔 가면 로런스는 스타 페리호에 승선했다. 그는 항구를 가로질러 1967년 소요 사태 동안 홍콩의 안정을 상징했던, 이제는 완공된 청동 외장의 세인트조지 빌딩으로 발걸음을 옮겼다. 녹색 카펫을 깔고 벽판을 두른 사무실, 항구를 굽어보는 자리에서 로런스는 전력, 부동산, 공장, 무역과 금융으로 이루어진 가족 제국을 관장했다. 커두리가는 홍콩 최초의 억만장자였다. 1940년대 후반 오스트레일리아와 미국, 남아프리카에 투자하기 위해 난민들과 더불어 해외로 보낸 돈다발은 해외의 오피스 빌딩과 쇼핑몰로 돌아왔다. 홍콩에서 로런스는 도시의 전력망을 확장하고 항만 터널과 더불어 호러스가 적극적으로 추천한 더 튼튼한 돼지 품종 수입과 같은 다각적인 프로젝트를 추진했다. "아파트들은 커두리가의 전기회사에 의해 불이 밝혀지고 흔히 커두리 직기에서 생산된 카펫들이 깔린다"라고 1977년에 〈월스트리트 저널〉은 썼다.[1] "홍콩 해저 터널(홍콩 섬과 가우룽 반도, 신제를 잇는)은 커두리의 아이디어이다. 그리고 커두리가 자금을 댄 영농 프로그램을 거친 이곳의 돼지고기와 닭고기 대부분에는 커두리 마크가 찍혀 있다." 로런스의 전기로 동력을 얻고, 더는 정치적 혼란에 휘말리지 않게 된 홍콩은 폭발적으로 성장했다. 홍콩은 자유 시장 경제와 식민 지배를 혼합하여 교육 수준을 향상시키고 주거를 확대하며 실업률을 낮게 유지하면서 경제가 발전한 '아시아의 호랑이들' 중 하나가 되었다. 1970년대에 홍콩의 1인당 소득은 중국보다 10배나 높았다. 홍콩 항은 세계에서 다섯 번째로 붐비는 항구였다. 홍콩을 하나의 국가로 순위를 매기면 무역 규모로 세계 25위였다. 텔레비전, 라디오, 활기찬 언론은 점차 세계화되는 창의적인 인재와 관광산업, 세계적인 패션과 영화의 선도자들을 육성했다. 수백만 홍콩 주민과 거의 모든 공장이 자신의 전기에 의존하고 있으므로 로런스는 자신이 홍콩 경제의 10퍼센트 정도는 통제하는 셈이라고 자랑했다.[2]

중국이 정치적 혼란에 휩싸여 있는 동안, 심지어 중국 공산당에 고무된 시위가 홍콩에서 벌어지는 동안에도 로런스는 중국에 관한 부정적인 언급은 삼갔다. 중국은 홍콩을 영국에 넘긴 아편 전쟁의 "불법적 조약들"을 인정하지 않았고, 언제든 홍콩을 가져 갈 수 있다는 위협을 실행에 옮길 여지를 남겨두었다. 하지만 그 위협을 실제로 실행하지는 않았는데, 홍콩이 쓸모가 있었기 때 문이다. 20세기 전반기 상하이처럼 홍콩은 서방 세계를 향한 창 구가 되었다. 그곳은 중국이 서방 회사들과 사업을 하고 자본주 의가 중국을 오염시키는 일 없이 외환을 벌어들일 길을 제공했 다. 중국은 서구 은행가들과 거래하거나 부동산 투자와 같은 "자 국 주민들에게는 허용할 수 없는 사업을 할 수 있는" 장소가 필 요하다고 로런스는 믿었다. "우리의 미래는 중국에 쓸모가 있는 데에 달려 있고 그것이 우리가 여기 있는 유일한 이유다." 그는 동료 타이판들에게 1940년대에 기업가들이 보인 오만을 되풀이 해선 안 된다고 경고했다. 상하이에서 만연했던 그런 태도가 "죽 의 장막을 가져왔던" 것이다.[3]

로런스는 중국에 있는 연줄을 할 수 있는 한 계속 유지하였다. 그는 한때 마블 홀에서 일했던 상하이의 연로한 하인들에게 계 속 돈을 보냈다. 또 직원들을 시켜 홍콩에 있는 비공식 중국 대 사관인 뉴차이나 뉴스 에이전시 사람들과도 어울리게 했다. 공 개석상에서는 홍콩의 미래에 관해 변함없이 낙관적 태도와 언젠 가 상하이로 귀환할 것이라는 믿음을 표명했다. 주말에 볼더 로 지에 있는 그를 찾은 친구와 지인들에게는 때로 전쟁 시절에 관 해, 아버지가 가문의 대저택 마구간 위에서 초라한 죽음을 맞이 했던 굴욕적 경험에 관해 이야기하곤 했다. 로런스의 애청곡은 상하이에 갇혀 지내던 그 시절에서 연유했다. 그 유명한 '딴딴딴 딴~'으로 시작하는 베토벤 교향곡 제5번이었다.[4] 로런스는 전쟁 말기에 거의 매일 아침 마구간 위 숙사에서 마블 홀의 응접실로 몰래 내려와 그 음악을 들었다. 그 도입부는 BBC가 매시간 방송 프로그램을 알리는 데 쓰는 신호 음악이었다. 그 곡조와 뒤따라 흘러나오는 힘이 넘치는 음악은 운명이 문을 두드리는 소리라고 로런스는 믿었다. 전쟁은 그에게 운명이었고 자신이 좌지우지할 수 있는 것이 얼마나 적은지 가르쳐 주었다. 1970년, 어느 신문 과의 인터뷰에서 로런스는 그가 방을 꽉 채울 만한 커다란 컴퓨 터를 갖고 있으며 그 컴퓨터에 관련된 역사적, 정치적 데이터를 입력하면 중국이 홍콩을 언제 되찾아갈지, 그게 몇 년 몇 월까지 인지도 알고 있거나 아니면 그런 일이 실제로 일어날지를 이미 알고 있다는 것이 사실이냐는 질문을 받았다. 그는 "사람들이 나 의 능력과 컴퓨터의 능력에 관해 잘못된 정보를 갖고 있는 것 같 군요"라고 대답했다. "우리 가운데 어느 누구도 앞날을 점칠 수 없습니다."

◖●

중국은 문화대혁명을 거치며 나라가 망가지다시피 했다. 중국 전체 인구 가운데 80퍼센트를 차지하는 농민의 1인당 평균 소득 은 연 40달러였다. 1957년보다 일인당 곡물 생산량은 더 줄어들 었다. 대학들은 10년 동안 문이 닫혀 있었다. 이 잿더미에서 이 미 귀가 잘 들리지 않고 줄담배를 피워대는 60대의 ─ 로런스 커두리보다 단 몇 살 더 젊을 뿐이었다—자그마한 남자가 등장했다. 바로 덩샤오핑이었다. 억세고 산전수전 다 겪은 공산 혁명가인 덩샤오핑은 1959년 이후 중국 공산당 지도부 최상층까지 올라왔다가 문화대혁명 당시 숙청을 당해 시골로 보내지며 단련되었다. 시골에서 그는 홍위병들이 창밖으로 내던져 신체가 마비되어 버린 아들을 보살폈다. 재기를 도모하던 덩샤오핑은 아시아의 '호랑이들'—일본, 한국, 타이완, 싱가포르, 심지어 홍콩마저도 중국을 능가해 경제 발전을 이루는 것을 지켜봤다. 덩샤오핑 그리고 그와 뜻을 같이 하는 동지들은 중국과 기술 및 전문 지식을 공유할 다른 나라들과 우호 관계를 발전시킴으로써 중국의 고립을 끝내고 잠재력을 잠금 해제하기로 결심했다. 해빙은 1972년 리처드 닉슨 대통령이 중국을 방문해 외교와 경제 관계를 회복시키면서 시작되었다. 닉슨이 중국 방문을 마친 뒤 중국 정부 관계자들은 미중관계를 정상화하는 상하이 성명서에 서명할 적절한 장소를 물색했다. 그들은 상하이에 얼마 남아 있지 않은 우아한 장소 가운데 한곳을 골랐다. 바로 1930년대 빅터 서순이 지은 호화 아파트 건물인 옛 해밀턴 하우스의 무도회장이었다.

1973년에 이르자 덩샤오핑은 권좌에 복귀했고 문화대혁명 기간 동안 역시 숙청을 당해 상하이에서 멀리 유배된 옛 상하이 자본가들 다수를 복권시키기 시작했다. 룽씨 가문의 후손으로서 상하이에 남아서 고위 관직에 올랐다가 과격 분파에 의해 숙청당했던 룽이런도 복권되었다. 그 사이 룽씨 가문의 일원들은 홍콩으로 달아나 커두리가와 손잡고 사업을 일으켰다. 덩샤오핑은 외국 투자를 유치하고 중국 산업을 소생시키기 위한 국가적 과제를 이끌어 달라고 룽이런에게 부탁했다. 룽이런은 덩샤오핑이 아끼는 '붉은 자본가'로 알려지게 되었다. 마찬가지로 재등장한 사람은 세계 도시였던 상하이의 과거와의 살아 있는 연결고리인 쑨원 부인, 바로 마블 홀에서 자선 무도회를 개최했었고 공산당이 집권하자 그 저택을 몰수한 쑹칭링이었다. 그녀는 로런스가 법적 분쟁이나 공개적인 싸움 없이 마블 홀을 넘기는 데 동의했고 다른 외국인들이 공산당 정권을 비난할 때도 중국에 대한 비판을 항상 자제했던 사실을 긍정적으로 평가했다. 갑자기 커두리가에는 베이징 최고위층에 두 명의 친구가 생겼다.

닉슨의 역사적인 중국 방문 직후 로런스에게 중국 정부 인사가 접근해, 중국 최초의 상업적 원자력 발전소에 쓸 원자로 2기의 구매와 건설을 협상하는 데 도움을 줄 수 있는지 타진해 왔다. 그는 로런스에게 "당신은 홍콩에서 발전 사업을 해서 발전소 건설에 익숙하니 우리에게 큰 도움이 될 것"이라고 말했다.[5] 몇 년 뒤 덩샤오핑은 '4대 근대화' 다시 말해 외국의 지원을 받아 중국 경제를 회생시키고 농업, 공업, 국방, 과학기술 부문을 근대화할 엄청나게 야심찬 프로그램을 발표했다.

로런스는 오랫동안 중국에 전기를 파는 꿈을 꿔 왔다.[6] 1930년대에 그와 그의 아버지는 홍콩에서 광둥으로 고압 전선 가설 계획을 제안했지만 중국의 정치적 불안정과 일본의 침략으로 무산되었다. 중국은 이제 엄혹한 현실에 직면했다. 건설하기로 계획된 모든 공장을 가동할 만한 충분한 전력이 중국에는 없었다. 베이징에서 걸려온 전화는 로런스에게 기회의 문을 열어 주었다. 1974년 2월 그는 홍콩의 영국 총독 머리 맥클로즈Murray MacLehose 경과 비밀 면담을 가졌다. 이 자리에서 그는 자신의 계획을 밝혔다. 처음에 증기선을 타고 중국에 왔고 농촌 지역 신제에 전기를 가져다준 커두리가가 이제 중국에 원자력의 시대를 가져올 것이라고.

로런스에게 이것은 운명이 문을 두드리는 것이었다. 영국에 대한 충성심과 중국에서 보낸 시간에도 불구하고 로런스에게는 상하이나 런던 어느 쪽도 완전히 자기 집처럼 느껴지지 않았다. 공산당은 물론 그를 중국 본토에서 몰아냈다. 그는 1950년대에 홍콩을 자신의 터전으로 삼고 도시의 재건을 도우면서 홍콩에서 마침내 받아들여졌다고 느꼈다. 홍콩의 사회경제적 지배층의 정점이랄 수 있는 홍콩상하이 은행의 이사로도 임명되었다. 홍콩의 어느 영국인 사업가도 로런스만큼 부자이거나 중화전력공사만큼 영향력 있는 회사를 소유하고 있지 않았다.

하지만 그의 생각은 틀렸다.

1967년 공산주의에 고무된 폭동이 홍콩에서 맹위를 떨치고 그 미래가 불투명해지던 시기 홍콩상하이 은행은 아랍계 은행인 중동은행을 인수하여 기반을 넓히고 다각화하기로 결정했다. 중동 역시 혼란에 빠져 있었다. 육일 전쟁(1967년에 이스라엘이 아랍 국가들을 공격하여 압승을 거둔 전쟁―옮긴이)에서 이스라엘이 승리하자 아랍 각국 정부와 재계의 반이스라엘, 반유대인 정서가 고조

되었다. 이같은 정서를 등에 업은 중동은행은 로런스—쟁쟁한 유대인 사업가—를 새로운 모기업의 이사진에서 빼줄 것을 요구했다. 홍콩상하이 은행은 서순가에 의해 설립되었으며, 커두리가는 은행의 오랜 고객이었을 뿐 아니라 로런스가 마침내 이 사회에까지 진출하며 은행의 자문 역할을 해 왔다. 하지만 은행 인사들 가운데 일부는 커두리가가 유대인이라는 사실을 줄곧 조롱해왔고 반유대적인 발언을 서슴지 않았다.[7]

홍콩상하이 은행의 은행장이 이 문제로 로런스에게 만나자고 했을 때 이사회 일원인 로런스는 은행의 사업에 장애 요인이 되고 싶지 않다며 사임하겠다고 밝혔다. 은행의 일부 간부들은 사적으로 커두리가를 '그 더러운 유대인'이라고 불렀다.

비록 회사 직원들은 은행과의 모든 거래를 끊고 보복해야 한다고 목소리를 높였지만 로런스는 몇몇 계좌만 폐쇄했다. 그는 경쟁 은행을 출범시켰지만 다른 은행으로 이전하면 분쟁에 개입되지 않은 수백만 고객에게 불편을 끼칠 것이라는 근거를 들어 중화전력공사와 홍콩상하이 은행과의 연계는 유지했다. 이제 중국이 문호를 개방하자 로런스는 자신의 능력을 발휘하고, 세력을 확장하며 커두리가를 중국과 서방을 잇는 다리로 복귀시킬 기회를 봤다.

거의 여든 살이 된 늙은 사자는 최후의 활약을 준비했다.

◦●

1978년 5월 26일, 79세가 되기 고작 닷새를 앞두고 로런스는 베이징의 북경호텔—외빈을 위한 중국 최고의 호텔—의 객실에 앉아서 호텔의 편지지에 흘림체로 영국 제임스 캘러헌James Callaghan 총리에게 서신을 썼다. 그는 30년도 더 지나서 중국에 돌아왔다.

그는 총리에게 보내는 서신에 "이곳에 잠시 머무는 동안 중국에 잔뼈가 굵은 사람으로서 생활수준의 향상에 깊은 감명을 받았습니다"라고 썼다.[8] "사람들이 목적과 목표 의식을 갖고 있음을 느낄 수 있습니다. 물론 중국의 어마어마한 인구를 고려할 때 현재의 자전거 경제에서 제트기 시대의 경제로 너무 빠른 변화를 기대해서는 안 되겠지만요." 그럼에도 불구하고 로런스는 중국인들이 2000년까지 실제로 목표를 달성하고 세계의 주요 경제 강국에 진입할 "충분한 가능성"이 있다고 내다봤다.

그다음 로런스는 상하이로 이동했는데 그답지 않게 긴장했다.[9] 그는 상하이가 함락된 이후에도 커두리가의 여러 하인들에게 계속 돈을 보냈었다. 물론 문화대혁명 동안 그 돈이 그들에게 갔는지는 불분명했다. 그는 "식민 지배 외국인들" 밑에서 일했다는 이유로 여러 사람들이 험한 꼴을 당했다는 이야기를 들었었다. 로런스는 젊었을 적에 가장 가까이 지냈던 하인으로, 호러스가 떠난 뒤에 마블 홀을 책임졌던 중국인 직원인 링잉을 만나고 싶다고 요청했다. 중국 관계자들은 이제 역시 노인이 된 링잉을 만남의 자리에 데려왔고 두 사람은 서로를 껴안았다. 링잉은 조심스러웠다. 단 둘이 만나는 것이 허락되었지만 두 사람은 대화 내용이 도청되고 있을 것이라고 당연히 전제했다. "모두가 똑

같은 찬송가 가락을 부르고 있다"고 로런스는 나중에 아들인 마이클에게 말했다. 링잉은 너무 겁에 질려 기탄없이 얘기할 수 없었다.

로런스는 그다음 부모님 엘리와 로라의 무덤을 보러갔다.[10] 그는 1944년에 엘리를 묻었던 옛 상하이 유대인 공동묘지가 없어졌다는 사실을 이미 알고 있었다. 홍위병들이 문화대혁명 기간에 그곳을 유린하고 파괴했었다. 이후 커두리 부부는 새로운 '외국인 공동묘지'로 모셔졌다. 거기에 공산당이 상하이를 점차 좁혀 들어오고 있을 때 호러스가 설계했던—아니 어쩌면 그 복제품인—묘비가 있었다. 호러스는 묘비가 세워지기 전에 상하이에서 빠져나왔기 때문에 호러스나 로런스나 실제로 묘비를 본 적은 없었다. 진품이든 아니든 묘비는 중국 정부에서 누군가가 문화대혁명 기간 동안에도 그리고 지금 덩샤오핑 치하에서는 확실히, 커두리가와의 연계가 유지할 만한 가치가 있다고 믿으면서 무덤을 신경 써서 보존해 왔음을 보여 주었다. 1967년, 세인트조지 빌딩 공사를 계속하라는 로런스의 지시가 홍콩을 가로질러 무수한 불똥을 흩날린 것처럼 그 묘비는 신호를 보냈다.

◗

로런스는 여러 사업 구상과 아이디어들을 잔뜩 품고 홍콩으로 돌아왔다. 그는 캘러헌 총리에게 서신을 써서 홍콩과 접한 광둥 지방에 전력을 공급하려는 자신의 야심찬 계획을 재차 호소하고 영국 회사들에 송전선 계약을 허가해줄 것을 요청했다.[11]

캘러헌의 비서는 상관에게 로런스가 "이 나라에 소중한 친구임을 입증했다.… 하지만 전적으로 그 자신이 주도한 계획들에 영국 정부가 책임을 져야 하는 상황에 빠지지 않도록 백지수표를 주는 일은 피해야 한다"고 보고하면서 신중한 태도를 보였다. 또 다른 고위 인사도 어느 서신 여백에 "중국과 관련된 사안은 뭐든 걷잡을 수 없이 탄력을 받는 것 같다"라고 휘갈겨 쓰며 같은 의견을 드러냈다.

하지만 중국은 서방과의 관계를 복구하기 위해 재빠르게 움직이고 있었다. 광둥에서 홍콩까지 직행 열차 서비스를 복구하고 두 도시 간 직항 비행기와 하이드로포일(수중익선이라고도 하며 선체 밑에 설치된 날개로, 수면 위에 떠서 움직이는 선박. 일반 선박보다 빠르고 흔들림이 적다—옮긴이) 운행 서비스를 개시했다. 덩샤오핑은 홍콩 총독 맥클로즈를 베이징으로 초청했다. 그는 총독에게 중국은 개혁과 외국의 투자에 경제를 개방하는 데 전념하고 있으며, 홍콩 투자자들은 "마음을 놓아도 된다"고 장담했다. 주가가 치솟았다. 영국 관리들은 회의적이었을지도 모른다. 하지만 '노련한 중국통'인 로런스는 확신했다. 그는 "덩샤오핑 주석이 다음 5년 동안 국가 노선을 지금의 경로대로 유지시킬 수만 있다면 그렇게 얻어진 (개혁, 개방의—옮긴이) 추진력이 워낙 커서 중국 근대화 프로그램이 자체의 기세로 쭉 이어질 수 있을 것이라고 자신한다"고 공언했다.

하지만 더 큰 쟁점이 대두되었다. 중국이 서방에 문호를 개방하고 글로벌 경제에 합류하려고 하는 가운데 1997년인 신제의 임대 기한 만료가 별안간 매우 임박한 듯이 느껴졌다. 홍콩은 이질적 위협—중국 공산당의 표현으로는 "중국의 엉덩이에 난 자본주의 종기"—이라기보다는 경제적 초강대국에 커다란 이익을 가져다주는 부가 영토가 될 수 있으리라. 중국은 조차 기한이 만료되고 영국이—합법적으로—신제를 중국에 반환해야 하는 1997년까지 기다리기만 하면 평화롭게, 아무런 소란도 피우지 않고 홍콩을 되찾을 수 있었다. 그곳에 살고 있는 400만 인구, 홍콩 영토의 80퍼센트를 차지하는 땅, 커두리가와 여타 사람들이 지은 그 모든 기간 시설을 중국에 반환하는 것을 상상하기란, 그리고 영토가 확 줄어든 홍콩의 나머지 지역이 생존하기를 기대하기란 불가능했다. 예전에 상하이가 그랬던 것처럼 홍콩의 시간은 다해가고 있었다.

◗

로런스가 베이징과 홍콩에서 사업을 구상하는 사이 런던에서는 마거릿 대처가 보수당을 선거에서 승리로 이끌고 총리로 선출되었다.

로런스에게는 때마침 운 좋게 일이 돌아갔다. 그는 대처가 좋아할 만한 종류의 사업가—단도직입적이고, 현실적이며, 통이 큰 아웃사이더였다. 소련 대통령 미하일 고르바초프를 만난 뒤 대처는 고르바초프는 "함께 일할 수 있는" 사람이라는 유명한 발언을 했다. 로런스도 그녀가 함께 일할 수 있는 사람이었다. 대처는 홍콩을 이끈 자유 시장 경제 정책에 찬탄했다. 그녀는 2년 전에 그곳을 처음 방문했다. 홍콩은 대처가 원하는 본보기였다―그곳은 낮은 수준의 규제와 세금, 법치를 보장하고 정직하고 효율적인 영국 행정가들이 다스리는 곳이었다. 로런스는 대처가 선출된 직후 당선 축하 편지를 썼고 두 사람은 석 달 뒤 다우닝가 10번지 총리 관저에서 만나기로 일정을 잡았다. 총리의 보좌관들은 로런스를 "세계 최고의 부호 중 한 명으로 손꼽히는 대단한 80대… 영국 애호가이자 뛰어난 중국 관측통… 원대한 전략가… 그는 중국이 정치적, 경제적으로 세계적인 강국이 되어간다고 본다"라고 설명하며 만남을 준비시켰다.[12] 아닌 게 아니라 로런스의 계획은 원대한 전략이었다. 그는 영국 정부가 홍콩과 중국 남부 양쪽에 전력을 공급할 원자력 발전소 건설에 보조금을 대주길 원했다. 홍콩 이양이 아직 18년 남은 상황에서 그 계획은 홍콩과 중국 두 곳을 잇는 첫걸음이자 홍콩의 가치를 중국에 보여줄 것이다. 로런스가 제안한 계약은 조차 기한 만료 한참 뒤인 다음 세기까지 유효할 예정이었다. 그것은 예전에 영국인들이 운영한 상하이의 조계가 중국 내 번창하는 상업 특구였던 것처럼 홍콩이 "영국의 행정 관할 하에 중국의 일부"가 될 수 있음을 구체적으로 보여주리라. "핑퐁 외교가 중화인민공화국과 미국 간 관계개선을 가져올 수 있다면 원자력 발전소가… [홍콩] 문제를 해결하는 데 중요한 역할을 할 수도 있지 않겠는가?"라고 로런스는 자문했다.[13]

대처는 로런스의 제안에 열성적인 반응을 보였다. 조심스러운 캘러헌과 대조적으로 그녀는 보좌관들이 작성한 서신 초안에서 정중하고 어정쩡한 표현들을 지우고 열성적 지원을 표하는 언어로 대체했다. 그녀는 그 논의가 "대단히 유용"하다고 표현한 문장을 줄을 그어 삭제하고 자신은 그 논의가 "무척 마음에 들었다"고 썼다.[14] 그녀는 그 대목을 "앞서 말했듯이 산업부는 그 흥미진진한 가능성들에 대한 당신의 시도를 지지하기로 한 약속을 계속 이어갈 것이며… 중국이 우리에게 제공하는 기회들은 반드시 붙잡아야 합니다. 귀하는 (중국과 특별한 관계를 누리는—옮긴이) 유리한 입장에 있으며 저는 당신이 여기서 주도권을 놓치지 않을 거라 믿습니다"라고 바꿨다. 몇 달이 지나 로런스는 예전에는 광둥이라고 부른 광저우에 있었는데, 20세기 초반에 그의 아버지가 전력 공급을 꿈꿨던 바로 그 곳이었다. 교섭 과정에서 중국 측은 1920년대에 중국 관리들이 엘리와 가졌던 면담 기록을 내놨다. 로런스는 중국이 중화전력공사가 생산하는 전력을 이용할 수 있게 하는 협약을 체결했다. 석 달이 채 되기 전에 전기가 국경 너머로 흘러가기 시작했다. 로런스는 그 아이디어를 "지난 50년 동안 간직해온 꿈이 내 나이 여든에 실현되다니 너무나 감격스럽다"라고 소감을 밝혔다.

어떤 측면에서 로런스의 원자력 노림수는 타이밍이 이보다 더 나쁠 수도 없었다. 미국 조사관들은 1979년 펜실베이니아의 스리마일 섬 원자력 발전소에서 일어난 원자로 노심의 부분 용융 사고(스리마일 섬 원전 사고는 1979년 3월 28일 발생했고, 대처 총리는 1979년 5월 3일 취임했다-옮긴이)를 들여다보고 있었고, 원자력 발전소 건설을 중단시켰다. 또 최종적으로는 홍콩 주민 100만 명이 안전 문제를 근거로 홍콩 인근에 원자력 발전소 건설을 반대하는 청원서에 서명하게 된다. 로런스는 그런 우려들을 일축했다. "일부 사람들은 원자력 발전소가 위험하며, 도시 인근에 지어져서는 안 된다고 생각한다"고 어느 메모에 썼다. 하지만 그는 그런 견해에 동의하지 않았다. 발전소는 홍콩과의 접경지대 바로 너머 중국 다야만Daya Bay에 들어설 예정이었고, 중국 내 역대 최대의 외국 투자이자 중국이 계속 근대화를 추진할 강력한 유인책이 될 것이었다. 얼마 안 있어 대처는 로런스를 런던의 국빈 만찬에 초대했는데, 그 만찬은 마오쩌둥이 손수 지명한 후임자 화궈펑의 첫 유럽 방문을 축하하는 자리였다. 비록 덩샤오핑이 그를 제거하려고 이미 정치 공작을 벌이고 있었지만 로런스는 명목상인 중국 지도자와의 만남에 "매우 감명받았다." 광둥에서 중국 고위 지도자와 사적으로 만났을 때는 로런스는 덩샤오핑을 비롯한 중국 전 지도부가 이 프로젝트의 성공을 열렬히 고대하고 있다는 말을 들었다. "그것은 우리가 이야기하고 있는 홍콩의 미래일 수도 있다"고 로런스는 대처에게 말했다.[15]

1997년 신제의 임대 기한이 만료되면 향후 어떻게 할지에 관해 영국과 중국 간 공식 논의가 시작되었다. 홍콩 식민지 총독 맥클로즈는 런던에서 홍콩을 대변할 더 강력한 목소리가 있어야 한다고 보고, 대처 총리에게 이미 기사 작위를 받은 로런스를 홍콩 최초의 영국 귀족원(상원) 의원으로 지명해 달라고 건의했다. 제한된 권한만 갖고 있었지만 상원의원으로 임명되면 홍콩 주민들과 중국 정부가 보기에 로런스에게 엄청난 위상이 부여되고,

1997년 홍콩 반환이 다가옴에 따라 홍콩의 입장을 옹호하는 발판 역할을 할 수 있었다. 로런스는 이미 영국 현지 공장에 막대한 물량의 전기 설비를 주문하여 대처의 호의를 샀다. 그녀는 임명 방안에 동의했고 1981년 엘리자베스 여왕은 로런스를 '홍콩 가우룽과 시티오브웨스트민스터의 커두리 남작'으로 서훈했다. 그와 동시에 중국 정부는 로런스를 1997년 이후 홍콩을 다스릴 법령을 기안하는 '자문 위원'으로 임명했다. 로런스는 영국과 중국 정부가 홍콩의 운명을 논의하는 과정에서 양국의 최고위 지위에 있었다. "내게 이익이 되는 것은 홍콩에도 이익인데 만일 홍콩이 잘못되면 내가 여기에 머물 수 없을 것이기 때문이다. 그러므로 나는 내가 이곳에 머물기 좋게 만든 조건들을 홍콩이 계속 유지할 수 있게 애쓰고 있다"라고 로런스는 입장을 밝혔다. 홍콩의 한 중국어 신문은 로런스를 '가우룽의 왕'이라고 불렀다.

◖●

중국이 개방을 하면서 상하이의 역사도 다시 모습을 드러내기 시작했다.

1979년 미국 재무장관 마이클 블루멘설은 베이징에서 중국 고위 관료들을 만나는 자리에서 중국어, 그것도 상하이 방언으로 말을 꺼내 그들을 깜짝 놀라게 만들었다. "당신이 유대인이란 건 알고 있는데 이건 정말 뜻밖이군요"라고 누군가 놀라며 말했다.[16]

블루멘설은 자신이 제2차 세계대전 동안 상하이로 피신 온 난민이었다고 설명했다. 그는 커두리 학교에 다녔고 십대 시절 잡다한 일을 하면서 이웃들한테서 중국어를 배웠다.

"내가 당신들보다 옛날 상하이 말을 더 많이 알 겁니다"라고 블루멘설은 상하이 방언으로 그를 맞이한 중국인들에게 말했다.

베이징 관료들은 재빨리 상하이의 공무원들에게 연락했다. 상하이 난민들과 홍커우 게토에 관한 이야기는 공산당에 의해 줄곧 묻혀 있었다. 커두리 학교는 공장으로, 시너고그는 정신병원이나 창고로 바뀌어 있었다. 중국인 가족들이 전에 라이즈만과 다른 유대인 가족들이 살았던 공동 주택에 들어와 살고 있었다. 몇몇 문설주에는 난민들이 그곳에 걸었던 메주자mezuzahs — 히브리어 기도문을 담은 작은 직사각형 장식물—의 자취가 여전히 어른거렸다. 하지만 40년 전에 무슨 일이 있었는지를 가리키는 흔적은 그것뿐이었다. 블루멘설은 베이징의 중국 관리들에게 예전에 상하이에서 살았던 집을 찾아가보고 싶다고 이야기했다. 그건 불가능하다고 중국인들은 고개를 저었다. 그들은 그 집이 어디에 있는지 알 수 없었다. 심지어 와이탄의 대다수의 빌딩들은 외국인 방문객들에게 여전히 닫혀 있었다. "그 집이 어디 있는지 제가 안내하겠다"라고 블루멘설은 대꾸했다. 그래서 잠시 상하이에 들리는 길에 블루멘설은 일단의 상하이 공무원들과 함께 주산로 59번지로 가서 어둑어둑한 골목을 통과해 지저분한 어느 안뜰로 나왔다. 그는 1943년부터 1945년까지 아버지, 누이와 함께 살았던 방 두 2개짜리 공동 주택 2층을 가리켰다. "여기서 꽤 먼 거리였죠." 그는 건물 바깥으로 나와 중국 인사들을 데리고 근처 옛 영화관이 있던 자리로 갔다. "그때 영화를 많이 보러 다니며 꿈을 꾸곤 했습니다."

미국의 일러스트레이터 피터 맥스도 상하이로 돌아와 자신에게 그림 그리는 법을 처음 가르쳐 준 중국인 "아마", 즉 하녀를 찾고 싶다고 말했다.[17] 이제 할리우드 영화사의 경영진이 된 마이클 메더보이는 상하이 난민들에 관한 영화를 만들고 싶다는 뜻을 밝혔다.

다른 난민들과 난민들의 자식들도 상하이로 돌아오기 시작했다. 엄격하게 일정이 짜인 중국 공식 관광 프로그램에 참가한 후 훙커우의 옛 집을 찾아가보려고 슬쩍 딴 데로 빠지는 식이었다. '4대 근대화'의 일환으로 상하이 도시 계획가들은 도시 재개발을 위해 훙커우 지구를 싹 철거해 마천루와 새로운 주택 단지를 건설하는 방안을 검토하고 있었다. 하지만 갈수록 많은 난민과 관광객들이 찾아와 훙커우 지구를 보고 싶다고 말하자 관계 당국자들은 그곳이 지닌 역사의 가치를 깨닫고 블루멘설이 살았던 집에 사적 표지판을 세우고 옛 훙커우 시너고그에 유대인 난민 박물관을 짓는 계획을 내놨다.

무대 이면에서도 중국은 난민들을 이용하여 중대한 군사적 커넥션을 구축하고 있었다.[18] 1979년, 세계에 문을 여는 와중에 중국은 베트남과의 국경 분쟁으로 접경 지역에서 27일 간 전쟁을 치렀다. 베트남보다 훨씬 대규모 군대를 보유했음에도 당시 베트남에게 격퇴당하는 굴욕을 겪은 중국인들은 베트남의 러시아산 탱크를 파괴할 능력을 키워야 함을 깨달았다. 미국 국무장관 헨리 키신저와의 몇 차례 만남에서 중국 측은 미국의 대전차 무기 구매 가능성을 타진했다. 키신저는 중국에 미국의 무기를 수출하는 것은 불가능하다고 대답했지만 그 대신 소련제 탱크를 물리치는 데 크게 성공한 또 다른 나라가 있음을 지적했다. 1967년 당시 여러 차례의 중동 전쟁과 1973년 전쟁에서 아랍 국가들과 그들이 보유한 러시아산 탱크를 거듭 물리친 바 있는 이스라엘이었다. 중국인들은 상하이 난민들의 역사를 재발견하면서 이스라엘 최대 회사의 수장이자 국제 무기 거래상인 샤울 아이젠버그Shaul Eisenberg가 상하이의 난민이었다는 사실도 알게 되었다. 1979년 2월 어느 늦은 밤, 아무런 식별 표시가 없는 보잉 707기가 텔아비브 벤구리온 공항을 이륙해 중국 광저우로 향했다가 베이징 외곽의 어느 군사 기지로 갔다. 비행기 안에는 이스라엘 국방부 관리들과 아이젠버그가 이끄는 방위산업체 대표단이 타고 있었다. 중국 측과 일련의 예비 회담을 거친 뒤 아이젠버그는 쇼핑 목록을 들고 이스라엘로 귀환했다—미사일, 레이더, 포탄, 방호구防護具 등이었다. 그는 종종 이스라엘 공군기를 타고 이동했는데 아이젠버그를 태운 공군기는 이 임무를 비밀로 하기 위해 푸른 다윗의 별 표식을 제거하고 다녔다. 이후 몇 십 년에 걸쳐 이스라엘은 중국의 최대 무기 공급처가 되었고 중국은 아시아에서 이스라엘의 최대 무역 상대국이 되었다.

◗●

로런스는 런던과 베이징에서 얻은 새로운 지위를 이용해, 중국이 공식적으로는 홍콩의 주권을 되찾게 되더라도 그곳을 계속해서 영국의 관할 하에 두려는 자신의 비전을 밀어붙였다. 그는 외국인 투자 유치와 경제 성장에 유리한 안정을 가져다 줄 수 있는 스트롱맨strong men에 대한 선호를 내비치며 중국 지도자들을 칭송하는 일을 잊지 않았다. "그 사람들이 지금까지 나라를 다스려온 게 정말 대단한 것 같다"고 로런스는 1983년에 말했다. "나라가 사분오열되지 않으려면 그렇게 엄청난 수의 인구는 매우 단단히 통제해야 한다." 홍콩은 새롭게 부상하는 중국에 유용할 것이다. "현재 중국은 서양을 가까이에 두길 원하는 발전의 시기에 있다"고 그는 중국인들에게 말했다. "아마 50년에 걸쳐 필요하지는 않겠지만 지금은 서양이 필요하며 그런 기간이 상당히 지속될 것이다." 중국에 대한 충성심을 보여주는 제스처로서 로런스는 홍콩의 미래를 둘러싼 중국과 영국의 협상이 교착상태에 빠지고 많은 회사들이 홍콩에서 빠져나와 본사를 이전하기 시작할 때도 홍콩에 계속 투자했다. 회사들이 이전하자 홍콩 증시와 홍콩의 통화 가치가 폭락했다. 로런스의 회사는 홍콩의 새 발전소 건설에 수십억 달러를 투자했고 다야만에 원자력 발전소를 짓는 협상도 이어나갔다. 그는 엔지니어이자 부처 장관이며 곧 중국의 총리로 임명되는 리펑과 여타 지도자들을 정기적으로 만났다. 중국에 역대 최대의 외국 투자 조건을 협상하고 있을 때에도 로런스는 타이판처럼 홍콩을 영국의 치하에 두려는 정치적 입장을 계속 압박했다.

하지만 덩샤오핑은 생각이 달랐고 영국도 마찬가지였다.

덩샤오핑은 경제 개혁에 관해서는 사고가 유연했고 중국이 로런스와 협력하는 방안에 열성적이었다. 하지만 중국이 1997년이 되면 홍콩을 돌려받아야 한다는 입장은 확고부동했다. 홍콩의 미래에 관해 덩샤오핑과의 중대한 회담을 앞두고 대처는 로런스와 여타 재계 지도자들로부터 조언을 받았다. 하지만 대처가 베이징에서 덩샤오핑을 만나서 홍콩을 계속 영국의 행정 관할 하에 두는 가능성을 슬쩍 흘렸을 때 덩샤오핑은 그 자리에서 일축했다. 그는 대처에게 만약 중국이 원하기만 한다면 그날 오후에라도 홍콩을 점령할 수 있다고 단도직입적으로 밝혔다. 보통은 침착한 대처는 회담장을 나서다가 계단에서 발을 헛디뎠다―홍콩의 많은 이들은 그녀가 덩샤오핑의 완고함에 기분이 언짢고 속이 상했다는 의미로 한 행동으로 받아들였다. 홍콩 증시는 곤두박질쳤고 시 경제의 근간인 홍콩달러화 가치가 급락했다. 궁극적으로 중국은 수 년 전에 타이완을 상대로 발전시킨 방침을 적용했다. '일국양제'로 알려진 이 체제는 로런스가 원했던 대로 영국의 법적, 경제적 규정을 홍콩 반환 이후 50년간 유지하겠지만 홍콩이 중국에 의해 다스려질 것임을 분명히 했다. 아닌 게 아니라 중국을 어떻게 상대해야 하는지에 관해 영국 관계자들이 로런스와 수시로 논의한 데 반해 중국 관계자들은 그를 외국인이자, 그저 홍콩을 통치할 공식 문서의 초안 작업을 하는 '자문' 위원으로 취급했다. 실제 초안 작업 자체는 베이징에 충성하는 중국 기업가들에 의해 이루어졌고 중국 정부는 그 사람들을 홍콩의 미래로 보았다. 중국인들에게 로런스는 홍콩의 영국 기업들과 연결된 유용한 통로였고, 그들은 외국 기업들의 현안을 그를 통해 전달하고자 했다.[19] 하지만 권력은 확고하게 베이징의 수중에, 1997년 이후 홍콩을 이끌어갈 중국 정치가, 관리, 기업가들의 수중에 있었다.[20]

런던에서도 로런스는 패배에 직면했다. 1997년 반환 이후 홍콩의 중국계 주민들의 유입을 걱정한 영국 의회는 홍콩 주민들의 영국 이민 자격을 제한하는 법안을 통과시켰다. 홍콩의 중국계 주민들은 그곳이 식민지이므로 전통적으로 영국 국적자로 간주되어 왔다. 하지만 1981년 의회는 1997년부터 중국 국적자들이 될 그들을 사실상 이등 시민으로 격하시켰다. 수백만 홍콩 주민들이 여행을 할 때 지니고 다닌 영국 여권에는 이제 앞면에 '홍콩'이라는 금박 글자가 박힐 예정이었다. 영국으로 이민을 가거나 심지어 해외 영국 공관으로부터 도움을 구할 권리도 크게 축소되었다. 그것은 이미 영국 시민권을 갖고 있는 로런스 같은 영국계 홍콩 주민들보다 중국계 주민들에게 훨씬 더 중요한 쟁점이었다. 하지만 로런스는—그의 아버지도 1920년대에 영국 시민권을 얻으려고 했을 때 난관에 부닥쳤다—그런 변화들에 분노했다.

'가우룽의 왕'은 상원의 일원으로서 흰 담비 망토를 두르고 런던의 의사당에서 새로운 법령들에 반대하여 열변을 토했다. 그 법령들은 "거부한다는 인상, 이 중요한 역사의 순간에 영국이 홍콩으로부터 '거리를 두고' 있고, 우리가 '영국성Britishness'을 잃고 있다는 느낌을 준다." 홍콩의 중국계 주민들은 "피난처를 구하는 것도 영국의 노동자들과 함께 살며 경쟁할 권리를 구하고 있는 것도 아니"라고 그는 상원에서 발언했다. 홍콩 시민이 구하고 있는 것은 "영국, 바로 그들이 신뢰하게 된 나라가 그들을 저버리지 않을 거라는 믿음"이다.

로런스는 중국과 새로운 합작 사업에 참여한 홍콩 회사들을 전부 열거했다. 또 자신이 홍콩 최대의 발전소를 지을 때 영국산 장비를 주문함으로써 영국에 7,000개의 일자리를 탄생시켰음을 역설했다. 그는 이 문제는 "대단히 조심해서 다뤄야 한다"고 경고했다. 그렇지 않으면 홍콩은 "역사의 페이지에 파묻혀 죽은 도시"가 될 것이다.

로런스의 호소에도 불구하고 법안은 통과되었다.

상하이에서 모든 것을 잃었던 1949년과 홍콩이 문화대혁명으로 위협받던 1967년에 다시금 그랬던 것처럼 로런스는 선택에 직면했다. 남거나 떠나거나 둘 중 하나였다. 그는 남아서 새로운 환경에 적응하기로 결심했다. 많은 이들이 홍콩 반환 협정에 관해 불안해하고 있었지만 로런스는 자신의 캐슬피크Castle Peak 발전소에서 중국 고위 관료들을 반갑게 맞았고 중국 국기를 게양했다. 그는 발전한 서구와 개발도상국인 중국을 이어 주는 다리라는 홍콩만의 특별한 중요성에 대해 오랫동안 품어온 믿음을 포기했다. 그 대신 베이징에서 작성했다고 해도 될 만한 연설에서 새롭게 대두되는 중국의 자아상을 끌어안았다: "유럽은 정체기에 도달했다. 미국과 러시아는 장거리 탄도미사일로 대치하고 있다." 반면 중국은 "새로운 발전의 장을 제시한다. 세계적 강국이 생겨나고 있다." 홍콩은 "중국의 자식으로, 외국 문물을 흡수하기 위해 서양 학교로 보내졌던 아들"로 간주될 수 있을 것이다. 이제 "그 아들이 서양과의 접촉으로부터 끌어 모은 지식을 안고서 부모에게 돌아온다. 착한 아들인 그는 아버지를 돕고 싶어 하며 아버지는 두 문명 사이에 존재하는 문화적 간극에 다리를 놓을 필요성을 이해하고 있다."

로런스는 중국 사업에서 한몫을 얻을 희망으로 중국에 아첨하는 수많은 다른 외국인들과 다름없이 신중한 사업 전략을 따르고 있다고 믿었다. 로런스가 30년이 지나 1978년 상하이에 귀환했을 때 중국의 경제와 국부國富는 홍콩과 서구에 한참 뒤떨어져 있었다. 이제 중국은 따라잡고 있었다. 곧 중국의 경제 규모는 영국을 능가할 테고 미국에 이어 세계 2위가 될 터였다. 중국인들에게 로런스의 어조 변화는 그들이 오랫동안 추구해왔던 것, 바로 한 세기 넘게 중국과 세계 사이의 관계를 오염시켜온 치욕과 식민주의를 내버리고 중국이 동등하게 대우 받는다는 신호였다. 연설을 한 뒤 로런스는 사무실로 돌아왔는데 사무실의 거대한 타원형 책상 뒤편 가죽 의자에는 다 해진 험티 덤티Humpty Dumpty 인형이 놓여 있었다. 그 인형은 오래 전에 아들이 두고 간 것이었다. 그의 말에 따르면 "험티 덤티가 크게 넘어졌다는 점을 스스로에게 상기"하기 위해서(험티 덤티는 영국 전래 동요에서 유래한 캐릭터로 보통 달걀 모양으로 묘사된다. 동요 가사의 제2행이 '험티 덤티가 크게 넘어졌네'이다—옮긴이) 계속 놔둔 것이었다.[21]

○●

연설을 하고 한 달 뒤에 로런스는 베이징으로 초대되어 덩샤오핑을 만났다. 덩샤오핑이 외국 사업가를 만난 것은 그때가 딱 두 번째였다.

두 사람은 자신들의 나이에 관해 농담을 주고받았다.[22] "우리 두 사람 사이에는 160년이 넘는 연륜이 있지요"라고 로런스가 말했다. "홍콩 사람들은 우리가 하는 말을 들어야 해요." 덩샤오핑은 로런스의 아들 마이클—마흔네 살에 커두리 가문을 이끌 차기 후계자—을 보고 힘차게 악수했다.

공식 면담 자리에서 덩샤오핑은 원자력 발전소에 대한 로런스의 십억 달러 투자를 칭찬했다. "다른 투자자들이 위험 부담을 무릅쓰길 두려워하고 주저할 때 당신은 중국으로 와서 투자를 하는 배짱이 있소"라고 중국 지도자는 로런스에게 말했다. "그건 우호적인 행위요. 우린 고맙게 생각하고 있소이다."

로런스도 열성적으로 호응했다. 그는 "중국을 위해 뭔가를 할 수 있어 매우 기쁩니다"라고 대답했다. "우리가 닦은 길을 따라 앞으로도 협력이 죽 이어지길 바랍니다."

덩샤오핑은 옆 좌석에 앉은 보좌관들에게 고개를 돌려 말했다. "우리 둘은 전에 만난 적이 없는데도 내가 커두리 경을 만나면 마치 옛 친구를 만나는 것 같더군."

다야만 프로젝트에 관해서 덩샤오핑은 "굉장한 일이다… 본토와 홍콩을 결합시키는 경제적 유대가 될 것이며 홍콩의 안정과 번영에 기여하고 홍콩 주민들에게 신뢰감을 줄 것"이라고 말했다.

덩샤오핑은 잠시 말을 멈추고 로런스 쪽으로 몸을 기울였다.
"발전소는 언제 정식 가동을 시작할 예정입니까?"

"제1기는 1992년 10월에 정식 가동이 예정되어 있습니다. 제
2기는 1993년 7월이고요."

"당신은 몇 살이지요?"

"여든 여섯입니다." 로런스가 대답했다.

"난 여든입니다." 덩샤오핑이 말했다. "당신이 나보다 여섯 살
더 많군요." 덩샤오핑이 재빨리 계산을 했다. "다야만 발전소가
가동될 때면 당신은 아흔세 살이고 난 여든 여덟이겠군요. 그때
함께 축하연을 열면 좋겠습니다."

로런스가 환하게 웃으며 대답했다. "물론이지요."

하지만 로런스의 재산과 지위에도 불구하고 중국의 재부상과
홍기를 둘러싼 진동이 그를 흔들기 시작했다. 1989년에 이르자
덩샤오핑의 포스트 마오쩌둥 개혁들은 제자리걸음을 하고 있었
다. 개혁 조치들은 높은 실업률, 높은 인플레이션, 눈에 띄는 불
평등 그리고 정치적 변화에 대한 요구를 가져왔다. 대학생들이
시위를 시작했고 천안문 광장에 모인 수만 명의 학생들에게 부
정부패의 근절과 더 큰 민주주의를 부르짖는 일반 시민들이 합
류했다. 공산당 지도부는 마비 상태에 빠졌다.

로런스는 공산당이나 그들의 단호함을 과소평가해서는 안 된
다는 점을 익히 알고 있었다. 1989년 천안문 학살과 향후 여파
에 관한 그의 반응은 정치적 감각과 더불어 도덕상의 타협―중
국의 힘이 커지고 주민 통제가 강화되면서 서구 기업들이 점점

더 직면하게 되는 딜레마―을 드러냈다. 로런스는 중국 정부와 긴밀한 연계가 있는 영향력 있는 학자 판궝潘光을 만나서 단도직입적으로 물었다.[23] "내가 투자를 하는데 거리에 학생들이 있다면 중국 정부는 상황을 통제할 수 있겠소?" 판은 정부가 통제할 것이라고 장담했다.

덩샤오핑이 천안문 광장에 병력을 보내 봉기를 진압하라고 지시하고 계엄령을 내렸을 때 홍콩의 수십만 중국인들은 진압에 항의하는 가두시위를 했다. 서방 정부들과 많은 회사들은 진압을 비판하고 거래와 투자를 중단시켰지만 로런스는 그답지 않게 침묵을 지켰다. 진압을 종용하여 '베이징의 도살자'라는 악평을 들은 중국 총리 리펑은 다야만 프로젝트를 승인하는 데 핵심 역할을 한 협력자였다. 발전소 공사는 계속되었다. 로런스가 마침내 입을 열었을 때 그는 덩샤오핑과 중국 지도부를 옹호했다. "이 지역에서는 너무 많은 민주주의가 최선이 아니"라고 그는 말했다. "통제력이 있어야 한다." 홍콩의 마지막 영국 총독 크리스토퍼 패튼이, 중국이 1997년에 정식으로 홍콩을 반환받기 전에 홍콩에 더 민주적인 체제를 수립할 정치 개혁을 도입하려고 했을 때 로런스는 그를 비판했다. "큰 나라에는 강한 지도자가 있어야 한다. 1인 1표, 다시 말해 서구식 민주주의는 통하지 않을 것이다. 모두가 저마다 '내 생각은 이렇고 네 생각은 좋지 않아'라고 말하는 것만으로는 나라나 사업을 운영할 수 없다." 그것은 딱 중국 정부가 듣고 싶어 하는 발언이었다.

◗●

　이따금 로런스는 아들 마이클에게 부탁해 헬리콥터를 타고 가우룽 반도와 신제 위를 날았다. 발밑으로 그가 지은 발전소와 이제는 중국 안쪽으로 이어지는 송전선이 펼쳐졌다. 마을과 농가에서, 아파트와 공장의 창문에서, 이제는 전기가 들어오는 란터우 섬의 창씨네 집에서, 렁치의 양계장과 식당에서, 그의 동생과 친해지게 된 농부 푸씨의 축사에서 새어나오는 빛이 눈에 들어왔다.

　그는 아래를 내려다보며 "저게 다 내가 한 일이야"라고 말하곤 했다. 이따금 그는 아들에게 어느 마을로 헬리콥터를 착륙시키라고 지시했고 그러면 중국계 주민들이 나와서 그 타이판을 반갑게 맞곤 했다.

빅터 서순과 그의 아내의 초상화가
평화호텔로 이름이 바뀐 캐세이 호텔 내부
복원된 서순의 스위트룸에 걸려 있다

11장
와이탄으로 돌아오다

로런스는 중국으로 복귀하지 못했다.

90대에 접어들면서 로런스는 심한 관절염으로 휠체어에서 지내는 날이 많아졌다. 손이 떨리고 걸을 때면 걸음걸이가 불안정했다. 그는 여전히 중화전력공사의 이사회에 참석했다. 그는 친구에게 "정기적으로 업무를 보고, 이 지역에서 일어나는 많은 변화들에 관심을 가지고, 하느님이 내려주신 많은 축복에 감사함으로써 여전히 정정하게 지낸다"고 비법을 밝혔다.[1] 다야만 원자력 발전소의 개소가 기술적 이유로 몇 달 연기되었을 때 로런스는 덩샤오핑에게 다음과 같이 썼다. "관절염 때문에 이제는 휠체어 신세를 지게 되어 유감이지만 저는 여전히 6개월 안으로 발전소 개소일에 다야만에서 당신을 뵙기를 고대하고 있습니다."[2]

그 편지를 쓰고 한 달 뒤 로런스는 평소처럼 아내 뮤리엘과 동생 호러스, 여러 친구들과 함께 커리를 먹는 일요 점심 모임을 갖기 위해 볼더 로지로 갔다.[3] 거기서 신문을 읽고 1997년 이후 홍콩의 미래가 어떻게 될지에 관해 이야기를 나눴다. 이튿날 월요일에는 중화전력공사 이사회 모임에 참석했다. 그 다음날에는 회사의 사무실 한 곳을 방문했다가 지나가는 말로 감기에 걸린 것 같다고 툴툴거렸다. 1993년 8월 25일 수요일에 로런스 커두리는 아흔넷의 나이로 별세했다.

2년 뒤에는 호러스도 세상을 떴다. 그는 지난 몇 년 간 몸이 아팠지만 80대였을 당시, 그가 구호했던 상하이 난민들 그리고 전시 상하이 커두리 학교 졸업생들과 샌프란시스코에서 재회할 수 있었다.[4] 만남의 자리에는 커두리 학교에서 영어를 배웠던 전직 미 재무장관 마이클 블루멘설과 상하이행 선상에서 호러스를 만나 즉석에서 채용된 베를린 출신 교사 루시 하트위치를 비롯해 1,000명이 넘는 난민들이 함께 했다. 40년 간 얼굴을 보지 못했던 많은 난민들은 상하이 게토 상점 간판들로 장식된 호텔의 대형 홀에서 서로 어울렸다. 그들은 어린 시절 사진을 부착한 이름표를 달고 있었다. 상하이 난민들이 설립한 현지 시너고그에서 열린 환영회에서 참석자들은 자신들을 구해준 것에 감사하며 호러스에게 스테인드글라스 창문을 헌정했다. 시너고그의 예배를 집전한 사람은 시어도어 알렉산더, 다름 아닌 상하이에서 빅터 서순 밑에서 일하다가 랍비가 되었고 커두리 학교에서 결혼식을 올렸던 베를린 출신 난민이었다. 그는 35년 만에 다시 호러스를 만나 강단에 올랐다. "오늘 우리는 존경 받는 시민입니다 ─우리 유대인은 고향으로 삼은 나라들에 유익하게 이바지해 왔습니다." 알렉산더는 호러스가 환히 미소 짓는 가운데 말을 이었다. "우리 아랫세대가 이 세상에서 소임을 다할 수 있게 훌륭한 교육이 제공되었다는 점에서… 우린 얼마나 운이 좋았습니까? 그들은 절망의 시기에 더 나은 미래를 준비하도록 우리 모두에게 영감을 불어넣어줬습니다." 알렉산더가 십대일 적에 베를린에서 상하이로 챙겨 왔고 청년이 되어 상하이에서 샌프란시스코로 가져간 토라는 그 옆 율법실Torah Ark에 안치되어 있었다.

커두리 형제는 홍콩의 유대인 공동묘지에 몇 미터 떨어져 나란히 묻혔다. 중국 정부는 로런스의 죽음에 공식 조문단을 파견했다. 베이징에서 보낸 정부 대표단이 로런스의 가족에게 찾아와 애도를 표했다. 중국 관리들은 로런스의 아들 마이클과 식사를 하면서 가족의 중요성과 강한 가치관을 가지고 아이를 양육하는 것의 중요성에 관해 이야기를 주고받았다. 중국인들은 이제 쉰 살인 마이클과 누이인 리타가 회사를 물려받고 마이클이 경영권을 쥘 것임을 알고 있었다. 그들은 커두리 가문과 사업을 이어가길 원했다.

마이클과 리타는 일본의 홍콩 침략 직전에 태어나 부모와 함께 홍콩과 상하이의 수용소에서 자랐다. 미군이 상하이를 해방시킨 이후 시절에 대한 마이클의 가장 초기 기억 가운데 하나는 미군 병사들의 넓은 어깨에 태워져 침대까지 갔던 일이다. 마이클이 태어났을 때 로런스는 마흔 둘이었다. "거의 내 할아버지뻘이었다"라고 마이클은 나중에 회고했다. 엘리가 사업에 집중하고 집안의 대소사는 아내에게 일임한 것처럼 로런스도 양육은 아내인 뮤리엘에게 맡겼다.[5] 아담하고 조용조용 이야기하는 뮤리엘은 그럼에도 로런스의 의견에 영향을 주고 그를 좌지우지할 수 있는 몇 안 되는 사람 가운데 한 명이었다. 일단의 하인들이 뮤리엘의 집안일을 도왔다. 결혼을 하지 않았고 자식도 없었던 호러스는 아이들을 페닌술라 호텔의 주방으로 데려가 슬쩍 맛있는 것을 집어 주거나 주말이면 다 같이 차에 올라타 신제로 가서 그가 돕고 있는 농부들을 함께 방문하는 등 로런스 가족의 삶에서 커다란 자리를 차지했다.

대다수의 사람들은 마이클에게 그다지 기대를 걸지 않았다. 그는 어른이 되어서 빠른 차를 즐겨 몰고 헬리콥터를 조종하며 저녁 7시가 넘어서는 좀처럼 일하는 법이 없는 플레이보이이자 부유한 호사가로 알려졌다. 마이클 커두리는 "열정적 취미가 많은 사람이지만… 안타깝게도 사업은 그 가운데 하나가 아니다"라고 1977년에 〈월스트리트 저널〉은 어느 친구의 발언을 인용했다.[6] 〈월스트리트 저널〉은 마이클이 아버지의 뒤를 잇지 않을 것이라고 예측했다. 그는 스위스의 사립 기숙학교를 졸업하고 런던의 여러 금융 회사에서 인턴으로 일한 뒤 스물두 살에 홍콩으로 돌아왔다. 로런스는 그를 커두리 호텔의 이사회에 앉혔는데 마이클이 호러스와 항상 잘 지냈다는 이유가 컸다. 마이클 역시 로런스가 경영하고, 커두리가 사업의 이익에 가장 크게 기여하는 중화전력공사 일이 '따분하다'고 여겼다. 그는 심지어 옷장의 옷걸이 간격을 비롯해 호텔 인테리어의 자잘한 사항들을 두고 수선을 피웠고 호텔에 최신 기술과 첨단 장치들을 추가하길 좋아했다.

막상 로런스가 세상을 뜨고 보니 가문의 이 새로운 수장은 중

국 지도자들과 협상하고 함께 일하는 수완이 뛰어난 것으로 드
러났다.[7] 그는 일상적인 회사 운영은 전문 경영인들에게 맡겼지
만 중국 정부와 커두리가 사이의 관계는 직접 조심스럽게 관리
했다. 마이클은 다야만 원자력 발전소 개소식에 참석했고 그다
음 중국 곳곳에 다른 발전소 건설 허가를 얻어냈다. 새 세대의
중국 지도부가 들어서자 베이징으로 날아가 준비된 연설문 대신
형식에 구애받지 않고 대화하는 방식으로 중국 지도층 인사들의
마음을 사로잡았다. 마이클이 스포츠카와 헬리콥터 조종을 특히
좋아한다는 얘길 듣고 중국 공산당 지도자이자 주석인 장쩌민
은 어느 면담에서 어느 쪽 이동수단이 더 안전하냐고 물으며 그
를 슬쩍 찔러봤다. 마이클은 "둘 다 안전합니다"라고 요령 좋게
대답했다. 그의 휘하에서 가문 최대의 투자 대상인 중화전력공
사의 주가는 열 배로 뛰었고 커두리 호텔 법인의 자산 가치는 세
배로 증가했다. 커두리가는 재산이 180억 달러에 달해 아시아에
서 제10위의 부자 가문으로 꼽혔다.[8]

1997년 홍콩 반환이 다가오면서 마이클은 1930년대 상하이
에서 번영을 구가하고 공산당이 집권한 뒤에는 로런스의 도움을
받아 홍콩으로 이전해 사업을 확장한 막강한 룽씨 가문과의 제
휴를 확대했다.[9] 중국에 남아 공산당을 도왔던 '붉은 자본가' 룽
이런은 해외 기업들의 지분을 사들이는 신설 회사인 중국국제신
탁투자공사China International Trust and Investment Corporation, CITIC를 떠맡았
다. 룽이런은 아들을 홍콩으로 파견했고, 아들은 중국 정부의 지
원과 자본을 등에 업고 다가오는 홍콩 반환의 신호로서 홍콩의

대표적 회사들의 지분을 사들이기 시작했다. 마이클은 룽이런의 아들에게 중화전력공사의 지분 25퍼센트를 인수할 것을 제의했다. 중국이 홍콩을 지배하게 될 때 회사를 보호하기 위한 일종의 보험 차원이었다. 몇 년 뒤 중국이 커두리 가문을 높이 평가하고 그들과 계속 사업을 하길 원한다는 것이 분명해지자 마이클은 그 지분을 되사들였다.

마이클은 어렸을 적에 상하이에 잠시 살았을 뿐이지만 중국이 다시금 문을 열자 그곳에서도 사업을 재개했고 주기적으로 상하이를 찾았다. 그는 자신이 갓난아기였을 때 자신을 돌봐준 옛 하인을 수소문했다. 감정이 북받치는 재회를 한 두 사람의 눈가에는 눈물이 맺혔다. 마이클은 호텔의 경영진을 만나 상하이로 돌아가 호텔을 짓고 싶다고 말했다.[10] 커두리가가 소유한 페닌술라 호텔은 방콕과 마닐라에도 지점이 있고 베벌리힐스, 뉴욕, 파리, 런던에도 지점이 들어설 계획인 세계 최대 호화 호텔 브랜드 가운데 하나였다. 중화전력공사는 마이클의 개인 자산의 태반을 차지했지만 홍콩 바깥에서는 들어본 사람이 거의 없었다. 하지만 대다수의 사람들은—특히 마이클이 교류하는 부유하고 연줄이 든든한 사람들, 중국이 투자와 관광을 유치하려고 애쓰는 집단—은 페닌술라 호텔에 대해 들어봤다.

상하이의 와이탄을 따라서 전 세계의 모든 회사가 원했던 곳이 하나 있었는데 바로 위엄 있는 청동 사자상이 정면에 버티고 있는 오래된 홍콩상하이 은행 건물이었다. 하지만 이제 그 빌딩을 소유하고 있는 그 중국 은행이 그곳을 외국 개발업자에게 매각할 의사가 없음이 분명해졌다. 마이클은 와이탄을 따라 조금 더 가면 있는 또 다른 구역에 눈길을 돌렸다. 옛 영국 영사관이 위치한 곳이었다. 마거릿 대처는 1980년대 덩샤오핑을 만났을 때 그곳을 되돌려 달라고 했지만 거절당했다. 커두리 가문의 오랜 라이벌인 자다인 매티슨이 그곳에 건물을 짓고 싶어 했고 일본 개발업체와 손을 잡은 록펠러사도 관심을 보였다. 하지만 마이클이 중국 정부의 지지를 등에 업고 중간에 끼어들어 낚아챘다. 페닌술라 호텔의 위상이 중국 정부가 그곳을 마이클에게 매각하기로 동의한 이유 가운데 하나였다. 하지만 커두리 가족들은 다른 요인들도 작용했음을 알고 있었다. 로런스가 쑨원 부인에게 마블 홀을 넘기기로 했던 일과 문화대혁명과 천안문 사태 동안에도 중국 정부에 관해 안 좋은 말은 전혀 하지 않았던 사실, 그리고 많은 투자자들이 중국이 과연 믿을 만한 사업 파트너일지 여전히 미심쩍어할 때 중국에 10억 달러 이상을 투자하기로 결정했던 점이 그것이었다.

마이클은 자신의 새 호텔의 지붕 위에 올라 발아래 펼쳐진 강에서 1880년대에 엘리가 젊었을 적 처음 도착했던 지점을 내려다봤다. 와이탄을 따라 고개를 돌리면 장제스가 결혼 피로연을 열고 바그다드에서 건너온 이민자들이 호의를 구하며 엘리의 손등에 입을 맞추던 커두리가의 팰리스 호텔이 보였다. 반대편으로 시선을 돌리면 호러스가 학교를 세웠던 옛 유대인 게토 홍커우 지구와, 영국인들과 커두리가의 상하이 지배를 종식시킨 일본군과 공산당 군대가 차례로 입성했던 와이바이두 대교가 눈에 들어왔다.

와이탄에 새 페닌술라 호텔을 여는 성대한 개장식에서 마이클은 곡예사들을 기용해 호텔 급사처럼 차려입고 호텔 외벽을 타고 오르게 하는 이벤트를 꾸몄다.[11] 전통 의상을 입은 중국인 고수들이 커다란 북을 두드리는 가운데 영국과 중국의 영화배우들과 관리들, 일단의 왕족들이 대리석 로비에서 서로 어울리며 포즈를 취하고 샴페인을 홀짝거렸다. "집으로 돌아오게 되어 자랑스럽다"고 마이클은 소감을 밝혔다. 개장식은 빅터 서순이 좋아했을 만한 파티였다.

한 세기 동안 커두리가는 마오쩌둥을 제외한 모든 중국 지도자를 만나 그들에게 자문했다. 이제 마이클은 덩샤오핑의 후임자들과 중국의 막강한 신임 주석 시진핑을 시시때때로 만났다. 시 주석과 20여명의 홍콩 재계 지도자들이 참석한 어느 만남의 자리에서 마이클은 유일한 서양인 참석자였다. 시 주석은 잠시 짬을 내어 보좌관을 보내 마이클에게 악수를 청하고 "당신 가문은 항상 중국의 친구였다"라는 메시지를 전달했다.[12]

◖◗

1979년 내가 처음 상하이를 찾았을 때 중국은 세계에 막 문을 열고 있었다. 그때는 서순가나 커두리가를 인정해 주는 움직임이 없었다. 중국은 여전히 공산주의의 수렁에 빠져 있었다. 그곳은 차갑고, 계획표에 맞춰 있는 곳이었다. 하지만 그때도 상하이에는 생기가 감돌았다. 옛 캐세이 호텔에서 프랑스어로 말을 걸던 나이 지긋한 급사, 영어 연습을 하려고 관광객에게 대담하게 다가오던 젊은이들, 새벽녘에 와이탄에서 왈츠를 추던 연로한 부부들. 와이탄 바로 옆 거리 위 맨홀 뚜껑들에는 여전히 SMC라는 영어 글자가 새겨져 있었다. 제2차 세계대전 발발 때까지 국제 조계를 운영했던 영국인 중심의 상하이 시정 위원회Shanghai Municipal Council의 약자 말이다. 그 길을 따라가면 나오는 1930년대 어느 사무실 빌딩 로비에는—그곳이 빅터 서순이 지은 건물이라는 사실은 나중에 알았다—군데군데 뜯겨 나간 중국어 포스터가 1949년 공산당이 도착하기 바로 직전 그곳 사무실에 입주했던 유럽인 세입자들의 이름과 호수를 나열한 유리를 끼운 안내판을 가리고 있었다.

다음 몇 년 사이에 인부들이 와이탄 12번지 옛 홍콩상하이 은행 빌딩의 돔형 천장에서 페인트를 벗겨내기 시작했다. 그러자 홍콩, 도쿄, 런던, 뉴욕, 방콕, 파리, 캘커타—19세기에 상하이가 교역을 시작한 도시들의 역사적인 스카이라인을 묘사한 여덟 장의 벽화가 드러났다. 상하이는 자신이 국제적이고 코즈모폴리턴 도시였음을 재발견하고 있었다. 하지만 재발견은 비단 노스탤지어를 끌어안는 것만은 아니었다. 중국의 경제 발전이 가속화하면서 공산당은 상하이에 대한 의심을 걷고 도시 재건에 돈을 쏟아 부었다. 중국 정부는 상하이 시민들이 기업을 일으키거나 금융에 진출하는 것을 허용하며 상하이를 홍콩에 필적한, 나중에는 아예 능가하는 비즈니스 허브로 탈바꿈시켰고, 그 다음 도쿄, 뉴욕, 런던과 같은 지위에 합류시킬 포부를 밝혔다. 21세기에 접어든 지금 커두리가와 서순가는 한껏 추켜올려지고 기려진다. 1949년 이후로 붙잡힐까 두려워 상하이에 발을 들이지 못했던 빅터 서순은 그가 사업을 구상하고 국민당 정치가들을 접대하고 에밀리 한에게 수작을 걸고, 이누즈카 대령을 골탕 먹였던 시절 그 모습대로 복원된 스위트룸에 걸린 초상화로 기려지고 있다. 거기서 몇 블록 떨어진 곳에는 커두리가가 화려한 페닌술라 호텔을 열어서 두 대★가문이 다시금 황푸강을 주름잡고 있다. 와이탄의 북쪽으로 와이바이두 대교 건너편에는 서순가와 커두리가가 1만 8,000명의 유대인 난민들에게 피난처를 제공하고 보호해 주었던 홍커우 지구가 있다. 한때 중국인들이 철거하려고 했던 그곳은 난민 박물관이 새롭게 들어서고 1930년대 시절 카페가 복원되면서 유대풍風 디즈니랜드로 바뀌었다. 이스라엘 총리 베냐민 네타냐후는 중국 텔레비전 카메라들에 둘러싸인 채 그 카페에 앉아 커피를 마셨다.

중국에서 역사는 대체 가능한 것이다. 내가 처음 상하이를 방문했을 때 역사가들은 "사라진 10 지파"의 하나, 다시 말해 1,000년 전 중국에 정착하여 유대교의 전통을 얼마간 이어간 카이펑 유대인들에 관해 이야기할 수 있었다. 하지만 서순가와 커두리가 그리고 그들이 상하이에 가져온 더 근래의 그리고 더 변혁적인 충격에 관해서는 이야기할 수 없었다. 1979년에 자본주의는 여전히 금지된 주제였다. 40년이 지난 뒤에는 빅터 서순과 커두리가에 관해서 이야기할 수 있지만 카이펑의 유대인들에 관해서는 아니었다. 중국 정부는 종교를 탄압하고 있었다. 상하이 난민 박물관에서 한 전시 설명판은 에리히 라이즈만의 가족과 수천 명의 난민들에게 비자를 발급해준 허평산에게 할애되어 있었다. 비록 허평산이 국민당 정권의 인사였고 공산주의에 반대했지만 말이다. 몇 주 뒤에 리투아니아의 유대인들이 나치한테서 도망칠 수 있게 비자를 발급해준 일본 외교관 치우네 스기하라를 칭송하는 전시물이 사라졌다. 중국은 일본과 외교 분쟁 중이었다. 일본인 영웅은 환영받지 못했다.

커두리가는 상하이의 새 페닌슐라 호텔에 와이탄과 그곳의 아르데코 양식 고층 빌딩들, 지난 거의 100년 동안 여행객들을 맞아온 바로 그 풍광이 한눈에 들어오는 옥상에 루프탑 바를 열고 '엘리스 바Sir Elly's Bar'라고 이름 붙였다. 엘리스 바에서는 강 건너편으로 미래에서 온 듯한 초고층 빌딩들이 즐비한 푸동 지구의 숨 막힐 듯한 전망도 눈에 들어왔다. 강철과 유리로 된 새로운 중국이다. 그 루프탑 바에서 아래를 내려다보면 와이탄이 더는 단절된 과거를 상기시키는 풍광이 아니라 새 상하이를 옛 상하이와 연결하는 길이라는 것을 느끼게 된다. 역사적 관점에서 볼 때 오늘날의 상하이는 어쩌면 사람들이 예상했을 법한 모습이다. 1930년대의 상하이는 대다수의 미국 도시들보다 마천루가 더 많았다. 오늘날 그곳의 초현대적인 스카이라인에는 세계 최고층 빌딩 10개 가운데 3개가 있다. 두 군데에 위치한 공항은, 과거 여객선과 화물선이 황푸강을 거슬러 올라와 캐세이 호텔 앞에 승객과 화물을 내려놓았던 것처럼 상하이를 전 세계와 연결한다. 서순가와 커두리가는 상하이 최초의 억만장자였다. 이제 상하이에는 10만 명이 넘는 백만장자가 존재하며 억만장자도 30명이 넘는다. 그리고 그들은 모두 중국인이다. 로런스 커두리는 1930년대에 상하이를 '동양의 파리'라고 불렀다. 이제 그곳은 뉴욕이나 런던하고 비교되길 더 좋아한다.

코즈모폴리턴적이고 세련된 상하이가 돌아왔다. 로런스 커두리의 부인 뮤리엘이 남편이 죽고 난 뒤 상하이로 돌아왔을 때 그녀는 방향 감각을 잃어버린 것 같다고 호소했다. 모든 것이 변해 버렸다. 새 상하이 박물관은 예전에 경마장이 있었던 곳에 있었다. 마블 홀은 이제 고가도로들로 둘러싸여 있었다. 1930년대에 그녀가 춤을 추러 즐겨 찾았던 프렌치 클럽은 거의 알아볼 수 없었다. 그녀는 항상 자기가 지금 어디에 있는지 알려고 애쓰고 있었다.

그것은 상하이를 찾아온 방문객들의 흔한 불평이었고, 심지어 그 도시를 자주 찾는 방문객들도 예외는 아니었다. 상하이는 아찔한 속도로 변화해 왔다. 마천루와 쇼핑몰은 구시가를 싹 밀어 버렸다. 새 상점과 식당들이 중심가를 빼곡히 메웠다. 상하이를 찾은 방문객들은 도시의 활기에 감탄했다: 값비싼 상점가에 붐비는 중국인들, 커피를 마시러 스타벅스 앞에 줄을 서고, 일하러 또 파티를 하러 바쁘게 오가는 중국인들. 이것이 서양의 기업 간부들과 관광객들이 반갑게 끌어안고 때로는 우려하게 된 상하이, 에너지와 세련미, 자신감이 끓어오르는 상하이였다. 이전 주민들 가운데 일부는 이 새로운 상하이에 놀라지 않을 게다: 엘리 커두리, 호러스 커두리, 로런스 커두리, 그리고 확실히 빅터 서순은 말이다. 그들은 자신들이 창조에 일조한 그 도시에서 편안함을 느꼈을 것이다.

중국에 커두리가와 서순가는 어떤 의미였을까? 상하이의 과거는 중국의 미래에 관해 무엇을 말해 주는가?

물론 두 가문은 제국과 식민주의의 수혜자였다. 서순가가 부를 축적한 토대였던 아편 무역은 수백만 명의 삶을 망가트렸다. 서순가와 커두리가가 얻은 막대한 재산은 저임금과 불공정 경쟁 위에 쌓아올린 것이었다. 그들은 커두리가 마블 홀에서 춤을 추고 빅터 서순이 캐세이 호텔에서 초호화판 파티를 벌이던 때에 중국인들은 길거리에서 죽어가게 방치한 불평등을 심화시켰다. 그들은 중국 공산당의 대두와 승리를 부채질했다. 서순가와 커두리가는 상하이를 착취했지만 한편으로 룽씨 가문과 여타 수백만 명을 끌어당긴 경제 호황에 불을 붙였다. 중국이 경화된 봉건 사회를 탈피하고 현대적인 산업 사회로 진입하려고 몸부림치고 있을 때 그들은 그 도시에서 과감한 사업의 꿈을 추구할 곳을 찾아냈다. 상하이를 그리고 중국을 탈바꿈시킨 것은 중국인들이었다. 서순가와 커두리가는 퓨즈에 불을 붙이는 데 일조했다. 중국을 비롯해 세계 대부분이 이민 그리고 사람과 생각, 정보의 자유로운 흐름을 제한하기 위한 물리적, 정치적, 사이버 장벽을 세우고 있는 시기에 상하이에는 배울 점이 있다. 서순가는 여러 측면에서 최초의 세계화주의자들이었다. 그들의 경험은 훗날 세계화가 가져올 문제점들과 분노를 예고했다. 상하이의 불평등은 중국인들을 급진화시키고, 공산당의 집권을 돕고, 두 가문의 재산

그리고 도덕적 신용을 날려버린 재앙의 불씨였다. 커두리 가족은 오랫동안 자선 사업에 적극적으로 참여했다. 공산 혁명의 여파로 로런스와 호러스는 교육과 의료, 주거, 난민 구호의 중요성을 인식했다. 물론 그들의 쇼비니즘과 온정주의로 인해 많은 이들의 눈에 그들의 활동이 일으킨 진보적인 파장이 가려지기는 했다.

서순가와 커두리가는 뛰어난 사업가였지만 종종 형편없는 정치가였다. 빅터 서순은 인도에서 간디의 대두를 예견했지만 중국에서 국민당 정권의 지배력은 오판했다. 뛰어난 수완을 발휘하여 1만 8,000명의 유대인 난민을 보호하고 일본군의 침략을 지연시키고자 노력한 일은 그의 인생의 도덕적 정점이었다. 하지만 그는 동일한 공감 능력을 중국인들에게까지 뻗지는 못했다. 커두리가는 일찍이 로라의 자선 활동으로부터 호러스의 KAAA의 설립에 이르기까지 중국의 정치와 중국의 필요에 더 민감했다. 로런스와 호러스는 중국을 완전히 포기하려고 하지는 않았고 중국에 대한 두 사람의 헌신은 커두리가는 물론 상하이와 홍콩에 결실을 가져왔다. 하지만 중국이 부상하고 홍콩의 반환을 요구했을 때 로런스는 홍콩에 대한 일정한 형태의 식민 지배의 지속이라는 계획을 고수했다. 중국의 재기가 분명해지자 로런스와 그의 아들은 천안문 학살을 공개적으로 비난하지 않았다. 그들은 홍콩에 더 많은 민주주의를 도입하려는 시도에도 반대했다. 그들은 정치적 자유와 도리보다 상업적 이익을 택했고, 이는 구글부터 페이스북과 애플에 이르기까지 많은 외국 기업들이 갈수록 직면할 수밖에 없는 딜레마다.

서순가와 커두리가는 상하이 DNA의 본질적인 요소들을 창조했다. 빅터 서순은 상하이에 가장 특징적인 빌딩들을 남겼다―전쟁과 공산당 정권이 방치한 수십 년의 세월을 이겨내고 상하이의 역사와 경제적 재생의 시금석으로 재등장할 수 있었던 호텔과 오피스 빌딩들을. 빅터는 상하이에 화려한 매력과 미스터리, 흥분을 가져다주었다. 서순가와 커두리가는 기회도 창출했다―그 기회는 그들과 같은 외국인들만이 아니라 그보다 중요하게도, 더 나은 삶을 찾아 상하이로 쏟아져 들어온 이들에게 열려 있었다. 당연히 중국이 1978년 유턴하며 문호를 개방하고 다수의 자본주의 제도들을 받아들이기로 했을 때 새로운 증권 거래소(서순가와 커두리가가 1890년대에 처음 설립했었다)와 금 교환소를 설립하고 다수의 경제 부처들에 인력을 채용하기 위해 중국 정부는 상하이로 눈길을 돌렸다. 중국의 가장 창의적이고 경제적으로 수완이 뛰어난 정치 지도자들 다수는 상하이 출신이다―중국을 이끈 주룽지 총리와 장쩌민 주석이 그렇다.

일라이어스 서순이 중국의 학자 같은 차림새를 하고 돌담으로 둘러싸인 자신의 정원을 거닐고 로라 모카타가 다른 외국인들을 자극하여 중국인을 위한 기부 활동을 이끌어내고 중국 소녀들을 위한 교육을 지원했을 때부터 커두리가와 서순가는 중국에 대한 애정과 관심을 보여 주었다. 그것은 1978년 이후로 중국으로 쏟아져 들어온 국제적인 석유 업체와 기술 업체, 제조업체의 간부들한테는 분명히 결여된 것이다. 그들에게 중국은 오로지 사업일 뿐이다.

커두리가와 서순가는 중국에 정서적 유대감과 문화적 부채의식을 느꼈다. 그들은 중국 미술품을 수집하고 세계적으로 손꼽히는 몇몇 컬렉션을 구축하기도 했다. 빅터 서순은 자신이 주최하는 파티와 경마장의 전용석으로 중국인들을 초대함으로써 사회적 장벽을 무너트렸고 공산당 군대가 도시를 함락했을 때에야 상하이를 떠났다. 비록 다른 데서 살 수 있었음에도 커두리가는 거듭하여 상하이로, 나중에는 홍콩으로 돌아왔다. 그들은 중국을 자신들의 터전으로 만들었다.

서순가와 커두리가는 가문의 제국을 건설하려는 결연한 의지에서 상반된 교훈을 제공했다. 가부장인 데이비드 서순은 서순 제국을 건설하도록 세계 곳곳으로 자식들을 파견할 때도 가족을 하나로 유지했다. 그는 아들들을 하나둘씩 해외로 보내 이 도시에서 저 도시로 옮겨 다니게 하고 개인적 재산을 쌓을 기회를 주었지만 가문의 목표들을 언제나 전면에 내세웠다. 그가 죽자마자 런던 사교계와 형제 간 경쟁의식, 동화의 원심력이 가족을 떨어져나가게 만들었다. 서순가 사람들은 그들이 선택한 거의 모든 분야와 정착한 도시들에서 최고의 자리에 올랐다. 하지만 가족들은 또한 돈과 종교를 두고 다퉜고 여러 파벌로 갈라졌다. 서순가는 데이비드와 그의 여덟 아들들이 보여준 단합과 응집력을 결코 되찾지 못했다. 반대로 엘리 커두리는 어쩌면 서순가에 어떤 일이 일어났는지를 보고는, 두 아들이 가족 사업이나 자신의 엄격한 지도의 손길에서 벗어나지 못하게 단속했다. 아내가 죽

3부   추방과 귀환

은 뒤 그는 로런스와 호러스가 런던에서 학업을 포기하고 상하이로 와서 자기 밑에서 일하게 했다. 그는 다음 20년 간 두 아들이 가업을 잇도록 훈련시켰다. 오로지 엘리가 죽은 뒤에야 로런스와 호러스는 40대에 접어들어 자립하게 되었다. 두 형제는 나란히 함께 협력해 나갔다. 그리고 로런스는 아들인 마이클에게 가업을 물려줌으로써 아버지와 똑같은 패턴을 되풀이했다. 그에 대한 보답은? 오늘날 자산 가치가 110억 달러에 이르는 가족 기업이 되었다.

역사에 의해 간과되고 때로는 남성 친척들과 충돌했던 서순과 커두리 가문의 여성들은 가업과 중국에서의 성공에 중추적 역할을 했다. 로라 모카타는 엘리를 영국의 유대인 집단과 이어주고 변화하는 중국에 대한 의식을 일깨워줬다. 그녀는 중국의 병원과, 영어를 가르치고 중국인 학생들이 더 좋은 일자리를 얻을 수 있게 도와주는 학교들에 기부함으로써 엘리가 중국인들에게 접근할 수 있는 문을 열어 주었다. 로라가 중국인 가정교사를 구하려고 불이 난 집안으로 다시 들어간 일은 중국에서 커두리 가문 전설의 일부가 되었다. 만약 그녀가 계속 살았다면 국공내전과 일본의 중국 침략, 난민 위기, 제2차 세계대전, 그리고 공산당 집권 당시 엘리 커두리가 한 역할에 어떤 영향을 미쳤을지 누가 알겠는가? 플로라 서순이 뛰어난 사업적 감각을 발휘했을 때 돌아온 것은 이사회 쿠데타를 통한 축출이었다. 영국에서 가장 영향력 있는 여성 신문 편집장이었던 레이철 서순은 정신이상 판정을 받고 홀로 살다가 삶을 마감했다. 1930년대에 빅터 서순이 모험심이 강하고 통찰력 있는 〈뉴요커〉의 작가 에밀리 한과 결혼할 거라는 소문이 돌았었다. 그랬다면 그에 대한 그녀의 영향력은 어땠을까?

21세기의 중국은 영국인들이 아편전쟁에서 중국인들을 격파한 이래로 중국의 지도자와 국민들이 줄곧 염원해온 나라가 되었다: 다시금 세계적 강국이 된 자부심 가득하며 군사적으로 강력한 나라. 하지만 상하이 그리고 커두리가와 서순가의 유산은 지금도 계속되는 논쟁을 조명한다. 상하이와 베이징 간 경쟁의식 그리고 중국의 앞날에 대한 두 가지 다른 경로를 둘러싼 논쟁이다. 중국을 찾는 사람들이라면 하나같이 상하이와 베이징 간 차이를 느낀다. 상하이는 개방적이고 다양하며 코즈모폴리턴적이다. 상하이는 혁신을 끌어안는다. 베이징은 비록 대도시이지만 다른 역사를 밟아 왔다. 그곳은 더 내부 지향적이고 민족주의적이며, 과거에는 황제의, 지금은 공산당 지도부의 본거지다. 상하이의 중국인들은 베이징의 동포들이 조야하고 편협하며, 외부 세계에 대한 의심의 눈초리를 거두지 않는다고 조롱한다. 베이징에 사는 중국인들은 상하이 사람들이 오로지 돈과 패션에만 관심이 있고 외국 문물이라면 사족을 못 쓰는 사람들이라고 여전히 멸시한다. 돈에 관해서는 상하이 사람들하고 얘기하라고 베이징 사람들은 말한다. 하지만 정치에 관해서는 상하이 사람들을 신뢰할 수 없다. 그들은 여전히 외국인들을 너무 좋아한다.

중국의 힘과 영향력이 점차 커지면서 그러한 차이점들은 중요해졌다. 그 차이점들은 중국이 세상을 향해 취하는 태도를 형성할 것이다. 중국은 어느 길을 택할 것인가?

○●

페닌술라 호텔에서 와이탄을 따라 몇 블록 떨어진 상하이 시내를 지나가는 관광버스에 빅터 서순의 처조카 에벌린 콕스가 앉아 있었다.[13] 그녀는 다른 관광객들이 자신이 누군지 몰랐으면 했다. 수십 년 전에 들었던 빅터 아저씨의 경고가 여전히 귓가에 맴돌았다. 그는 콕스에게 중국에 가지 않겠다고 약속해 달라고 말했다. 본인도 날조된 죄목으로 체포되어 사촌인 루시언 오바디아처럼 억류될까봐 공산당이 집권한 뒤에는 중국에 돌아가지 않았었다. 공산당은 빅터의 중국인 직원들에게 지불할 봉급과 국가가 몰수한 빌딩의 수리비용으로 갈수록 더 많은 돈을 요구하면서 루시언 오바디아를 2년 넘게 붙잡아두었었다.

2007년 한 외국 호텔업체가 폭발적으로 발전하는 새로운 상하이에 수백만 달러를 들여 옛 캐세이 호텔을 이전의 화려한 위용대로 복원하여 운영하는 일을 맡게 되었다. 새 호텔 매니저들은 콕스에게 빅터가 좋아한 캐세이 호텔의 요리들, 바로 그가 여러 권의 일기장에 꼼꼼히 적어놨던 조리법의 세세한 사항들, 이를 테면 스테이크 다이앤(우스터소스를 곁들인 양념한 스테이크 요리 —옮긴이), 맵게 양념한 닭고기 요리, 콜먼 머스터드를 곁들인 매운 닭고기 요리에 관해 물어봤다. 그가 캐세이 호텔 주방에 수프나 스튜를 만들 때 이용하라고 한 남은 음식 재료들은 뭐였는가?

자주 빅터를 찾아가고 함께 댈러스, 런던, 뉴욕을 방문하며 빅터의 인생 만년을 함께 보낸 에벌린 콕스는 이제 복원된 호텔을 구경하러 상하이로 초대되었다. 빅터스 카페Sir Victor's Café로 다시 이름 붙여진 커피점이 그의 옛 조리법을 따른 메뉴를 내놨다. 로비에서 살짝 떨어진 작은 박물관에는 빅터의 사진들과 1930년대의 메뉴판과 은제 식기들이 전시되어 있었다. 바깥 거리에는 호텔의 장식 외벽 앞에서 셀카를 찍으려는 중국인 관광객들이 바글바글했다. 저녁이 되자 아르데코 빌딩이 스포트라이트 조명에 감싸여 은은히 빛났다. "서양인들이 우리한테 남겨준 것"이라고 한 택시 운전사가 지나가면서 말했다. "아름답지 않아요?"

콕스는 빅터와 그의 만년의 아내 '반지Barnsie'의 유화 초상화를 가져왔다—유쾌한 듯 눈동자를 반짝이며 다음 거래와 다음 파티, 중국 정치의 다음 사태 전환을 맞을 준비가 언제나 되어 있는, 더 젊고 한량 같은 분위기를 풍기는 이전의 사진들과 딴판으로 빅터는 위엄 있는 정치가처럼 보였다. 중국 관리들이 참석하고 중국 텔레비전 방송에 중계된 행사에서 호텔 관계자들은 이제는 1박에 1,100달러를 내고 묵을 수 있는 새롭게 단장한 빅터의 스위트룸에 부부의 초상화를 걸었다. 더 이상 그를 "가난한 사람들을 뜯어먹고 산 이 끔찍한 갑부"로 희화화하는 대신 빅터가 상하이에 긍정적인 일을 했다는 것을 중국인들이 인정하고 마침내 그를 받아들였다고 콕스는 생각했다.[14] 빅터도 집으로 돌아왔다.

1864년 데이비드 서순의 죽음 이후 서순 가문의 일원들은 전 세계 곳곳, 런던, 예루살렘, 워싱턴 D.C., 뉴욕 등지로 뿔뿔이 흩어졌고 금융과 정부 부처부터 예술 분야와 유대교 율법 연구에 이르기까지 다양한 분야로 뻗어나갔다. (하지만 많은 이들이 생각하는 것과 달리 머리를 자르는 미용실로 진출하지는 않았다. 서순가는 비달 사순Vidal Sassoon과는 관계가 없다). 가산은 점차 줄어들고 탕진되었다. 1930년대 빅터를 세계 최고의 갑부 중 한 명으로 만들었던 그의 재산의 많은 부분은 캐세이 호텔과 그가 상하이에서 소유한 수십 채의 빌딩들에 묶여 있었고 공산당은 그 부동산을 모조리 몰수했다. 지난 긴 세월 동안 서순가의 일원들은 잊을 만하면 한 번씩 중국 정부로부터 보상을 받으려고 시도했다. 하지만 언제나 거부당했다. 커두리가는 반대로 상하이에서 홍콩으로 도망쳤지만 중국의 재기에 줄곧 발을 걸쳐왔고 결국 엄청난 혜택으로 보답 받았다. 서순가에게 상하이는 집안의 기억과 전설의 노스텔지어로 점차 흐릿해져갔다. 런던 은행가이자, 여간내기가 아니었던 플로라 서순의 후손인 휴Hugh 서순은 언젠가 거래에 앞서 신원조사를 받았다. 통상적인 질의의 일환으로 그는 지금까지 돈세탁에 관여한 적이 있냐는 질문을 받았다. 그는 싱긋 웃으며 대답했다. "우리 집안은 왕년에 마약 거래에 관여했었죠."[15]

상하이와의 패밀리 커넥션을 유지한 서순가 사람 한 명은 휴의 아들인 제임스 서순으로, 그는 종종 사업차 중국에 갔었고 중국과의 무역을 진흥하는 주도적인 영국 기업가 집단의 대표가 되었다. 2013년 그는 자다인 매티슨, 다시 말해 그의 가문이 1870년대 아편 무역에서 경쟁을 벌여 한 수 위의 솜씨로 꺾은 바로 그 회사의 최고위 간부가 되었다.

2002년 제임스 서순은 영국 재무부의 고위 공무원으로 임명되었다. 그는 경제 회담과 중국 재무부장 루지웨이樓繼偉와 면담을 위해 베이징으로 파견되었다.[16] 이런 출장길에서는 흔히 그렇듯이 서순이라는 이름과 집안 내력은 상대측에 익히 알려져 있었다.

"당신 집안은 중국에 명성이 자자하지요." 재무부장이 먼저 운을 뗐다.

제임스 서순은 그렇다고 맞장구를 쳤고 두 사람은 서순 가문의 역사와 빅터의 방대한 자산에 관해 잠시 담소를 나눴다. 그다음 서순이 장난스럽게 덧붙였다. "중국이 동유럽의 많은 나라들처럼 이전 소유주들이 귀환하여 재산을 돌려받게 해 주는 정책을 채택하지 않아서 참 안타깝습니다. 만약 그랬다면 우리 가문은 지금 훨씬 잘 살고 있을 건데 말입니다."

루지웨이는 그를 쳐다보다가 빙그레 미소를 지었다. 그는 앞으로 몸을 숙이고 중국어가 아닌 영어로 속삭였다. "지난 일은 지난 일로 묻어둡시다."

감사의 말

이 책의 자료를 조사하고 집필하는 동안 세계 곳곳의 사람들과 기관으로부터 도움과 지원을 받았다.

우선 감사드리고 싶은 분들은 가문의 기록과 기억을 나와 공유해 주고 가족과 친구, 사업계 지인들에게 다리를 놔준 커두리 가문과 서순 가문 사람들이다. 커두리가는 홍콩 헤리티지 프로젝트를 만들어 가문과 기업의 기록물은 물론 홍콩의 여러 사람들의 구술사를 보존해 왔다.

본인이 역사가인 어밀리아 올섭Amelia Allsop이 안내해 준 홍콩 헤리티지 프로젝트는 내게 매우 유용한 자료였으며, 클레먼트 청Clement Cheung과 멜라니 호Melanie Ho, 그리고 프로젝트 직원들의 도움도 받았다. 커두리가와 서순가 사람들은 이 책의 내용이 정확한지 원고를 검토해 주는 한편으로 해석과 분석의 문제—그리고 일체의 오류—는 온전히 나의 몫임을 양해해 주었다. 시간을 내서 너그러이 협조해 주신 그분들께 감사드린다.

서순가의 여러 사람들 역시 가문에 대한 기억과 기록을 함께 나눠 주었다. 뉴욕의 아이작Isaac 서순, 예루살렘의 나탄Nathan 서순, 워싱턴 D.C.의 조지프Joseph 서순, 런던의 휴 서순과 제임스 서순이 그분들이다. 에벌린 콕스는 빅터에 대한 기억을 공유해 주었고 그녀의 형제인 크리스토퍼Christopher도 마찬가지다. 제임스 서순은 원고를 검토하고 사실관계를 바로잡아주는 한편으로 일부 사건들에 대한 나의 해석이 가문의 해석과 다를 수 있음을 양해해 주었다.

300쪽이 넘는 자료 노트는 홍콩과 상하이, 중국에 관한 기존의 조사와 연구, 신문 기사에 내가 빚진 바를 증언한다. 여러 역사가들의 연구는 특별히 언급하고 사의를 표할 만하다. 메이지 메이어Maisie Meyer는 상하이의 바그다드 출신 유대인에 관한 연구를 선도했고 그녀의 저작과 대화는 상하이에서 그 유대인들의 삶에 대한 풍성한 초상을 제공했다. 스탠리 잭슨Stanley Jackson과 세실 로스Cecil Roth도 1940년대와 1960년대 빅터 서순의 삶을 기록했다. H. 파커 제임스Parker James는 빅터 서순의 삶을 광범위하게 조사했고 자신의 견해를 너그러이 공유해 주었다. 타라스 그레스코Taras Grescoe는 책《상하이 그랜드》에서 캐세이 호텔의 세계 그리고 빅터 서순과 에밀리 한의 관계를 기술했다. 피터 히버드 Peter Hibbard는 캐세이 호텔과 커두리가 호텔들에 관한 저술의 밑바탕이 된 조사 자료들과 인식을 공유해 주었다. 브리스틀 대학교의 로버트 비커스Robert Bickers는 상하이 조계의 세계를 생생하게 되살려내면서 수십 년에 걸쳐 변화해온 상하이의 역할과 중국의 세계관에서 상하이가 차지하는 위치를 서술했다. 프랑크

디쾨터Frank Dikotter는 1920년대와 1930년대 상하이만의 독특한 세계와 중국 근대화에서 그곳의 역할을 설득력 있게 분석한 바 있다. 리오 굿스타트Leo Goodstadt는 제2차 세계대전 이후 현재까지 홍콩의 발전상을 파악할 수 있게 도와주었다. 나의 시각은 또한 에즈라 보겔Ezra Vogel, 로더릭 맥파쿼Roderick MacFarquhar, 조너선 골드스타인Jonathan Goldstein, 마빈 토케이어Marvin Tokayer, 엘리자베스 신Elizabeth Sinn, 스티브 창Steve Tsang, 패트릭 크랜리Patrick Cranley, 스티브 호치스타트Steve Hochstadt, 제임스 로스James Ross, 야론 벤-나이Yaron Ben-Naeh, 만리 호Manli Ho, 메론 메드지니Meron Medzini, 키아라 베타Chiara Betta, 해리엇 서전트Harriet Sergeant, 드비르 바르-갈Dvir Bar-Gal, 육취공Yuk Chui Kong과의 대화로도 형성되었다.

이미 거론한 이들 외에도 커두리가와 중국에 관한 기억과 이해를 함께 나눠준 홍콩의 많은 이들에게 감사드리고 싶다: 윌리엄 모카타William Mocatta, Y. B. 리Lee, 수전 터너Susan Turner, 마이클 그린Michael Green, 로버트 도프먼Robert Dorfman, 일레인 포스게이트 마든Elaine Forsgate Marden, 데이비드 즈와이그David Zweig, 리처드 마골리스Richard Margolis, S. J. 챈Chan, 데이비드 애커스-존스David Akers-Jones, 리오 오우판리Leo Ou Fan Lee, 보다인 잉글런드Vaudine England, 엘리자베스 신, 에드먼드 곽Edmund Kwok, 존 돌핀John Dolfin, 앤디 브라운Andy Brown, 조이 융Zoe Yeung, 코니 위안Connie Yuen, 창판쿵Tsang Fan Kwong, 데니스 레벤설Dennis Leventhal이 그분들이다.

전 세계의 도서관과 기록보관소도 내게 흔쾌히 문을 열어 주었다. 케임브리지 대학교 도서관의 자다인 아카이브, 홍콩 대학교 도서관의 특별 컬렉션, 영국도서관의 컬렉션, 큐Kew에 있는 영국 정부 기록보관소, 보스턴 대학교의 하워드 고틀립Howard Gottlieb 기록물 연구센터에 특별히 감사드린다. 댈러스 남부감리대학교 드골리어 도서관에 소장된 빅터 서순의 일기들을 관리하는 앤 피터슨Anne Peterson에게도 특별히 감사드린다. 노스이스턴 대학교 도서관은 나의 여러 요청에 신속히 대응해 주었고 수전 코노버Susan Conover는 나의 조사와 행정적 업무가 순조롭게 돌아갈 수 있게 애써 주었다.

상하이에서는 헬렌 유Helen Yu가 조사를 지원하고 여러 면담을 진행할 수 있게 도왔고 커두리가와 서순가에 대한 자신의 인상을 공유해 주었다. 상하이 사회과학원의 판궝과 그의 동료들은 다년간의 연구와 만남을 통해 많은 통찰을 제시해 주었고 난징 대학교의 쉬신Xu Xin과 그의 동료들 역시 마찬가지다.

이 책을 집필하면서 나는 데이브 아널드Dave Arnold와 앤 모리츠Ann Moritz, 더그 티프트Doug Tifft, 보니 매캐덤Bonnie MacAdam, 존 태글리어부John Tagliabue, 폴라 부투리니Paula Butturini, 릴라 루Lila Lu, 글렌 매케이Glenn McKay, 스티브 스테클로Steve Stecklow, 로리 헤이즈Laurie Hays, 해럴드 바머스Harold Varmus, 코니 케이시Connie Casey, 덴 골든Dan Golden의 우정(과 흔히 친절)의 덕을 봤다.

여러 동료들이 이 책의 원고를 읽고 유용한 조언과 비판을 해 주었고 나는 영리하게 그 대부분을 수용했다. 티머시 치크Timothy Cheek, 마크 클리퍼드Mark Clifford, 로리 레프코비츠Lori Lefkovitz, 이선 브로너Ethan Bronner, 어밀리어 올섭, 메이 퐁Mei Fong, 데이비드 웨설

David Wessel, 톰 애쉬브룩Tom Ashbrook, 더그 티프트, 마이클 칼라일 Michael Carlisle, 마이클 먼젤로Michael Mungiello에게 고맙다. 줄리 립킨 Julie Lipkin은 이 책을 처음 제안했을 때부터 수차례의 초고를 거쳐 간 세심한 편집자였다.

바이킹 출판사의 앤드리어 슐츠Andrea Schultz와 팀원들은 이 프 로젝트가 시작되었을 때부터 열렬한 지지를 아끼지 않았다. 조 지아 보드너Georgia Bodnar는 세심하게 원고를 읽어 주었다. 그녀가 편집자의 시각으로 깐깐하게 질문해준 덕분에 책이 여러 지점에 서 개선되었다. 테리지아 시슬Terezia Cicel은 능숙한 문장 교정자로 서 반복적인 표현과 어색한 문구를 손질하면서 내가 말하고자 하는 바를 더 명확하게 표현해 주었다. 그녀의 훌륭한 감각과 판 단 덕분에 책이 더 좋은 모습이 되었다. 캐시 덱스터Cathy Dexter의 꼼꼼한 교열 작업에도 감사를 표하고 싶다. 런던에서는 나의 영 국 에이전트 빌 해밀턴Bill Hamilton, 출판인 리처드 베스위크Richard Beswick와 리틀브라운 출판사 팀원들의 예리한 지적과 지원을 누 렸다.

나의 에이전트 마이클 칼라일은 늘 그렇듯이 중요한 순간마 다 현명하고 열정적이었으며, 통찰력 있는 편집자이자 좋은 친 구였다. 패트리어츠(미국의 풋볼팀—옮긴이) 파이팅!

내가 상하이를 처음 찾은 것은 20대 시절인데 당시는 지금의 아내 바바라 하워드Barbara Howard를 만나 가정을 꾸리기 여러 해 전이었다. 아내는 우리가 언젠가 중국으로 돌아갈 줄 알았다고 말한다. 마침내 다시 중국으로 돌아갔을 때 우리는 세 아이와 함

께였고 그들도 역시 상하이와 사랑에 빠졌다. 이 책은 바바라와
몰리, 벤, 닉을 위한 것이다. 난 참 복도 많다.

주석

1장

1 Stanley Jackson, *The Sassoons* (London: Heinemann, 1968), 8.

2 바그다드에서의 풍요로운 삶에 관한 묘사는 Jackson, *The Sassoons*, 203; Cecil Roth, *The Sassoon Dynasty* (London: Robert Hale Limited, 1941), 17-24 를 보라.

3 바그다드에서 서순가의 역할과 데이비드 서순의 바그다드 시절에 관한 자세한 내용은 Jackson, *The Sassoons*, 1-9; Roth, *The Sassoon Dynasty*, 24-36; Maisie J. Meyer, *From the Rivers of Babylon to the Whangpoo: A Century of Sephardi Jewish Life in Shanghai* (Lanham, New York: University Press of America, 2003), 31-32에서 가져왔다.

4 Jackson, *The Sassoons*, 8.

5 Jackson, *The Sassoons*, 12-13.

6 봄베이에서 데이비드 서순이 어떻게 성공했는지 자세한 내용은 Jackson, *The Sassoons*, 17-22; Roth, *The Sassoon Dynasty*, 37-62; Thomas A. Timberg, "Baghdadi Jews in Indian Port Cities," in *Jews in India*, ed. Timberg (New York: Advent Books, 1986), 273-81; Joan Roland, *Jews in British India: Identity in a Colonial Era* (Hanover: Brandeis University Press/ University Press of New England, 1989), 14-57에서 가져왔다.

7 John Darwin, *The Empire Project: The Rise and Fall of the British World-System, 1830-1970* (New York: Cambridge University Press, 2009), 36.

8 Jackson, *The Sassoons*, 19.

9 히브리 대학교 현대 유대인 및 유대사학과 교수이자 세파르디와 동방 유대인 유산 연구 센터의 소장인 Yaron Ben-Naeh와의 인터뷰. Ben-Naeh는 데이비드 서순이 가족에게 유대-아랍어로 쓴 수백 통의 편지를 검토했다.

10 Jackson, *The Sassoons*, 19.

11 Jackson, *The Sassoons*, 10.

12 Jackson, *The Sassoons*, 20-22, 39-40.

13 Jackson, *The Sassoons*, 33-34; Meyer, *From the Rivers of Babylon*, 15-16.

14 황제가 조지 3세에게 보낸 서신은 여러 문헌들에 널리 전재되었다. 예를 들어 https://sourcebooks.fordham.edu/mod/1793qianlong.asp를 보라.

15 Helen Robbins, *Our First Ambassador to China: An Account of the Life of George, Earl of Macartney—With Extracts from His Letters, and the Narrative of His Experiences in China, as Told by Himself* (London: John Murray, 1908), Google Books, 386.

16 Meyer, *From the Rivers of Babylon*, 57-68; Jackson, *The Sassoons*, 22-24. 아편전쟁에 대한 탁월한 개관은 Julia Lovell, *The Opium War: Drugs, Dreams and the Making of Modern China* (New York: Overlook Press, 2015) 를 보라.

17 "Lin Zexu(Lin Tse-hsu) writing to Britain's Queen Victoria to Protest the Opium Trade, 1839", University of Southern California Annenberg, USC US-China Institute, 2019년 11월에 확인, https://china.usc.edu/lin-zexu-lintse-hsu-writing-britains-queen-ictoria-protest-opium-trade-1839.

18 Jackson, *The Sassoons*, 35-36.

2장

1 서순가가 오기 직전 상하이에 대한 자세한 내용은 Jeffrey N. Wasserstrom, *Global Shanghai, 1850-2010: A History in Fragments* (New York: Routledge, 2009), 1-33; James W. Hayes, "Fertile and Fortunate: Shanghai Before the Treaty Port Era," in *Journal of the Royal Asiatic Society Hong Kong Branch* 48 (2008), 175-203을 보라.

2 상하이에서 서순가의 초창기 활동에 대한 자세한 내용은 Jackson, *The Sassoons* (London: Heinemann, 1968), 31-48; Cecil Roth, *The Sassoon Dynasty* (London: Robert Hale Limited, 1941), 70-93 Maisie J. Meyer, *From the Rivers of Babylon to the Whangpoo: A Century of Sephardi Jewish Life in Shanghai* (Lanham, New York: University Press of America, 2003), 1-16; *The Sassoons*, 홍콩 오헬 레아 시너고그에서 개최된 전시회에 맞춰 출간된 팸플릿, 날짜 미상, 저자 소유 판본; George Thirkell, Some Queer Stories of Benjamin David Benjamin and Messrs. E. D. Sassoon & Co (Shanghai: Celestial Empire Office, 1888).

3 *Merriam-Webster*, 표제어 "bund (n.)" www.merriam-webster.com/dictionary/bund.

4 Wasserstrom, *Global Shanghai*, 34.

5 Wasserstrom, *Global Shangahi*, 32.

6 Jackson, *The Sassoons*, 23-24.

7 Jackson, *The Sassoons*, 26-27.

8 1861년 8월 30일, 홍콩, "The Daily Press"라는 신문 기사 영인본; 이스라엘 예루살렘, 나탄 서순의 개인 소장품, 저자 소장 사본.

9 유대-아랍 방언으로 쓰인 편지들은 예루살렘 히브리 대학교에 소장되어 있다.

10 Jackson, *The Sassoons*, 30.

11 Jackson, *The Sassoons*, 39.

12 일라이어스와 압둘라 간 경쟁 관계와 데이비드 사후 두 사람의 사이가 완전히 틀어진 것에 관한 자세한 내용은 Roth, *The Sassoon Dynasty*, 95-107; Jackson, *The Sassoons*, 40-48에서 가져왔다.

13 Joan Roland, *Jewish Communities of India: Identity in a Colonial Era* (London and New York: Routledge, 2018).

14 Jackson, *The Sassoons*, 45-48; Joan Roland, "Baghdadi Jews in India and China in the Nineteenth Century," in *The Jews of China* 1, ed. Jonathan Goldstein (Armonk, NY: M. E. Sharpe, *1990*), 141-56.

15 Edward Le Fevour, *Western Enterprise in Late Ch'ing China*: A Selective Survey of Jardine, Matheson and Company's Operations (Cambridge, MA: Harvard East Asian Monographs, no. 26, 1968), 13. Le Fevour는 아편 무역에서 자다인사의 역할을 훌륭하게 개괄하며 이 단락은 그의 설명을 근간으로 한다; Mark Nichols, "The Princely Hong: Jardine Matheson, Hong Kong, and Eastern Trade": an exhibition in Cambridge University Library, 7 May-24 July 1997도 보라. 자다인사와 서순사 간의 초기 관계에서 서순사가 종속적인 위치임을 보여주는 서신들은 Cambridge, Cambridge University Library, Jardine Matheson Archive에 소장되어 있다. 예를 들어 "손상된 아편"을 비판하며 자다인사가 E. D. 서순에게 보낸 1864년 5월 15일자 편지를 보라. (JM/C14/10); 아편 세 상자의 인도와 관련하여 서순사를 상대로 자다인사의 손을 들어준 법원 판결을 설명한 1854년 10월 20일자 제목이 없는 문서(JM/F2342)도 보라.

16 아편 무역을 둘러싼 자다인과 서순사 간의 싸움 Le Fevour, *Western Enterprise in Lage Ch'ing China*, 27-30; Carl Trocki, *Opium, Empire and the Global Political Economy* (London and New York: Routledge, 1999), 103-28; Bryan Goodman, *Native Place, City, and Nation: Regional Networks and Identities in Shanghai, 1853-1937* (Berkeley: University of California Press, 1995), 47-133에서 가져왔다.

17 Goodman, *Native Place, City, and Nation*, 68-72.

18 예를 들어 1873년 9월 19일자 자다인사의 장부는 자다인사가 푸저우에 아편 열 상자를 전달한 데 비해 서순사는 42상자를 전달했고, 푸저우 화물 창고에 자다인사에서 보낸 아편은 두 상자만 보관되어 있는 반면 서순사에서 보낸 것은 260상자에 달함을 보여준다. 장부는 Jardine Matheson Archive, University of Cambridge Library (JM/A8/119/3); Maggie Keswick, ed., *The Thistle and the Jade: A Celebration of 150 Years of Jardine, Matheson & Co* (London: Octopus Books, 1982), 79를 보라; 자세한 내용은 Le Fevour, *Western Enterprise in Late Ch'ing China*에서도 가져왔다.

19 Jackson, *The Sassoons*, 52-54.

20 Eiichi Motono, "A Study of the Legal Status of the Compradors During the 1880s with Special Reference to the Three Civil Cases Between David Sassoon Sons & Co. and their Compradors, 1884-1887," *Acta Asiatica* 62 (February 1992).

21 Jean Moorcroft Wilson, *Siegfried Sassoon: The Journey form the Trenches* (London and New York: Routledge, 2003), www.worldcat.org/wcpa/servlet/DCARead?standardNo=0415967139&standardNoType=1&excerpt=true에서 인용.

22 Eilat Negev and Yehuda Koren, *The First Lady of Fleet Street: Life of Rachel Beer, Crusading Heiress and Newspaper Pioneer* (New York: Bantam Books, 2011), 43.

23 서순가 형제들이 아편과 여타 주제에 관해 교환한 서신은 예루살렘 히브리 대학교에 소장되어 있다. 유대-아랍어로 쓰인 수십 통의 편지를 선별하여 영어로 번역해준 현대 유대인과 유대사학과 교수이자 세파르디와 동방 유대인 유산 연구센터의 소장 Yaron Ben-Naeh 교수에게 감사드린다. Yaron Ben-Naeh, "The Sassoon Family: Jewish Magnates Between East and West in the Nineteenth Century," www.eacenter.huji.ac.il/uploaded/fck/Ben-Nae_Paper.pdf도 보라.

24 에드워드와 유대인들과의 관계, 특히 서순가를 비롯한 유대인 사업가들과 관계는 Anthony Allfrey, *Edward VII and His Jewish Court* (London: Weidenfeld and Nicholson, 1991)에 묘사되어 있다.

25 Allfrey, *Edward VII and His Jewish Court*, 48-59; Jackson, *The Sassoons*, 67-73; Roth, *The Sassoon Dynasty*, 108-88.

26 George Washburn Sammlley et al., *Society in the New Reign* (London: Unwin, 1904), 191.

27 Documents of the Earls of Romney, 1874, 1875 (U1644/ESTAE/U1644/E115-Letters), Kent History and Library Centre, Maidstone, Kent, UK.

28 Dr. Evelyn Rich가 Florence Oglander에게 보낸 편지(OG/CC/2121A), Isle

of Wight Record Office, UK에 소장.

29 Martin Gilbert, Churchill and the Jews (New York: Macmillan, 2008), 5.

30 Jackson, The Sassoons, 71.

31 아편 무역 철폐에 반대하는 서순가의 로비는 China Association, "Circular to the General Committee," numbers 54-161 (SOAS University of London Library, CHAS/MCP/18)을 보라.

32 Yangwen Zheng, The Social Life of Opium in China (Cambridge: Cambridge University Press, 2005), 133.

33 Zhang Zhongli and Cen Zengnian, Shaxun Jituan Zai Jiu Zhongguo [구舊 중국에서 서순 기업] (Beijing: Renmin Chubanshe, 1985).

3장

1 Ina McCabe et al., Diaspora Entrepreneurial Networks (Oxford: Berg, 2005), 271.

2 엘리 커두리의 중국 도착과 그의 향후 커리어는 The Hong Kong Heritage Project(커두리가 아카이브)에 소장된 Lawrence Kadoorie, The Kadoorie Memoir에 자세히 담겨 있다. Dennis Way, "Names Behind the Name," 저자 소장 원고; Caroline Pluss, "Sephardic Jews in Hong Kong: Constructing Communal Identities," in Sino Judaica: Occasional Papers of the Sino-Judaic Institute 4 (2003); 엘리 커두리가 1937년 10월 14일 Who's Who in American Jewry에 보낸 편지, Hong Kong Heritage Project; Nigel Cameron, Power: The Story of China Light (Hong Kong: Oxford University Press [China], 1982), 87-98; Sarah Lazarus, "The Role of Jews in the Making of Hong Kong," South China Morning Post Magazine, December 13, 2014; Maisie Meyer, Shanghai's Baghdadi Jews (Hong Kong: Blacksmith Books, 2015), 116-27도 보라.

3 이 책의 범위를 벗어나지만 엘리의 형제 엘리스 커두리와 그의 사업 및 자선 활동에 관한 이야기도 Hong Kong Heritage Project 기록물에 담겨 있다.

4 Lawrence Kadoorie, The Kadoorie Memoir.

5 오랜 세월이 지나 호퉁은 엘리의 자식들에게 그들이 장성하는 모습을 지켜봐 왔다는 내용의 애정 어린 편지를 썼다. 날짜 미상이나 1930년대로 추정되는, 로버트 호퉁이 로런스 커두리에게 쓴 편지, Hong Kong Heritage Project 소장. Way, Names도 보라.

6 엘리스 커두리의 유언장, "Sir Ellis Kadoorie, deceased…," Deacons Collection, Hong Kong University Library, Hong Kong, China 소장.

7 모카타 가문과 로라 모카타에 관한 자세한 내용은 Timothy Green, *Precious Heritage* (London: Rosendale Press, 1984); 윌리엄 모카타와의 인터뷰.

8 Mrs. Laura Kadoorie's Diary, Hong Kong Heritage Project; 이하에서는 Laura Kadoorie diary로 지칭.

9 Lawrence Kadoorie, *The Kadoorie Memoir*.

10 로런스 커두리와의 인터뷰, Hong Kong Heritage Project.

11 Pat Barr, *To China with Love: The Lives and Times of Protestant Missionaries in China, 1860-1900* (London: Secker and Warburg, 1972), 143.

12 Jonathan Sciarcon, *Educational Oases in the Desert: The Alliance Israelite Universelle's Girls' Schools in Ottoman Iraq*, 1895-1915 (Albany: State University of New York Press, 2017), 87-112. "New Life in the East," *Jewish Chronicle*, November 26, 1909, 18도 보라.

13 Laura Kadoorie diary.

14 Lawrence Kadoorie, *The Kadoorie Memoir*.

15 그 변신은 Yuk Chui Kong의 박사 논문, "Jewish Merchants' Community in Shanghai: A Study of the Kadoorie Enterprise, 1890-1950," Hong Kong Baptist University, August 30, 2017에 자세히 서술되어 있다.

16 David Scott, *China and the International System*, 1840-1949 (New York: SUNY Press, 2008), 167.

17 "The Rise of Silas Aaron Hardoon (1851-1931) as Shanghai's Major Individual Landowner"와 "Dr. Sun Yat-sen and the Jews," in *Sino-Judaica: Occasional Papers of the Sino-Judaic Institute* 2 (1995)를 보라.

18 Maisie J. Meyer, *From the Rivers of Babylon to the Whangpoo: A Century of Sephardi Jewish Life in Shanghai* (Lanham, NY: University Press of America, 2003), 162를 보라. Chiara Betta, "Marginal Westerners in Shanghai," in *New Frontiers: Imperialism's New Communities in East Asia, 1842-1953*, eds. Robert Bickers and Christian Henriot (Manchester: Manchester University Press, 2017)도 보라.

19 Laura Kadooire diary.

20 Xu Xin 교수 및 동료들과의 인터뷰, Diane and Guilford Glazer Institute for Jewish and Israel Studies, Nanjing University, Nanjing, China.

21 Laura Kadoorie diary.

22 Hong Kong Heritage Project에 소장된 로라 커두리의 사망에 관한 신문 기사들, 저자 소장 사본.

23 "The Late Mrs. Laura Mocatta Kadoorie," *Israel's Messenger* (Shanghai),

March 14, 1919.

4장

1 1920년대와 1930년대 상하이의 융성과 그것이 중국인들에게 미친 충격에 대한 상세한 묘사는 Frank Dikotter의 탁월한 저서, *The Age of Openness* (Berkeley and Los Angeles: University of California Press, 2008)에서 가져왔다.

2 Barbara Baker, *Shanghai: Electric and Lurid City* (Hong Kong: Oxford University Press, 1998), 20-23.

3 Pat Barr, *To China with Love: The Lives and Times of Protestant Missionaries in China, 1860-1900* (London: Secker and Warburg, 1972), 142.

4 Aviva Shabi, "Baghdadi Jews in Shanghai," *The Scribe*, www.dangoor. com/72page34.html.

5 Dikotter, *The Age of Openness*, 26.

6 스틸웰이 상하이에 대해 받은 인상은 Barbara Tuchman, *Stilwell and the American Experience in China: 1911-1945* (New York: Random House, 1971) 에 나와 있다.

7 Lawrence Kadoorie, *The Kadoorie Memoir*, Hong Kong Heritage Project.

8 J. K. 패터슨이 윌리엄 케즈윅에게 1935년 11월 14일에 쓴 편지, Jardine Matheson Archive, Cambridge University Library, Cambridge, UK에 소장.

9 Nigel Cameron, *Power: The Story of China Light* (Hong Kong: Oxford University Press [China], 1982), 96.

10 Lawrence Kadoorie, *The Kadoorie Memoir*.

11 Maisie Meyer, *Shanghai's Baghdadi Jews* (Hong Kong: Blacksmith Books, 2015), 119-21.

12 마제스틱과 페닌술라 호텔을 비롯해 커두리 호텔들의 역사에 관한 자세한 내용은 Peter Hibbard, *Beyond Hospitality: The History of the Hongkong and Shanghai Hotels, Limited* (Singapore: Marshall Cavendish, 2010)를 참고했다.

13 엘리의 이 같은 사업상 행보에 관한 자세한 내용은 Yuk Chui Kong, "Jewish Merchants' Community in Shanghai: A Study of the Kadoorie Enterprise, 1890-1950, 특히 박사 논문의 4장과 5장을 참고, Hong Kong Baptist University, 2017, http://repository.hkbu.edu.hk/etd_oa/417.

14 Maisie J. Meyer, *From the Rivers of Babylon to the Whangpoo: A*

Century of Sephardi Jewish Life in Shanghai (Lanham, NY: University Press of America, 2003), 171-74.

15 유대인에 대한 쑨원의 시각과 엘리 커두리와의 관계에 관한 자세한 내용은 Meron Medzini, "China, the Holocaust, and the Birth of the Jewish State," *Israel Journal of Foreign Affairs* 7, no. 1 (2013); Tom Segev, "Zionism Had a Friend in the Far East," *Haaretz* (Israel), March 1, 2013;; Meyer, *From the Rivers of Babylon*, 172-74; "Dr. Sun Yat-sen and the Jews," in *Sino-Judaica: Occasional Papers of the Sino-Judaic Institute* 2 (1995); 예루살렘, 이스라엘 정부 공보부 전직 부장 Meron Medzini와의 인터뷰를 참조.

16 Peter Kupfer, ed., *Youtai—Presence and Perception of Jews and Judaism in China* (New York: Peter Lang, 2008), 169.

17 Ian Deeks, "Unlikely Assistance: How the Chinese and the Japanese Saved 20,000 Jews in Shanghai During World War II," http://history. emory.edu/home/documents/endeavors/volume1/Ians.pdf.

18 Linda Matthews, "Sir Lawrence Kadoorie Carries on the Legend of Old China Traders," *Wall Street Journal*, March 2, 1977, 1; Wendy Barnes가 진행한 로런스 커두리와의 인터뷰, "Time to Remember," 1970년 4월 26일 홍콩 라디오 프로그램.

19 Meyer, *From the River of Babylon*, 171-80; 로런스 커두리와의 논쟁을 논의한 랍비 Marvin Tokayer와의 인터뷰.

20 1935년 10월 31일 윌리엄 케즈윅이 J. K. 패터슨에게 보낸 편지, Jardine Matheson archive, University of Cambridge Library.

21 Mao Dun, *Midnight* (Beijing: Foreign Languages Press, 1957), 1.

22 Arthur Ransome, "The Shanghai Mind," Ransome, *The Chinese Puzzle* (London: George Allen & Unwin, 1927), 29-30에 재수록.

23 마이클 커두리와의 인터뷰.

24 Jeffrey N. Wasserstrom, *Global Shanghai, 1850-2010: A History in Fragments* (New York: Routledge, 2009), 68에서 인용.

25 Mao Tse-tung, "The Chinese Revolution and the Chinese Communist Party," December 1939, https://radicaljournal.com/essays/the_chinese_revolution_party.html.

26 1927년 상하이 쟁탈전은 Harriet Sergeant, *Shanghai* (New york: Crown Publisher, 1990), 68-94에 서술되어 있다.

27 Sterling Seagrave, *The Soong Dynasty*, Kindle location 287-89.

28 플로라의 출세와 몰락에 관한 자세한 내용은 Stanley Jackson, *The*

Sassoons (London: Heinemann, 1968), 103-22를 참고.

29 레이첼 서순의 삶은 Eliat Negev and Yehuda Koren, *The First Lady of Fleet Street: The Life of Rachel Beer, Crusading Heiress and Newspaper Pioneer* (New York: Bantam, 2012)에 서술되어 있으며 이 단락의 내용과 인용 문들은 이 책에서 가져왔다.

5장

1 Ken Cuthbertson, *Nobody Said Not to Go: The Life, Loves, and Adventures of Emily Hahn* (New York: Faber & Faber, 1998), Kindle location 2749 (chapter 14).

2 Stanley Jackson, *The Sassoons* (London: Heinemann, 1968), 202. 서순가가 사업에서 점차 관심이 멀어진 것은 198-202를 보라.

3 Jackson, *The Sassoons*, 203.

4 빅터의 방문에 관한 자세한 내용은 Jackson, *The Sassoons*, 135-8에 서술되어 있다.

5 Jackson, *The Sassoons*, 135-38.

6 Harriet Sergeant, *Shanghai: Collision Point of Cultures* (New York: Crown Publishers, 1990), 130.

7 Jackson, *The Sassoons*, 202-3.

8 빅터의 인도 시절 초창기에 관한 자세한 내용은 Jackson, *The Sassoons*, 20-204.

9 1923년 7월 22일 빅터 서순이 Yvonne FitzRoy에게 보낸 편지, British Library 소장(IOPP/Mss Eur E312).

10 (연도 미상), 8월 5일, 빅터 서순이 Yvonne FitzRoy에게 보낸 편지, British Library 소장(IOPP/Mss Eur E312).

11 1923년 7월 22일, 빅터 서순이 Yvonne FitzRoy에게 보낸 편지, British Library 소장(IOPP/Mss Eur E312).

12 하버드 대학 Roderick MacFarquhar 교수와의 인터뷰. 교수의 부친은 1920 년대에 인도에서 근무한 영국 공무원이었다.

13 상하이에 대한 빅터의 초기 인상은 Jackson, *The Sassoons*, 211-12에 자세히 묘사되어 있다.

14 1927년 2월 11일, 빅터 서순이 Yvonne FitzRoy에게 보낸 편지, British Library 소장(IOPP/Mss Eur E312).

15 Sergeant, *Shanghai*, 131; Maisie Meyer, *Shanghai's Baghdadi Jews* (Hong

Kong: Blacksmith Books, 2015), 269-70.

16 캐세이 호텔에 대한 묘사와 그곳의 역사는 Peter Hibbard, *Peace at the Cathay* (Shanghai: Earnshaw Books, 2013)과 Peter Hibbard와의 인터뷰를 참고. Hibbard는 개인적 자료를 너그러이 나에게 공유해 주었다.

17 Sergeant, *Shanghai*, 132.

18 James Hutchison, *China Hand* (New York: Lothrop, Lee and Shepard, 1936), 273, 220.

19 Meyer, *Shanghai's Baghdadi Jews*, 273-74.

20 그 레코드판들은 녹음실 및 1930년대 호텔에서 펼쳐진 사교 활동에 관한 정보와 더불어 현재는 페어몬트 호텔로 알려진 캐세이 호텔 로비 한켠 작은 전시실에 전시되어 있다.

21 Sergeant, *Shanghai*, 5; Hibbard, *Peace at the Cathay*; Peter Hibbard와의 인터뷰도 보라.

22 Heyward Parker James, "Victor Sassoon and the Twilight of Foreign Shanghai," M.A. thesis, 1993, Tufts University; 제임스와의 인터뷰. 그는 빅터 서순과 상하이에 대한 인식을 너그러이 나에게 공유해 주었다.

23 아이작 서순과의 인터뷰.

24 Sir Ellice Victor Elias Sassoon, Bart, G.B.E. papers and photographs, DeGolyer Library, Southern Methodist University, Dallas, Texas.

25 Harold Isaacs, *The Tragedy of the Chinese Revolution* (New York: Haymarket Books, 2010), 155-56.

26 빅터와 국민당 관계자들과의 잦은 만남은 Degolyer Library에 소장된 그의 일기장에 기록되어 있다. 예를 들어 1933년 1월 9일자, 1월 11일, 1월 21일, 1월 28일자 일기를 보라. 이 같은 만남과 여타 만남들은 British Library에 소장된 Yvonne FitzRoy에게 쓴 편지에도 자주 언급된다(IOPP/Mss Eur E312).

27 Seagrave, *The Soong Dynasty*, 338.

28 (연도 미상), 12월 23일, 빅터 서순이 Yvonne FitzRoy에게 보낸 편지, British Library 소장(IOPP/Mss Eur E312).

29 Meyer, *Shanghai's Baghdadi Jews*, 277.

30 "The Shanghai Boom," Fortune, 1935년 1월호.

31 Beverly Howells, "Braga's Wealth of Hong Kong Stories," *South China Morning Post*, 1987년 5월 31일자. 저자 소장 기사 사본.

32 Sergeant, *Shanghai*, 132-34.

33 Sergeant, *Shanghai*, 131.

34 Meyer, *Shanghai's Baghdadi Jews*, 274.

35 Taras Grescoe, *Shanghai Grand: Forbidden Love and International Intrigue in a Doomed World* (New York: St. Martin's Press, 2016), Kindle location 79.

36 예를 들어 Sir Ellice Victor Elias Sassoon, Bart., G.B.E. papers and photographs, DeGolyer Library, 1933년 1월 12일자 일기를 보라.

37 Michael Green과의 인터뷰. 그의 부친은 빅터 서순 밑에서 일했다.

38 Patrick Cranley와의 인터뷰.

39 에밀리 한과 빅터와의 관계에 관한 자세한 내용은 Grescoe, *Shanghai Grand*, 특히 84-92, 133-35, 192-94를 참고; Cuthbertson, *Nobody Said Not to Go*, 특히 14장과 18장 참고.

40 Cuthbertson, *Nobody Said Not to Go*, 특히 15장.

41 Emily Hahn, *Mr. Pan: A Memoir* (New York: Open Raod Media, 2014), Kindle location 40.

42 Taras Grescoe는 빅터 서순과 에밀리 한과의 관계를 그의 재미난 *Shanghai Grand* (New York: St. Martin's Press, 2016)에서 묘사한다. 인용문은 211쪽에서 가져왔다.

43 Emily Hahn, *China to Me* (New York: Open Road Media, 2016).

44 Grescoe, *Shanghai Grand*, 111.

45 Grescoe, *Shanghai Grand*, 159-60.

46 Edgar Snow, "The Americans in Shanghai," *American Mercury* 20 (1930년 8월호), 437-45.

47 Yang Mengliang, "My Days as a Waiter in the Cathay Hotel," *Yan Hunag Chun Qiu* magazine 2 (2005).

48 Meyer, *Shanghai's Baghdadi Jews*, 271.

49 Grescoe, *Shanghai Grand*, 188.

50 1932년 3월 6일, 빅터 서순이 Yvonne FitzRoy에게 보낸 편지, British Library 소장(IOPP/Mss Eur E312).

51 1932년 3월 6일, 빅터 서순이 Yvonne FitzRoy에게 보낸 편지, British Library 소장(IOPP/Mss Eur E312).

52 상하이 은행 쿠데타의 배경은 Sterling Seagrave, *The Soong Dynasty*, 323-26, 345-52; Parker James와의 인터뷰를 참고.

53 '은행 쿠데타'와 그 배경에 대한 자세한 내용은 Heyward James, "Victor Sassoon and the Twilight of Foreign Shanghai,"; Sterling Seagrave, *The Soong Dynasty* (New York: HarperCollins, 1985), Kindle location 341-52;

1935년 4월 25일, 1935년 11월 4일, 1945년 11월 7일자 빅터 서순 일기(Sir Ellice Victor Elias Sassoon, Bart., G.B.E. papers and photographs, DeGolyer Library 소장)를 보라.

54 Joseph Chamberlain, "The Feetham Report on Shanghai," *Foreign Affairs*, 1931년 10월호.

55 (연도 미상) 3월 21일, 빅터 서순이 Yvonne FitzRoy에게 보낸 편지, British Library 소장(IOPP/Mss Eur E312).

56 1932년 3월 6일, 빅터 서순이 Yvonne FitzRoy에게 보낸 편지, British Library 소장(IOPP/Mss Eur E312).

57 연도 미상 13월 23일, 빅터 서순이 Yvonne FitzRoy에게 보낸 편지에 동봉된 Nichi Nichi Shimbun 기사 조각, British Library 소장(IOPP/Mss Eur E312).

58 1938년 1월 11일, 빅터 서순이 Derek Fitzgerald에게 보낸 편지, Sir Ellice Victor Elias Sassoon, Bart., G.B.E. papers and photographs, DeGolyer Library.

6장

1 에리히 이야기의 상세한 내용은 Steve Hochstadt가 수행한 구술사 연구, "Reisman, Erich, oral history interview" (1997)를 참고. Shanghai Jewish Oral History Collection, https://scarab.bates.edu/shanghai_oh/11. 상하이 난민들의 경험에 대한 자세한 서술은 Steve Hochstadt, *Exodus to Shanghai* (New York: Palgrave Macmillan, 2012)도 보라.

2 허펑산의 인생과 활동에 관한 자세한 내용은 그의 딸 Man-Li Ho와의 인터뷰를 토대로 한다: Gao Bei, *Shanghai Sanctuary: Chinese and Japanese Policy Toward European Jewish Refugees During World War II* (New York: Oxford University Press, 2013), 50-57.

3 Glenn Suhshine, "Christians Who Changed Their World,", Breakpoint, Colson Center for Christian Worldview, www.breakpoint.org/2015/09/ho-feng-shan-1901-1997

4 제2차 세계대전 이전 유대인에 대한 일본인들의 인상과 일본의 반유대주의의 부상에 관한 자세한 내용은 Gao, *Shanghai Sanctuary*, 19-29; David Kranzler, *Japanese, Nazis and Jews* (new York: Yeshiva University Press, 1976) 참고.

5 이 인용문 그리고 이누즈카, 일본 당국자들의 비망록, 명령서에서 나온 인용문들은 Kranzler, *Japanese, Nazis and Jews*, 608-619에서 가져왔

다; Gao, Shanghai Sanctuary, 59-126; Herman Dicker, *Wanderers and Settlers in the Far East* (New York: Twayne Publisher, 1962), 80-97도 보라.

6 이 말은 널리—예를 들어, Sergeant, Jackson, Roth에—인용되었지만 일부 사람들은 출처가 불분명한 이야기라고 여긴다.

7 Maisie J. Meyer, *From the Rivers of Babylon to the Whangpoo: A Century of Sephardi Jewish Life in Shanghai* (Lanham, NY: University Press of America, 2003), 197.

8 랍비 Marvin Toaker와의 인터뷰.그는 엘리의 아들 로런스 커두리로부터 그 이야기를 들었다고 한다.

9 Maruyama Naoki 교수와의 인터뷰.

10 1937년 11월 10일자 일기, the collection Sir Ellice Victor Elias Sassoon, Bart., G.B.E. papers and photographs, DeGolyer Library.

11 1966년 8월 5일, Evelyn Sassoon이 Stanley Jackson에게 보낸 편지. Stanley Jackson Collection, Howard Gotlieb Archival Reserch Center, Boston University.

12 1938년 1월 3일자 일기, Sir Ellice Victor Elias Sassoon, Bart., G.B.E. papers and photographs, DeGolyer Library.

13 Stanley Jackson, *The Sassoons* (London: Heinemann, 1968), 253.

14 빅터가 일본인들을 어떻게 상대했는지에 관한 자세한 내용은 Jackson, *The Sassoons*, 253-57; Meyer, *From the Rivers of Babylon*, 208-14; Maisie Meyer, *Shanghai's Baghdadi Jews* (Hong Kong: Blacksmith Books, 2015), 286-89를 참고.

15 날짜 미상, 빅터 서순이 Yvonne FitzRoy에게 보낸 편지, British Library 소장(IOPP/Mss Eur E312).

16 1939년 9월 4일, 로런스가 호러스에게 보낸 메모, Hong Kong Heritage Project.

17 날짜 미상, 빅터 서순이 Yvonne FitzRoy에게 보낸 편지, British Library 소장(IOPP/Mss Eur E312).

18 Ezra Yehezkel-Shaked, "Jews, Opium, and the Kimono" (Jerusalem: Rubin Mass, 1995), 114.

19 Meyer, *Shanghai's Baghdadi Jews*, 282.

20 난민 인구의 증가는 합동위원회에 올라온 일련의 보고서에 잘 드러나 있다. 예를 들어, M. Speelman, "Report on Jewish Refugee Problem in Shanghai," June 21, 1939, Joint Distribution Committee archives, New York, NY; Meyer, *From the Rivers of Babylon*, 200-202도 보라.

21 1838년 10월 19일, J. K. 패터슨이 윌리엄 케즈윅에게 보낸 편지, Jardine

Matheson Archives, Unviersity of Cambridge.

22 빅터의 자선 활동과 난민 지원 활동에 관한 자세한 내용은 Harriet Sergeant, *Shanghai: Collision Point of Cultures* (New York: Crown Publishers, 1990), 319-30; 1939년 3월 8일, 4월 17일, 4월 23일자 일기, Sir Ellice Victor Elias Sassoon, Bart., G.B.E. papers and photographs, DeGolyer Library; Meyer, *Shanghai's Baghdadi Jews*, 283-6; Taras Grescoe, *Shanghai Grand* (New York: Sto. Martin's Press, 2016), 230-334.

23 Meyer, *From the Rivers of Babylon*, 212.

24 에리히 라이즈만 구술사.

25 "The Shanghai Myth," *American Hebrew and Jewish Tribune* 145, no. 20 (1939): 5.

26 에리히 라이즈만 구술사.

27 랍비 시어도어 알렉산더 구술사 인터뷰, United States Holocust Museum, Accession Number: 1999.A.0122.508, RG Number: RG-50.477.0508.

28 1939년 5월 3일, 빅터 서순이 Yvonne FitzRoy에게 보낸 편지, British Library 소장(IOPP/Mss Eur E312).

29 Marvin Tokayer and Mary Swartz, *The Fugu Plan: The Untold Story of the Japanese and the Jews During World War II* (New York: Gefen Publishing House, 2004).

30 Grescoe, *Shanghai Grand*, 234.

31 일본 당국이 유대인 난민을 더 이상 받아들이지 않기로 결정을 내리게 된 사정은 Kanzler, *Japanese, Nazis and Jews; Gao, Shanghai Sanctuary*; Meyer *From the Rivers of Babylon*, 214-15를 참고.

32 1939년 6월 22일자 일기, Sir Ellice Victor Elias Sassoon, Bart., G.B.E. papers and photographs, DeGolyer Library.

33 "Empire Showing of Jewish Play Cancelled Here," *Israel Messenger*, 날짜 미상 기사 조각, Joint Distribution Committee archives, 저자 소장 사본. 상하이에서 나치의 영향력이 커지는 데 대한 불안감은 Meyer, *From the Rivers of Babylon*, 205-8에도 서술되어 있다.

34 1939년 6월 1일자 빅터 서순의 비망록, British Library 소장.

35 Meyer, *Shanghai's Baghdadi Jews*, 277.

36 1940년 6월 18일자 일기, Sir Ellice Victor Elias Sassoon, Bart., G.B.E. papers and photographs, DeGolyer Library.

37 이 만남에 관한 자세한 내용은 Jackson, *The Sassoons*, 255-56에서 가져왔다. 이 만남은 1940년 6월 17일자 빅터 서순의 일기에도 기록되어 있다.

38 시어도어 알렉산더 구술사.

39 랍비 Marvin Tokayer와의 인터뷰, 1943년 4월 10일, 헨리 포드가 빅터 서순에게 보낸 편지, 저자 소장 사본.

7장

1 일본이 침공하여 홍콩을 점령할 당시 로런스의 동정은 Nigel Cameron, *Power: The Story of China Light* (Hong Kong: Oxford University Press [China], 1982); Wendy Barnes가 진행한 로런스 커두리와의 인터뷰; 커두리 가족 구성원들과의 인터뷰와 서신을 참고.

2 Cameron, *Power,* ix-x.

3 로런스 커두리와의 인터뷰, Hong Kong Heritage Project.

4 Emily Hahn, *China to Me* (New York: Open Road Media, 2016).

5 Judy Green and Judy Diestal, "Jews in Hong Kong," in *Encyclopedia of the Jewish Diaspora* 3 (ABCCLIO, 2009), 1188.

6 Nicky Careem and M. A. Hopper, "The Legendary Name of Kadoorie," *Kaleidoscope* (Hong Kong) 3, no. 9 (1976): 4-20.

7 상하이에서 로라 마골리스가 경험한 바에 대한 자세한 서술은 Laura Margolis, "Report of Activities in Shanghai, China, from December 8, 1941, to September, 1943," American Joint Distribution Committee Archives, New York에서 가져왔다. 마골리스는 또한 미국 유대인 합동위원회에 보내는 1944년 3월 보고서 "Race Against Time in Shanghai"에서도 자신의 경험을 서술했다. 이 보고서는 JDC archive, https://archives.jdc.org/wp-contnet/uploads/2018/06/shanghai_race-against-time-inshanghai.pdf에서도 볼 수 있다. 미국 홀로코스트 기념관과의 인터뷰 기록, https:/collections.ushmm.org/search/catalogirn504643과 위스콘신 대학교 연구자와의 인터뷰 기록, https://dc.uwm.edu/etd/548; Maisie J. Meyer, *From the Rivers of Babylon, to the Whangpoo: A Century of Sephardi Jewish Life in Shanghai* (Lanham, NY: University Press of America, 2003), 214-17도 보라.

8 저자 소장 편지 사본; 홍콩 억류 생활과 상하이로의 이전에 관한 자세한 내용은 Lawrence Kadoorie, *The Kadoorie Memoir* 와 Hong Kong Heritage Project의 구술사 기록에서 가져왔다.

9 Hong Kong Heritage Project에 소장된 로런스 커두리와의 인터뷰 기록.

10 "Lady Muriel Kadoorie," Geni, www.geni.com/people/Lady-Muriel-Kadoorie6000000011181437076, 2018, 5월 23일 검색.

11 Margolis, "Report of Activities in Shanghai, China"; Pan Guang,

"Uniqueness and Generality: The Case of Shanghai in the Annals of the Jewish Diaspora," in *From Kaifeng to Shanghai*, ed. Roman Mallek (Sankt Augustin: Steyler Verlag, 2000); Meyer, *From the Rivers of Babylon*, 207-8; Herman Dicker, *Wanderers and Settler in the Far East* (New York: Twayne Publisher, 1962), 112-25.

12 David Kranzler, *Japanese, Nazis and Jews: The Jewish refugee community of Shanghai, 1938-1945* (New York: Yeshiva University Press, 1976), 620-26.

13 Samuel Iwry, *To Wear the Dust of War: From Bialystock to Shanghai to the Promised Land, an Oral History*, ed L.J.H. Kelley (New York: Palgrave Macmillan, 2004), 120.

14 상하이, 상하이 유대인 난민 박물관, 전시.

15 Han Suyin, *Birdless Summer* (New York: G. P. Putnam's Sons, 1968). Taras Crescoe, *Shanghai Grand* (New York: St. Martin's Press, 2016), 295에도 서술됨.

16 1943년 4월 10일, 헨리 포드가 빅터 서순에게 보낸 편지, 저자 소장 사본; Grescoe, *Shanghai Grand*, 273-74에도 인용됨.

17 Stanley Jackson, *The Sassoons* (London: Heinemann, 1968), 259.

18 Ernest Heppner, *Shanghai Refuge: A Memoir of the World War II Jewish Ghetto* (Lincoln: University of Nebraska Press, 1993), 58.

19 Illie Wacs and Deborah Strobin, "The Liberation of the Shanghai Jewish Ghetto," Huffington Post, 2012년 1월 27일자, www.huffpost.com/entry/ the-liberation-of-the-shanghai-jewish-ghetto_b_1236647.

20 그의 딸 Manli Ho와의 인터뷰.

21 Maisie Meyer와의 인터뷰.

22 시어도어 알렉산더 구술사.

23 그 아파트를 방문하여 사진을 본 적 있는 Naoki Murayama 교수와의 인터뷰.

8장

1 마이클 커두리가 홍콩 유대인의 역사 모임에서 한 연설, Hong Kong Heritage Project. 상하이 해방 이후 몇 주 간 마블 홀에서의 활동에 관한 자세한 내용은 1945년 9월 30일, 호러스가 로런스에게 보낸 메모, Hong Kong Heritage Project에서 가져왔다.

2 Lawrence Kadoorie, *The Kadoorie Memoir*, Hong Kong Heritage

Project.

3 1945년 9월 23일, 호러스가 로런스에게 보낸 편지, Hong Kong Heritage Project.

4 1945년 12월 20일자 로런스 커두리 일기, Hong Kong Heritage Project.

5 Stanley Jackson, *The Sassoons* (London: Heinemann, 1968), 267.

6 빅터 서순 경의 1948년 6월 10일과 12일자 일기, Sir Ellice Victor Elias Sassoon, Bart., G.B.E. papers and photographs, DeGolyer Library, Southern Methodist University.

7 Jackson, *The Sassoons*, 268.

8 1946년 11월 4일, 호러스가 Henriques에게 보낸 편지; 1946년 8월 8일 호러스가 S. E. Levy에게 보낸 편지, Hong Kong Heritage Project.

9 1948년 1월 30일, 호러스가 로런스에게 보낸 편지, 1948년 2월 17일, 1948년 3월 16일자 편지, Hong Kong Heritage Project도 보라.

10 커두리 가족 간 서신.

11 1948년 3월 19일, 호러스가 로런스에게 보낸 편지, Hong Kong Heritage Project.

12 1948년 4월 19일, 호러스가 로런스에게 보낸 편지, Hong Kong Heritage Project.

13 Taras Grescoe, *Shanghai Grand* (New York: St. Martin's Press, 2016), 298.

14 Jackson, *The Sassoons*, 268.

15 오바디아가 공산당 치하 상하이에서 보낸 시절에 관한 자세한 내용은 Ovadia letter to Victor Sassoon, Stanley Jackson Collection, Howard Gotlieb Archival Research Center, Boston University에서 가져왔다. Jackson, *The Sassoons*, 217-74도 보라.

16 David Ezekiel이 호러스 커두리에게 1950년 10월 19일과 1월 23일에 보낸 편지, Hong Kong Heritage Project.

17 1954년 10월 14일 S. Zenkovich가 로런스 커두리에게 보낸 편지, Peter Hibbard 소장.

18 1950년 2월 28일 J. W. Morcher가 호러스 커두리에게 보낸 편지; 1950년 3월 17일, W. Morcher가 H. H. Lennox에게 보낸 편지. 나치즘 치하에서 고통당하는 유대인에 대해 쑨원 부인이 보낸 지지는 "The Civilized World Against Hitlerism," *Israel's Messenger* (Shanghai), June 2, 1993을 보라. 상하이의 다른 지역에 있는 커두리 자산 압류에 관해서는 1989년 11월 9일, "Statutory Declaration by Douglas Webster"와 1957년 4월 7일, "A Report on the Astor House in Shanghai", Hong Kong Heritage Project를 보라.

19 Jeffrrey N. Wasserstrom, *Global Shanghai*, 1850-2010: A History in

Fragments (New York: Routledge, 2009), 77.

20 1956년 11월 22일, 로런스가 호러스에게 보낸 편지, Hong Kong Heritage Project.

9장

1 로런스의 홍콩 귀환은 Lawrence Kadoorie, *The Kadoorie Memoir*, Hong Kong Heritage Project에 묘사되어 있다.

2 Vaudine England, *The Quest for Noel Croucher: Hong Kong's Quiet Philanthropist* (Hong Kong: Hong Kong University Press, 1998), 159.

3 홍콩에 대한 묘사는 1945년 12월 15일자 로런스 커두리의 개인 일기; 1945년 5월 4일, 로런스가 뮤리엘에게 보낸 편지, Hong Kong Heritage Project에서 가져왔다.

4 Victor Fung과의 인터뷰.

5 1946년 6월 7일, 로런스가 호러스에게 보낸 메모, Hong Kong Heritage Project.

6 1945년 12월 25일, 로런스 커두리가 D. M. MacDougall 여단장에게 보낸 메모, Hong Kong Heritage Project.

7 1945년 11월 28일 로런스가 호러스에게 보낸 메모; 1946년 4월 9일 로런스가 주거, 건설, 재건에 관해 주재한 위원회 메모; "The Harbour Ferry Services Advisory Committee—Report, September 22, 1950"; "Minutes of Meeting of Sub-Committee of Hong Kong Labor Advisory Board, November 15, 1945"; 1945년 12월 16일자 로런스 개인 일기, 이상 Hong Kong Heritage Project; "Rents and Houses," *South China Morning Post*, 1946년 6월 19일자; "Public Invited to Air Views on Ferry Service in Questionnaire Scheme," *Hong Kong Tiger Standard*, 1950년 11월 24일자.

8 England, *Noel Croucher*, 160.

9 Elisabeth Koll, "The Rong Family: A Chinese Business History," paper, Harvard Business School, 2010.

10 그 집과 모자이크 장식은 상하이, 북 샨시루 186번지에 여전히 존재한다.

11 상하이 자본가들의 도착에 관한 자세한 내용은 Carles Brasó Broggi, "Shanghai Spinners: Pioneers of Hong Kong's Industrializtion, 1947-1955," 2018년 12월 25일, Industrial History of Hong Kong Group, https?//industrialhistoryhk.org/shanghai-spinners-pioneeers-hong-kongs-industrialization-1947-1955; Hong Kong Heritage Projct, "Tai

Ping Carpets—a Brief History," www.honkongheritage.org/pages/post. aspx?post=18; 커두리 가족과의 인터뷰 참고. 홍콩에서 섬유산업과 상하이 자본가들의 역할에 관해서는 Wong Siu-Lun, *Emigrant Entrepreneurs: Shanghai Industrialists in Hong Kong* (London: Oxford Univesity Press, 1989) 를 보라.

12 룽이런의 캐세이 호텔 방문은 Dayan Chen, *The Peace Hotel* (Shanghai: Shanghai Press, 2015), 19-50에서 가져왔다.

13 커두리 형제 사이의 관계에 대한 자세한 내용은 데이비드 애커스-존스, 커두리 가족, 윌리엄 모카타, 렁치, 일레인 마든, 마이클 그린, 로버트 도프먼과의 인터뷰를 토대로 함. 리타 커두리와 마이클 커두리의 구술사, Hong Kong Heritage Project도 보라.

14 정원사 렁치와의 인터뷰.

15 농부 푸 씨와의 인터뷰.

16 S. J. Chan과의 인터뷰.

17 전직 홍콩 총독 대리이자 수석 서기관 데이비드 애커스-존스와의 인터뷰. 신제의 난민과 농민들을 위한 호러스의 활동에 관한 자세한 내용은 1955년 7월 5일, 호러스가 K. M. A. Barentt에게 보낸 편지; 1959년 12월 5일 호러스가 농촌개발위원회에 대한 불만을 표시한 편지 초고; 호러스가 DCC Liddington에게 보낸 편지, 이상 Hong Kong Heritage Project를 참고.

18 창씨 가족과의 인터뷰; KAAA의 활동은 기관의 웹사이트 www.kfbg.org/eng와 Harry Rolnick, "The Kadoorie Experiment with Charity," *Asian Business & Industry*, 1976년 11월호에 설명되어 있다.

19 렁치와의 인터뷰.

20 Steve Tsang, *A Modern History of Hong Kong* (London: I. B. Tauris, 2004), 158 Kindle location 3771-86.

21 Mark Lambert Clifford, "Let There Be Light: China Light & Power and the Making of Modern Hong Kong," 2019년 3월, 홍콩 대학교 박사논문.

22 Jonathan Swift, "It Stated with a Spilled Barrel," *Reader's Digest*, 날짜 미상, 저자 소장 사본. 1951년 12월 14일, 영국 국무장관 올리버 리틀턴과의 면담을 앞두고 로런스 커두리가 준비한 메모, Hong Kong Heritage Project도 보라.

23 Vaudine England, "Lord Kadoorie," *Discovery* (Hong Kong), 1986 3월호, 58-59.

24 Leo Goodstadt, *Uneasy Partners: The Conflict Between Public Interest and Private Profit in Hong Kong* (Hon Kong: Hong Kong University Press, 2005), 176-80.

25 Hong Kong Public Records Office (HKRS 131/3091/48).

26 상하이 이후 빅터의 삶에 대한 자세한 내용은 Stanley Jackson, *The Sassoons* (London: Heinemann, 1968), 275-87; 그의 아내의 조카 에벌린 콕스와의 인터뷰를 보라.

27 에벌린 콕스와의 인터뷰.

28 에벌린 콕스와의 인터뷰.

29 Robert Bickers는 문화대혁명이 상하이에 몰고 온 혼란을 *Out of China: How the Chinese Ended the Era of Western Domination* (Cambridge: Harvard University Press, 2017), Kindle location 322-57에서 생생하게 묘사한다.

30 Robert Bickers and Ray Yep, eds., *May Days in Hong Kong: Riot and Emergency in 1967* (Hon Kong: Hong Kong University Press, 2009), 1-8과 여기저기.

31 호러스 커두리의 비서와 여타 사람들의 구술사, Hong Kong Heritage Project.

32 1967년 시위에 관한 커두리 가족의 대응에 관한 자세한 내용은 커두리 가족과의 인터뷰와 서신에서 가져왔다.

10장

1 Linda Matthews, "Sir Lawrence Kadoorie Carries on the Legend of Old China Traders," *Wall Street Journal*, 1977년 3월 2일.

2 윌리엄 모카타와 커두리 가족과의 인터뷰.

3 "A Businessman Philosopher," *Forbes*, 1988년 12월 19일, 117.

4 로런스 커두리의 Wendy Barnes와의 인터뷰.

5 커두리 가족과의 인터뷰, Y. B. Lee와의 인터뷰. 원자력 발전소에 관한 논의가 어떻게 시작되었는지에 관한 자세한 내용은 위 인터뷰와 더불어 1974년 8월 5일, "Memo from K. M. Wilford to Sir Murray MacLehose," National Archives FCO/40/512 294929; 1977년 9월 30일, "Project 7 Report to Board of Directors," Hong Kong Heritage Project; Y. B. Lee, "The Dawn of Daya Bay," 2007년 10월 중화전력공사 내부 문서, 저자 소장 사본을 참고.

6 1979년 3월 29일 로런스 커두리 연설, Hon Kong Heritage Project, 1974년 8월 5일, Memo to Sir Murray MacLehose, National Archives FCO 40/512/294929.

7 당시 로런스 커두리와 이야기한 정보원들과의 인터뷰; 커두리 가족과 인터

뷰; Frank H. H. King, *The Hong Kong Bank in the Period of Development and Nationalism*, 1941-1984 (Cambridge: Cambridge University Press, 1991), 684.

8 1978년 5월 26일 로런스 커두리가 제임스 캘러헌에게 보낸 편지, National Archives, Records of the Prime Minister's Office, Kew, UK.

9 커두리 가족과의 인터뷰.

10 커두리 가족 및 윌리엄 모카타와의 인터뷰.

11 캘러헌과 로런스 커두리 간 서신 및 커두리 계획에 대한 논평, National Archives, Records of the Prime Minister's Office, Kew, UK.

12 1979년 8월로 추정되는 대처 총리와 로런스 커두리 경과의 미팅 요약문, National Archives, Records of the Prime Minister's Office, Kew, UK.

13 대처 총리와 로런스 커두리 경과의 미팅 노트, 1979년 7월 28일, National Archives, Records of the Prime Minister's Office, Kew, UK.

14 총리가 로런스 커두리에게 보낸 편지 초고, 1979년 8월로 추정, National Archives, Records of the Prime Minister's Office, Kew, UK.

15 로런스 커두리의 발언. 1980년 6월 27-30일, National Archives, Records of the Prime Minister's Office, Kew, UK.

16 이 만남에 대한 자세한 내용은 상하이 사회과학원 관리들과 연구자들과의 인터뷰를 토대로 한다.

17 Liao Guangjun, "A Jewish Artist Looking for His Shanghai Amah," 2016년 9월 14일, 번역 Huang Xie'an, http://en.shisu.edu.con/resources/features/jews-in-shanghai-1.

18 예루살렘, 전직 이스라엘 정부 공보부장 Meron Medzini와의 인터뷰.

19 David Lee와의 인터뷰.

20 1981년 10월 20일, 영국 국적법안에 관한 커두리 경의 발언, Hong Kong Heritage Project.

21 "A Businessman Philosopher,", *Forbes*, 1983년 12월 19일, 116-17.

22 덩샤오핑과 로런스 커두리의 만남은 커두리의 통역관이었던 Nai Ling 이 당시 작성한 노트와 인터뷰; Nai Ling의 구술사, Hong Kong Heritage Project, Y. B. Lee, "The Dawn of Daya Bay" 참고.

23 판켕과의 인터뷰.

11장

1 로런스 커두리가 랍비 Marvin Tokayer에게 쓴 편지.

2 Y. B. Lee, "The Dawn of Daya Bay," 45.

3 Mark Hughes, "Human Dynamo Who Powered Hong Kong," *South China Morning Post*, 1993년 8월 26일.

4 "Shanghai Recalled as a Haven for Jews," *New York Times*, 1980년 8월 4일: 시어도어 알렉산더 구술사; Hong Kong Heritage Project에 소장된 상봉 프로그램과 각종 기념품.

5 리타와 마이클 커두리 구술사, Hong Kong Heritage Project; 마이클 커두리와의 인터뷰.

6 Linda Matthews, "Sir Lawrence Kadoorie Carries on the Legend of Old China Traders"; Jonathan Friedland, "Realm of the Peer," *Far Eastern Economic Review* (July 8, 1992): 62–66.

7 모임에 참석한 Y. B. Lee와의 인터뷰.

8 Pei Yi Mak, Blake Schmidt, Venus Feng, Yoojung Lee, Steven Crabill, Peter Eichenbaum, Andrew Heathcote, and Tom Metcalf, "Asia's 20 Richest Families Control $ 450 Billion," Bloomberg, 2019년 8월 23일, www.bloomberg.com/features/richest-families-in-asia.

9 Steven Mufson, "To Chinese Firm, Access Becomes a Key Commodity," *Washington Post*, 1997년 3월 26일, A21면.

10 Clement Kwok과의 인터뷰; Paul Tchen과의 인터뷰.

11 "Grand Opening: The Peninsula Shanghai," The Peninsula Hotels, 2012년 3월 11일 유튜브 비디오, www.youtube.com/watch?v=l4_GpSqQkew.

12 커두리 가족과의 인터뷰; 윌리엄 모카타와의 인터뷰; 마이클과 중국 지도자들과의 교류에 관한 자세한 내용은 Y. B. Lee와의 인터뷰 참고.

13 에벌린 콕스와의 인터뷰.

14 에벌린 콕스와의 인터뷰.

15 휴 서순과의 인터뷰.

16 제임스 서순과의 인터뷰.

찾아보기

상하이의 유대인 제국

유대 기업은 현대 중국의 탄생에 어떻게 기여했나

1판 1쇄 펴냄 | 2023년 2월 1일
1판 5쇄 펴냄 | 2024년 8월 30일

지은이 | 조너선 카우프만
옮긴이 | 최파일
발행인 | 김병준
발행처 | 생각의힘
등록 | 2011. 10. 27. 제406-2011-000127호
주소 | 서울시 마포구 독막로6길 11, 2, 3층
전화 | 02-6925-4184(편집), 02-6925-4187(영업)
팩스 | 02-6925-4182
전자우편 | tpbook1@tpbook.co.kr
홈페이지 | www.tpbook.co.kr

ISBN 979-11-90955-82-9 (93910)